Khayat's Dic

For Trade & Accounting

English - Arabic - Arabic

Ali Khayat

Review
Computer's Review

Munther J. Khalaf
Hani Aziz Ameen Khayat (Ph.D.)

2012

∞ INFINITY
PUBLISHING

Copyright © 2012 by Ali Amin Khayat

ISBN 978-0-7414-7667-8 Paperback
ISBN 978-0-7414-7668-5 Hardcover
ISBN 978-0-7414-7669-2 eBook

Cover design by: *Ali Khayat*
E-Mail: alikhayat360@att.net

Printed in the United States of America

Published October 2012

∞

INFINITY PUBLISHING
1094 New DeHaven Street, Suite 100
West Conshohocken, PA 19428-2713
Toll-free (877) BUY BOOK
Local Phone (610) 941-9999
Fax (610) 941-9959
Info@buybooksontheweb.com
www.buybooksontheweb.com

In the name of God, Most Gracious, Most Merciful

(God) Most Gracious! It is He Who has taught the Qur'an.

He has created man: He Has taught him speech

(and intelligence).

The sun and the moon follow courses (exactly) computed.

And the herbs, and the trees both (alike) bow in adoration.

And the firmament has He raised high, and

He has set up The balance (of justice),

In order that ye may not transgress (due) balance.

So establish weight with justice and

you fall not short in the weight balance

One of the great virtues of mankind is to share ideas and accept criticism: it makes them distinct from other species on the planet.

Munther J. Khalaf
Reviser
University of Glam organ, UK

I conceive that a human being who has written a book in his life, would say, If I had reconsidered my book further I wouldn't have regretted my work. This is one of the greatest lessons, which is evident that integration it's the creator's characteristics only.

Ph.D. Hani A. A. Khayat
Computer's Reviewer
Technical College-Baghdad

Preface

To any Arabian who needs to study Accounting concept in English for his nice career, or to be student in American Universities for Trade in Middle East, or Accountant in Government offices for Trade, or Auditor in letters of credit bank and he needs best translator friend for him to help him in his Function. He surly will find Khayat's Dictionary best supporter to him side by side in the Arabic meaning to understand any letter of credit or any transaction's entries in bookkeeping.

Ali A. Khayat

XYZabcdefghijl

abacus **حاسبة صغيرة (جدول حسابي)**

أداة لتعليم الصغار العد. وهي على شكل محيط خشبي مربع فيه خطوط سلكية تدخل في وسط خرز ملون لتسهيل عملية تحريكها عند العد. إستعمالها منتشر في بلدان الشرق الأقصى بشكل خاص.

ABC method **ألفبائية**

أو طريقة الترتيب القيمي لتحليل البضائع المخزونة، بحيث تقسم هذه البضائع الى فئات حسب قيمة الاستعمال السنوي الإجمالي لكل بضاعة. فهناك فئة أ/ ب/ ت...الخ. تشمل فئة أ المواد ذات القيمة العالية، أما المتوسطة فئة ب فتخصص للمواد المتوسطة القيمة. تعرف هذه الطريقة بنظام الجرد المجزأ. والهدف منها مراقبة البضائع المخزونة التي تستدعي اكبر قدر من المراقبة.

abandonment **تخلٍّ عن**

1. يقصد بهذه العبارة إعتزال الكامل للموجودات الثابتة عن خدمة العمل المخصص لها، بحيث لا يوجد أي احتمال لإستعمالها في المستقبل.

أ- (المادية) مثل: التجهيزات والمعدات الحربية بإعتبارها غير مفيدة للإنتاج الوطني في وقت السلم، كذلك الملكية التي تتكون من رأسمال طبيعي مثل الموجودات المتروكة بعد نفاذ النفط من البئر مثلاً، أو طرق السكك الحديدية لعربات الشحن في المناجم المهجورة بسبب نفاذها من الفلزات وغيرها من المعادن.

ب- (غير المادية) مثل: سقوط الأسم التجاري أو براءة الإختراع أو حقوق التأليف والنشر وتحول ملكيتها الى الدولة لتقصير المالك الشرعي في أدائه لصنع المادة أو لعدم رغبته في ذلك.

2. ويقصد بهذه العبارة في مجال التأمين، تنازل المؤمن عليه عن الأملاك المتضررة لمصلحة شركة التأمين، على أن تدفع الشركة كامل القيمة له.

3. كذلك يقصد بها في البيوع الدولية البحرية رفض المرسل إليه إستلام البضائع التي تصل إليه لتضررها بشكل أفقدها قيمتها. وبذلك تصبح الشركة الخاصة بالنقل مسؤولة عن دفع قيمتها.

abatement **تخفيض الضريبة**

1. الغاء جزئي أو كلي للنفقات المستقبلية.

2. خفض أو تحديد المبالغ غير المدفوعة والمفروضة عليها الضريبة كدخل الشركات والأراضي والهبات.

3. تنزيل الإيرادات من الكلفة العمومية.

ability to pay concept **قدرة على الدفع**

القابلية على تسديد المطلوبات في مواعيدها المقررة، وخصوصاً المبالغ الخاضعة للضريبة، وقد تختلف هذه القابلية فتكون جزئية أو كلية. المبالغ المستلمة مقدماً كالإيجار، تستحق الضريبة عليها قبل موعد هذه الاخيرة. أما البيع بالتقسيط فيؤجل استحقاق الضريبة عليه إلى حين إستكمال الاقساط.

abnormal costs **تكاليف غير طبيعية**

1. تكاليف غير طبيعية أو غير معتادة في الانتاج، وهي غير متوقعة وغير منظمة في حدوثها.

2. الفرق بين التكاليف المتوقعة تحت الظروف الأنتاجية العادية والتكاليف الحقيقية المتجمعة.

3. الفرق بين التكاليف المتوقعة وبين التكاليف الحقيقية المتجمعة.

4. التكاليف التي كان من اللازم تجنبها تحت الظروف الحقيقية الغالبة.

مثلاً: الطاقة المعطلة وتكلفة التلف الزائد عن الحد والتكاليف الناتجة عن إضراب العمال وتوقفات العمل الاخرى.

abnormal lost units **وحدات الخسارة غير الطبيعية**

1- الخسارة في الوحدات الناجمة عن التقلص او الفساد.

غير المفروض حدوثه تحت ظروف عمل كفاءة الكلفة. الكلفة لتلك الخسائر هي ليست بالضرورة جزءاً من وحدات عمل الإنتاج الحاصل الجيد.

1. خسارة في الوحدات التي كان يجب تجنبها عند توفر الشروط والمستلزمات للمواد الأولية تحت التشغيل والمواد المنتجة النهائية وطريقة الإنتاج.

abnormal performance index, API **مؤشر الأداء غير الطبيعي**

هو مؤشر بالتغيرات غير النظامية في الأسعار المضمونة. يستخدم لدراسة التأثيرات على الأسعار الضمنية للتغيرات غير المتوقعة في الأرباح المحاسبية. وهو معدل تجميعي للخطر غير المنظم، أو التغيير غير المفسر لعوائد تابعة لضمانات بالنسبة إلى عوائد تابعة إلى عوائد تابعة إلى تنظيم السوق.

abnormal shrinkage **تقلص شاذ أو غير طبيعي**

1. هو التقلص غير المفترض حدوثه تحت ظروف عمل تعتبر ذات كفاءة عالية.

2. هو التقلص الذي كان يجب تجنبه في الظروف المحيطة.

abnormal spoilage **تلف شاذ**

1. هو خسارة الأجزاء المستعملة أو المنتوجات المباعة التي كان يجب تجنبها تحت ظروف عمل بكفاءة عالية، وكلفة كل خسارة هي ليست بالضرورة جزءاً من كلفة الوحدات المنتجة للمنتوج الجديد.

2. هو خسارةالأجزاء المستعملة أو المنتوجات المباعة التي كان يجب تجنبها على الرغم من توفر المواد الأولية الداخلة في الإنتاج والمنتوجات وطرق الإنتاج.

aboriginal cost, original cost **كلفة أصلية**

وهي الكلفة التي لا تتضمن أية تعديلات ناتجة عن التغيير أو التحوير أو الإستهلاك.

above par **فوق القيمة الأسمية أو السعر الأصلي**

الإضافة المالية إلى سعر السوق الإعتيادي أو سعر السند.

Above the line **فوق السطر**

الإضافة الكتابية للدلالة على المبلغ، أو الشرح ضمن بنود المصروفات أو الواردات في الميزانية.

absolute value **قيمة مطلقة**

وهي ثمن حر غير مقيد بشروط.

absorb **يدمج حسابات**

ويتم بضم مجموعة حسابات إلى حساب آخر، بطريقة تؤدي إلى إلغاء الحسابات الأولى.

absorbed costs **تكاليف مدمجة**

وهي تكاليف الأضافية للعمل: ((تكاليف ثابتة غير مباشرة)) وتخصص لأنتاج والخدمات. راجع overhead

absorbing state **حالة الأدماج**

هي حالة ذات إحتمال صفر. وإن إحتمال الإنتقال الى حالة ثانية هو صفر. عند الوصول الى حالة الإدماج.

absorption account **حساب تحميلي**

وهو أختلال في الحساب في كل أو جزء من واحد أو أكثر من الحسابات المقصودة. غرضه هو الحفاظ على هوية تلك الحسابت مع تجميع التحويلات الى حسابات أخرى، ويمكن تعريفهُ بحساب الإستهلاك المتراكم أو الحصص المضافة الى الحسابات المشكوك بها.

absorption costing **دمج الكلفة**

ويتم بموجبها تحميل جميع تكاليف التصنيع لعملية الأنتاج، أي توزيع جميع التكاليف الثابتة والمتغيرة على البضائع والخدمات المنتجة.

accelerated depreciation **أستهلاك معجل**

إستهلاك متسارع القيمة يقوم على أساس الافتراض، أن أعلى درجات الإستهلاك هي في السنوات الأولى من حياة الموجودات الثابتة، أو هو تناقص فوق الأعتيادي لكلفة الموجودات في كل سنة من عمرها الأنتاجي. كذلك يقصد به أطفاء الموجودات الثابتة نتيجة التمادي في الإستهلاك، في حين أنها لا تزال قيد الإستعمال وبحالة جيدة واقتصادية نسبياً، ومن الجائز أن تكون ذات قيمة تسويقية تفوق قيمتها الدفترية.

acceptable quality level **مستوى مقبول لنوعية البضائع**

السيطرة الأحصائية لقياس النوعية بواسطة العينات التي تؤخذ للقياس على أساس 100 وحدة إنتاجية من السلعة، وبموجبها نتمكن من تحديد نسبة الإيجابية والسلبية، وفق المواصفات المقررة.

acceptance **قبول تجاري أو حوالة مقبولة**

أشارة القبول للشخص القابل أو الضامن على وجه الورقة

التجاريـة ((الكمبيالـة)) بكلمـة قبلـت فـي الزمـان والمكـان المحـددين، معـززة بالتوقيع. وتعتبر هذه الكلمة في حال عدم قدرة المدين على تسديد قيمة الكمبيالة للدائن، بمثابة تعهد موثوق من شخص ثالث بالتزام الدفع حيث يتمكن الدائن بهذه الحالة مـن تحويلها الـى أشـخاص آخرين لتسديد ديونـه أو شـراء بضاعـة أو فتح أعتماد فـي البنـك. ويتم التحويـل ((الجيرو)) عـادة على ظهر الورقـة التجاريـة، فكلما زادت التواقيع على ظهر الورقة التجارية زاد ضمانها وسهولة قبولها.

كذلك تستعمل هذه الكلمة في إتمام القبول كجواب على العرض المقدم، حيث يصبح العقد نافذاً بعد قبوله شفهياً كان ذلك أم خطياً، حسب طبيعة العقد.

المعاينة للقبول   acceptance sampling
عملية أستخدام العينات لتقرير درجة قبول مجاميع البضاعة المقدمـة للفحص. ويتم تقييم هذه النمـاذج المقدمـة بواسطة طريقتين:

1.   بواسطة الصفة attribute   وهـو علـى الأكثـر الأسلوب الغالب في التطبيق.

2.   بواسطة المتغيرات.

ضريبة نمو الأملاك   accessions tax
هو بديل للضرائب الحالية المفروضة على الأموال المنقولة والهبات. تفرض هذه الضرائب على مستلمي الهبات وعلى الورثـة بدلاً من فرضها على النـاقلين لتلك الامـوال، كمـا تفـرض نسـب تصاعديـة تأخـذ بالإعتبار قيمـة الأمـوال الموروثة أو الموهوبة.

حق العبور   access right
حق صاحب الملك بالعبور أو الوصول دون عائق.

وقت الإستلام   access time
وهو الوقت الذي تستغرقُه عملية تسليم المعلومات بعد طلب إخراجها من مكان خدمتها في الحاسبة الألكترونية، وهو عبارة عن الوقت اللازم للبحث ونقل المعلومات، بالإضافة الى الوقت المخصص للتحصيلات المختلفة.

تظهير   accommodation endorsement
الورقة التجارية
تظهير هذه الورقة من قبل شخص ثالث لاجل تسوية قيمتها مع انه ليس فريقاً حقيقياً فيها، أي توقيع المظهر

(الشخص الموقع على ظهر الورقـة التجاريـة) أي وسيلة للضمان الحالي التي يشترك فيها شخص أخر لفرض تقوية سنده المالي بدون مقابل.

كمبيالـة مجاملـة   accommodation   note (كاذبة)
وهي ورقـة تجاريـة موقعـة عـن طريـق شخص واحـد، ((جعل نفسه مديناً بالورقة)) أو قابلاً لحساب شخص آخر ذي تمويل مالي موجود بصورة ضعيفة أو غير موجود. وكقاعدة لها لا توجد أعتبارات متضمنة إذ تكون نية الموقع عليها هو العمل كضمان أو كممول مالي أو مجاملة لصاحبها بدون مقابل. وتعتبر صلاحية المؤسسة للعمل به كموقع من هذا القبيل صلاحية مشكوك فيها.

حساب   account
مسؤولية عن اعمال   accountability
حسابية معينة

1. التـزام وظيفـي فـي منصب عمـل رسمي بالأصالـة أو الوكالـة، وفق فترة زمنيـة محـدودة يكـون الموظف خلالهـا مفوضاً للحساب في أي وقت من الأوقات.

2. يشغله شخص مميز :

أ- لـه القدرة الكاملة على تقديم التقرير المالي بصورة مقنعة تنفيذاً للواجب الموكل لـه، معتمداً في ذلك على الشهادة والبنية والأدلة المرفقة مع التقدير.

ب- يمكنـه التـحكم بمسـؤولياتـه والسيطـرة عليهـا، مراعيـاً شـؤون المساهمين، ومطلوبـات الآخرين وأملاك المشاريع الموكل عليها، ومكاسب الخزينة العامة.

ت- يستطيـع، بـارادة وحـزم، ان يتخـذ القرار الصائـب مسبقاً، وذلك في ضوء الاحكام المالية القانونية.

3. الالتزام الشخصـي للدلالة على الادارة الجيدة والسيطرة والالتزام بتعهد مفروض عليه بوساطة القانون أو التعليمـات أو الاتفاق.

4. معيـار المسـؤوليـة القانونيـة للآخـريـن ((تحديد الصلاحيات المالية للموظفين والمدراء)) مروراً بالشروط النقدية والمجموعات المتكاملة للملكية أو أي قاعدة قبل التحديد.

وحدة معيار المسؤولية   accountability unit
وهي الوحدة المنتجة كأساس لعملية تحديد المسؤولية العامة.

accountable   مسؤول (مسؤول عن الخطأ)

1ـ المكلف بدفع الضرائب المستحقة عليه بموجب القانون.
2ـ المسؤولية القانونية لممتلكات موضوعة تحت إشراف التأمين أو تحت أي علاقة أخرى مع شخص آخر.
3ـ المسؤولية الشخصية للمدفوعات غير القانونية. ((ويطلق على مدير النفقات العامة في وزارة المالية)).
4ـ الصفقات التجارية غير المسجلة في السجلات.
5ـ الشخص القادر على الوفاء بالتزاماته أو دفع ديونه.

accountable officer   مدير مخوّل الصلاحيات الرسمية المالية

مثل مدير العلاقات العامة ((التوثيق الرسمي)) ومدير النفقات العامة أو مأمور التحصيل الحكومي: ((مدير جباية الضرائب))

accountable person   شخص

فرضت عليه المسؤولية العامة

accountable warrant   ترخيص رسمي
Accountancy   محاسبة أو حرفة المحاسبة

ويقصد بها طريقة تطبيق الممارسة الحسابية وتحمل تبعات مسؤولياتها، مع الالتزام بمعاييرها وتقاليدها ونشاطاتها.

accountant   محاسب

وهو الشخص الخبير في القضايا الحسابية والقادر على تحمل مسؤوليتها، أو من اتخذ المحاسبة مهنة له.

accountant in charge   مدقق مشرف

المدقق الذي يشرف على مجال العمل في حلقات التدقيق، ويوزع الواجبات الى مساعديه مع مراجعة تقارير السحوبات وما توصلوا اليه.

accountants report   تقرير المحاسبين

وهو تقرير يتناول نتيجة اعمال المحاسب في درس الحسابات وبيان ارائه فيها وفي وضع المؤسسة وغير ذلك من معلومات.

accountant responsibility   مسؤولية معنوية يتحملها المحاسب

وهو الألتزام المعنوي الذي يفرضه المحاسب على نفسه كممارس مهني كما هي الحالة في الالتزام الذي يفرضه المحاسب العمومي عند إصداره تقريراً مالياً الى الأدارة أو

الجهة الممولة أو المستثمرة ليكون مصدراً للمعلومات الأصولية والارشاد. ان ذلك يعبر عن تصرف ينسجم مع المعايير المهنية والاجتماعية والشخصية لآداب المجتمع.

account current   حساب جار

وهو أي حساب تجري عليه تدقيقات لفترات زمنية محدودة، أو يتم بموجب تسويات وله نص معين في قانون التجارة.

account form   كشف قيمة الحساب

وهو الأسلوب المتبع في كتابه ورقة كشف الحساب لتقديم الموجودات في الجهة المدينة ((الممتلكات)) والمطلوبات في الجهة الدائنة ((رأس المال)) ويكون الجانبان مجموعين متساويين في أكثر الأحوال وغير متساويين بالضرورة في حالة اصدار قسائم الدخل.

accounting   محاسبة

المبادئ والأساليب التي تستخدم في التسجيل والترحيل، ((لنظام خاص بمسك الدفاتر التجارية)) وحفظ الصفقات التجارية ((بواسطة شخص مسؤول يسمى المحاسب))، والقيام بالتحليلات المالية بشأنها، خلال فترة زمنية محدودة، بحيث تكون قابلة لتدقيق داخلي مستمر، وآخر مهني وقانوني من قبل المحاسبين وذلك في نهاية السنة المالية عند الوصول الى كمية الارباح والخسائر بموجب التقارير المالية على الاحصائيات الاقتصادية التي تخص المشروع.

accounting change   تغيير محاسبي

وهي عملية تبديل أو تعديل التقارير المالية المطبوعة بحيث تكون بدرجة من الأهمية لتستحقق الكشف والشرح.
وتعتبر هذه العملية تغييراً في:
أ- المبدأ المحاسبي.
ب- التقرير المحاسبي.
ت- موضوع التقرير.

accounting control   ضبط حسابي

1. وهو الطريقة الإدارية المستخدمة في المحافظة على دقة العقود والسجلات الحسابية وضبطها.
2. وهو منهاج محاسبي مصمم لضبط عقود الأعمال التجارية التي تحدث في المؤسسة، وللمحافظة على حساب القيد المزدوج أو على سجل المجاميع الحسابية كقاعدة لإثبات دقة تجميع عدد من الحسابات والحفاظ على سجل الملكية.

3.أية أساليب محاسبية وأدواتها المختلفة ذات الهدف المحدد.

accounting cycle, Bookkeeping cycle — دورة حسابية

وهي سلسلة من الخطوات أو الطرق في عمليات المسك اليدوي للدفاتر التجارية التي كنتيجة التي تنشأ لحدث محاسبي: ((صفقة تجارية قابلة للتسجيل)) وتنتهي هذه العملية خلال الفترة المحاسبية الممتدة ((من تسجيل قيد اليومية لغاية تحضير ميزان المراجعة))

accounting entity — كيان محاسبي

accounting equation — معادلة محاسبية

accounting For public interest — محاسبة عمومية

accounting identity — معادلة محاسبية متطابقة

يطلق هذا التعبير على العناصر المدينة والدائنة المتطابقة في الصفقة التجارية وفي تسجيلات القيد المزدوج لمسك الدفاتر التجاري وتتلخص كما يلي:

الموجودات= جميع الحقوق،

= المطلوبات + رأس المال.

= المطلوبات + حق المساهمين

= المطلوبات + حقوق الشركاء

حقوق الشركاء= الموجودات - المطلوبات.

accounting journals — منشورات وصحف محاسبية

accounting period — فترة محاسبية

وتمثل المدة التي شملها تقديم الحسابات من بدايتها لغاية إستخراج حساب الأرباح والخسائر والميزانية التي تمثل حركة العمل بموجبها.

accounting postulate — فرضية محاسبية

في المحاسبة المالية تعتبر الفرضية بصورة عامة مرتبطة بتطور المبادئ المحاسبية. وهناك أقسام أخرى من المحاسبة كالمحاسبة الإدارية مثلاً، تستفيد من فرضيات تابعة الى حقول أخرى مثل الاقتصاد.

accounting principles — مبادئ محاسبية

الأصول والقواعد التي يمارسها المحاسبون ويلزمون أنفسهم بها، في إطار العادات والأعراف التجارية والتجربة العامة، أو هي ما تعلنه الأجهزة المهنية أو الدوائر المالية الحكومية.

accounting procedure — إجراءات محاسبية

وتتم يومياً في جومن العمل الجاد والدقيق وفق سياسة المحاسبة.

accounting system — نظام محاسبي

وهو عبارة عن عمليات تركيز القواعد والسياسات الرسمية والتسجيلات، وقياس الإجراءات، وتنظيم التشغيل المالي ومصدر الثروة والسيطرة عليهما، بغية تأمين المعلومات حول تمويل الخطط المرسومة واتخاذ القرارات المناسبة، وإصدار التقرير الخارجي.

accounting transaction — صفقة تجارية محاسبية

الترحيلات المحاسبية الداخلية.

accounting unit (or entity) — كيان وحدة محاسبية، أو وحدة إقتصادية.

accounting valuation — تقييم محاسبي

ويتم على أساس مبالغ القيمة الأصلية وتثمين المتغيرات الطارئة عليه: مثلاً، الموجودات والمصروفات والبضائع المنتهية للوحدات الجردية، وتثمين العمل يوماً بعد يوم في المشاريع، ماضياً وحاضراً ومستقبلاً.

account payable — حساب دائن (ذمم)

أي المتوجبات نحو الغير من ذمم ومستحقات على المؤسسة وبمعنى أوضح الأموال غير المدفوعة لمجهزي المواد الأولية للشركة وتكون مستحقة الدفع في موعد معين أو على الحساب وتسجل كما يلي:

من حـ/ المشتريات

الى حـ/ مجهز المواد الأولية (ذمم)

account receivable — حساب مدين (ذمم)

أي المتوجبات على الغير من ذمم ومستحقات تعود الى المؤسسة وبمعنى أوضح الأموال غير المقبوضة من العملاء لقاء البضائع المجهزة اليهم من قبل الشركة وتكون مستحقة الدفع للشركة المنتجة في موعد معين على الحساب: من حـ/ العملاء (ذمم) الى حـ / المبيعات

account sales — حساب الأرساليات

تصريح مالي نهائي يصدره المرسل اليه (وكيل المبيعات) الى المرسل مبيناً فيه خصائص بضاعة الأمانة المرسلة والميزانية الناجمة عن المرسل، مع توضيح عدد الدفعات الواصلة الى الوكيل.

accretion — نمو تراكمي

1.إضافة مالية للدخل الخاضع للأكتناز، أو الى القيمة الرئيسية الأولية كنتيجة لخطة تجميع مالي.

2.الزيادة في الثروة الإقتصادية الناجمة عن أي سبب

accruals — مصاريف مستحقة. مستحقات

أي نفقات توجبت على المؤسسة خلال السنة المالية، أنها الا لم تدفع فأصبحت حقوقها مستحقة الدفع لتجاوزها تاريخ إيقاف الحسابات.

تاريخ الإستحقاق
accrual date

وهو اليوم المقرر لدفع الدين المترتب بذمة المدين في الأوراق المالية التجارية، أو نقطة زمنية فاصلة بين الفترة المسموح بها والفترة غير المسموح بها للمدين.

عملية الكلفة الكلفة المجمعة
accrual costing

وهو تقرير كلفة البضائع والخدمات حسب إستهلاكها أو تنفيذها.

زمن التراكم
accrual date

وهو التاريخ الزمني الذي يمتد خلاله التجميع.

متجمع. متراكم
accrued

1. ظهور ظروف محاسبية في حالة تغيير مستمر.

2. الظهور الى الموجود أو تسلم عهدة الملكية. أو أن يصبح مطلب ما شرعياً.

أرباح أسهم متجمعة
accrued dividends

المبالغ التي تحققت عن فترة زمنية سابقة. ولكونها غير مدفوعة وغير معلنة، لا يحق المطالبة بها لحين الاعلان عنها من قبل مجلس ادارة الشركة.

مصاريف متجمعة
accrued expenses

أي المصاريف المنتوجة للدفع ولم تكن قد دفعت بتاريخ إيقاف الحسابات.

إيراد متراكم
accrued income,
accrued revenue

يراد مكتسب قانونياً ولكنه غير مستلم وغير مستحق، أو هو دخل حكومي تحقق للدولة الفترة المالية ولم يستلم لأن الدفع لم يحن ميعاده.

الاندثار المتراكم
accumulated depreciation

وهو حساب (دائن) معارض للموجودات الثابتة (المدينة) حيث يمثل هذا الحساب كمية أضافات مالية متجمعة حصيلة عدة سنوات من حصص الأندثار للموجودات الثابتة الذي يتم تسجيلها من تاريخ تحصيلها اذ تطرح هذه الاضافات من كلفة الموجود الثابت لأستخراج القيمة الدفترية. وتسجل على النحو التالي: الطريقة الأولى:

من ح/ أندثار المكائن
الى ح/ المكائن

ويغلق هذا القيد في نهاية السنة المالية 12/31 بالقيد التالي:

من ح/ أرباح وخسائر أو التشغيل
الى ح/ اندثار المكائن

ويعرف أيضاً كأحتياطي الأندثار حيث يمثل حصة مدفوعة مقدماً الى أندثار الموجود الثابت ويسجل على النحو التالي: الطريقة الثانية:

من ح/ أندثار المكائن
الى ح/ مخصص أندثار المكائن

ويغلق القيد في نهاية السنة المالية بالقيد التالي:

من ح/ أرباح وخسارة التشغيل
الى ح/ أندثار المكائن

ويتكرر هذان القيدان بأحد الطرق فقط سنوياً وبنفس

الشكل في السجلات الحسابية. أن أثر هذه الطريقة هي أن كلفة الموجودات الثابتة تبقى ثابتة في السجلات والميزانية الى أن تباع وتندثر كلياً، بينما الأندثار السنوي شكل متراكم من سنة الى أخرى حيث في هذه الحالة سيمثل التوفير اللازم لشراء أصول جديدة (موجودات) تحل محل القديمة في المستقبل. (راجع الأندثار depreciation)

أرباح متراكمة لأسهم
accumulated dividends,
dividends in arrears

ضريبة المكاسب المتراكمة
accumulated earnings tax

وهي ضريبة إضافية تقدر على المتراكم المستحق لمؤسسة ما، ويزيد عن مقدار رسمي معين، تطرح منه الأرباح والمكاسب المتجمعة. أو هي ضريبة تكون فيها نسبة معينة من الأعفاء في الأموال الخاضعة للضريبة وبعدها تكون النسبة تصاعدية.

تراكم ((تجمع))
accumulation

1. إضافة دورية للفائدة على المخزون.

2. حسم مبالغ دورية تخصص لتسديد الدين المستثمر.

3. صافي إيراد التكرار السنوي الفائض الأرباح.

4. عملية تركيب compound

لائحة أو جدول التراكم الحسابي
accumulation schedule

دقة
accuracy

حالة ضبط الحسابات لتقديم الحقائق والبيانات المطلوبة. وتقاس درجة الدقة بواسطة الأرتباط النسبي للتصريح المالي المدعوم بالحقائق.

نسبة سريعة
acid – test ratio

أو الدليل المرشد الى تقديم درجة الدقة المالية للمؤسسة أو نسبة إختيار السيولة النقدية.

وهي نسبة تربط الأصول الجارية، الموجودات السائلة أو السريعة التحويل، الى نقد ((تقدير مجموعة النقد المالي + أوراق قبض + ذمم مدينة + الأسهم والسندات بالقيمة السوقية الحاضرة)) بإستثناء البضائع المخزونة.

أو هي عملية فحص القوة المالية لمؤسسة معينة حسابياً لتسديد الديون والالتزامات القصيرة الأجل المترتبة عليها، وذلك بسبب إفتراض عدم وجود عائد مالي من تصريف البضائع المخزونة أو عندما تقدم المؤسسة على حصول قرض معين من شركة تمويل مالي أو مصرف.

كلفة الأنتساب أو التملك
acquisition cost

وهي المصروفات المطلوبة لشراء أو الحصول على خدمات أو تكاليف مدفوعة للحصول على أية أصول.

نشاط، فاعلية، حركة
activity

1. هو العمل أو أحد خطوطه المتعددة المتبعة في داخل أي منظمة، أو أي تنظيم جزئي.

2. أي نقطة تتلاقى الخطوط الوظيفية مع الخطوط التنظيمية في المشاريع التجارية أو الصناعية.

3. هو العمل الكلي بوساطة منظمة، أو شخص معين.

حساب الفاعلية
activity account

ويقصد به نشاط الإيرادات أو المصروفات المستمرة في الإحتواء على الصفقات التجارية تحت سيطرة المشرف المالي في المشروع الإقتصادي بكامل مسؤوليته عن هذه الصفقات بما في ذلك الماديات والخدمات. إلا أنها لا

تشـمل المصـاريف الإداريـة غيـر المباشـرة التـي تعتبـر مـن مسؤوليات آخرين في الإدارة.

activity accounting **محاسبة الفاعلية**

ويقصـد بهـا توجيـه الأنجـاز التنظيمـي حسـب الخطـة التـي وضـعتها السـلطة التشـريعية لمشـروع مـا، أو المسـؤولية الحسابية. أما أوجه محاسبة الفاعلية فهـي: العمل، المشروع، البرنـامج، التشـغيل، التنظـيم الـداخلي، الوحـدة التنظيميـة، الوحدة الإقتصادية.

act of bankruptcy **حكم الإفلاس**

القـرار الصـادر عـن المحكمـة التجاريـة بحكـم افـلاس تـاجر معين عن تسديد الألتزامات المالية.

act of God **حكم رباني**

أي القضـاء والقدر بمشيئة الله عـز وجـل أو أي فعـل خـارج إرادة الإنسان ولا تكون له سيطرة عليه والذي تنتج عنه عادة خسارة في الممتلكات، مثل العواصف والفيضانات والزلازل والصواعق والأعاصير.

actual cost **كلفة حقيقية**

1. وهـي كلفـة الإمـتلاك أو الانتـاج أو مجموعـة الخصـوم والعلاوات المتضمنة للنقل والخزن.

2. وهـو مصـطلح للدلالـة علـى درجـة الدقـة فـي حسـابات الكلفة.

actuarial **تخميني واقعي**

وهومـايتعلق بريـاضيات التـأمين والاحصـاء ومسـك الـدفاتر التجارية بشأنها.

actuarial basis **قاعدة تخمينية في التأمين:**

تقدير الأخطار وتحديد الكلفة

وهـي قاعـدة متوافقـة مـع المبـادئ التـي يطبقهـا خبـراء المـال وتسـتخدم فـي حسـابات تتضـمن الفوائـد المركبـة والاحالـة للتقاعد وتقديرات الوفاة وماشابه ذلك.

actuarial cost method **طريقة الكلفة**

المؤسسة على قواعد واقعية من التخمين والإحصـاء.

أسـلوب يسـتخدمه خبـراء المـال لتقـدير كميـة وحـدوث المسـاهمات للمـوظفين أو الخصـوم المحاسـبية تحـت خطـة معينة للتقاعد.

actuarial gain or loss **مكاسب وخسائر تخمينية**

وهي التغيير في كلفة المعاش الناتج عن تغيير في الافتراضـات التقديريـة، كمثـل معـدل توقعـات الحيـاة، دورة الشغيلة، أو أربـاح صندوق التقاعد.

actuary **خبير في شؤون التأمين**

خبيـر فـي شـؤون التـأمين يقيم الأخطـار ويحـدد الكلفـة، وهـو الشخص الملم بحسابات التـأمين وبالإحصـاءات المتعلقـة بـه، وهـو يتحمـل مسـؤولية تقـدير الأضـرار والتعـويض عليهـا بالإضـافة الـى تحديـد التـأمين والتكـاليف. ولـه قاعـدة تخمينيـة على توقعات الحياة مستنداً على إحصائيات الوفاة.

additional market **هامش جديد أو سعر مضاف**

إضافة جديدة الى سعر قديم مثبت يحمل إضافة أولية.

والغرض من هذه ((الاضـافة الثانيـة)) هـو تغطيـة مصـاريف استثنائية جديدة في محاسبة البيع بالمفرَّق.

additional paid –in- capital **اضافة مدفوعة الى رأس المال**

وهـي عبـارة عـن الزيـادة فـي رأسـمال الشـركات المسـاهمة، الناتجة عن مساهمات حـاملي الاسـهم المدفوعـة فـي حسـابات خارجة عن الرأسمال الأصلي لهذه الشركات.

وتطـرأ مثـل هـذه الزيـادة فـي رأس المـال أيضـاً عنـدما تبيـع احـدى الشـركات المسـاهمة اسـهمها بسـعر يزيـد عـن السـعر الادنـى المحدد لهذه الاسـهم قانونـاً، فتطلـق علـى هـذا المبلـغ الإضـافي عبارة ((زيادة في رأس المال)).

adequate **مناسب. كاف**

وهو مايشبع الحاجات الدنيا، أو يسـد الحاجـة الحاليـة، أو يفـي بالغـرض.

adjunct account, **حساب الأمتصاص**
absorption account **أو الاستيعاب**

adjusted journal entry **قيد ((يومية)) لتعديل قيد سابق**

وهو تسجيل ترحيلات مالية تساهم في تصحيح خطأ ما متراكم، أو شطب ديون معدومة لا يمكن تحصيلها، كتعديلها أو ستهلاكها أو ما شابه ذلك.

adjustment **تسوية، تعديل**

أي تغيير في أي حساب. ويتم ذلك بواسطة قيد ((اليومية)) المعدل الذي ينظمه المحاسب أو المدقق.

administered price **سعر موجّه**

وهو السعر لوحدة إحدى السلع، عندما تكون الكمية الواجب دفعها أو إستلامها مقررة مباشرة أو متأثرة بصورة رئيسية بعامل مسيطر.

ويعكس سعر كهذا المؤثرات المدنية والعامة إذ يكون عادةً ناتجاً عن السيطرة المنظمة التي قليلاً ما تتأثر بإعتبارات قصيرة المدى لإمتداد البيع والحد الاقصى للارباح. أما تصنيفه عن طريقة الوكالة المسيطرة وطبيعة هذه السيطرة، فهو على الوجه التالي:

أ- التسعير الرسمي (حكومي).

ب- السعر الموجه الصناعي (المنتج).

ت- السعر التجاري (شخصي).

administration **إدارة**

وهي الرأس المدبر لكل مؤسسة. تقع على عاتقها مسؤولية التنظيم المالي (التجاري والصناعي) للمؤسسة، والسيطرة الداخلية على جميع نشاطاتها، معتمدة في ذلك على حسن توزيع المسؤوليات على العاملين فيها، وفق الشروط السوقية، وطرق إستثمار الموارد. كذلك تقديم أفضل الطرق التسويقية مع مراعاة التأسيس وصيانة الممتلكات والروابط البشرية والهياكل الحكومية المؤثرة لإكتساب الاهداف الاقتصادية والاجتماعية وتحقيقها وفق تنفيذ البرامج المخططة للافتراضات المستقبلية.

administrative action **إجراء إداري**

وهو أي تدبير أو قرار يتخذه مجلس إدارة أو سلطة تنفيذية في إطار أستمرارية أو تحسين مستوى العمل في المؤسسة التابعين لها.

administrative audit **تدقيق داخلي أو فحص أولي**

administrative expenses **مصاريف إدارية**

ويقصد بها التصنيف للمصاريف المباشرة لخدمة المشروع كعملية التصنيع والبيع، وعادة تكون حساباتها مدينة.

وهي تصرف كالآتي:

4- رواتب المدراء والهيئة الإدارية.

5- رواتب موظفي الدائرة العمومية.

6- مصاريف سفر الإداريين.

7- الإستشارات القانونية.

8- التدقيق.

9- إستهلاكات الأثاث والتجهيزات العائدة للادارة.

7- فواتير تلفون، تلغراف، وتلكس غير موزعة على الإنتاج.

8- فواتير كهرباء، وماء، الخ.

9- التأمين على حياة المدراء.

10- وغير ذلك من مصاريف تعود للادارة فقط.

administrator **وكيل إعمال. قيم. مدير**

1- الشخص الذي يمتلك مهارة في إدارة الأعمال.

2- الشخص المسمى بواسطة المحكمة (الوصي) لتصفية الملكية بموجب القانون الصادر عنها.

3- المدير التنفيذي.

admitted asset **أصل مقبول أو مضمون**

الموجودات المقبولة في التأمين (محاسب التأمين).

admitted asset **أصل معترف به**

الأصل المحدد تحت رعاية القانون للحقوق الرسمية المختلفة والتي تملك قيمة في سيولتها الى نقد.

advalorem **بالنسبة الى السعر أو القيمة**

تعيين ضريبة الملكية أو الإستيراد أو أي رسم يذكر كمعدل لنسبة فائدة قيمة الملكية.

وهي كلمة لاتينية الأصل تعني حرفياً: بالقيمة.

advance **1-** دفع المال سلفاً

2- دفع ثمن بضاعة مقدماً.

3- دفع أجور قبل الإنتهاء من عمل % ما.

4- اقتراض مال أو إعطاء سلفة.

5- رفع الأسعار أو الفوائد.

advance refunding **إعادة المال المدفوع مقدماً**

advance to supplier **مال مدفوع مقدماً للمصدر**

adverse opinion **رأي مناهض**

affiliate **منتسب، مرتبط أو تابع**

1- عضو في جمعية أو شركة، أو شركاء انضموا الى عصبة واحدة مسيطرة وموجهة نحو نشاط معين لأجل طويل.

2- الاتحاد المغلق. وتطلق على الشخصيات المالية التي تملك ملكية مربوطة، أو إمتلاك فائدة للاعمال التجارية المغلقة عائلياً.

الشركة التابعة affiliate company

أي شركة أو مؤسسة أو دائرة تابعة للشركة الأم.

التبعية أو الانضمام affiliation

1- يقرر. يجزم.

2- يشهد أو يعلن امام المحكمة بدون قسم.

3- يدافع عن حق لا يعتريه شك.

4- إقرار محكمة عليا لحكم صدر عن سلطة قضائية ادنى منها في المستوى.

عقد شحن بضائع affreightment

أو أمتياز إيجار السفينة أو بوليصة الشحن البحري.

عمر الأصل age

الفترة الزمنية ((بعدد السنوات)) المنتجة في الحياة الاقتصادية للموجودات.

عمر ميزان المراجعة aged trial balance

الفئة المحللة لكل نوع من الحسابات بموجب أرصدتها كحساب العملاء والفترات الزمنية له 30،60،120 يوم.

وكالة agency

العقد المبرم رسمياً بين رب العمل والوكيل، والذي بموجبه ينوب الثاني عن الأول في مهام معينة في العقد.

صندوق الوكالة agency fund

مجموع مصادر الثروة المالية في وعاء معين أو المكان الأمين المحفوظة فيه الموجودات المقبوضة والتي هي تحت تصرف الوكلاء.

برنامج ((جدول الأعمال)) agenda

1- تعزيزاً لعمل المدقق المهني، عليه الاحتفاض بجدول يحتوي على ملاحظات متكاملة حول تحقيقاته أو القضايا التي هي موضوع خلاف عدد من الفرقاء وهذا الجدول يمكنه من ملاحقة هذه القضايا والبتّ بها، بحسب الأعراف والتقاليد المرعية.

2- لائحة القضايا. أو أي قائمة معززة بالنقاط لأجل النشاط ((البحث أو المناقشة في مؤتمر أو مجلس أو جلسة)).

وكيل agent

شخص يخول بموجب القوانين ان يقوم مقام الاصيل

جماعي. مجموع. إجمالي aggregate

الأموال المجموعة من قبل أفراد تربطهم صلة الاشتراك في أقل ما يمكن من الاسهام التعاوني في ملكية معينة. مثل: جمعية السلع الاستهلاكية.

طريقة aggregate level cost method

إحتساب الكلفة الإجمالية

وهي طريقة واقعية لاستخراج وتحديد كلفة معاشات التقاعد، إذ توزع فيها كلفة التقاعد بصورة متساوية على معدل مدة الخدمة لمجموعة من الموظفين.

حاصل، مجموع aggregation

تقدير عمر الاصل aging

تقدير عمر حسابات aging of accounts

الأصول

وينطوي ذلك على تحليل% للعناصر في الحسابات الشخصية المستلمة، طبقاً للوقت أو التاريخ أو الاستحقاق. وللدلالة على عمر الفترة تحدد البوالص على الشكل التالي: (30 يوم فأقل)(31 يوم – 60 يوم) (61 – 90 يوم)(91يوم فأكثر). وذلك لإيجاد وتقدير النسبة الضريبية على الحسابات القابلة للتحصيل بوساطة البوالص المحفوظة أو الديون المعدومة.

أتفاقية. عقد مبرم agreement

بوليصة شحن بالطائرة airway bill

الغول algol

لغة من لغات الكمبيوتر الدولية الشائعة لحل مسائل عددية أو حسابية. لقد صممت هذه اللغة لحل مشاكل اللوغاريتمات وهي شائعة في أوروبا اكثر من شيوعها في الولايات المتحدة الأمريكية.

حساب algorism

نظام العد العربي العشري. وهو مشتق من اسم عالم الرياضيات العربي ((الخوارزمي)) الذي عاش في فترة ((780-850م)) حيث يعتبر واضع علم الجبر وترجمت كتبه الى اللاتينية.

حساب. منهاج الحل algorithm

1- مجموعة من الأرقام تامة التسلسل بوضوح جيد بموجب القياسات أو القواعد.

2- قاعدة نظامية لحل مسألة الحساب أو في مشاكل الرياضيات على نمط متكرر.

allied company, affiliated company **شركة تابعة (مرتبطة)**

all-inclusive income statement **بيان شامل بالأرباح والخسائر**

allocable **قابل للتطابق مع اثنين أو** أكثر من المواضيع

allocate **يوزع – يقسم – يعين – يحدد – يخصص – يرصد مبلغاً.**

allocation **اجراءات تحديد الحصة أو توزيعها**

allocation of variances **اجراءات تحديد الحصص المختلفة**

1- المهمة للاختلافات بين الكلفة الثابتة والكلفة الحقيقية للعمل في العملية الانتاجية.

2- العملية لتعيين الاختلافات الى انتاجيات أو نشاطات مثبتة لتكوين مسؤولية لهم.

allotment **تخصيص ((توزيع حصص))**

1- ((محاسبة حكومية)) التنازل الذي تفرضه ادارة مؤسسة معينة لجزء من الممتلكات أو حصص أو مخصصات لأحد الأقسام الفرعية لتلك المؤسسة. وتكون الصلاحية المعطاة على الأساس بمعنى ((تحديد المطلوبات أو ديون واجبة التنفيذ بقيمة معينة)). وذلك لأغراض مقررة مسبقاً وتكون عادة عامة أو خاصة لتقديرات خاصة.

2- تنازل عن الدفع لأجل فائدة المعتمدين.

3- تقسيم العائدات الموجودة أو المتوقعة الى حقول ونفقات محددة.

4- توزيع الأوراق المالية تبعاً أو بنسبة معينة لطلبات المتعهدين أو انتهاء التنازل عن الأسهم في نقابة أو أي مشروع آخر أو هو عدد الأسهم أو الكمية المقرر التنازل عنها.

allotment ledger **أستاذ التخصيص**

سجل أستاذ فرعي لتوزيع الأسهم التابعة. ((محاسبة حكومية)).

allowance **علاوة أو حسم ممنوح**

1- تفاوت مسموح به في تقييم نوعية أو كمية البضاعة أو التقلص الطبيعي أو الاستهلاك أو أي خسارة أخرى ناجمة عن الاستعمال والنقل أو الاحتفاظ بالبضاعة.

2- خصم ممنوح من قبل الدائن في عملية تصفية الدين لغرض الدمار، والتاخير، والنقصان، وعدم مطابقة الشروط المطلوبة، أو أي سبب آخر باستثناء الخصومات والعائدات.

3- نفقة تمنحها هيئة ادارية عليا الى قسم فرعي في منظمة أو الى وكيل معين. ويكون هذا غالباً بشكل أرقام صحيحة (غير كسرية) وممكن ان يكون اقل أو أكثر من الكلفة الحاصلة. لذلك فهو يلغي الحاجة الى إثبات وبرهان الدفع.

4- أي علاوة تمنح للغير بدون تحديد السبب أو بعد تحديده.

allowance for purchase discount **علاوة حسم على المشتريات**

allowance for sales discount **علاوة حسم المبيعات**

all- purpose financial statememt **بيان مالي لجميع الأهداف**

alteration **تغيير، تعديل، تبديل**

الاصلاح أو التحوير في الموجودات حيث انها لا تمثل الاضافة الى قيمتها أو التكاثر في الكمية أو الخدمات بل لتكون الموجودات ذات مرونة وزيادة في الإنتاج.

aalternative cost **كلفة بديلة**

وهي كلفة بديلة تستعمل في نظام الإنتاج. وهذه الكلفة تكون دائماً تخمينية ومتوازنة مع الكلفة الحقيقية، وذلك لتلافي مشاكل الانتاج في المستقبل.

amalgamation **دمج**

هو الطريقة التي تنتظم بموجبها شركتان أو أكثر في شركة واحدة بغية الحصول على مزايا اقتصادية أو مالية أو فنية أو ادارية. ويعرف ذلك بالادغام أو الضم أو الامتصاص.

amortization **اطفاء الدين**

1- عملية تسديد التزام مالي ((دين)) أو مصروفات رأسمالية خلال مدة من الزمن وبصورة تدريجية. ((وفي حالات كثيرة عن طريق أحتياطي الاستهلاك))

-2 عملية إستيعاب الأصول المتناقصة كالايجارات والريوع في التكاليف خلال مدة مقررة سلفاً.

amortization schedule **جدول زمني لإطفاء الدين**

وهو عبارة عن جدول زمني للتذكر بتموين التخفيض الزمني لاطفاء الدين.

amortize **يستهلك الدين**

عملية تخفيض جزئي من قيمة الأصول الحقيقية، أو أطفاء كلي للموجودات المقيدة في دفاتر الشركة، أو هي عملية افراز مبالغ معينة دورية تخصص مجاميعها في النهاية لتسديد الدين. كما قد يكون ذلك في تخصيص فترة زمنية اضافية لصالح المدين.

amortized cost **كلفة استهلاك الدين**

analog computer **كمبيوتر قياسي أو كمبيوتر تناظري**

كمبيوتر يتعامل مع بيانات تناظرية ويمكنه اجراء العمليات الفيزيائية عليها.

analytic review **تحليل**

وهو المراجعة التفصيلية التي يقوم بها المدقق في إستعراض للتصاريح المالية. يضاف الى ذلك التنسيب لأرصدة التحويلات المالية من فترة الى فترة أخرى.

analyze **يحلل**

-1 مراجعة للدراسات التي تم فيها البحث والفحص في التصنيف أو التاليف للمفردة أو البند أو الحساب أو المبلغ. ويكون ذلك عادة بوساطة المراجع والوثائق الأصلية.

-2 تفسير وشرح التقارير المالية.

-3 مراجعة الصفقات التجارية.

annual actuarial value, Normal cost **كلفة تخمينية مبنية على اسس ثابة من عملي التخمين والإحصاء= كلفة طبيعية.**

annual audit **تدقيق سنوي**

العملية الفنية لمراجعة حسابات الصفقات التجارية في كل سنة مالية.

annual closing **إقفال سنوي للقيود الحسابية**

اقفال القيود الحسابية في نهاية السنة المالية.

annual financial statement **ميزانية مالية سنوية**

annalize **ضريبة مالية بموجب التحليل**

تحتسب بموجب تحليل الحصص الربحية الى 12 سهم أي 12 شهراً ((الولايات المتحدة))

annual report **تقرير سنوي**

البيانات المالية والجداول والكشوف التابعة لسنة محاسبية لأي مؤسسة. ويتضمن في العادة معلومات عن نشاط المؤسسة التجاري وعن إدارتها وعن البيانات المالية ورأي المدقق والمعلومات الأخرى التي تعتبر لازمة ومهمة في إصدار تقييم صحيح لجوانب كثيرة عن عملياتها التجارية.

annuity **راتب سنوي**

-1 تسلسل، أو واحد من تسلسل إستحقاق المدفوعات في فواصل زمنية ثابتة، واحتياطي للمتراكم في فائدة مركبة لأجل أرقام محددة للفترات. مثل حق إستلام المدفوعات. وربما يكون القسط الزمني لأجل فترة محددة

-2 المفوعات الزمنية كمعاش تقاعد الموظفين أو غيره.

annuity agreement, contract **عقد لفترة زمنية**

الاتفاق الذي بواسطته يتم الحصول على نقود، أو أي ملكية يمكن إستخدامها بتعويض نقدي لقاء فترة زمنية مربوطة بالعقد. أو ربط أقساط لفترة معينة في العقد.

annuity certain **توثيق زمني**

وهو قسط متكرر قابل للدفع في حالة إستمرارية عدة فترات دورية بالمقارنة مع قسط منفرد ولاحتمالات حدوث الطوارئ، مثل عقد الزواج وعقد تأمين الحياة وعند الوفاة.

annuity cost **كلفة القسط الزمني**

وهو مصطلح يرمز الى متراكم أو نفقات متعلقة بدفعات متوقعة تحت خطة تقاعد الموظفين. ولتكوين التمويل اللازم لهذه الخطة ومن أجل استمرايتها، تقتطع من مرتبات الموظفين مبالغ من المال بنسبة مئوية معينة، وذلك لتغطية معاشات التقاعد في المستقبل.

annuity due **استحقاق سنوي**

وهو ذلك القسط الذي يكون دفعه في بداية كل فترة زمنية والى نهايتها.

annuity fund **صندوق الرواتب السنوية**

1- الكمية المالية لكل فترة زمنية.

2- الأموال الأولية كنتيجة للعقد السنوي: ((عربون)).

annuity in advance, annuity due **إستحقاق سنوي**

annuity in arrears, ordinary annuity فترة زمنية اعتيادية أو الديون التي إستحقت ولم تدفع في الفترة المحددة.

annuity method (of depreciation) **طريقة القسط الزمني (في الاستهلاكات)**

راجع طرق الاستهلاك

antedate **يؤرخ بتاريخ سابق**

على سبيل المثال، أن تضع على بوليصة التأمين تاريخياً سابقاً للتاريخ الفعلي الذي حررت فيه.

anticipated, anticipatory profit **توزيع الأرباح المتوقعة قبل استحقاقها**

الأرباح المسجلة تدفع مقدماً لتحويلها الى نقد.

anticipatory breach **نقض توقعي**

بعض بنود القانون وعباراته التي تستحق التعديل والتغيير قبل الشروع بتفيذ العقد.

antideficiency act **قانون مقاومة العجز**

حالة مباشرة لتعويق النفقات المالية.

أو زيادة نشاط الإيراد المالي.

anti - dilution, dilutive **تأمين القيمة بضمان الفعالية البشرية**

يرمز المصطلح الى تمويل أو مداولة اوراق مالية معينة الى حصص إضافية تابعة الى صندوق مشترك (مخزون مالي) ويمكن التسبب في زيادة أي من المكاسب الرئيسية لكل حصة، أو المكاسب الكاملة الذوبان لكل حصة. وتستثنى الاوراق في اي فترة زمنية معينة، وذلك عندما يكون التبادل والتمويل المفترض حصوله ذا تأثير مضاد للذوبان. وهذه الحالة عكس حالة قلة القيمة الحقيقية كما في الأسهم بواسطة هبوط بالقيمة النسبية، كالاستقالة والوفاة والإحالة الى التقاعد.

راجع المحاسبة الاجتماعية social accounting

antilogarithm **مضاد اللوغاريتم**

وهو رقم المستحصل عندما تكون قاعدة نظام اللوغاريتم مرفوعة الى الأسس المحددة بوساطة اللوغاريتم. ويرمز الى ذلك بمضاد اللوغاريتم العام.

لو $_{10}$ 100=2 ⟵ log

لو $_{10}$ 2= 100 ⟵ antilog

antitrust laws **قوانين مكافحة الاحتكار**

هي تلك القوانين الموضوعة لمنع الاحتكار وعرقلةالتجارة. وأهم هذه القوانين قانون شيرمان (1880) وقانون كلايتون وقانون كلايتون وقانون هيئة التجارة الفدارلية (1914) في أميركا وقانون كيلير.

1- محاسبة الفائدة العمومية.

2- معهد البترول الأمريكي.

APL,a programming language **لغة ابل للبرمجة**

لغة برمجة اجرائية المستوى مستعملة في المعلجات الرياضية والعلمية والمشاكل الاحصائية.

a posteriori **لاحق بعد الحادثة**

application of fund **إستعمال الأموال المعتمدة**

ويقصد بها إنفاق موارد مالية جاهزة، أو تقليص رأس المال العامل مثل عمليات شراء الأصول (الموجودات الثابتة) أو دفع المطلوبات غير المتداولة (طويلة الأجل) أو عملية توزيع أرباح الأسهم.

applied cost **كلفة مطبقة**

الكلفة المخصصة للانتاج أو للنشاط.

apportionment **تقسيم أو تخصيص**

توزيع الكلفة ((وفقاً للقاعدة)) على فترات زمنية تتناسب مع المردود المتحقق.

appraisal **تثمين، تقييم، تقدير**

عملية إيجاد قيمة للشيء، سواء كانت ذهنية أو حسابية. وعادة تتطلب كفاءة ذهنية وممارسة فنية وتواجد دائم لأحد الأشخاص في الأسواق المحلية أو العالمية، بحيث

يتمكن ذلك الشخص من اعطاء ثمن مناسب وعادل، أو مقارب للسعر السائد. ويسمى الشخص الذي يمارس هذه العملية بالمخمن الذي يستطيع إعطاء الكلفة المقاربة للشيء ذهنياً وبالسرعة الممكنة. وتستعمل هذه العملية في دوائر الضرائب والإستملاك الحكومي والتأمين.

طريقة التخمين في الاستهلاك
appraisal method, of depreciation

ان الإستهلاك السنوية هي عبارة عن الفرق بين قيمة التثمين للموجودات الثابتة في بداية ونهاية الفترة الزمنية المحددة. وقد أختفت هذه الطريقة من الممارسة المحاسبية.

تقرير التخمين
appraisal report

البيان المالي، الفصلي أو السنوي، المجهز بإيضاحات حول الكلفة أو قيمة الموجودات الثابتة يقوم بها عدد من المهندسين والفنيين.

فائض التقدير
appraisal surplus

حقوق المالكين المسجلة في الحسابات بقيمة تحميلية على القيمة الاساسية المخمنة أو فائض ينشأ من إعادة تقييم ممتلكات الشركة أو عن إرتفاع قيمة اصول الشركة.

يقيم- يخمن
appraise

وذلك لإمتحان الوزن الإنتقادي باتباع طريقة التحكيم القيمي، ومن ثم دراسة وإختبار مستوى الإدارة في تنظيم سلسلة عملياتها.

قيمة مُخَمَّنة
appraised value

مخمِّن بثمن رسمي
appraiser

الشخص الذي يتولى عملية تقدير قيمة الملكية بصورة صحيحة. وقد يكون المالك أو الشاري أو جماعة أشخاص ذوي مهارة حرفية في هذا المجال كخبرة خبراء التأمين.

إرتفاع القيمة
appreciation

1- ارتفاع في ثمن الموجودات الثابتة في الوقت الحاضر أكثر من القيمة الدفترية.

2- زيادة سعر السوق للأوراق المالية أو البضاعة المباعة أو التغيرات السعرية.

فائض التقدير
appreciation surplus, appraisal surplus

ملائم، مناسب
appropriate

1- ملائم ومناسب، أو مرغوب فيه، أو معقول ((غير غالي السعر)). ان هذه الضمنيات الفكرية يستعملها المحاسبون للدلالة على التطابق مع ضمنيات تحكيمات القيمة المالية في الممارسة الجارية للحصول على القيمة الفعلية.

2- العملية القانونية لاجازة الوحدة الحكومية لاستهداف الديون الرسمية لأجل الحصول على القيمة ضمن الهدف المحدد بشرط أن لايتجاوز المبالغ المحددة وخلال الفترة الزمنية للوقت المحدد.

تخصيص مال، إستملاك
appropriation

1- التصريح الرسمي بالنفقات مع تحديد الكمية والهدف والوقت. أو هو موافقة رسمية مسبقة على نفقات أو نوع من النفقات للموارد المعينة المجهزة أو من المقدر تجهيزها. ان التخصيص ممكن ان يتغير بدرجته الالزامية من تعبير الرغبة والنية للإدارة المسؤولة عن العمل التجاري الى قيود محدودة بواسطة الهيئة التشريعية وتنفذها المؤسسة الحكومية ((الاستملاك)).

2- هو كمية النفقات المستقبلية التي تمت الموافقة عليها.

3- هي الوثيقة القانونية التي تثبت المادة القانونية والكمية ووصف الغرض.

4- وهو توزيع للدخل الصافي على مختلف الحسابات.

5- خلق استهلاك دين احتياطي نقدي للمكاسب المحفوظة.

حساب التوزيع المالي
appropriation account

1- قسم من حساب الأرباح والخسائر، يبين كيفية توزيع الأرباح الصافية (الأرباح بعد الضرائب) على حصص أرباح الأسهم وعلى حسابات الاحتياطي المختلفة.

2- (محاسبة حكومية). تكوين تغيير احتمالي بوساطة النفقات أو بوساطة الشطب والحذف أو بوساطة الأسترجاع أو العائدات أو بوساطة عملية الازالة والسقوط لأي رصيد باقٍ.

قانون التوزيع المالي مشروع قانوني، أمر قانوني محلي، تصميم على أمر
appropriation act, bill, ordinance, resolution, or order

وهو سلطة القرار القانوني الاداري للوحدة الحكومية للاعتماد المالي، وذلك دعماً لحركة النشاط في اكتساب

البضائع والخدمات في سنة مالية واحدة. أو هو التسهيلات لاستعمال الأهداف المحددة في القانون أو القانون المحلي.

appropriation budget **ميزانية التوزيع**

تثبيت وثيقة الحصص المالية المعينة لفترة الميزانية.

appropriation of net income **توزيع الربح الصافي**

appropriation period **فترة التخصيص (سنة مالية واحدة)**

appropriation reimbursement **تعويض التخصيص**

عملية سد أي نقص يطرأ على حسابات التوزيع المشار اليها سابقاً من الرصيد الاحتياطي للمشروع أو عن طريق الاستلاف.

appropriation request **طلب التخصيص ((محاسبة حكومية))**

هو التماس مالي يقدم الى السلطة التشريعية بواسطة الإدارة أو أي وكالة رسمية.

approximate **تقريبي**

approximation **التقرير التقريبي**

أو ما يسمى التقرير النسبي في التقدير. مثلاً: قيام المنتج بتحديد الإنتاج حسب المعلومات التقريبية (في مجال المقرر للدقة).

apriori **إستنتاجي**

arabic numerals **الأرقام الشرقي**

أخذ العرب عن الهند مجموعتين من الأرقام لإحداهما تتحدر منها الأرقام المشرقية 9/8/7/6/5/4/3/2/1/0/ والثانية تتحدر منها الأشكال الإفرنجية لهذه الأرقام 9/8/7/6/5/4/3/2/1/0وقد انتشرت المجموعة الأولى في المشرق الإسلامي وانتشرت الثانية في المغرب، ومن المغرب انتقلت الى أوربا حيث سميت بالأرقام العربية هناك، أما العرب فكانو يطلقون على المجموعتين اسم الحروف الهندية.

arbitrary **1- إعتباطي، تحكُّمي؛ كيفي.**
2- استبدادي.

arbitration **تحكيم**

عملية فصل النزاع . أو تسوية الشكوى بين فريقين أو أكثر على أثر تقديم النزاع الى القانوني أو الى وكيل محايد يعين بموجب السلطة القانونية. وتوجد هذه الحالة في أعمال المقاولات أو في أعمال وكلاء المشتريات مع الباعة في عقود التجهيز وارتفاع أسعار المواد فجأة.

وكثيراً مايكون هناك اتفاق مسبق على القبول بقرار التحكيم كحكم ملزم لتدوينة في العقد المبرم.

arithmetic mean **وسط حسابي**

قياس للأتجاه المتوسط المرادف عادة لكلمة (average)، وهو ليس سوى قياس واحد من قياسات المتوسطات الإحصائية. ويتم الحصول عليه بقسمة مجموع كميتين أو أكثر على عدد البنود المعطاة. وهو نوعان:

أ- البسيط (غير الموزون). مثلاً:4، 7، 10 =7 المعدل البسيط

ب- المرجح (الموزون)

وللحصول عليه نضرب الكميات بمعاييرها، ونقسمها على مجموع المعايير. فمثلاً إذا كانت القيم 4، 7، 10 والمعايير 5، 3، 2 فيكون المعدل:

$$6.1=\frac{61}{10}=\frac{(10\times2)+(7\times3)+(4\times5)}{2+3+5}$$

ويستعمل هذا الوسط في المحاسبة. وذلك أثناء عملية جرد الكميات أو الأسعار عند الجرد.

arm's- length **قاعدة التعامل الحر**

تنص هذه القاعدة على الحرية في التعامل مع أشخاص لا يرتبطون بصلة، وعلى شكل تنافسي وبعيد عن قواعد المجاملة الشخصية. أي ان كلاً من البائع والشاري يعتبر نفسه حراً امام القانون، محاولاً إستغلاله لجني اكبر نفع اقتصادي ممكن، وذلك لجهة الحصول على ادنى الأسعار التي ترضيه. وتدعى هذه العلاقة بآرم التجارية. أما الصفقات التجارية بين الشركات المتضامنة فلا تدخل ضمن هذا التعبير.

arrears **متأخرات**

1- ديون لم تدفع في موعد استحقاقها.

2- أعمال غير منجزة في موعدها المحدد.

arrival draft **حوالة وصول**

articles of incorporation تأسيس الشركة
أو القانون الأساسي للشركة

وثيقة رسمية يشترط القانون التجاري الحصول عليها قبل التمكن من تسجيل الشركة، وتدرج في هذه الوثيقة القواعد والنظم التي تحكم بالتزامات الشركة القانونية والغرض الذي تأسست من أجله هذه الشركة. وكذلك بأعمالها الداخلية بما في ذلك صلاحيات المدراء وواجباتهم وإجراءات انتقال الأسهم واصدارات رأس المال وغير ذلك.

artificial person شخصية معنوية

مجموعة من الأشخاص الطبيعيين منحهم القانون بمجرد تكوين اتحادهم لغرض اقتصادي حقوقاً اعتبارية جديدة بشخصية مستقلة عن شخصيتهم قبل التكوين، وفرض عليها الالتزامات التي تفرض على الشخص الطبيعي واستوفى منهم اجراءات النشر الرسمية للإعلان. والعبارة هذه تشمل الشركات المساهمة والمتضامنة وما شابهها.

ويترتب على إنشاء كيان هذه الشخصية مايأتي:
1- ان يكون لها اسم خاص تعرف به.
2- ان تكون لها جنسية خاصة بها لا تتقيد بجنسيات الشركاء.
3- أن تتعامل مع الغير كما يتعامل الأفراد.

as at كما في (التاريخ)

as is كما هو حالياً

أخذ الشيء في حالته الراهنة دون أجراء أي إصلاح أو تحسين فيه.

asked or asking price سعر مطلوب

السعر الذي يطلبه المالك ثمناً لملكه المعروض للبيع. وتستخدم هذه العبارة خصوصاً في تجارة الأوراق المالية والأسهم والبضاعة الجاهزة لبيعها كما في البورصة.

aspiration مستوى الطموح

وهو تطابق الأعمال مع الآمال الشخصية. كما يطلق هذا التعبير على المشاريع لبلوغها الهدف في مهمة غير رسمية ((معرفة مأخوذة لأعمال سابقة)).

assessable رأسمال أسهم قابل لفرض
capital stock ضريبة عليه

assessed value. قيمة مقدرة

عملية تهيئة الأثمان التي يجري تقديرها للموجودات والإستثمارات حسب السعر المتداول لأغراض الضريبية وغيرها.

assessment تقدير قيمة الشيء

تخمين الموجودات والاستثمار وكافة ممتلكات المشروع وفقاً لمعايير خاصة من جهة، ولنظام الضرائب من جهة أخرى.

asset أصل من الأصول

أي ممتلك طبيعي مدرك بالحواس (ملموس) أو هو الحق (غير ملموس) ذو قيمة، أو مردود إقتصادي للمالك. أو أي بند أو مصدر للثروة مع استمرارية الأرباح لفترات مستقبلية، أو هو ملكية الشركة المنقولة وغير المنقولة، وحتى لوكانت تركة، وهو قابل لتسديد الإلتزامات.

assets موجودات أو أصول

وهي تمثل ما تملكه المؤسسة من موجودات مختلفة وحقوق ونقد وغيره، وبكلمة أخرى ان مجموعة قيمة الأصول في الجهة المدينة من حسابات الميزانية العمومية تشمل:

a. tangible موجودات مادية
1- fixed assets موجودات ثابتة

مثل: أرض – بناء (أطيان وعمارات) – أثاث وسيارات – ماكنات – بضائع – خدمات منتجة. وهي خاضعة لنظام الاستهلاك عدا الارض.

2- current assets موجودات سائلة

مثل: نقد في الصندوق – قطع ذهبية – عملة أجنبية صعبة، أوراق مالية (أسهم وسندات) ذمم وأوراق تجارية. ويقصد بالسائلة لكونها سريعة التحويل الى نقد في الحال، وتكون جاهزة تحت اليد فوراً للتداول.

b-intangible موجودات غير مادية
1. good will شهرة المحل
2. patent براءة الاختراع
3. trade mark علامة تجارية
4. copyright حقوق التأليف والنشر
c. wasting assets موجودات مستهلكة،
أصول متناقصة

ويقصد بها الأصول بالإنقراض أو النفاذ خلال فترة الانتاج. أي إن الأصل الاقتصادية محدودة بحدود الطاقة المخزونة فيه، وبالتالي لا يمكن استبدال هذا

15

الأصل: مثل بئر نفط، منجم ذهب، مزرعة خشب وغيرها.

asset depreciation **نطاق إستهلاك الموجودات**
أو الرصيد المخصص لمجال إستهلاك معين
range (ADR)
يتعلق المدى بفترة حياة الأصل من بداية أستعماله لغاية انتهاء حياته. كانتهاء الطاقة أو كانتهائه بالأقدار. وهذه الفترة (المدى) هي التي تحقق الايراد الداخلي للمشروع. وهي أيضاً القابلة لرسم الضرائب.

assets cover **غطاء الموجودات (الأصول)**
التغطية الآمنية في الاستعمال البرطاني.

asset turnover **دورة رأس مال الموجودات**

asset utilization ratio **نسبة تحويل الموجودات لأغراض نافعة**

assignment **تنازل عن الممتلكات**
وخاصة الى الدائنين.

assignment For the benefit of creditors **تحويل أملاك المدين لمنفعة دائنيه**
التنازل عن الملكية بواسطة المدين المفلس الى جماعة ثالثة (في اتحاد الشركات) دفع عطائي للدائنين (اختيارياً)، بنسبة الحصة، مع الاحتفاض بأي فائض الى المدين.

association **رابطة، اتحاد، مشاركة**
جمعية، منظمة. أو وحدة اقتصادية (هدفها تحقيق منفعة مشتركة) وغير مسجلة تسجيلاً رسمياً، وغير متحدة. وهدفها ربحي أو بدون ربح.

assumed liability **1- مسؤولية مفروضة**
2- كلفة مدمجة

assumption **افتراض**
ويقصد بها المقدمة المنطقية

assurance **تأمين**

assured **مؤمن**

asymptote **الخط المقارب للمنحنيات في الرسوم البيانية**

at par **بسعر الإصدار**
السعر المقرر على وجه الأوراق المالية أو معدل التحويل الثابت للعملية الأجنبية.

at sight **عند الأطلاع**
شرط من شروط الدفع على الأوراق التجارية. وتعهد بالدفع عند الرؤية الصحيحة للورقة التجارية.

attainable cos **كلفة قابلة للتحقيق**
دراسة أي مسألة واقعية الاستنتاج لأجل كلفة مستقبلية.

attained age Normal method **طريقة طبيعية للعمر المكتسب**
وهي طريقة لاستنتاج الفائدة والكلفة، يستخدمها خبراء التأمين لتحديد كلفة عائدات التقاعد التابعة لسنين معينة، وذلك لأغراض المحاسبة والتمويل المالي. وتعتبر هذه الطريقة تعديلاً لكل من طريقة أقساط المستوى الفردي وطريقة مستوى الكلفة المتجمعة، إذ تعتبر كلفة العمل السابقة عاملاً منعزلاً في حساب كلفة التقاعد السنوية.
وتقاس كلفة الخدمات السابقة بصورة منعزلة لكل موظف.
ان الكلفة العادية لكل موظف أو مجموعة من الموظفين تحدد بالنسبة لفترات زمنية تلي الشروع بخطة تحديد مستوى الكميات، أو أنها تعتبر كقياس مئوي لمستوى التعويض على حياة الخدمة المستقبلية المتوقعة للموظف، أو معدل حياة الخدمة لمجموعة من الموظفين.
ان كلفة التقاعد سنوياً = الكلفة العادية + الكمية المخصصة لتسديد ديون تابعة الى كلفة خدمات سابقة أو لتغطية فائدة على ميزانية كلفة مثل هذه الخدمات.

attest **يصدق، يشهد، يؤكد**
الشهادة على الصحة. أي تأمين متزايد مع مراعاة لتحديد الحقائق، أو اصرار على قول الحقيقة. مثل شهادة المدققين، أو اصرار على قول الحقيقة. مثل: شهادة المدققين على اعتدال التصريح الصادر عن دائرتهم.

attorney's letter **رسالة قانونية**
الرسالة المرسلة بواسطة المدقق الى محامي الموكل. مثل: الوسيلة الأولية لحصول التوثيق من تزويد المعلومات بواسطة المدير الموكل الذي له صلة بالأستحقات المالية القضائية، والقيمة الضريبية المقدرة. وهذه الدراسة هي عبارة عن اجراءات جوهرية في كافة التدقيقات المالية، وتسمى ((رسالة المحامي)).

attribute
يعزو أو ينسب الى. خاصية
صفة، نعت

صفة أو مجموع من الصفات يعبر عنها بشكل ما لأغراض التحليل الاحصائي والرياضي أو الهدف الحسابي. وتستخدم الكلمة أيضاً في سياق الكلام عن الفرد اشارة الى الصفات الشخصية الفطرية في تكوينه.

attribute sampling
معاينة نسبية

auction
مزاد

طريقة للبيع بأعلى سعر يدفعه المشتري للسلعة (المزيد على السعر) المعروضة في مكان معين ووقت معين على ضوء المنافسة.

audit
تدقيق، فحص حسابي

عملية يقوم بها الغير للفحص المالي والتحقق.

1- فحص العقود والاتفاقيات وأوامر الشراء والسندات الأصلية والترحيلات الحسابية الشخصية لتكون مثبتة بصورة صحيحة ومطابقة للواقع المالي = التدقيق المتقدم، التدقيق المستندي، والتدقيق الاداري.

2- أي بحث شامل لاستقصاء الحقائق. أو اجراءات التثمين، أو العمليات لأي هدف. وذلك لتحديد مطابقة مع قياس الأوامر والارشادات الرسمية بوساطة المدقق الداخلي = التدقيق الداخلي.

3- أي تفتيش رسمي في عمليات المحاسبة، في أي تسجيلات أخرى حصلت في الماضي.

4- تكون التدقيقات الحسابية محدودة وبسيطة عند نشوئها، ثم تتطور حتى تأخذ حجمها أكبر واكثر تعقيداً في مراحل لاحقة.

auditability
مهارة تدقيقية في الحسابات

حالة التسجيلات والوضع المالي للمشروع المدقق، والتي تسمح للمدقق بتنفيذ الفحص التدقيقي المؤثر. وهناك شرطان عموماً للوجود الاقتصادي ليكون تحت هذه المهارة:

1- الكيان الاقتصادي، يجب ان يملك نظام مسك مسجلات بحيث يحتفظ بالدليل الكافي واللازم للفحص التدقيقي.

2- الرؤساء المسؤولون لهذا الكيان الخاضع للتدقيق يجب ان يكونوا على مستوى من الاعتزاز الشخصي بحيث لا يغشون المدقق عن سابق تصور وتصميم (عرقلة التدقيق).

و هناك أساليب للمدقق لكشف الغش والتلاعب أو الخدع كسبها أثناء ممارسة لمهنته.

audit adjustmen
تعديلات التدقيق

1- تسوية قيود اليومية

2- متابعة الفحوصات بواسطة المحاسبية العموميين.

audit certificate
شهادة التدقيق

تقرير المدققين

audit cycle
الدورة الزمنية للتدقيق

وتحدد في كل مؤسسة في نهاية السنة المالية مثلاً من بداية شهر كانون الثاني (يناير) لغاية نهاية شهر كانون الأول (ديسمبر) أو ماشابه ذلك من فترات زمنية محددة.

audit guide
مرشد المدقق

النظام الفعلي أو العملية التي تخدم التدقيق. ويقصد بالعملية (الفحص والتحقق)

auditing
مهنة التدقيق في الحسابات

النظام الفعلي أو العملية التي تخدم التدقيق. ويقصد بالعملية (الفحص والتحقق).

audit notebook
دفتر ملاحظات التدقيق

ذلك الدفتر الذي يدون فيه العمل ومراحله، والتاريخ والمواضيع، والملاحظات أثناء العمل والمعلومات التي تخص الأوامر والتعليمات.

auditor
مدقق (مراقب الحسابات)

1- هو واحد من الموظفين في المشروع أو خارج المشروع، مؤهل تأهيلاً حسابياً وذو قدرة عالية في المهنة.

2- أو شخص عالي المهام له السلطة لفحص التقارير المرفوعة للجهة العليا، والحسابات والتسجيلات الحسابية والترحيلات.

3- أو صاحب مهنة تدقيق حسابات أو مؤسسة لتدقيق الحسابات.

audit period
مدة التدقيق

الفترة الزمنية التي تعطي لعملية التدقيق بصورة كافية.

audit program
برنامج التدقيق

ويعني نظام التدقيق الذي يعتمدة المدقق ليتم بموجبه مراحل تدقيق حسابات المؤسسة المولج بفحص حساباتها.

audit report
تقرير التدقيق

ويشمل ما يجمعه المدققون أثناء الفحص والتفتيش من معلومات في ممارسة مهنتهم. ويتناول هذا التقرير اختيار الميزانية العمومية. وبعد هذه المرحلة يتناول التقرير النقاط المدروسة التالية:

1- الايرادلات، وفائض الايرادات، الضرائب والمواد الأولية المستعملة.

2- إبداء الرأي في الملكية المالية وما حدث عليها من نتائج بمرور الفترة المالية.

3- عناوين مالكي الأسهم ومراكزهم المالية وخصوصاً الحالية بالنسبة للشركة.

4- الفكرة الواضحة عن نتيجة التشغيل المالي والموجود النقدي وقضايا التحويل المالي مع تقدم السنوات.

5- تقدم هذه التقارير الى أصحاب الأعمال أو مدراء الشركة لتعديل خطة الشركة أو لتصميم خطة للسنة الجديدة.

audit standards
قواعد التدقيق في الحسابات

أي ما يتوفر في المدقق الناجح:

1- التصرف الشخصي والمهارة الفنية، أي التدريب بشكل كاف مع الخبرة.

2- الاحتفاض بالأستقلالية أي حرية الرأي والتصرف العقلي في كل مكان.

3- استحقاق التمرين والمهارة الفنية بأستمرار التدقيق مع التقرير الخاص المقدم.

4- تحطيط العمل وكفاءته وقابليته لأي مساعدة في الاشراف.

5- السيطرة الداخلية. يجب ان يكون ملماً بالدراسة ومخمناً جيداً أو مؤهلاً للثقة والتحديد والاجابة الدقيقة.

6- توفر الدليل والبينة أو الشهادة في التقرير، بحيث تكون كافية ومرضية وعادلة. ويحصل عليها من خلال معلومات الفحص والتفتيش، وذلك لانه سوف يزود قاعدة التدقيق في التقرير النهائي بالمعلومات الصحيحة.

7- تطابق التقرير المالي النهائي مع رغبة أصحاب الأعمال.

audit test
أختيار التدقيق

1- عملية تطبيق أساليب التدقيق على كمية من المعلومات أقل من المعلومات المتوفرة مثل:

أ- الجرد العشوائي المخزني أو جرد الهيئة المشرفة على التدقيق على مدققي الجرد في المخازن.

ب- أو تطبيق أساليب المطابقة على 50% من ميزانيات الزبائن أو فحص 5% من كل التوزيعات النقدية.

2- الأجراءات التدقيقية.

3- تطبيق الأسلوب التدقيقي عندما يكون الهدف هو تقدير صحة الإنجاز المعين بدلاً من تقدير كمية معينة.

audit trail
تسلسل الاجراءات التدقيقية

(ممر التدقيق) وهو المرجع الذي يصاحب الصفقات التجارية (قيود اليومية أو الترحيلات الحسابية) الى السجلات الرئيسية أو الوثائق. إن التسلسل التدقيقي الجيد يمتاز بأختصار الجهود اللازمة لمتابعة الصفقات التجارية والعقود الى وثائقها الأصلية. ان مسلسلات كهذه تعتبر ضرورية وجزءاً من تكوين خواص نظم الحسابات.

audit year
سنة التدقيق

وهي السنة التي تغطي مهام التدقيق وتسمى بالنسبة المالية، أو تدقيق الميزانية العمومية.

authority
سلطة أو قدرة

1- أ- نص مشهود له أو يعتد به
ب- مستند، مرجع، مصدر النص.
ج- سابقة.
د- شهادة.
هـ- خبير، ثقة.

2- سلطة، حق.
وهي حق اتخاذ القرارات التي تحكم تصرفات الآخرين، وقد تطلق على الجهة التي تملك هذا الحق.

3- الحكومة، السلطات الرسمية.

4- سلطان، اعتبار، نفوذ يبعث الاحترام والثقة.

5- أ- أساس.
ب- وزن، قوة مقنعة.

authority bonds
سندات السلطة

ويقصد بها السندات المدفوعة من عائدات الدولة.

authorization
تفويض، تخويل

18

authorized capital stock **رأس مال قانوني**
هو حاصل ضرب عدد الأسهم المصرح بها (في عقد تأسيس الشركة) في القيمة الاسمية للسهم الواحد.

autocorrelation **أرتباط ذاتي**

automatic machine **ماكنة تلقائية**

automatic reinstatement **إعادة المفعول**
التلقائي لوثيقة التأمين بعد الخسارة بالقيمة المعلنة في الاتفاق.

automation -1 تقنية يستطاع بها جعل عملية ما أوتوماتيكية أو تشغيل جهاز ما أو توماتيكياً.
-2 كون الجهاز مشتغلاً أو توماتيكياً
-3 ادارة الأجهزة بالوسائل الميكانيكية أو الالكترونية التي تحل محل حواس الملاحظة عند الانسان وتوفر عليه عناء التقدير وبذل الجهد.

autoregressive process **عملية الإرتداد الذاتي في الحركة**

auxiliary activities **النشاطات الإضافية**
((محاسبة المؤسسات الاجتماعية أو الثقافية)) مثل مؤسسة خيرية جامعة، معهد، مهجع ((داخلي للطلاب))، حجرات الطعام في المياتم أو المعاهد، أو الكليات، مخزن كتب أو مكتبة أو أي نوع من أنواع النشاط المخصص لغرض معين.

auxiliary equipment **تجهيزات إضافية**
ويقصد بها المعدات الثانونية (شيء كمالي) أو التحسينية أو إضافة مكتسبة منفصلة الى بند العدة الأصلي.

available **أصول مُيسرة**
الموجودات التي يمكن تحويلها الى نقد بسرعة وبحرية تامة وتكون جاهزة للاستعمال العام. وتدعى بالسائلة أو الحرة لكونها غير مقيدة بالرهن أو الحجز الرسمي.

available balance **رصيد حر**
-1 = المبالغ الجاهزة - النفقات - التعهدات المستحقة.
-2 = المقبوضات الفعلية + المبالغ على الطلب – المحجوزات المالية.

available **نقد حر**
-3 النقد في البنك وتستثنى منه الصكوك المستحقة، أو النقد

تحت اليد، ذلك النقد الذي يستعمل لأهداف عمومية.

available earned **فائض المكاسب المتوفر**
Surplus, inappropriate retained

avails **صافي قيمة الكمبيالة**
المبلغ الذي يقبضه المقترض عن قيمة الكمبيالة بعد حسم المبالغ المستحقة كفوائد مسبقة ورسوم وغير ذلك.

average .1 وسط حسابي. أو معدل حسابي
.2 أي مركزية هدف لسلسلة الكميات.
.3 الخسارة (في التأمين البحري)، تلف البضاعة، أو المصروفات التي تنجم عن فقدان السفينة (المؤمنة) أو حمولتها أو عن التلف الذي يلحق بها.

income averageable **دخل قابل للتوسط أو التعديل**
ضرائب الدخل الفدرالية في الولايات المتحدة الأمريكية.

average collection period **معدل فترة التحصيل**
تعتبر هذه النسبة بديلة عن معدل دوران ذمم العملاء وذلك لاستنادها الى نفس المعلومات، وتستخرج كما يلي:
-1 إيجاد معدل المبيعات الصافية في اليوم الواحد بقسمة صافي المبيعات على الفترة التجارية ((تؤخذ الأيام الفعلية للسنة بالاعتبار)).
-2 قسمة ذمم العملاء على معدل المبيعات في اليوم الواحد.
مثال:

-1 صافي المبيعات 20000 دولار
مدينون 4000 دولار
أوراق قبض 1500 دولار
-2 مجموع ذمم العملاء 5500 دولار

معدل المبيعات الصافي في اليوم الواحد =
20000÷ 300 يوم = 67 دولار تقريباً.
فترة التحصيل = 5500 / 67 = 82 يوماً تقريباً.

average cost **كلفة متوسطة**
1= الكلفة المجموعة ÷ الكمية المجموعة.
يمكن استعمال هذه الحالة في البنود القابلة للبيع،

Average deviation

وكذلك في التخمين عند الجرد بشكل عام.

2- كلفة الوحدة المتوسطة.

3- المعدل للكلف في كل التسلسلات الزمنية = كلفة المجموعة المتوسطة.

أنحراف متوسط   **average deviation**

هو عبارة عن درجة اعتدال الانحراف لمجموعة بيانات عددية من تعيين موقع النقطة (الوسط الحسابي) مع عدم اعتبار (اهمال) الإشارة (أي قيمة مطلقة). أن المتوسط الحسابي للاعداد مثال: 27 ، 20 ، 18 ، 12،10، 9

$$\text{الوسط الحسابي} = \frac{27 + 20 + 18 + 12 + 10 + 9}{6} = 16$$

---

axiom

انحرافات القيم عن الوسط الحسابي 00000+ 11،4+، 2، -4،-6،- 7 مجموع الانحرافات بعد اهمال الاشارة =

$$11+4+2+4+6+7=34$$

$$\text{الانحراف المتوسط} = \frac{34}{6} = 5,67 \text{ تقريباً}$$

متوسط العمر   **average life**

العمر المقدر لمتوسط حياة طاقة الموجودات المعرضة للاستهلاك أو الهلاك،

حقيقة (شيء مسلم به ولا يعوزه الإثبات)   **axiom**

أو بديهية، وهي تعبير يطلق على المبادئ والفرضيات المحاسبية أو على معاييرها القياسية.

baby bonds **سندات ضئيلة القيمة**

backdoor financing **تمويل غير مشروع**

التعامل المالي المخالف للترخيص التشريعي لاصدار السندات الى العموم، أو إستلاف سندات من الخزينة عند نشوء ارتفاع سعري.

back freight **كلفة شحن إضافية على بضاعة**

عندما تشحن البضاعة على ظهر إحدى السفن ولا تستلم في الميناء المقرر لتفريغها، فعلى ربان السفينة، إختيار ميناء آخر لتفريغها، واضافة أجور فرق الشحن إلى المصاريف الاخرى.

backlog reporting **تدوين في سجل الاعمال المتراكمة**

تدوين البيانات في سجل خاص، وذلك عن كل ما يكشف عنه أو يفضح عادة خلال الملاحظات الذيلية (على الهامش أو الحاشية) في السجلات للاستفادة منها في الانتاج القادم (التطوير).

back order **طلبية متخلفة**

حصة طلبية العميل غير المستلمة لأي سبب كان، وتكون عادة في تاريخ جانبي، وذلك بسبب الإنتاج أو البضاعة المتغيرة.

backwardation **تحميلات مالية موقوفة**

1- تحميلات مالية لصالح السوق المالية موقوفة لحين نفاذ عملية الصفقة المالية التي يقوم بها المضارب. وتتضمن عقوبات مالية (غرامة وفوائد) تفرض على المضارب في حالة تأخر تسليم الموجودات المالية المباعة وذلك لانتظار انخفاض اسعارها.

2- دلالة تقدم لمقرض الاوراق المالية، أي الاجر المهني المقدم لبورصة لندن.

bad debts **ديون معدومة**

وهي الديون التي أعتُبرت معدومة رسمياً لعدم امكانية تحصيلها، كما تعتبر خسارة للمشروع، حيث يمكن شطبها من السجلات على شكل أقساط سنوية الى حين اطفائها. وإذا تبين ان هذه الديون تلاحق المشروع، ففي هذه الحالة يتم التخطيط مستقبلاً: لحساب إحتياطي الديون المعدومة.

bailment **وديعة أو أمانة تستعاد بعد انقضاء الحاجة اليها**

الاستلام أو التحويل للنقد أو البضاعة أو أي ملكية شخصية لبعض الأغراض على قيد الذمة مثلاً: البضائع التي تودع بهدف التخزين أو الاصلاح. كذلك المعدات المؤجرة الى الغير وأصلاحها أيضاً، والبضائع التي تودع في المعارض الدولية ((بضاعة أمانة))، ويستطيع مالكها استعادتها متى يشاء.

balance (n.) **رصيد (أسم)**

1- الحاصل بين مجموع المبالغ المدينة ومجموع المبالغ الدائنة، أو حساب الموجودات والمطلوبات. ومبلغ الفرق هو الرصيد. ويعني الباقي في الحساب.

2- التساوي لأرصدة مجموع المدين وأرصدة مجموع الدائن في الاستاذ العام كما في عملية الاستخراج ((الحسابات المتداخلة والمتخارجة في الرصيد)). انظر ميزان المرجعة.

balanced budget **ميزانية متوازنة**

التوازن في النفقات والعائدات خلال فترة زمنية معينة.

Balance of current account

ميزان الحسابات الجارية (محاسبة حكومية) ويتألف من:

1-balance of payments

1- الميزان الحسابي أو ميزان المدفوعات للدولة وهو الهيكل التنظيمي المالي للدولة، ويمثل مجموع قيم الصادرات والواردات للسلع والخدمات المنظورة وغير المنظورة في وحدة زمنية معينة ((السنة المالية)) في قطر ما. ويعتبر الميزان التجاري من أحدى عناصره.

وهو يعكس قوة العملة الوطنية بين العمل الدولية.

2- رصيد متجمع لتسديد اي عجز لاي مبلغ لاي مرحلة زمنية.

3- حصة مالية مملوكة الى أو من قطر آخر من مجموعة الأقطار.

2- balance of trade

الميزان التجاري

وهو عنصر مهم من عناصر ميزان المدفوعات ويمثل صافي الفرق بين مجموع قيم الصادرات والواردات للسلع والخدمات المنظورة فقط ((عبر الحدود الكمركية)) في وحدة زمنية معينة في قطر ما.

balance sheet **ميزانية عمومية**

وهي عبارة عن كشف يتضمن جانب منه موجودات المؤسسة أو الاصول العائدة لها، ويتضمن الجانب الاخر ماهو مطلوب منها أو متوجب عليها للغير، والفرق يمثل رأسمال المؤسسة.

الجهة المدينة	الجهة الدائنة
الأصول	رأس المال
-	الألتزامات
المصروفات	الأيرادات

balance – sheet audit **تدقيق ارصدة الميزانية**

تدقيق منفرد خصوصي مع التدقيق السنوي.

balance – sheet equation **موازنة ارصدة الميزانية**

banker's acceptance **قبول مصرفي**

عملية يقوم بها البنك لضمان التاجر وتسهيل عملية التجارة في داخل القطر وخارجه. وهذا القبول يثبت مع السند أو الكمبيالة. وبعد القبول تعرف بالكمبيالة المصرفية وهو اعتراف ملزم وقانوني بدفع الالتزامات في الورقة المالية.

bank balance **رصيد مصرفي**

المبلغ الظاهر في تاريخ الفحص أو التدقيق، أو حساب الودائع بعد الترحيلات.

bank charges **رسوم مصرفية**

الأجور المجموعة للعميل بوساطة البنك. مثل استشارات الاحتجاج أو التحويل، الصكوك المحررة أو خدمات متضمنة الفائدة، وكذلك الخصم في المعاملات التجارية.

bank confirmation **تثبيت مصرفي**

كتاب يستلمه مدقق الحسابات في البنوك لتثبيت رصيد العميل الذي يقوم بتدقيق حساباته بتارسخ معين.

bank credit **اعتماد مصرفي**

حساب يفتحه التاجر في البنك أما بقرص من البنك أو بدفع قيمته حسب الواقع وذلك لدى تصدير أو استيراد بضاعة ويعيد دفعه للمعتمد له لدى تسليم بوالص الضمان.

bank loan **قرض مصرفي**

المبالغ المقترضة من البنك تحت سياسة الاعتماد والثقة المتبادلة أو أي عقد مع البنك بموجب تعهد قانوني مسبق يدفع في حينه ويتضمن الفائدة المقررة للقرض.

bank draft **حوالة مصرفية**

-1 حوالة مسحوبة من مصرف على مصرف آخر وتدفع عند الطلب أو حسب الواقع.

-2 عبارة عن مستند مسحوب على البنك لمنفعة الدائن حين لا يرغب الأخير قبول شيكات شخصية أو التداول بها تجنباً لفقدانها.

bank note **ورقة مالية (بنكنوت)**

ورقة نقدية صادرة بموجب القانون من بنك البنوك أو بنك الاصدار يتعهد البنك لحاملها بدفع قيمتها نقداً أو ما يعادلها ذهباً.

bank overdraft **حساب مصرفي مكشوف**

السحب على المكشوف في النظام الصيرفي. المبالغ المسحوبة على البنك تكون اكبر من رصيد الساحب في الحساب التجاري. (فرق الحساب مستحق الدفع)

bank reconciliation **تسوية مصرفية**

كشف تحليلي للاختلافات الحاصلة بين حساب البنك في سجلاته وحسابات أرصدة العملاء وهي الترحيلات للمودعين والصكوك المستحقة غير المسجلة.

bankruptcy **افلاس**

وبكلمة أخرى ان الافلاس هو عجز تاجر عن ايفاء ديونه، وله احكام قانونية خاصة في كل من بلدان العالم.

bank statement **كشف البنك**

كشف مفصل يبين الحركة الشهرية أو السنوية لحساب المودع الجاري في البنك.

barbell portfolios **السندات الرسمية الثقيلة**

السندات الحكومية والاوراق التجارية وما يقابلها من النقد المعدني الموزون بالزمن المحدود. ويقصد بها ما يدر من الارباح خلال فترة الاستثمار للسندات والاوراق التجارية سواء كانت طويلة الاجل وقصيرة الاجل، مثل السندات واستحقاق الدين الصريح في المواعيد المحددة له.

bar chart **تسلسل احصائي**

رسم بياني بأعمدة متسلسلة.

bareboat charter **إجازة مركب عار**

الإجازة التي يحقق لصاحبها استعمال سفينة أو مركب ما كيفما يريد تحت شرط الملكية الكاملة. ويقصد بذلك تأجير السفينة بشرط ان تكون غير مغطاة بالنفقات خلال فترة الايجار. أي على المستأجر دفع النفقات المترتبة عليها خلال مدة الايجار.

bargain purchase **مشتريات بأسعار مخفضة**

الصفقات التجارية في البضائع أو السلع المنخفض سعرها.

bargain purchase option *bear*

bargain purchase option **اختيار المشتريات باسعار مخفظة**
اعطاء المستأجر حق شراء الملكية المؤجرة بأقل من القيمة المشروعة المتوقعة للملكية في وقت الاستخدام.

barter **يبيع ويشتري بالمقايضة**
عملية تبادل السلع فيما بينها دون استخدام المال وسيطاً فيها. أي تبادل سلعة أخرى ((العين بالعين)) في البيع والشراء. وقد نشأت هذه الطريقة قبل استعمال النقد كوسيلة للمبادلة السلعية في المجتمعات البدائية مثل: مبادلة كمية معينة من القمح بعدد معين من القطع الجلدية. وهذه الطريقة لها مزاياها وعيوبها. وبتطور الزمن أصبحت من العمليات التجارية في البيع والشراء في حالات الازمات الاقتصادية والحروب للحصول على السلع النادرة في تلك الظروف.

base – stock method **طريقة تخمين المخزون**
اجراءات لتحديد كلفة الموجودات في أي مخزون ثابت مقيم بالسعر الاعتيادي، واضافة الكمية حسب قيمة ما يدخل أخيراً يخرج اولاً في اصل القيمة الدفترية.

BASIC **باسك: ((كومبيوتر))**
اللغة المبسطة للمبتدئين والمستخدمين للأغراض العامة في الحسابات الرياضية للحاسب الألكتروني.

basic dimension **حجم اساسي او قاعدي**
وهو الحجم الدقيق نظرياً في عملية الانتاج ومراقبتها للسيطرة على الحجم القياسي المنتج وفق المواصفات الخاصة بالنوعية ((السيطرة النوعية الاحصائية))

basic expenditures **نفقات أساسية**
العمل المستثمر النامي هو جزء من الكلفة الانتاجية لتحويل المواد الاولية في التصنيع وفق الفترة الطبيعية المستعملة دوماً في تطابق الكلفة.

Basic standard cost **التكاليف المعيارية الأساسية**
1- وهي كلفة معيارية يستفاد منها كنقطة مرجع لقياس التغيرات في الكلفة الثابته الجارية ولقياس الكلفة الفعلية. وتعدل عادةً عندما تتغير خاصية الفعاليات الجارية.
2- وهي كلفة معيارية مطورة بوساطة الدراسات الهندسية بأخذ أعتبارات الأهداف المفروضة ومن الممكن أن تكون غير مستحصلة بصورة دائمية.

basic point **نقطة أساسية**
الموقع الجغرافي الذي يحدد سعراً يكون اساساً لسعر نفس السلعة في مكان آخر، عدا اختلاف نفقات النقل بين المكانين.

basis **عنصر اساسي ((قاعدة))**
كلفة أو قيمة الاشتعال، أو البديل للكلفة، أو المبالغ المقارنة في الاجراءات عند البيع.

basis of accounting **قاعدة محاسبية**
نظام العمل الوظيفي الذي يقوم به المحاسب يومياً في تسجيل والإدلاء بالتقارير المالية للصفقات التجارية.

basis point **نقطة الاساس**
تحسب النسبة المئوية بعد حساب فوارق الارباح للسندات ثم تقسم على 100 لنحصل على نقطة الاساس.

basket purchase **شراء اجمالي**
المشتريات لمجموعة من الموجودات بسعر الوحدة الواحدة، وخصوصاً الموجودات الرأسمالية. وهو سعر مفرد متفاوض عليه دائماً تدور الأسعار بين البائع والمشتري، وبالتالي تكون الارباح بين الموجودات المتعددة المظاهر أو جماعة الموجودات.

batch **كمية اجمالية**
الكمية المعدة أو المطلوبة لعملية واحدة فقط ((انتاجية))، وتسلم في وقت واحد.

batch costing **تكاليف الكمية الاجمالية**
طريقة توزع فيها جميع التكاليف المتكبدة على كل دفعة منتجة وكأنها طلب عمل واحد، سواء كانت تلك الدفعة تحتوي على عدد من الوحدات الانتاجية، أم كانت تحمل وزناً اجمالياً لكافة المواد الاولية المستعملة في الدفعة الانتاجية، كما في الصناعات النفطية والكيماوية والمطاطية.

Bayes' rule **قاعدة توماس بايز**
وتستخدم لحل أنواع من المعضلات التي يمكن ضم عينات من المعلومات التي تم الحصول عليها حديثاً الى احتمالات شخصية سابقة وذلك للتوصل الى احتمالات شخصية.

BCO"computers", binary coded decimal **النظم الثنائية والنظم العشرية في الحسابات الالكترونية وتنظيمها**

bear **مضارب بانخفاض الاسعار**
((المنازل في اسواق السندات المالية والبضائع)): شخص يتوقع انخفاض الاسعار في سوق البورصة فيبيع، استناداً الى ممارسته وتوقعاته للحوادث المالية، أو يقوم بممارسة ضغط على البورصة في النزول، وذلك ببيع اسهم ليست في حيازته أصلاً ولا هو يملكها، ثم يقوم بشرائها عند انخفاضها ثانية.
انظر bull

bearer bond **سندات لحاملها**
سندات غير مسجلة لشخص معين تدفع لحاملها وتنقل ملكيتها بطريقة التمويل والمناولة ولا تتطلب التظهير.

bearer stock **اسهم لحاملها**
تكون هذه الاسهم (رأس مال الاسهم) خالية من اسهم مالكها وتعتبر ملكاً لمن يحملها وتنتقل ملكيتها بمجرد حيازتها.

behavioral accounting **محاسبة سلوكية**
محاولة تطبيق موضوع علم النفس أو الحوادث الطبيعية مع محاسبة النشاطات في المشاريع التجارية أو الصناعية.

below par **أقل من القيمة الاسمية**
الحصول على اشياء أقل من قيمتها الاسمية المقررة.

below the line **تحت السطر**
وهو تعبير يعني حصول دخل أو كلفة غير عادية وقد تضاف ضمن البنود المدرجة في الحسابات تحت السطر.

benchmark **علامات قياسية**
تستعمل للتقويم أو التدريج لاظهار التصحيح في درجة الاعتدال لوحدات الوزن والقياس وانظمتها.

benchmark program **برنامج مقارنة الأداء**
برنامج علامات التقييم للطلبات في نظام الحاسبة الالكترونية. وهو اختيار يجري لمعرفة مدى امكانية جهاز الكمبيوتر لاجراء عمليات حسابية معينة وتحت ظروف معينة.

beneficial interest **الفائدة النفعية**
1- حق الانتفاع من الملكية الخاصة، أو من نشوء الارباح المثمرة في عقد التأمين أو أي عقد.
2- الملكية المعلنة بواسطة الاسهم المستحقة لمخزون اسهم الشركة، كالحقوق المجتمعة لأشخاص تملك أي فائدة ملكية مشتركة.

benefit **فائدة تعويضية**
1- التعويض لخسارة الثروة بواسطة النفقة المالية.
2- إعانة مالية معوضة تدفع عند الشيخوخة أو المرض.
3- المردود الناتج من كل مصروف.

benefit cost analysis **تحليل الكلفة التعويضية**
وهي مقارنة الفوائد مع الكلفة أو نسبة الفوائد الى الكلفة. مثلاً: المبيعات الى كلفة المبيعات.

beta coefficient **الدرجة الثانية في نظام التأمين على المخاطر**

beta risk **الخطر الثاني**

betterment **تحسين أو اصلاح**
وهي تكلفة ناتجة عن حالات ادامة حياة الموجودات الثابتة، بأستبدال بعض الاجراءات التالفة أو أجزاء الملكية المتضررة عند انتهاء العمر الاقتصادي الانتاجي، بهدف اطالة عمرها أو تمديد فترة استعمالها.

bias **انحراف**
1- نزعة طبيعية في العقل اللاواعي أو غير المقصود للتفتيش عن التجميع أو التركيب في الوقت الحاضر أو تستعمل كدليل أو علامة في الاسلوب مثلاً كنقطة في استنتاج أو حكم قضائي، أو كنقطة مثل اختيار الانتاج النهائي.
2- (احصائي) تصنيف مميز، عشوائي، وغير مشكوك فيه، وذلك لإكتشاف الاخطاء.

bicolumnar **ثنائي العمود**
ويستعمل في عملية القيد المزدوج في مسك الدفاتر التجارية.

bid **عطاء (في مزايدة أو مناقصة) أو يعرض سعراً للشراء.**

bid price **سعر مرجح في العرض**
أي القيمة التي يكون المشتري مستعداً لدفعها.

bidding **مزايدة**
عملية المزايدة في الشراء عن طريق المضاربة بالأسعار.

big bath **تخفيض كبير جداً للموجودات**

bilateral contract **عقد ثنائي**
العقد الذي يكون ملزماً لطرفي العقد.

bill **لوحة شرعية**
1- قائمة المصاريف أو الخدمات.
2- سفُتجة (كمبيالة).
3- قانون مفتوح فقط، أو بيان تصدره المحكمة.
4- عملية نقدية في أميركا صادرة عن المصرف الاحتياطي.
5- لصياغة وارسال قائمة لتغطية مصاريف بضاعة مباعة أو خدمات تعويضية للآخرين.

billing machine **آلة اعداد القوائم**

وتستعمل في قوائم البيع للعملاء أو أية سجلات متشابهة. أو هي آلة لحفظ حسابات العملاء.

-1 bill of exchange, كمبيالة (سفتجة) بوليصة

ورقة تجارية مالية تحريرية قابلة للتداول بين الافراد.

أو أمر مكتوب غير مشروط يوجهه شخص الى آخر يطلب منه ان يدفع المال عند الطلب ، أو في وقت محدد، أو سيحدد في المستقبل، مبلغاً من المال الى شخص معين، او الى حامل الامر.

-2 تحويل أو حوالة أمر بدفع المال (ينشأ خارجياً للصفقات التجارية الاجنبية).

bill of exchanger **سند على خزينة الدولة**

bill of lading = B/L **بوليصة شحن البضائع بالبواخر**

وهي وثيقة يصدرها الناقل أو ربان السفينة في ميناء التصدير الى صاحب البضائع المعدة للشحن (البائع) يقِّر فيما مايلي:

-1 قبول شحن البضاعة وإيصالها الى ميناء متسلم البضاعة: (المشتري)

-2 استلام تلك البضاعة ((كمية ونوعية)).

-3 استئجار السفينة كلها أو جزء منها سواء كانت الشحنة على السفينة أو تحت سطحها.

-4 ميعاد الرحيل وخط الرحلة واسم السفينة مع بيان لأحكام التي سيتم الشحن بموجبها ولذا فهي تعتبر عقداً ينظم شروط النقل والتسليم.

bill of sale **سند بيع**

عقد محرر بوساطة شروط للتخلي عن الملكية من شخص لآخر، أو التنازل عن فائدة لشخص معين في بضاعة محولة.

bill payable **أوراق مستحقة الدفع**

bill receivable **أوراق مستحقة القبض**

binary code **نظام العد االثنائي في الكمبييوتر**

binary search **تفتيش ثنائي**

binomial distribution **توزيع ذو حدّين**

التوزيعات التكرارية، احدى الطرق الثلاث من التوزيعات التكرارية النظرية (الاحتمالية) في اصول الاحصاء.

وهي دراسة وتحليل العينات والاختبارات الإحصائية، وتعتمد على طرق وقواعد حسابات أحتمالات الحوادث في عدم وقوعها. ولا يمكن أن يكون لها سوى نتيجة واحدة من اصل نتيجتين ممكنتين. وحيثما يكون الحدث محتمل الوقوع في اي من التجارب بنسبة معلومة.

bit **وحدة صغيرة جداً في التوزيع الثنائي**

وذلك في الاستعمالات المخزونة للآلة الحاسبة كالصفر والواحد.

bivariate analysis **تحليل ثنائي المتغيرات**

B/L= bill of lading **بوليصة شحن**

blackmail **ابتزاز الأموال بالتهديد**

أي الاستيلاء على الأموال بصورة غير مشروعة أو على أساس التهديد أو الحماية.

black market **سوق سوداء**

عملية شراء أو بيع البضائع أو التحويل الخارجي للعملة ((المتضمنة التداول المحلي)) ، وهي تتم بصورة غير مشروعة قانوناً حيث تعتبر هذه العمليات انتهاكاً للحصر الحكومي في ذلك القطر. (وتكثر هذه الحالة في الدول الأشتراكية)

blanket insurance **تأمين مغطى**

ويتسم عقد التأمين في هذا المجال بشمولية، حيث يتضمن هذا الصنف عادة (الملكية المتذبذة المواد)، وهو يجدد من وقت الى آخر.

blind entry **قيد غامض**

-1 قيد يومي في الحسابات يتضمن المبالغ المدينة والدائنة، دون ذكر أية معلومات مفصلة حوله في التسجيل.

-2 الترحيل في الأستاذ العام غير مدعم بوساطة مستند اليومية أو أي تسجيل آخر.

blind selling **بيع أعمى**

عملية بيع السلعة دون إتاحة فرصة للمشتري لرؤيتها.

blockade **حصار**

عملية منع الاتجار مع ميناء أو بلد معين.

block **البلوك، المجموعة، المربع**

1- مجاميع ذات صفة مماثلة ((مطابقة))، أو تسلسل مسرد لكمية معينة من الحسابات.

2- يحتكر، يعوق، يمنع. كمنع الدولة من تسرب العملة الأجنبية من داخل البلاد الى الخارج.

3- (المربع) الآلات حاسبة. أو مجموعة الارقام و الرموز في متكامل واحد للذاكرة.

blocked currency **نقد مجمّد**

إحتكار التداول بالنقد

مبادلة عملة بلد مع عملة بلد آخر محصورة بيد الدولة، وتحريم ذلك على الأفراد بموجب القانون. تعمد الدولة، الى هذه الحالة عندما يكون الميزان التجاري في غير صالحها.

block method **طريقة الحصر**

أو طريقة المجاميع ذات الصفة المماثلة.

نظام ثانوي للسيطرة على حسابات العملاء الفرعية.

block search **تفتيش جماعي**

blotter **دفتر، الخرطوش**

1- تسجيل دفتري على وجه التذكير لأي تدوين للصفقات التجارية على طريقة القيد المنفرد مع عدم الاعتبار للتصنيف التنظيمي.

ويذكر فيه التسجيل عاموديا فقط وحسب حالة الصفقة، فاذا كانت بيعاً سجل إيراد، واذا كان شراءاً سجل مصاريف وطرح من الإيراد... وهكذا تكون الحالة زائدة مرة وناقصة مرة أو بالعكس ... حسب الحالة لنهاية اليومي ويصفي فيه التاجر رصيد الصندوق الفعلي مع الدفتر. وهو بمثابة سجل اليومية.

2- سجل محاسبة ابتدائية للأسهم، ويستعمل للإستلام النقدي، أو يومية الانفاق النقدي مع تحكيم خصوصي للاعمال التجارية.

blue – sky law **قانون السماء الزرقاء**

قانون خاص بتنظيم أسهم المجازفة والسندات. صدر في أمريكا عام 1911، وهو يخص التجار والسماسرة والمستثمرين وحمايتهم من مشاريع الاستثمار التي تنطوي على مجازفات شديدة غير مبنية على اسس معقولة أو مبادئ مدروسة، كذلك ينظم القانون عملية البيع والشراء.

oard of directors **مجلس الادارة**

ويتألف من الاشخاص المنتخبين من قبل النمساهمين في الشركة المساهمة لادارة الشركة، والذين يتصرفون تحت مسؤولية قوانين الهيئات التي تدير المشاريع التجارية والصناعية، وبموجب القوانين النافذة.

BOM= beginning of month **بداية الشهر**

bond **سند**

1- وثيقة دين محررة بقيمة القرض لأمد طويل أو قصير، تشهد لصاحبها بفائدة معينة وهي دوماً تحت البيع. ويكون إصدارها اما بنموذج (كوبون) أو لحاملها أو مسجلة بأسم مالكها برأسمال السند الواحد. ويتم الاصدار بنظام مدفوعات وتعتبر من بعده ورقة مالية قابلة للتداول. وقد تكون مؤمنة ضد المخاطر بوساطة رهن معين أو ربما مؤمنة بوساطة قوة الارباح ولكنها غير مرهونة بمصدر الثروة، وتصدر غالباً لغاية تنمية اقتصادية.

2- التزام تحريري يلزم طرفاً واحداً أو أكثر كضامن لشخص آخر

3- استعمال مايلي في ((صياغة السند)):

ان يأتي ملائماً للبضائع bonded warehouse

و((تحجز البضاعة في مخازن الجمارك ولا يمكن اطلاقها الا عند دفع الرسوم والضرائب المترتبة عليها)).

bond anticipation notes **ملاحظات دفع**

دين السند الرسمي قبل استحقاقه

bond anticipation notes **ملاحظات دفع**

دين السند الرسمي قبل استحقاقه

ملاحظات الفائدة التحميلية قصيرة الأجل المصدرة بواسطة وحدة حكومية لدفع الدين قبل استحقاقه ليكون مصدراً في وقت لاحق.

bond conversion **تحويل السند**

كون السندات قابلة للتحويل الى اسهم ممتازة أو أسهم عادية.

bond discount **خصم**

من سعر السند الاسمي

عندما تباع السندات الطويلة الأجل من قبل الشركة التي تصدرها بقيمة أقل من قيمتها الاسمية فإن الفرق بين سعر السند الاسمي والمبلغ المقبوض يشار اليه بالخصم من سعر السند الاسمي.

bond dividends ارباح السند
ارباح تدفعها الشركة من اصدار السندات التي تملكها.

bonded debt دين مضمون بسند
بيان الدين بوساطة سندات مستحقة

bond indenture وثيقة رسمية ذات نسختين
للسند

bond ordinance or resolution قانون
محلي للسند
القانون الذي تصدره أي سلطة حكومية اصدار الاسهم، وهو عادة يصدر لأغراض اقتصادية أو بشرية معينة بهدف (التنمية)، ويحدد فيها الاستحقاق.

bond premium علاوة السند
أو علاوة الاصدار (العلاوة على سعر السند الاسمي). عندما تباع السندات الطويلة الأجل من قبل الشركة التي تصدرها بقيمة أعلى من قيمتها الاسمية فأن الزيادة يشار اليها بالعلاوة على سعر السند الاسمي أو علاوة الأصدار.

bond rating تصنيف نوعي للسند
ان تقييم النوعية لأصدار السندات المشتركة والسندات المحلية يعكس احتمال وقوع الخطأ في كل اصدار. وهناك شركتان خاصتان لتقييم السند، وتستند إلى 12 ترتيب حرفي لتقييم السند بالتراوح التالي:

الاهلية القانونية	الترتيب	الدرجات	
نوعية درجة عالية	2	من AAA - AA	1
مستوى أستثماري	2	من A - BBB	2
دون المستوى	2	من BB - B	3
مستوى متوقع النجاح	6	من CCC - D	4
	12		/

ويكون الدرجة الثانية تقييم أعلى هو الرابع في الترتيب BBB وذا أهمية خاصة، اذ ان المستثمرين في المؤسسات

يمنعون سندات دون هذا المستوى. وتعتبر المعلومات المحاسبية أداة لمعرفة توقع تقييمات السندات الجديدة ولتوقيع تغيرات التقييمية.

bond redemption استرداد قيمة السند
اما عن طريقة اعادة شرائه أو استهلاكه.

bond risk premium علاوة تأمين مخاطر السند
الاختلاف بين العائدات المالية لاستحقاق الدين على المشترك ومعدل الخطورة الحرة على سندات الحكومة الامريكية مع الطريقة نفسها في تاريخ الاستحقاق. وبموجب القياس هناك حصة من المحصول السنوي مخصصة لأي تعويض يقع للخطر الحاصل للمستثمر.

bond sinking fund احتياطي استهلاك
السندات المستثمرة
هو المال الذي يطرح جانباً ويستغل لمدة معينة من السنين لتوفير النقدية اللازمة لرد قيمة السندات الطويلة الاجل عند استحقاقها. راجع sinking fund

bonds – outstanding method طريقة
السندات المستحقة
((من خصم اطفاء الدين)) وهو مصطلح يرمز الى توزيع خصم السند على عمر اصدار السند بدفعات دورية حسب المصاريف ويحدد ذلك عن طريقة نسبة كسرية ويكون المقام فيها هو القيمة الاسمية للسندات المستحقة خلال الفترة المحددة، ويكون البسط فيها هو القيمة الاسمية الكلية الى كل الفترات التي كانت خلالها البنود مستحقة. ويمكن اشتقاق نفس الكسر عن طريقة تقسيم فائدة المصاريف لكل فترة محددة على الفائدة الواجب دفعها على السندات خلال عمر اصدار ذلك بفرق عدم وجود دفع مسبق

bond table لوحة السند
سجل مجدول يحتوي على العنصر الاساسي للثروة المقدمة في كل من تسلسل شامل من أسعار الفائدة، هذا وان القيمة الحاضرة تكون لاعطاء السند فائدة مستحقة في أي معدل ذي علاقة بالعرف القانوني.

bonus علاوة ، مكافأة
1- قسط سنوي أو حصة مدفوعة الى العمال أو الموظفين في الشركة.

2- أوراق مالية مصدرة كقسط سنوي مع مجموعة مشتريات السندات أو الاسهم.

3- قيمة دفعة واحدة مقطوعة للايجار في الصناعات الاستخراجية أو في اضافة الامتيازات.

bonus method طريقة المكافأة في شركات الاشخاص.

عندما يقبل الشركاء الموجودون في شركات اشخاص إدخال شريك ومنحة نصيباً من رأس المال اكبر من مبلغ استثماره فأننا نشير الى الفرق بالمكافأة وهذا الفرق يقلل من رصيد الشركاء الموجودين.

bonus pool اسهام العلاوة

اسهام العلاوة من الجهد المشترك بالمشاركة من الادارة والعمال في آن واحد تحت خطة مشتركة واحدة وصندوق مالي واحد لمنح العلاوة فيما بينهم.

book inventory جرد دفتري

1- قائمة المحتويات للبضاعة المخزونة (inventory) والتي لا تكون نتيجة لجرد فعلي (stocktaking) للمحتويات المحزنية، بل هناك اضافة وحدات وكلفة بضاعة قادمة (توريد البضاعة) الى ارقام قائمة المحتويات المتقدمة واقتطاع الوحدات وكلفة البضاعة الداخلة (تصرف البضاعة)، مع عدم الاعتبار للكمية المزودة، والحاصلة (الناتجة). ودائماً النهاية تكون مؤهلة وتدل على انه رمز تجريبي.

2- ارصدة كمية المواد الأولية أو الانتاجية الجاهزة ويقصد بها أي مالية في حساب قائمة المحتويات الدائمة مأخوذة من السجلات مباشرة.

bookkeeper ماسك الحسابات، كاتب
bookkeeping مسك الدفاتر التجارية

تحليل وتصنيف وتسجيل الصفقات التجارية في المطابقة مع الخطة المرسومة للهدف سلفاً.

أ- الاحتياطات المالية بوساطة أي قيد حسابي ربما يكون التصرف أو السلوك في النظام السائد.

ب- لتوحيد القواعد الاساسية للتسجيل ولتحرير التقارير للشؤون التجارية والمالية للمشاريع والنتائج لتكوين التشغيل وتعتبر الجزء الأساسي لعلم المحاسبة.

bookkeeping cycle
accounting cycle دورة محاسبية

book of account سجل الحساب

1- أي يومية، أو سجل، أو دفتر أستاذ عام لأي منهم تحت النظام المحاسبي.

2- جميع السجلات للقيود المالية واليومية.

book of final entry

سجل القيود الخاصة:
الدفاتر الخاصة في التسجيل المالي للصفقات التجارية وترحيلاتها. (سجلات ثانية خاصة بمالك الشركة)

book of original entry دفتر القيد الاصلي ((يومية))

سجل تسجيلي، ويتم التسجيل فيه بموجب القانون التجاري أو العرف السائد. ويجب تسجيل الصفقات التجارية في هذه الدفتر بشكل متواصل، حيث انه لا يعتبر سجلاً للقيود الاصلية مالم يكن خاضعاً حكماً لترحيل المصادر المالية الى الاستاذ العام لأن مهمته المرحلية تنتهي لغاية هذا السجل الرئيسي.

book of secondary entry ((book of final entry)) دفتر القيود الثانوية راجع:

book profit ربح دفتري

ربح مبين بوساطة السجلات الحسابية قبل التحقق والفحص، مثل الربح الناجم كلياً عن زيادة قيمة البضائع المخزونة ولم يتحقق البيع.

books profit قاعدة أرباح على الارقام الدفترية

خصيصاً في القضايا التي تختلف عن الكلفة الفعلية.

book surplus فائض دفتري

1- ((الدخل المحتجز)) أي قبل أخذ استخراج التصحيحات المفحوصة، أو قبل الهبوط في الاسعار.

2- الفائض المبين بواسطة السجلات على نظام قاعدة المشاريع المزدهرة ((going – concern)) كالتمييز الحاصل من الارقام الني سوف تنتج من وضعيتها الحسابات على تحويل الموجودات الى نقد أو بعض القواعد غير المبنية على حقيقة التكاليف.

book value per share

القيمة الدفترية للسهم الوحد =
مجموع الموجودات – مجموع المطلوبات.

boom إنتعاش التجارة ((ازدهار))
boot علاوة

هذا التعبير يعني الفرق بين سعر الاصول الجديدة المشتراة وبين البدل الممنوح عن الاصول القديمة المستبدلة. وتعتبر أضافة قديمة تؤخذ بالارتباط مع التجارة كمثل: دفع مبلغ 5000 دولار نقداً مع شاحنة قديمة لشراء شاحنة نقل جديدة.

خلاصة آنية ((محاسبة التأمين))
bordereau
خلاصة خطية قانونية آنية بين موظف التأمين والمؤمن. وتستعمل احياناً في الميناء لابحار السفن بعد تسليمها تقارير الارساء المجدولة.

أستاذ بوسطن
boston Ledger
طراز معين لحل أستاذ عام. وتستعمل في أي تسجيل على كل حساب. وهو على شكل رحلات أفقية في تقطيعات عامودية محددة لتعاقب الفترات الحسابية. وان تسجيل الحسابات المختلفة فيه تكون محفوظة في صفحة منفردة، هذا النموذج سجل الأستاذ يحذف منه مستلزمات ميزان المراجعة المحضر لوجود أجمالي الارصدرة في كل تقطيع.

انخفاض الدرجات
bottom – up approach
أو المستويات الادارية للشركات الفرعية أو أي وكالة ادارية.
BOY, beginning of year
بداية السنة

مقاطعة تجارية أو شخصية
boycott
قرار برفض مهام معتادة، أو أي رفض من قبل المشتري أو البائع. أو قرار هيئة الأمم بمقاطعة دولة معينة تجارياً عقاباً لها.

محاسبة الفروع
branch accounting
1- تحافظ الفروع على مجموعة حساباتها لنفسه ((التسجيلات المحاسبية لكل دائرة على حدة)).
2- منزلة الاستقلال تصاحب كل فرع مع ابقاء السيطرة المنعزلة لأصل الشركة.
3- محاسبة الفروع تعمل على توحيد حسابات أصل الشركة المرتبطة الفروع معها، علماً أن حسابات الفروع منجزة عادة مع السيطرة الحسابية أو مع السجلات ذات الحسابات المتبادلة ((المتعاكسة))

نقض العقد أو الإخلال
breach of contract
بمضمونه

سوء الأمانة
breach of trust
استعمال المال المؤتمن عليه لدى الغير بسوء القصد أو لفائدة آخرين خلافاً للعهد أو العرف أو العادة.

تحليل
breakdown
تحليل الفترات الزمنية عادة تكون لتصنيفات الصفقة التجارية لأرصدة الحساب وأرقام أخرى كالعملية التي تتبعها استعدادات اللوحة المنتشرة.

تحليل التعادل
breakeven analysis
أو ((تحليل كلفة حجم الارباح)). وهو تحديد نقطة الربح والخسارة، أو نقطة التعادل، أو طريقة لفحص العلاقة بين الوارد من المبيعات والتكاليف الثابتة والتكاليف المتغيرة لتقدير الحد الأدنى لحجم الانتاج اللازم للتعادل.

رسم بياني للتعادل
breakeven chart
تمثيل تخطيطي يستعمل عادة لبيان ربحية المشروع أو غير

ذلك في مختلف مستويات النشاط. وهو يبين العلاقة بين مجموع الدخل ومجموع التكاليف على مختلف مستويات الانتاج والبيع، وتقع نقطة التعادل حيث لا يتحقق ربح أو خسارة.

نقطة التعادل
breakeven point
وهي النقطة التي لا يتحقق عندها ربح ولا خسارة ويمكن التعبير عنها اكثر بما يلي:
اجمالي القيمة = اجمالي الكلفة المتغيرة+ اجمالي الكلفة الثابت.

سعر مقطوع
break- up value
1- المبلغ الفوري الذي يمكن الحصول عليه للموجودات عند البيع السريع. وتتوقف هذه الحالة لاستعمالها في العمل حيث تؤخذ في الاعتبار ((القيمة المنقذة)).
2- قيمة الأسهم حسب السعر الجاري للبورصة.

رشوة
bribe
أسلوب تدخلي غير مشروع يقوم به شخص لدى سلطة رسمية مـا التماسـاً لكسب شخصـي خـاص. ((مدفوعات مخالفة للنظام الحكومي)).

دلال، وسيط، وكيل
broker
الشخص المستقل الذي يقوم بالتفاوض بين طرفين أو أكثر لعقد صفقة تجارية أو ابرام اتفاقية استثمارية أو انتقال ملكية لقاء أجر يتفق عليه مقدماً، أو تنفيذاً لمرسوم صدر عن هيئة رسمية.

عمولة. سمسرة. دلالة
brokerage
الأجر المهني للوسيط لقاء الأتعاب المبذولة لأنجاز عملية البيع والشراء في آن واحد سواء كانت للبضاعة أو للملكية أو أي اتفاقية، وغالبـاً تكـون نسبة معينة رسمية أو بموجب العرف السائد للمبيعات.

مابعده
brought down
نقل الرصيد لما بعدهُ في التكلمة الحسابية للكشف أو لميزان المراجعة. أو هي اشارة (B- D) أمام الأرصدة النهائية للدلالة على نقلها الى صفحة أخرى تليها أو الى حساب يليها.

ما قبله
brought forward
نقل الرصيد لما قبله للتكملة الحسابية في الكشف أو لميزان المراجعة. أو هي اشارة (B-F) أمام الأرصدة.

النهائية في أعلى الصفحة للدلالة على نقلها الى صفحة أخرى سابقة أو الى حساب سابق.

متجر التسويق السريع bucket shop
((مكتب لتسويق الأسهم أو المضاربة بها)) ويقوم على تشغيلة أحد دلالي البورصة.

موازنة budget
وتعني ميزانية تقديرية للمصاريف والايرادات التي ستطرأ على المؤسسة خلال فترة ما أو خلال سنة مقبلة، وعلى اساسها وفي حدودها تبنى المصاريف في المستقبل.

مراقبة الموازنة budgetary control
مراقبة العائدات والمصاريف والتحويلات في الموجودات والمطلوبات خلال استعمال نظام الميزانية.

تنفيذ تطابق الموازنة budgetary slack
((عائدات تحت التقدير أو تكاليف اضافية للتقدير في اعداد الموازنة العمومية)).

وثيقة الموازنة budget document
وسيلة تستعمل في تقدير البرنامج المالي الشامل للتخصيص، أو هي الهيكل لعملية التفويض الرسمي. ان الموازنة تتضمن اعتيادياً الأرصدة المالية للعائدات والنفقات والتصديرات الأخرى لتدوين التقارير، اضافة الى الشرط المالي الجاري أو شرط التخمين للاعتمادات المختلفة.

عملية اعداد الموازنة budgeting
مدة الموازنة budget period
الفترة المقررة للغطاء الزمني للموازنة وتكون عادة لمدة سنة أو نصف السنة أو تكون فصلية، ولربما لأكثر من سنة.

موازنة الاختلافات budget variance
أو المتغيرات
وهي الفروقات الحاصلة بين النتائج الفعلية والمبالغ المخططة.

حمولة اجمالية (دوكما) شحنة سائبة bulk cargo
الشحنة غير المعبأة وفق التغليف النظامي بحيث ان امكانية احتساب البضاعة يتم بطريقة الوزن وليس العد.
مثل:

الفحم، الحبوب. وهناك سفن خاصة للتحميل غير المعبأ ((فل)).

مضارب بارتفاع الأسعار bull
((المصاعد في أسواق السندات المالية والبضائع)): شخص يتوقع ارتفاع الأسعار في البورصة، ويبيع استناداً الى ممارسته وتوقعاته للحوادث المالية، مساعداً بذلك البورصة في صعود الاسعار، فيعمد بجرأة وشجاعة الى شراء اسهم وبضاعة بتسليم أجل على أمل بيعها في المستقبل بأسعار أكثر وتحقيق الربح من فارق الاسعار.
انظر bear .

سبيكة ((ذهبية أو فضية)) bullion
1- قطعة معدنية مصبوبة ومعدة للتشكيل.
2- قطعة معدنية طبيعية من الذهب او الفضة غير مسكوكة لكنها نقية ومصقولة. وهي على وجه العموم، مستطيلة الشكل؛ انها سبيكة ((غير نقدية)).

كلفة المشتريات الاجمالية bunched cost
عبء burden
1- المسؤولية الاضافية الملقاة على عاتق الفرد أو المؤسسة.
2- كلفة المصنع أو الإنتاج غير المباشرة (محملة) قابلة للتطابق مع انتاج معين: نفقات عامة مصنعية، أو كلفة الخدمات، التكاليف غير المباشرة، الكلف القابلة للتقسيم.

مركز العبء burden center
مجموعة الحسابات في أي تكاليف غير مباشرة بحيث تكون متراكمة وبالتالي مقسمة الى نهاية الكلف.

نسبة العبء = نسبة المصاريف burden rate,
غير المباشرة في المصنع overhead rate
مكتب. دائرة الترشيد الحسابي bureau
في مصلحة الخزينة العامة، مثلاً.
مرشد اختصاصي في منظمة رسمية، مثل: المرشد الحسابي في دائرة الخزينة العامة.

عمل، مهنة، مشروع business
1- الاشتغال في مهنة التجارة أو التجارة العامة المتضمنة استعمال رأس المال كهدف وسياقة الدخل من المبيعات أو البضاعة أو الخدمات. وعموماً يقصد به النشاط المتعلق بالتجارة والصناعة.

30

2- تحويل السلع والخدمات الى نقد جاهز، أو الى أموال نقدية، وتعهد بالدفع لأي سلعة أو اية خدمات أخرى.

3- أي مؤسسة لأداراة تمتهن التجارة أو التجارة العامة تسمى مشاريع تجارية.

business combination اتحاد تجاري

ربط شركتين أو أكثر لأغراض التجارة أو توحيدها في مؤسسة واحدة ضمن تنظيم واحد معين لمزاولة النشاط التجاري.

business corporation شركات مساهمة

business game مهنة (صناعة) الأعمال التجارية.

business income دخل الأعمال التجارية

دخل الأعمال للمؤسسة أو الشركة عموماً.

business – interruption تأمين ضد insurance توقف الأعمال

تأمين ضد الخسائر في الارباح الناجمة عن تعطيل أو انقطاع أعمال الشركة بسبب أضرار قد تلحق بممتلكاتها. ويمكن الحصول على تأمين يضمن الأجور المستمرة للعاملين أو يشمل الخسائر التي يتعرض لها زبائن أو مورد بضائع الشركة بسبب مثل هذه الأضرار.

Business transaction

الصفة التجارية

1- الرضا والتراضي بين البائع والمشتري حول سلعة معينه بسعر معين في وقت معين ومكان معين. وكشف هذه الصفقة يتم في قيد اليومية مفصلاً.

business – type أعمال نموذجية

وإستخدام موظفين في أعمال المحاسبة.

buyer's market سوق المشتري

يوجد في هذه السوق خلل في ميزان العرض والطلب. فالمعروض من السلع يفوق المطلوب. وهكذا يصبح المشتري سيد السوق، وفي حالة ملائمة للاختيار والتفتيش عن سعر مخفض. وفي هذه الحالة تكون اسعار البضائع مائلة للانخفاض.

buying in شراء السلعة نفسه من قبل صاحبها

شراء سلعة معروضة في المزاد العلني من قبل صاحبها الأصلي، بسبب عدم تقدم شارلها بسعر مغر، وكذلك في حالة عرض موجودات شركة صناعية أو شركة سكة حديد مثلاً في مزاد علني، فيقوم عادة حاملو سندات الشركة أو دائنوها بشراء هذه الموجودات.

by – laws نظام داخلي ((للمؤسسة))

الهيئة العامة للمشروع بعد اجتماعها وبموجب تجربتها السابقة، تضع أنظمة أو قانوناً داخلياً للسيطرة على مهام العمل وتنظيم الانتاج مع مراعاة الأحكام العامة للقوانين.

by – product سلعة جانبية

أو ناتج عرضي في خط الانتاج من صنع سلعة أخرى رأسية، مثلاً: استخراج النفط الأسود عن طريق انتاج نفط الطائرات.

31

XYZabcdefghijl

مشروع المطاعم المتجولة cafeteria plans
((قانون العائدات الداخلي في الولايات المتحدة))
مشاريع ربحية قابلة للتكييف حسب الضرورة ومجازة رسمياً؛ يقصد منها تلبية حاجات العمال الضرورية.

التعليم بواسطة الكومبيوتر CAI

دعوة call
1 ـ دعوة مساهمي الشركة لدفع الأقساط المتبقية لرأسمال، أو طلب تسديد سند الوفاء به.
2ـ الحصة القابلة لشراء أرقام معينة من الأسهم الصادرة والأسهم المدفوعة بسعر رسمي، ((بزيد قليلاً عادة عن سعر السوق الجاري))

سندات قابلة للاسترداد callable bonds
عندما تكون سندات القروض متضمنة شرطاً يقضي بأن تحتفظ الشركة لنفسها بحق استرداد السندات وسدادها قبل ميعاد استحقاقها، فأن هذه السندات يمكن أن تصنف على أنها سندات قروض قابلة للاسترداد.

ورقة مالية مستردة callable security
ورقة مالية ممتازة قابلة للاسترداد قبل موعد استحقاقها لتصديرها إكراهاً مثلاً.

قرض قابل للرد عند الطلب call loan
القرض القابل للانهاء بواسطة كل الاطراف. والأجل يكون محجوزاً في المقام الأول للقروض المكونة بواسطة البنك لسماسرة الاوراق المالية.

علاوة مستردة call premium
(الزيادة عن القيمة الاسمية القابلة للدفع بواسطة المصدر للسند)، أو امكانية استهلاك هذه العلاوة قبل الاستحقاق.

سعر تحت الطلب call price
السعر في أي سند قابل للاسترداد، يكون قابلاً للاستهلاك.

ايجار قابل للالغاء cancelable lease
(من قبل المستأجر في أي وقت).

ألغاء cancellation
1- حالة نهاية العقد المبرم في بوليصة التأمين.
2- حالة اسقاط الورقة التجارية قبل انتهاء الفترة الزمنية المقررة فيها.
3- أي مستند عمومي الغاؤه بوساطة المحو أو التشطيب أو التثقيب أو تمزيق جزء مهم منه مثل الطابع المالي، وذلك لاسقاط معلمه القانونية.

كلفة البضاعة C&F = cost and freight
بما فيها اجرة النقل
كامل الكلفة (FAS) فـاس + مصـاريف الشـحن. (من ميناء التصدير)

طاقة capacity
القدرة على النشاط ضمن الوحدة الاقتصادية، أو على الانتاجية لغرض اقتصادي، ولمدة معينة، وفي العموم يعني هذا المفعوم التمكن من تحقيق الهدف الاقتصادي.
وترتبط الفاعلية الشخصية (العقلية والبدنية) مع فعالية المكننة في فترة زمنية محددة لتوليد قدرة مجموعة تسمى طاقة المشروع وتقاس كمايلي:
1- الشخصية مثلاً بعدد ساعات العمل أو بعدد الوحدات المنتجة للساعة الواحدة.
2- المكننة مثلاً بمقدار الحمولة التي تستطيع العربة حملها أو السفينة أو الطائرة وغيرها من وسائل النقل بالوحدات المكعبة أو بالاطنان.
أو يمكن التحكم بها على حسابها في زيادة سرعتها يعني زيادة الانتاج أو تخفيفها أي تقليل الانتاج. وهي من العناصر المهمة في التكاليف.

كلفة الطاقة capacity cost
الكلفة عندما يكون التشغيل في الطاقة الكاملة للمعدات والتجهيـزات فـي العمليـة الانتاجيـة فـي الادارة وفـي العموميات أو وحدة الانتاج.

| capacity full | طاقة إنتاجية كاملة |

capacity under طاقة غير كاملة

وهي القدرة غير المستغلة استغلالاً تاماً والتي يمكن زيادتها عن طريق استغلال موارد المشروع المتوفرة.

capacity rate نسبة الطاقة

وهي النسبة بين المتحقق فعلياً والحد الاقصى للانتاج في مدة الميزانية العمومية، ومقدار القياس لهذه النسبة هو الرقم 100% للوحدات المقرر انتاجها.

capacity variance, volume variance اختلاف القدرة

يؤدي الاختلاف الى انحراف في مستوى الطاقة الفعلية خلال المدة المقررة ومستوى الطاقة التي تم تقديرها في الميزانية العمومية.

capital رأس المال (الثروة)

ويعني المبالغ المقدمة للمؤسسة كرأسمال لتبدأ عملها ، وهو ايضا الفرق بين موجودات مؤسسة، ومطلوباتها.

capital assets موجودات رأس المال

هي الموجودات الثابتة التي تشتري على أمل أنها ستبقى تعمل لعدد من الفترات المحاسبية. مثل: الاراضي، المباني، المكائن، الالات، المعدات، التجهيزات، شهرة المحل، براءات الاختراع، حقوق التأليف، الماركات المسجلة التجارية، كذلك الفائض الذي يمثل أرباحاً مكتسبة.

capital – asset pricing model نموذج تسعيري للاصل الرأسمالي

الهيكل العام لتحليل العلاقة بين الاخطار والاسعار المترتبة على الاوراق المالية، وخصوصاً الاسهم المشتركة (العادية). والخطر يكون مفترضاً (غير حقيقي) ويتألف من قسمين: 1- خطر نظامي.
2- خطر غير نظامي.

capital bonus, stock dividends علاوة

رأس المال= أرباح الاسهم

capital budget موازنة رأس المال

مقدار مالي محدود للموازنة، أو لتفاصيلها، أو تكريس لاقتراح الاضافات المالية للاصول الرأسمالية وتمويلها.

capital coefficient قيمة رأس المال بالنسبة الى قيمة الانتاج

معدل الكلفة للحصول على وحدة اضافية لتحقيق الطاقة الانتاجية السنوية. ((حسابات الداخل القومي))

capital consumption allowance علاوة إستهلاك رأس المال

capital expenditure نفقة رأسمالية

المصاريف التي تنفق على الأصول الثابتة الاضافية والتي تزيد من قيمة طاقة الاصول الثابتة الموجودة وكفايتها. ويقصد بها خلق منفعة اقتصادية للفترات المستقبلية بعكس المصاريف الإيرادية فانها تنفق ضمن مدة المحاسبة الحالية لجلب الايراد.

capital expenditure analysis "MAPI" تحليل المصاريف الرأسمالية

وذلك بطريقة P. بي. أي المعهد الأمريكي للآلات والمنتجات المتعلقة بها. وهو أسلوب لتقييم المصروفات الرأسمالية ومشاريع استبدال المعدات، ابتكره معهد الآلات والمنتجات المتعلقة بها في الولايات المتحدة الأمريكية في العام 1950. وهذا الاسلوب يبرز بعض العوامل لأخذها بعين الإعتبار في المستقبل كتلف الآلات وبطلان استعمالها، كما يأخذ في الحساب استبدال الآلات وتكاليف التشغيل، ويهدف الى ابراز مزايا مشروع ما في المستقبل من حيث الشغيل ونسبة مردود رأس المال.

capital gains أرباح الرأسمال

تحقيق ايرادات تفوق الكلفة، وذلك نتيجة تنظيم موجودات رأس المال: الاستثمار الأساسية على المدى الطويل. وربح رأس المال هذه تؤخذ عليه عادة ضريبة في حدود النسبة الدنيا.

capital goods سلع الإنتاج

1- ويقصد بها الموجودات الثابتة والمواد الأولية وسلع التصنيع أو السلع الزراعية وبالأحرى هي سلع انتاج رأس المال: ((سلع رأسمالية)).
2- أو رأسمال يستخدم لمستقبل الانتاج أي صافي الثروة + مطلوبات طويلة الاجل قارن (s') consumer goods

capital improvement fund تمويل تحسين رأس المال

capitalization of earnings المكاسب المدمجة برأس المال

1- عملية لتحديد القيمة الاقتصادية للمؤسسة التجارية بوساطة احتساب صافي القيمة الحاضرة لانتاجية المؤسسة.

2- التحويل من المكاسب الفائضة الى رأسمال الاسهم، أو هو حساب فائض رأس المال كنتيجة أرباح السهم.

capitalization of interest الفائدة المدمجة برأس المال

capitalization ratio

$$\text{النسبة الرأسمالية} = \frac{\text{الموجودات الثابتة}}{\text{صافي الثروة}}$$

مثل عملية تخفيض قيمة الموجودات الثابتة.

capitalize يحول قيمة الأسهم والفوائد والعقارات الى رأس مال. يمول

1- عمليات تحويل العقارات والاسهم الى نقد.

2- مصروفات رأس المال. مثل الاضافات الى الموجودات الثابتة لزيادة قيمتها أو لانقاذ قيمتها من الهلاك أو أي زيادة لمؤثرات التشغيل.

3- تحويل الفائض الى رأس مال الاسهم مثل اصدار ارباح الاسهم أو إعادة التحويل.

capitalized expenses مصروفات رأس المال

جزء من الكلفة يحول الى أرباح أو خسائر بسبب ارتباطها لفترة زمنية معينة بتأسيس المؤسسة وتثبيت الموجودات وايصال الطاقة، مثل المصاريف التي تنفقها المؤسسة قبل التشغيل. وهذه المصاريف لاتؤدي الى تحسن الموجودات أو زيادة الانتاج. انها، على كل حال، مصاريف مفروضة.

capitalized value قيمة رأسمالية

1- الثروة الحالية لخدمات مستقبلية في مشروع اقتصادي.

2- القيمة الحاضرة.

capital lease تأجير رأس المال

عقد تنازلي عن الملكية من قبل المالك الى المستأجر في نهاية مدة الايجار. ويكون المبلغ الذي سيدفعه المستأجر لشراء الملكية (سعر صفقة) أي سعراً ادنى من القيمة العادلة للملكية.

capital فعالية رأس المال

الفعالية المالية المكتسبة من رأس المال. انظر (leverage)

capital levy ضريبة رأس المال

الضريبة المستوفاة على رأس المال نفسه وليس على الوجه الناجم عنه.

capital liability مسؤولية رأس المال

1- مطلوبات طويلة الأجل.

2- صافي الثروة في المشروع.

وهو حساب دائن ويسمى ((التزام رأسمالي)).

capital loss خسارة رأس المال

الضرائب المفروضة على الايرادات الفائضة في البيع والتحويل للموجودات الرأسمالية أو الموجودات المتفاوض عليها ((الاستثمارات الرئيسية للأمد الطويل في أي من الشركات)).

capital maintenance concept فكرة صيانة ممتلكات رأس المال

ان الفكرة في أي مكاسب ناتجة عن فعالية رأس المال هي امتلاك الصيانة الكافية له. وهناك شيئان مشتركان في فكرة الصيانة:

أ- الفكرة المالية رأس المال.

ب- الفكرة الطبيعية لرأس المال.

capital market سوق مالي لرأس المال

1- السوق للأمد الطويل – السندات والرهن.

2- السوق للأمد القصير – الاوراق المالية – القروض.

capital outlay, capital expenditure إنفاق رأس المال

capital output ratio معدل انتاج رأس المال من البضائع او الخدمات

نسبة قيمة رأس مال الأسهم الى قيمة الانتاج من البضائع والخدمات.

capital paid, paid – in capital رأس المال المدفوع

شهادة المصرف بايداع النسبة القانونية من رأس مال المشروع. ويتمكن بهذا المال من ممارسة نشاطه المحدد في عقد التأسيس والوفاء بالالتزامات وتحقيق الاهداف المرسومة لهذا المشروع.

capital projects fund صندوق مشاريع رأس المال

capital rationing تقنين رأس المال

الاساس التحديدي لرأس المال بموجب القانون. أو نفقة رأس المال التي يمكن ان تكون مستثمرة في مشروع ما في اي فترة زمنية محددة.

capital reserves احتياطات رأسمالية

وهي المبالغ المحتجزة من الارباح الفائضة، وذلك لحجبها وعدم توزيعها على المساهمين، والهدف منها ايجاد مورد مالي لتمويل التوسعات في المستقبل، كالزيادة في قيمة الاسهم بموجب التقادم الزمني أو تطور الانتاج. كذلك ان هذا النوع من الاحتياطي لايوزع على مالكي الاسهم فهو يظهر في الميزانية العمومية في جانب المطلوبات. انظر reserve

capital savings توفير لرأس المال

اي فكرة او طريقة جديدة تؤدي الى تحقيق معدل للانتاج مع مبلغ أصغر لرأس المال.

capital stock رأسمال الاسهم

تقسيم الملكية في الشركة المساهمة الى اسهم تسمى اسهم رأس المال ((اسهم المالكين بموجب عقد التأسيس)). والقيمة الاسمية لهذا الاسهم تظهر في عقد الشركة وتسمى الرأسمال القانوني، ويشار اليها في البيانات على انها قيمة اسهم رأس المال.

capital – stock premium علاوة

رأس المال او الاضافة في رأس المال المدفوع

capital structure ratio معدل بناء رأس المال

هذا النوع من المعدل يقيم علاقة سببية مع الأجل الطويل لإظهار الاوراق المالية لمجموع الادماج الرأسمالي. ويكون المعدل للصفقة المشتركة عادة موضحاً كمايلي:

دين طويل الاجل+ أسهم ممتازة+ حقوق المالكين للاسهم الاعتيادية.

هذا النوع من المعدل يدعم الاعتدال وينبه الى درجة الخطورة بالنسبة للاسهم الاعتيادية.

capital sum قيمة أصلية لرأس المال

مبلغ يخصص لمن يلحق به ضرر أو عطل في بوليصة التأمين

المبالغ الاصلية أو رأس المال في التأسيس.

ويقصد بها الاوراق المالية والنقدية أو اي نموذج مالي للاستثمار.

capital surplus فائض رأس المال

الاضافة المالية المدفوعة لرأس المال المدفوع وللاعمال التجارية غير المتنازلة الى رأس مال الاسهم، وتتم المشاركة به من قبل مالكي الاسهم وذلك من الافراط في القيمة الاسمية للسهم، او هو قد ينشأ من هبات أو تبرعات تمنح للشركة.

capital turnover حركة رأس المال

ويقصد بها حركة الأموال من بدء سيولتها ثم استثمارها حتى تحويلها الى أموال سائلة ثانية.

capital value قيمة رأسمالية

الاستثمار في الموجودات الثابتة مقاسة على اساس الكلفة او اي قيمة أخرى. أو هي تثمين مورد صافي الدخل من رأس المال السلعي.

cardex (kardex) نظام البطاقات

cardinal number أرقام أعدادها أصلية

card reader مصصح البطاقات في الآلات الحاسبة.

شحنة البضائع ((حمولةcargo الفينة أو الطائرة أو عربة القطار أو الشاحنة))

carried interest الفائدة المرحلة وتستخدم

في صناعة النفط

carry يدخل القيود أو يرحلها(to)

carry back خسارة مرتجعة

1- ((الضرائب)). حسم خسائر رأس المال والتشغيل التي تكبدتها شركة ما من الارباح التي حققتها في السنة التي سبقت أو تلت تلك الخسائر.

2- المبلغ الصافي للخسارة الممكن طرحه من صافي دخل العاملين السابقين.

carry down, c/d مرحلة الى نفس الصفحة

carry forward, c/f يرحل أو ينقل المجموع

الى ما بعده

1- لتأجيل تصنيف أي بند من البنود سواء الايرادات أو

المصـاريف كالاسمية منهـا، حتـى فـي بعـض الاوقـات كـالايرادات المستحقة، أو الاربـاح المستلمة مـن النفقات خـلال الفترة الفاصلة، والمتصدرة فـي الميزانية العمومية كتأجيل العائدات أو اعادة دفع المصاريف.

2- ترحل أرصدة الحسابات من سجل الاستاذ الى سجل أستاذ آخر أو من فترة الى فترة أخرى.

3- لترحيل مجموع أرقام الأعمدة الى عمود آخر أو الى صفحة أخرى خصوصاً عندما يكون العمود قد امتلأ فـي القيود المرحلة.

4- المبلغ المؤجل أو المبلغ المرحل.

carry – forward working papers أوراق العمل المرحلة الى المرحلة التالية

ويقصد بها أوراق العمل المرحلة الـى المحفظـة الدائمـة والمستمرة بالاحتفـاض بالتحليلات الماليـة أو التقاريـر الفصلية للموجودات الثابتة، والعائدات، وصافي الثروة أو أي حسابات تكون معلومة في المستقبل مابين جانبين ولأي جزء أدنى متوقف على تـراكم المعلومـات لـدى المدقق المهتم بها.

carrying cost كلفة محملة

الكلفـة لوحدة الجرد (السلعة أو الموجود) المملوكـة أو المحتفظ بها مخزنياً لأجل فترة زمنية من الوقت.

carrying value قيمة محملة

1- (صـافي الاستهلاك) المبلغ فـي اي ملكية مسجلة في الدفاتر التجارية ، إذا كانت قيمة دفترية.

2- القيمـة السـوقية لبنك التسليف علـى قـرض ارتهان الاوراق المالية.

carry over ينقل الرصيد

1- ارجـاء ترحيل حسابات حتـى الموعد التالي لفتح البورصة.

2- تأجيل الـدفع للضريبة الـى دفعة أخـرى أو ارجـاء ترحيل الضريبة المستحقة فـي سنوات الخسـارة الماليـة للمشروع.

3- تحميل اضافي في عملية نقل الارقام.

carry over basis قاعدة تأجيل الضرائب

carry over file الملف الدائم

(التـدقيق) الاضبـارة التـي تتضمـن الوثـائق الضروريـة المحفوظـة لاستمرار التـدقيق عليهـا أو لاستعمالها فـي التدقيق اللاحق.

cartel, kartel اتحاد احتكاري إتحاد المنتجين لرفع الأسعار

اتفاق المنتجين لضبط اسعار سلعة معينة في نوع معين من فروع الانتاج لمصلحة مشتركة فيما بينهم بصورة مستقلة. ان هذا الاتفاق يخفف من وطأة التنافس بين المنتجين.

فور راجعنا كلمة monopoly ((الاحتكار)) وهـي الكلمـة المتداولـة مـع هذا الشكل مـن الاتفاقات، لوجدنا انه يختلف عن (trust) الخاضـع لادارة واحدة تمثل هذه الشركات.

Cartesian coordinate system نظام الاحداثيات الديكارتية

وهو نظـام احداثيات لمحاور مقسـمة بصـورة متسـاوية وعمودية. وقد صممه الفيلسوف الفرنسي رينية ديكارت في القرن السـابع عشر كطريقة لحـل المسـائل الجبريـة بإستخدام الهندسة المجسمة والعكس بالعكس. راجع نظام الاحداثيات. وتستخدم في الحسابات مثل تخفيض النفقات كمحور أول والايرادات كمحور ثان، او كأستخدام الموارد المالية لحل مشكلة الديون.

cash نقد

1- العملة النقدية والموجودات الجارية.

2- الحساب النقدي في البنك.

3- الخزانة (الصندوق) لحفظ الاموال.

cash assets موجودات نقدية

الامـوال التي يمكن تحويلهـا بسرعة الـى نقد دون عرقلة نشاط المشروع. ويقصد بها الموجودات النقدية الجاهزة للعمليـات السـوقية. مثل النقد الجـاهز، النقد المـودع فـي البنك، النقد المحول، القبول التجاري.

cash audit تدقيق نقدي

التـدقيق المحدد بفحص الصفقات التجاريـة النقديـة لفترات سابقة.

cash basis قاعدة الحسابات النقدية

طبقاً لطريقة القيود النقدية، فأن الإيرادات لا تسجل حتى يتم تسلمها نقداً. أما المصروفات فانها تخص الفترة التـي يتم فيها دفعها نقداً. راجع طريقة المحاسبة بالاستحقاق: **accrual basis.**

cash book دفتر الصندوق

سجل للقيود الاصلية والخاصة بالنقدية.

36

النقدية المستلمة: ((المقبوضات))، أو المال المنفق: ((المدفوعات)) من الصندوق أو الى الصندوق أو كلاهما.

cash budget   موازنة الصندوق

هي الموازنة التي تلخص مقدار النقدية الداخلة والنقدية الخارجه (احتياجات المشروع) طبقاً لتقديرات العمليات في وحدة تجارية لفترة العمل بهذه الموازنة.

cash cycle, earnings cycle   دورة المكاسب= الدورة النقدية للصندوق

cash – disbursements journal   يومية المدفوعات النقدية

ان يومية المدفوعات النقدية، هي يومية خاصة، مصممة أساساً للاستفادة من حقيقة ان العمليات التجارية المتشابهة تنتج دائماً عن قيم مدينة وقيم دائنة لنفس الحسابات، وبذلك تخفض من عمليا توصيل الحسابات. ان جميع العمليات التجارية التي تتضمن دفع قيم نقدية تسجل في يومية واحدة، تدعى يومية المدفوعات النقدية.

cash discount   خصم نقدية

1- حسم من الدين يجوز اجراؤه بالنسبة المئوية المبينة، اذا سدد الدين ضمن مدة معينة أو في وقت لا يتجاوز تاريخياً محدداً.

2- تخفيض في سعر (قيمة) السلعة المقررة لتعجيل سداد قيمتها، أو بغية تعجيل عملية نفاذها، أو رواجها في السوق.

cash dividends   ارباح اسهم توزيع نقداً

ارباح الشركات الموزعة على المساهمين نقداً وتسمى حصة الارباح النقدية (ارباح الملكية).

cash equivalent   تكافؤ نقدي

القيمة النقدية المحققة الآنية(العقارات أو الاسهم القابلة للتحويل الفوري الى نقد) للسلعة أو الخدمة المستلمة عن طريق التحويل. ويقصد بالتكافؤ: التساوي بالتحويل لقيمة الملكية مع القيمة النقدية الحالية: ((الثروة النقدية)).

cash flow   تدفق النقد

1- صافي النقد المتدفق بوساطة التشغيل المالي للمؤسسة التجارية (العمليات التجارية) مع اعطاء فترة زمنية من الوقت.

3- تدفق النقد عن طريق الإرث (أموال منقولة) من الأقارب. أي ضمن مراحل متعاقبة لبنود شخصية: (تحويل الملكية عن طريق الوصية أو الهبة).

cash flow statement   بيان حركة النقد

هو البيان الذي يعطي صورة كاملة لتدفق المبالغ المستلمة نقداً، والمدفوعات لفترة محاسبية.

cash – flow – to – capital expenditures ratio   نسبة نفقة رأس المال الى تدفق النقد

cash – flow – to – total – debt ratio   نسبة مجموع الدين الى تدفق النقد

cashier   أمين صندوق

شخص يتحمل مسؤولية القبض النقدي والاتفاق والاحتفاض بالنقد الجاهز تحت الطلب أمانة وذمة.

cash in bank   نقد في البنك

وديعة نقدية في صندوق البنك قابلة للزيادة والنقصان. وهي تحت خدمة المودع في أي وقت يشاء عن طريق الشيك، ويجوز ان يكون وديعة ثانية لا تقل عن سنة خاضعة للاستثمار المصرفي : ((لا تصرف الى المودع خلال الفترة المتفق عليها والإحرم المودع من الفوائد))، أو قروضاً لصالح المصرف.

cash in transit   نقد في الطريق

أو نقد في التحويل ((عملة أو صك)) في حركة تنظيمية وفي مهلة محدودة من الوقت، والتي لا تظهر في التنظيم الدفتري، إذ ان المرسل أو المستلم الاخير للنقد يكون ثانوياً.

cash items   عناصر نقدية

بوالص مقبوضة، صكوك، ومستندات أخرى للاتفاق النقدي، وذلك بشكل سلف أو قروض، أو أي سيولة مخصصة لغرض الاتفاق النقدي.

cash journal   يومية الصندوق

دفتر اليومية المتعدد الاعمدة الذي يتكافأ في التصميم مع اي حساب نقدي أو صفقة تجارية.

cash on delivery, COD   دفع عند تسليم البضاعة.

cash on hand **نقد جاهز في الصندوق**
امتلاك مباشر للقطع النقدية أو لأوراق العملة أو الصكوك وأي أوراق أخرى عمومية مقبولة عموماً من قبل البنك، وتكون جاهزة للاستعمال التجاري.

cash price **سعر يدفع نقداً**
السعر المطلوب عندما يكون الدفع خلال فترة محددة. وهو عادة نفس سعر الدفع عند التسليم.

cash – receipts journal **يومية**
cash records **المقبوضات اليومية**
هي يومية خاصة مهمة لتسجيل جميع النقدية الداخله الى المؤسسة وذلك بصرف النظر عن مصدر هذه النقدية. وهذه اليومية تختصر عمليات الترحيل بوساطة ترحيل مجموع حقول اليومية الى دفتر الأستاذ عوضاً عن ترحيل القيود الفردية المسجلة في هذه الحقول.

cash records **التسجيلا النقدية**
التسجيلات والبيانات للأستلام والأنفاق والودائع. وتتضمن هذه التسجيلات القبض النقدي والدفع النقدي وسجل النقدية المتفرقة

cash requirements **متطلبات نقدية**
cash resource, cash asset **أصل**
نقدي = ثروة نقدية

cash sale **بيع نقدي**
تسليم البضاعة أو الخدمة بواسطة الاستلام النقدي.

cash statement **كشف نقدي**
بيان حسابي يعده المحاسب يومياً وبصورة دورية، يبين فيه عادةً افتتاح الأرصدة المتوفرة للنقد ومختلف المقبوضات والمصروفات.

cash surrender ، **قيمة استرداد نقدي**
value **بوليصة التأمين على الحياة**

cash to current liabilities ratio **نسبة**
النقدية الى المطلوبات المتداولة
النسبة التي تقاس بمسؤولية الشركة المباشرة واستعدادها الدائم للقيام بالتزاماتها المالية القصيرة المدى.

casting out nines, see check **طريقة**
figures + checking **اسقاط (التسعات)**
ارجع الرقم التدقيقي.

casualty loss **خسارة عرضية**
خسارة مفاجئة وغير متوقعة تؤدي الى الحوادث مثل الحريق والاعصار ((زوابع عنيفة))

cathode – ray tube, CRT **أنبوب**
terminal, computers **التيار التصاعدي**
(المخاطبة) في الحاسبة الألكترونية
وهي آلة كهربائية ألكترونية لاستلام المعلومات عن طريق شاشة تلفزيونية صغيرة بموجب الطلب المرسل على الآلة الكاتبة المرتبطة في نفس الجهاز.

caveat emptor **تحذير، تنبيه**
((ليحترس المشتري)) من الخطر. في القانون العام الانكليزي والأمريكي قاعدة تقول: ان المشتري يشتري البضاعة على مسؤوليته الشخصية في حالة عدم وجود ضمان صريح من البائع بجودة البضاعة.

caveat venditor **تحذير بيعي**
((ليحترس البائع)) من الخطر. وهذا القانون يجعل البائع مسؤولاً عن بيع البضاعة أو الملكية بكامل حقيقتها وإلا اعتبر ذلك البيع ناقصاً. فيمكن للمشتري تحميل البائع المسؤولية الكاملة. انظر تحذير المشتري caveat emptor

ceiling **سقف**
أي تحديد في المبالغ الطبيعية، المفروضة بوساطة القانون أو السلطة الأدارية. مثل تحديد أجور العمال في شركة ما.

ceiling price **سعر محدود**
المجال الذي لا يسمح القانون في تجاوزه مثل السعر الموجه أو التسعير الرسمي (الالزامي).

central bank **بنك مركزي**
هو بنك الدولة المشرف على مراقبة اعمال جميع البنوك في البلد، وهو بنك الاصدار بنفس الوقت، على انه ليس من دوائر الدولة بل يتمتع بكيان مستقل تحت رقابة الدولة، ويقوم بمراجعة جميع اعمال البنوك التي عليها ان تتبع تعليماته في جميع اعمالها، وهو بنفس الوقت يشرف على ويراقب حركة السوق المالية والعملات الاجنبية وسوق البورصة وغير ذالك من النشاطات المصرفية. من مهمات البنك المركزي المحافظة على التغطية الذهبية العائدة للنقد.

central limit theorem **نظرية الحدود المركزية**
وهي نظرية أساسية في علم الاحصاء، تبين أهمية التوزيع الطبيعي. وطبقاً لهذه النظرية، فأن التوزيع للمتوسطات لنماذج مأخوذة لا على التعيين يقترب من التوزيع الطبيعي بقيمة وسط مساو الى كثافة العينات الرئيسية وبمتغير مساو الى المتغير السكاني ((متغير العينات الرئيسية)) مقسوماً على حجم العينة. ان هذه النتيجة تعتبر صحيحة بغض النظر عن التوزيع السكاني للمفردات، بشرط ان

تكون فرضيات المتغير المحدود والملاحظات المأخوذة بصورة مستقلة أن تكون صحيحة، ويشترط ان تكون النماذج غير مسحوبة من مفردات سكانية مختلفة النوعية.

central processing unit, CPU وحدة التعامل المركزي

(وحدة المعالجة المركزية) هي جزء من الآلة الحاسبة الذي يحتوي على الوحدات الرياضية والوحدات المنطقية ووحدات السيطرة على التعليمات والأوامر، ويحتوي على التسجيلات ومستويات الادخال والاخراج.

central tendency إتجاه مركزي
اتجاه الحركة نحو الوسط. انظر: arithmetic mean

cents percent قسط التأمين
المبلغ المستحق الدفع مقدماً من قبل المؤمن له الى المؤمن ((شركة التأمين)) سنوياً بنسبة مئوية تمثل حصة من مجموع الحصص أو كل سنت من سنتات (الدولار = 100 سنت) الدولار والأجزاء الاخرى في قسط التأمين.

certificate شهادة أو تقرير المدقق أو موافقته على التقدير المالي

certificate in management Accouting شهادة في المحاسبة الادارية

certificate of deposit شهادة ايداع
1- الشهادة التي يعطيها المصرف ويؤد فيها انه مودع لديه أموال معينة قابلة للرد عن الطلب.
2- نموذج وثائقي يستعمل لايداع السندات والاسهم. وعادة يكون صادراً عن المودع لدية أو الوكيل. وهو قابل للتحويل.

certificate of incorporation شهادة تأسيس شركة مساهمة
وثيقة اقرار رسمية تعطيها سلطة قانونية مخولة تعترف بموجبها بتكوين شركة تقوم بأعمال معينة في مجال الدخل القومي وبرأسمال معين وبأسماء المؤسسين وتحدد مسؤوليتها نحو الاتجاه العام والخاص وتعلن عن أهليتها القانونية، والهدف الذي تأسست من أجله ومركزها الرئيسي وجنسيتها.

certificate of indebtedness شهادة اثبات الدين، المديونية
1- وثيقة الالتزامات المالية اتي تشهد باستحقاق الدين لحاملها صادرة من شركة مربوطة باستحقاقات مالية، الأجل بفائدة قليلة. أو أوراق مالية حكومية مضمونة من قبل الخزانة العامة التي تصدرها ثم تعود فيما بعد وتشتريها، وهي تماثل شهادة الخزانة المالية.
2- أجل عام تطبيقي للسند أو أي ورقة مالية تشهد بالديون المملوكة للآخرين، مثل شهادة الأسهم.

certificate of origin شهادة المنشأ
وثيقة تجارية مصدقة من جهات رسمية في بلد تثبت منشأ صناعة السلعة أو البضاعة، وترسل عادة الى المشتري في بلده حيث يبرزها للسلطات المختصة لاجل اخراج البضاعة المستوردة.

certificate of shipment شهادة الشحن
وثيقة تجارية تثبت عملية الشحن للبضاعة المطلوبة على السفينة وخط الرحلة وتاريخ انطلاقها من ميناء التصدير.

certificate شيك مضمون
اي الشيك المعلم عليه من ادارة المصرف المسحوب عليه بانه يضمن دفع قيمته.

certified financial statement تصريح مالي موثوق
الميزانية العمومية أو أي تصريح مالي مرفق بوساطة التقرير المربوط للمحاسب العمومي.

certified internal auditor مدقق داخلي مجاز
الحق الشرعي الممنوح بوساطة معهد المدققين بعد أجتياز المدقق أربعة أمكانات متخصة في التدقيق.

certifying officer مأمور ليشهد ويصدق على صحة المعلومات المقدمة
((المسؤول عن تصديق المستندات الجاهزة للصرف)): ((محاسبة حكومية))

chain سلسلة
1- الخط المترابط بين النقطة الأولية والنقطة النهائية بدون حلقات أو دورات في الرسم البياني.
2- تعني الكلمة مجموعة من المحلات التي تشترك معاً في العمل تحت ادارة واحدة وتتبع سياسة واحدة.

chain discount **خصم تجاري متسلسل**
تسلسل في النسبة المئوية للخصم التجاري الممنوح الى المشتري، أو حسم للمشتري على سعر سبق ان جرى تخفيضة عن طريق منحه حسماً آخر.

change **تبديل نقدي أو تصديق (تجارة داخلية)**

changes in financial position **تغيرات في التنظيم المالي**
ويقصد بها الاختلافات بين البنود في الميزانيات العمومية القابلة للمقارنة. مثل التحويلات في رأس المال العامل واضطرابها مع التدفق النقدي. راجع الفقرة التالية للايضاح.

changes in working capital **تحويلات في رأس المال العامل**
الثروة والتطبيق العملي لتوزيع التخصيصات المالية.

channel discount **خصم ممنوح الى وكيل السلعة**
أي الموجه من المنتج في طريق واحد

chamber of commerce **غرفة التجارة**
((هيئة أو منظمة أو جمعية)) تؤسس على نطاق محلي أو وطني أو عالمي لغرض حماية مصالحها والدفاع عنها. وتتألف من عدد من الاعضاء الذين يمثلون أصحاب المهن الحرة الخاصة بالتجارة من ذوي الخبرة والممارسة والعلاقة بهذه الشؤون.ويقوم الأعضاء بوضع السياسات والخطط لمؤسساتهم.

character **رسالة أو رمز**
أي الأسلوب في الطباعة والكتابة، أو شهادة حسن السلوك.

character classification **تصنيف**
الرموز ((محاسبة حكومية))
التصنيف المستعمل كقاعدة في تبويب النفقات العامة المسجلة.

charge
1- رهن، وديعة. يطلب ثمناً.
2- مديونية (رسوم – ضريبة).
3- التكاليف أو النفقات المخصصة لحساب معين.
4- تحميل البضاعة من رصيف الميناء الى سطح السفينة.
5- حساب مدين أو (تسجيل مبلغ على حساب فلان).
6- محاسبة العملاء في أستاذ المبيعات (ذمم) أي البيع بالآجل (ثمن سلعة أو خدمة غير مسدد قيمتها).

charge and discharge **تحميل البضاعة**
على سطح السفينة أو تفريغ البضاعة من السفينة على الرصيف في الارض

charge and discharge statement **بيان مالي لرأس المال والداخل**
التقدير الدوري المقدم بوساطة الموثق الاداري للملكية العقارية، أو وكيل عهد اليه الاشراف عليه ليظهر فيه المبالغ التي تم استلامها وتسديد قيمتها، كذلك تظهر فيه المبالغ التي لم تستلم وغير مسددة من المصادر المالية للملكية. وهذا البيان يحوي عادة قسمين هما:
1- الرئيسي هو ((رأس المال)).
2- الثانوي هو (الدخل).
لنأخذ ايجار العقار على سبيل المثال. فالعقار يعتبر رئيسياً: ((رأس المال)). أما الايجار فيعتبر ثانوياً: ((دخل)).

charge off 1- **يستهلك**
أو يخفض القيمة المقدرة أو يحذفها. مثل: الخسارة لمبالغ الأصلية المسجلة كالموجودات.
2- الازالة
الاستبعاد بواسطة التنازل أو التمويل الى فائض المكاسب أو الى صافي الربح المتراكم، أو جميع الأرصدة للحسابات المعترفة بالمصاريف والخسائر.

charges forward **دفع الرسوم مقدماً**
اصطلاح يستعمل في عروض الأسعار، وهو يعني ان على المشتري ان يدفع رسوم الشحن والتأمين عند تسلمه البضائع وليس في وقت لاحق.

charitable contributions deduction **حسم ضريبي للتبرعات المخصصة للأعمال الخيرية**
ويقصد به الاعفاء الجزئي لتبرعات الأعمال الخيرية للمؤسسات التي ليس هدفها الربح كمثل الأغراض الدينية أو الخيرية أو العلمية أو الأدبية أو التعليمية، أو قد تكون الاعفاءات كاملة أو شبه كاملة.

charm price   سعر مغرٍ
وهو سعر الذي يحفز على الشراء، مثلاً 98سنتاً بدلاً من دولار.

charter   براءة، امتياز، اجازة
تفويض يمنح من قبل سلطة تشريعية الى شركة أو مؤسسة، مثل عقد تأسيس شركة أو امتلاك باخرة.

chartered financial analyst, C.F.A   محلل مالي مرخص له، قانوني

charter party   أمتياز إيجار السفينة
((القانون البحري)) عقد مبرم بين صاحب السفينة ومستأجرها يحدد فيه:

1- إيجار السفينة كلها أو جزء منها في رحلة أو عدة رحلات.

2- سعر محدد بموجب الحمولة أو بموجب الاستخدام.

3- تعيين الشحنة المنقولة وموانئ التحميل والجهة المقصودة وخط الرحلة ومعدل الأرضية على الشحنة.

4- الفترة الزمنية والترتيبات المتعلقة بحوادث تأخير المركب.

5- التسهيلات الخاصة التي يجب توفيرها. أو قد يكون العقد على شكل ايجار صريح. أو يتضمن خدمة النقل من قبل المالك.

chart for attributes   رسم بياني للرموز ((احصائي))
نهج احصائي يستعمل للتحليل النوعي الانتاجي. ((النوعيات المنتجة))

chart for variables   رسم بياني للمتغيرات ((احصائي))
نهج احصائي يستعمل لتصوير سلوكية الانتاج بين الادارة والتصنيع أو الكميات المنتجة.

chart of accounts   لائحة الحسابات
قائمة مرتبة بشكل منتظم تحوي أسماء حسابات دفتر الاستاذ لمؤسسة تجارية، وذلك لتنظيم الحسابات عادة.

chattels   متاع، أثاث
أي بند للملكية الشخصية أو لأي فائدة مستحصلة في الأرض باستثناء الملكية التامة.

---

chattel mortgage   رهن الملكية المنقولة
رهن الملكية الشخصية، كالسيارات، والاثاث والبضاعة أو الاسهم أو القروض الآجلة أو سلع الاستهلاك الرئيسية الأخرى، باستثناء فوائد الارض والبنيات.

chattel mortgage bond   سند رهن الملكية المنقولة
سندات مضمونة بواسطة الرهن على الملكية القابلة للانتقال.

1- ((شيك)) مصرفي وثيقة محررة على check البنك من قبل المودع وتدفع عند الطلب.

2- ((يحقق)) يقارن بما ورد في مصدر أو أصل أو مرجع ((للمقارنة من أجل الدقة)).

3- ((يراجع)) أو يفصح شيئاً للتأكيد من صحته أو ليكتسب المعرفة.

4- ((يضع إشارة)) أو يؤشر أمام الشيء للدلالة على أنه روجع أو لوحظ، وخصوصاً عند ظهور أي فرق.

5- ((للاختبار)) أو التعيين النموذج.

checking   عملية اختبار سريعة

1- المعاينة السريعة للتحقق من جودة السلعة المنتجة أو من حسن أداء العامل أو من المجاميع الحسابية والكميات المخزونة ومدى مكابقتها مع السجلات أو البطاقات.

2- التحقق من صحة العمليات الحسابية.
كما في عملية: casting out nines -1
check figure -2
واليك أولاً العملية الأولى:

casting out, nines (1)   اسقاط التسعات
طريقة تستخدم للتحقق من صحة العمليات الحسابية كالضرب والقسمة. فمثلاً من أن $852 \times 983 = 837516$
نقول: $6+1+5+7+3+8=30$

(أ) الزيادة عن التسعات في مجموع أرقام حاصل الضرب= 3 ونحصل على ذلك بجمع أرقام حاصل الضرب حيث نطرح 9 عندما يزيد ناتج الجمع عن 9 أو يساوية وهكذا. أي $30-27=3$

(ب) الزيادة عن التسعات في مجموع أرقام المضرب يساوي 6. أي $2+5+8=15-9=6$

(ج) الزيادة عن التسعات في مجموع أرقام المضرب فيه يساوي2. أي $3+8+9=20- 18 =2$

(د) حاصل ضرب الزيادة عن التسعات في مجموع أرقام المضروب مضروباً في الزيادة عن التسعات في مجموع أرقام المضروب فيه يساوي 12.

(هـ) الزيادة عن التسعات في ناتج جمع رقمي العدد 12 هي 3.

وبما أن الناتج (أ) هو نفس الناتج (هـ) فإن حاصل الضرب صحيح.

واليك جدول المطابقة للشرح:

(أ)- العملية:

1- المضروب 852= 15-9= 6 (ب)

× ×

2- المضروب فيه 983=20- 18= 2 (ج)

↓ ↓

3- المجموع 837516= 30 | 12 (د)

الاسقاط 3 × 9 = 27 | 1×9=9

↓ ↓

ناتج (أ) 3 = 3 (هـ)

(ب) التحليل: لاحظ العملية أعلاه:

(1) 2+5+8= 15 (ب)

(2)3+8+9=20 (ج)

(3) 6+1+5+7+3+8=30 (أ)

راجع: الرقم التدقيقي check figure

1- في نظام الرقم التدقيقي9.

check figure (2) **رقم تدقيقي**

وهو عدد صحيح مشتق من رقم آخر يمثله ويستخدم عادة للتأكد من العمليات الحسابية. وفي هذا المضمار يتواجد نظامان يستخدمان أحياناً في مسك الحسابات وغيرها، وبشكل خاص عند عدم توفر مكائن الجمع والاحتساب. والنظامان يعتمدان على استخراج الرقم التدقيقي من مراتب الرقم الفردية لاستخدامه في العمليات التدقيقية:

1- <u>في نظام الرقم التدقيقي 9</u>

أو مضاعفاته من مجموع مراتب الرقم الأصلي، وهكذا فأن الرقم التدقيقي للعدد: (24107) هو (2+4+1+0+7) أي 14-9=5

أما الرقم التدقيقي للعد (999) هو 9+9+9= 27-27= صفر.

والرقم التدقيقي للعدد (10) هو 0+1=1 فقط.

بجمع الأعداد الثلاثة الأصلية هذه مع بعضها:

24107+999+10= 25116.

والذي يكون الرقم التدقيقي للناتج الأخير

6+1+1+5+2=15

أي 15-9=6.

أما مجموع الأرقام التدقيقية للأعداد الثلاثة الأصلية فهي:

5+0+1=6 مطابق أي أن الجمع صحيحة.

<u>2- أما في نظام الرقم التدقيقي11.</u>

فنستخرج الرقم التدقيقي بطرح ما بين مرتبة ومرتبة أخرى ابتداء من الرقم الثاني يميناً من مجموع المراتب المتبقية باستخدام الرقم (11) أو مضاعفاته بالشكل الذي ينتج عن رقم موجب يقل عن 11 وهكذا فان الرقم التدقيقي للعدد الأول (24107)هو:

- (0+4) + (7+1+2)=6

-9+ (9+9)=9

- (1)+ (0)+11=10

مجموع الاعداد الثلاثة الأصلية مع بعضها هي 25116 والرقم التدقيقي بموجب هذه الطريقة

– (1+5) +(6+1+2)=3

والمجموع الخصوصي للرقم التدقيقي هو:

(6+9+10)- 22=3

والرقم التدقيقي للأرقام المتضاعفة وحاصل ضرب المتكون من 7.7 و5 كل بحسب ترتيب وروده (7×7)-5=44

وأخيراً عملية تقديم الاختبار لناتج القسمة.

8/3= (1×3+5) ÷3

check point **نقطة الفحص أو المراجعة**

وتستعمل في الآلات الحاسبة، أو بمثابة نقطة الانطلاق بعد انتهاء المعلومات بشأن العمل المسجل.

check register **سجل الشيكات**

chunk **مقدار وافر**

عينة مختارة فيها مقدار وافر من الاحتمالات ((مكتنزة)) لغرض الاحصاء.

CIF,Cost,insurance, and freight **الكلفة والتأمين والشحن**

CIF price   سعر سيف
الكلفة + التأمين+ الشحن والتفريغ.

cipher   صفر. ((أحد الأرقام العربية))
1- الصفر في الاصل عربي وهي صفة معناها فارغ.
2- المعنى العام (شيئ أو شخص تافه لا شأن له).
3- لـه معنى حسـابي ((يحسـب بالأرقـام)). أو يستعمل الأرقام في عملية حسابية.
4- رسالة بالشفرة.

circularization   التعميم على العملاء
ارسال منشور مباشر ((فيه معلومات مالية)) من التدقيق الى الزبائن والدائنين بالمقبوضات والمدفوعات للتثبت أو التأكد من ارصدة الحسابات.

circulating assets   الموجودات المتداولة

circulating capital   رأس المال
المتداول= رأس المال العامل
الجزء المـالي المستثمر في الأعمـال التجارية للشركة في التشـغيل أو فـي المـواد الأوليـة وكلفـة العمـل ومخرجـات أخرى فـي العمليـة الانتاجيـة. قـارن رأس المـال الثابت ((البضائع الموجودة + الحسابات المدينة + النقد)).

circulating decimal   الكسر العشري الدائر
((يتردد باستمرار))

circulation of costs   تداول التكاليف
1- حصة التكاليف أكثر من واحد في تسلسل الحسابات.
2- نظام توزيع قيـم الأنحرافـات حسـب المنتجـات أو النشاطات المسببة لها.

claim   مطالبة، يستحق
1- المطالبة بدفع حق او فائدة أو تعويض لـلأذى تحت سيادة القانون.
2- المطالبة بدفع الخسائر أو الأضرار تحت عقد التأمين.
3- قطعة أرض يطالب أحد المعدنين بحق التنقيب فيها.

class   صنف معين، أو نوع، أو أي
مجموعة للأشياء
هو تميز للأشياء أو الحوادث التي لها ملامح متشابهة في العمـوم او فرق انتاج سلعـة عـن نفس السلعة بـنفس المواصفات باستثناء تميز مضاف لهذه السلعة يكسبها اقبال أكثر بموجب توفر حالة لاحتمال معين.

---

classification   تصنيف
أو تنويــع بموجـب النوعيــات أو الطبقــات أو تبويـب الحسابات.

classification of accounts   تصنيف الحسابات
1- ان الحسابات مصنفة عادة الى خمس فئات:
الموجودات – المطلوبات – رأس المال – الايرادات – المصروفات.
ويمكن ان تكون هذه التصنيفات مصنفة تصنيفاً آخر لكل نوعية.
2- ترتيب الـديون حسـب عمرهـا وحجمهـا واحتمـالات تسديدها.

classified trial balance   تصنيف ميزان المراجعة
أي ترتيب الارصدة المبوبة في ميزان المراجعة حسب النوعية والكمية المعدة للمناقشة.

class interval   فترة التصنيف
أو الفاصلة الصنفية: حدود المدى للتصنيف في التوزيع التكراري ((احصاء)) أو استعمال الفترات المتشابهة في الأرقام الرمزية المتكررة لتوزيع الاحتمالات.

class – life   نظام استهلاك مدى
depreciation system   حياة نوعية الملكية
وهو نظام للضرائب طبق في الولايات المتحدة الامريكية سنة 1970.

class rate   سعر نوعي (التصنيف في التأمين)
1- التصنيف المتغير: الكلفة فـي شـروط التـأمين تحدد بالسنتات لكل مئة دولار في قيمة الخطر للتأمين مقابل جميع الأخطار، فالسعر المتغير يلعب دوراً مهماً لاختلاف التصنيف لكل شئ من جهة ((الأخطار مثلاً)) والملكية من جهة أخرى. وكذلك التعويض عن مخاطر البحر ((مجالات النقل)).
2- التصنيف الثابت: وهو معدل مثبت للسعر، وعادة مع موافقة حكومية، لنقل البضائع ((تسعير رسمي)) لنموذج مأخوذ ((في مجالات النقل)).

Clayton Act   قانون كلايتون
قانون أمريكي صدر عام 1914 على أثر قانون شرمان وذلك لمنع الشركات التجارية من شراء أسهم شركات

43

أخرى، سواء بطريقة مباشرة أو غير مباشرة لضرب الاحتكارات.

وقد قضى هذا القانون ببطلان الشركة القابضة اذا ثبت أنها تقضي على المنافسة الحرة.

clean opinion **رأي حر**

رأي غير مشروط وغير مقيّد في تقدير المدقّق.

clean surplus concept **مفهوم الفائض الحر**

توزيع الأرباح من صافي الدخل في الفترة المحاسبية.

clean surplus rule, or doctrine **قاعدة الفائض الحر**

المكاسب المحفوظة التي تكون جميعها محدودة لفترة الدخل والخسارة والأرباح.

clearance **تصفية، تخليص، إنجاز**

clearing **1- حساب المقاصة**

أو حساب المبادلات المصرفية أو التجارية. ويعني تبادل الشيكات بين المصارف بواسطة المصرف المركزي أو أي سلطة اخرى، وهي تسهل عملية قبض الشيكات بحيث ان كل مصرف يقدم الى المقاصة جميع الشيكات التي اخذها من زبائنه، وثم يقدمها للمقاصة بحيث يأخذ كل مصرف الشيكات المسحوبة عليه ويعطي الآخرين الشيكات المسحوبة عليهم.

2- حساب التخليص

ويقصد به اخراج البضائع من المستودعات دفعاً لأي أذى قد يلحق بها، وذلك بتخليص هذه البضائع. أو هو شهادة تصدرها السلطات الجمركية أو غيرها تتضمن إذناً للسفينة بمغادرة الميناء أو الدخول اليه وتفيد بأن جميع الشروط القانونية مستوفاة.

3- حساب البناء (الأنجاز) ويقصد به المواد الاولية والأجور وأي كلفة إنشائية لإكمال البناء بواسطة توزيع واحدة أو أكثر من هذه الكلف على حساب موجودات رأس المال.

clearing house **بيت المقاصة**

مؤسسة مالية أو مؤسسة حكومية أو مصرف مركزي في مكان ما، هدفها التوسط بالتعامل مع البنوك لتسهيل تبادل الشيكات فيما بينها.

clearing house statement **بيان غرفة المقاصة**

بيان يصدر بصورة دورية بمجموع المبالغ المستحقة للمصارف والأعضاء في غرفة المقاصة المحلية وبمجموع المبالغ المستحقة عليها.

clearing system **نظام المقاصة**

طريقة للمفاوضة في التجارة الخارجية. وتتم عادة بين قطرين على أساس مسك حسابات متقابلة ((دائنة ومدينة)) بدون ان تكون هناك أية تحويلات فعلية للعملات، وتستعمل لتنظيم التجارة الخارجية بين البلدان المختلفة من خلال اتفاقيات ثنائية يكون أحد الأطراف فيها يشكو عجزاً في موجوداته من العملاء الأجنبية القابلة للتحويل الى ذهب أو من الذهب.

cleats **مرابط أو مماسك**

((مرابط معدنية أو نسيجية تركيبية)) المماسك التي تحيط بأوعية الشحن ((للبضاعة)) لغرض المحافظة عليها عند النقل بصورة محكمة من مكان لآخر، وتحتسب هذه المماسك عادة ضمن وزن البضاعة الاجمالي.

clerical error **خطأ كتابي**

ويقصد به المنع القانوني للحك والشطب عند حصول الخطأ الكتابي في السجلات المحاسبية أثناء الترحيلات للصفقات التجارية، وإنما تعالج محاسبياً بالطرق الخاصة للتصحيح وهي الألغاء بعكس القيد والتسجيل مرة ثانية. أو بطريقة القيد المركب.

close, the book **غلق الدفاتر التجارية**

تغلق الدفاتر التجارية في نهاية كل سنة مالية لتحضير الميزانية العمومية والاستفادة من الأرصدة التي اكتسبت صفة الثبات لدى ايقاف الحسابات لاحتساب الأرباح.

closed account **حساب مقفل**

ويقصد به استخراج الرصيد الصافي للحسابات الدائنة والمدينة والاستفادة منها في اعداد ميزان المراجعة.

closed – corporation = close co. **الشركة المقفلة**

وتسمى الشركات العائلة الواحدة او تتكون هذه الشركة من أفراد العائلة أو من أفراد قلائل وأسهم يشتريها هؤلاء المساهمون القائمون

closed – end mutual fund **صندوق التعاون المقفل**

مشاركة مالية جماعية وتعاونية مساهمة بين أعضاء ثابتين في تأسيس الصندوق، حيث لا يسمح لغيرهم من المشاركة به.

وبموجب هذا التكوين تتم مشاركة المودعين من الاعضاء في النفقات والارباح، حيث يكون فيه حملة السندات هم

انفسهم أعضاء الصندوق، ذلك لأمكانيتهم في البيع والشراء خلال القنوات الطبيعية، والتي تكون فيه السندات معلنة الفائدة بنسبة مئوية، وقد تختلف أسعارها وفق القيمة السوقية من وقت لآخر.

نظام دائري closed – loop system
مقفل. أو التغذية العكسية الدائرية

شركة closely held corporation
مقفلة من قبل مؤسسيها
أو شركة مقفلة من قبل حاملي أسهمها.

عملية الاقفال closing
الاجراءات العملية التحضيرية للقيود الادخاليه الحسابية وترحيلات قيود الاقفال النهائية. وذلك لسبب معين كإنهاء السنة المالية لاظهار الأرباح والخسائر، أو أنهاء نشاط المشروع.

تاريخ الاقفال closing date
يوم الاقفال الحسابي لتحضير الميزانية، أو للقيام بالجرد عند انتهاء السنة، أو لتحضير التقرير المالي للمشروع، أو يوم انتهاء الاكتتاب للأسهم، أو يوم الافلاس أو يوم الوفاة. وله مسؤولية قانونية، فهو يعني انتهاء المسؤولية في ذلك اليوم المقفل والمحدد بالتاريخ الزمني.

قيد الاقفال closing entry
التسلسل الأخير في قيود اليومية، والذي يسجل في نهاية الفترة المحاسبية. ويكون موعده في آخر يوم من السنة المالية، وذلك لتحضير التصاريح المالية للمشروع أو لأي نشاط لتكوين الميزانية العمومية: ويتم ذلك بإقفال حسابات سجل الأستاذ العام. ويكون بعده القيد الافتتاحي الذي يبدأ برقم (1) للسنة الجديدة.

معاينة جماعية cluster sampling
كابول COBOL, computers, common
الآلات الحاسبة Business oriented
لغة مشتركة مكيفة لخدمة الأعمال Language
التجاريـة أو هـي اختصـار لتعبيـر انكليـزي معنـاه ((اللغـة العاديـة الخاصـة بالحقـل التجـاري)) وهـي احدى اللغـات التـي تستعمل للتفـاهم مـع الحاسـب الالكتروني(الكمبيوتر).

كودسيل: هيئة تطوير لغة كابول CODASYL
مـؤتمر تـم تشكيله سنة 1959 بإيعـاز مـن وزارة الدفاع الأمريكيـة لمناقشة مواصفات لغـات تجاريـة تستخدم في البرمجة، عندها تم بحث فكرة مواصفات لغة كابول.

الدفع COD, Cash, or collect -1
عند تسليم البضاعة on delivery
-2 تصنيف يميز البيع النقدي عن البيع الآجل في العمليات المالية.

1- **قانون يعمل به** code
2- يحول الى رموز اصطلاحية.
3- تعيين موقع الشيء على المستند أو أي شيء مشابه في الحسابات.

code numbers accounts

أرقام إصطلاحية للحسابات (أرقام الدليل المحاسبي الموحد)
هي مسائل رمزية مبينة للحسابات، وتدل هذه الأرقام أيضاً على رمز تصنيف الحسابات مثلاً:

حسابات الميزانية

المطلوبات	2	الموجودات	1
رأس المال	21	الموجودات الثابتة	11
الاحتياطات	22	مشروعات تحت التنفيذ	12
التخصيصات	23	المخزون	13
القروض المستلمة	24	القروض الممنوحة	14
المصارف الدائنة	25	الاستثمارات المالية	15
الدائنون	26	المدينون	16
حسابات العمليات الجارية	28	النقود	18
الحسابات المتقابلة الدائنة	29	الحسابات المتقابلة المدينة	19

حسابات النتيجة

الموارد	4	الاستخدمات	3
ايراد نشاط الانتاج السلعي	41	الرواتب والأجور	31
ايراد النشاط التجاري	42	المستلزمات السلعية	32
ايراد النشاط الخدمي	43	المستلزمات الخدمية	33
ايراد التشغيل للغير	44	مقاولات وخدمات	34
كلفة الموجودات المصنعة داخلياً	45	مشتريات بضائع بغرض البيع	35
الفوائد وإيجارات الاراضي	46	الفوائد وإيجارات الأراضي	36
الاعانات	47	الاندثار	37
الايرادات التحويلية	48	المصروفات التحويلية	38
الايرادات الأخرى	49	المصروفات الأخرى	39

ملاحظة: راجع النظام المحاسبي الموحد uniform accounting system.

46

codicil ملحق وصية إرث
عملية تحديدية لتحويل الأموال في الوصية الى التركة

codification, or coding تدوين في دستور أو قوانين

1- عملية التدوين القانونية، أو مجموعة من القوانية المطبقة في موضوع معين.

2- نظام وضع الرموز للأرقام، أو عملية تمييز الرموز لربط الحسابات أو القيود أو القوائم أو المستندات أو أي تسجيلات أخرى، أو أي وثائق خدمية لتهيئة الأعضاء لتصنيف البنود من أي مجموعة أخرى.

coding clerk 1- كاتب مدون في محل تجاري أو مكتب أو محكمة

2- الكاتب الذي يرمز الحسابات الكثيرة والمطولة ليتمكن من توحيدها في القيد أو التوصل لاتمام الصفقة المالية.

coefficient مساعد أو معاون

أي رقم واحد أو أكثر من الأرقام. أو رموز رياضية تستخدم للاعداد المضاعفة أو المتعددة.

مثل العدد 28 من مضاعفات العدد 7 وفي الاحصاء مقدار أو درجه متعارف عليها لرابطة، أو مقياس الرابطة بين الأحجام. وأنواعها:

1- عامل تحويل الملكية
2- عامل الأتحاد (الاقتران)
3- عامل الارتباط.
4- عامل الاتجاه.
5- عامل الارتباط المتعدد.
6- عامل عدم الاتجاه (الاتجاه المتقدم).
7- عامل الارتباط الجزئي.
8- عامل الانحراف.

coefficient of determination عامل الاتجاه
هو مربع لمعامل الارتباط في علم الاحصاء.

coefficient of variation عامل الانحراف معامل الإختلاف
الانحراف المعياري standard deviation منقسم على نفسه بوساطة الوسط الحسابي لجماعة من الأرقام.

coinsurance clause شرط التأمين المشترك
اشتراك عدة شركات للتأمين في عقد واحد مشروط

لتغطية خسارة ملكية مؤمنة. وذلك في حالات ومنها:

1- أن البضاعة أو الملكية قيمتها عالية جداً بحيث ان شركة التأمين المتعاقدة لاتتحمل الخسارة لوحدها عند حدوثها فتشترك عدة شركات في تحمل الخطر.

2- عند اشتراط المؤمن على البضاعة أو الملكية بان تدفع شركة التأمين اقيام البضاعة بنسبة عالية من قيمتها الأصلية أي (80-90%) عند حدوث الخسارة.

3- عندما تكون نسبة احتمالية الخطر عالية عند مخمن الأخطار في شركة التأمين.

هذا ويسمى بالتأمين المتضامن لكون التأمين حصل من عدة شركات على نفس الشيئ وباسم شخص واحد وهو المؤمن له في بوليصة التأمين.

collapsible corporation الشركة المتدهورة
تلك الشركة التي تمر في حالة انخفاض مفاجئ في النشاط التجاري (الانهيار)، او الفشل الذي يصيب الشركة.

collateral مضمون بضمانة اضافية
ويقصد بها الملكية الحقيقية أو الملكية الشخصية (الموجودات) بقيد الرهن. أو الضمانة الكاملة على الدين. أو الضمانة الاضافية معززة بالنقد أو السند كجزء أو ككل للأصل.

ويستفاد من ذلك في منح القروض إذا تخلف المقترض رد المال في الوقت المحدد لتسديد القرض.

collateralize يقدم ضمانات اضافية

collateral – trust bonds سندات بضمان اضافي
سندات معززة بضمان المخاطر بوساطة سندات أخرى أو أسهم أو بضاعة أو كفالة شركة أخرى.

collectible ممكن التحصيل
قابلية الحصول على النقد الجاهز كجباية الضرائب أو استلام الديون.

collecting officer موظف الجباية
موظف التحصيل

collection basis of revenue recognition قاعدة التحصيل لتمييز الواردات

collection float تداول التحصيل

collection period فترة التحصيل
المهلة التي يتم خلالها تحصيل المستندات.

collusion تواطؤ
تفاهم سري بين شخصين أو أكثر لاستغلال آخرين لغرض حرمانهم من حقوق مشروعة أو استحقاق ملكية معينة.

columnar system — نظام الأعمدة

نظـام يسـتعمل في مسـك الـدفاتر التجاريـة في التسـجيل العمودي ليسمـح بالاستمرا والتحليل والتجميع للوحدات المسجلة تنقيصاً في عمل التسجيلات، ولا يكون مقصوراً على السجلات أو القيود فقط، بل يمتد الى سجل الاستاذ.

combination — توحيد، تجميع

((اتحـاد الشركات)): وهو عبـارة عن اتفـاق بين اثنين أو أكثـر مـن التنظيمـات التجاريـة بهـدف تحقيق المنفعـة المشتركة بينهما دون اللجوء الى اجراء رسمي.

combination bond — سند موحد

سندات حكومية (لوحدة حكوميـة مدفوعـة مـن العائـدات للمشاريع الحكومية وهي دوماً مقبولة بثقة تامة)

ombined depreciation- and – up keep method — طريقة الاستهلاك المشترك والصيانة

1- تبادل فكري واجتماعي commerce

2- التجارة المقتبسة من العلوم والدراسات الأكاديمية.

3- كما تعني الكلمة على العموم التبادل التجاري بين الافراد والمؤسسات والدول على اساس المنافع المتبادلة للاكتفاء الذاتي. انظرTRADE.

commercial cost, or expense — كلفة تجارية

المصاريف العمومية لتشغيل الأعمال التجارية. وهي كلفة تتضمن مصاريف الاعلان والدعاية ومصاريف الدراسات العملية لأبحاث السوق.

commercial law — قانون تجاري

مجموعة من الانظمـة أساسها الأعراف والتقاليد التجارية السائدة بين الناس. وتهدف بدورها الى تنظيم الحقوق في الأعمال التجارية وأي نشاط في هذا المجال. وهي مشتقة بدورها من القانون المدني لكل بلد من البلدان.

commercial papers — أوراق تجارية

وهي الأدارة القابلة لتموين النقد عند الحاجـة اليه مثـل الشيك والبوليصة والسند لامر.

أو نموذج مطبوع للقرض مع فائدة بسيطة تستحصل على شكل خصم نقدي لصالح البنك أو أي مستثمر مالي.

commercial set — سلسلة تجارية متكاملة

وهي المستندات الرئيسية الخمسة لأي شحنة بضائع متعاقد على بيعها:

1- الفاتورة invocie

2- بوليصة الشحن bill of lading

3- شهادة certificate of insurance التأمين على البضاعة

4- الكمبيالة bill of exchange أو الحوالة الخارجية or draft

5- شهادة المنشأ certificate of origin

commission — عمولة

التعويض الذي يدفع الى وكيل أو ممثل، خصوصـاً الى ممثل البيع، والذي يبنى علـى اساس مبيعاتـه أو حجمها أو نـدرة نوعيتها في السـوق. وتحسـب العمولـة عـادة كنسبة مئوية من قيمة المبيعات أو الارباح.

commitment — التزام وتعهد

1- إعطاء وعد بالقيام بعمل معين. أو التعهـد علـى إبرام صفقة تجارية معينة ((ثمرة الصفقة))، بشهادة أو دليل مقدم بوساطة عقد.

2- تسـديد دين أو نفقة مدفوعة مقدماً.

committee for Economic Development — هيئة عامة للتنمية الاقتصادية

وهـي مؤسسـة غير ربحيـة، كيانهـا مكـون مـن خبـراء اقتصاديين يقدمون التقاريـر الـى مجلس ادارة الهيئـة عن طريق تمثيل الشركات ونقابات العمال التنمية الاقتصادية.

committee of Accounting procedure — لجنة الاجراءات المحاسبية

وهي احدى اللجان الرئيسية التقنية (التنفيذية) التابعـة الى المؤسسة الأمريكية للمحاسبين العموميين القانونيين، التي تولت إصدار منشورات البحث المحاسبية الصـادرة عن المؤسسة مـن سنة 1938 – 1959م. وتتكون عضويتها بصورة رئيسية مـن شـركاء فـي مؤسسـات لمحاسبين عموميين قانونيين ومن بينهم ممثلون للشركات المحاسبية الثمـاني الكبـرى فـي الولايـات المتحـدة. وايضـاً اعضـاء بدرجة بروفسور محاسبة. ولقد تحولت وظيفتها في 1959 الى مجلس الإدارة المحاسبي الرئيسي.

commodity — بضاعة أو سلعة

1- أي شيء منقول وملموس يستخدم في التجارة.

2- مادة خام. (مواد غير منتجة).

3- مفردة خاصة (اقتصاد) لكلمة goods الانكليزية.

common average معدل عمومي

1- معدل بسيط.

2- معدل استثنائي.

common carrier ناقل عام

أي شخص يتخذ مسؤولية وسلطة مخولة لنقل البضائع والأشخاص كتنظيم للأعمال التجارية تحت سيادة القانون العادي common law . وهؤلاء الناقلون ((الذين يقومون بتقديم تسهيلات لجميع الاستخدامات الخاصة بالتحميل يكونون ملتزمين بالمسؤولية لأي حادث أو ضرر في عملية النقل عدا تلك الحوادث الناشئة عن الأسباب التالية:

أ- القضاء والقدر.

ب- الاعتداء الأجنبي.

ت- الاهمال الشخصي للشخص المنقول أو شاحن البضاعة.))

فالناقل مسؤول عن أي خسارة أو ضرر بالملكية المنقولة المستلمة من قبل دائرة خاصة بالنقل العام والتموين وهيئة التأمين.

common cost كلفة عمومية

كلفة للتسهيلات أو الخدمات المستخدمة في الانتاج لسلعتين أو خدمتين أو أكثر، حيث المكافأة المدفوعة لا تتغير مثل، عقد التأمين على الحريق، والذي بدوره يغطي الكميات المرتبطة بالبضاعة في المخزن. فبهذا تكون كلفة مشتركة، وكذلك المصاريف التي لا تتأثر بالكميات تسمى أيضاً ((الكلفة المرتبطة بانتاج سلعة أخرى)) Joint costs.

common law قانون عام

قانون غير مكتوب مبني على العرف والتقاليد الاجتماعية والتجارية وما يتناقله الناس في المجتمع من سوابق للأحداث ومنها سوابق قضائية. ويطلق على الجهات القضائية التي تقوم على تطبيق هذا القانون اسم المحاكم العادية.

وقد ظهر هذا النوع من المحاكم في إنكلترا في بداية القرن الرابع عشر، وكانت تمثل إجتهادات الملك في بعض القضايا.

common law corporation قانون الشركات المساهمة

أنظر Joint – stock company.

common law trust, business trust قانون اتحاد الأعمال التجارية

common market سوق مشتركة

تتألف عادة من دول متجاورة، وذلك لتأسيس نشاطات إقتصادية بوساطة التخفيف من حدة الأسعار أو التخلص من الضرائب الجمركية عبر الحدود ووضع التحصينات التجارية بينها، وفي بعض القضايا منح المساعدات المالية للسياسة المشتركة الأخرى وكذلك الإجراءات القنصلية، وخير مثال السوق الاوربية المشتركة.

common sense منطق العرف العام

((القرار الصحيح)) وهو نقطة الحكم في الأمور المختلفة. ويعتمد على القدرة في إصدار الرأي الصحيح والتمييز بين القضايا المعروضة، أو الامكانية الحسنة في تقدير الأمور تأسيساً على خبرة الحياة من الناحية العلمية والمهنية.

common – size statement بيان الحجم أو الأساس المشترك

البيان ذو الحجم هو بيان مالي تكون بنوده مبينة على شكل نسب وهي عبارة عن أرقام منسوبة الى المئة، فمثلاً أن بيان الأرباح والخسائر ذا الحجم المشترك يبين صافي المبيعات على أنها 100% وان تكلفة المبيعات وإجمالي المصاريف والربح الصافي يبنى كل منها على أساس جزء من المئة.

common stock أسهم عادية، مشتركة

عندما تصدر الشركة المساهمة نوعاً واحداً من أسهم رأس المال، فان الأسهم تسمى الأسهم العادية المشتركة، وأن كلمه ((مشتركة)) تعني أن المساهمين جميعاً مشاركون في امتلاك الشركة.

communication مواصلات. إتصالات

أي وسيلة أو طريقة لإيصال المعلومات من شخص لآخر كواسطة تعليمية أو تقريرية على التعاون المستمر والمتفاعل بين الانسان والماكنة أو كلاهما.

community income دخل وطني

عملية تنسيق المصالح بين الشركات بالنسبة لخططها وبرامجها. أو هي العملية الهادفة لتنظيم التشغيل بين

اثنين أو أكثر كالذي يجري بين مالكي الأسهم الإعتيادية والأدارات المتاربطة، أو كاستخدام الصيدليات نفس المصدر للتزود بالأدوية والعاقير والاحتياجات الاخرى.

community property ملكية موحدة
1- ملكية وطنية، وهي ملكية مشتركة في ظل قوانين موحدة.
2- ملكية زوجية، وهي ملكية مملوكة من قبل الزوج والزوجة يستلم كل منهما حصة متساوية من الدخل الناتج عنها بموجب قوانين الملكية الموحدة.

company شركة
شخصية معنوية أو مؤسسة تجارية، أو جماعة من الأشخاص ينشئون سوية ((هيئة مرتبطة)).
انظر corporation.

comparability قابلية المقارنة
وهي مقابلة ارقام ميزانية مع ميزانية السنين السابقة للمقارنة بينها، ورؤية الفروقات الحاصلة للتمكن من تحديد التقدم أو التأخر في بعض العناصر لاكتشاف الاسباب المؤدية الى ذلك، ومعالجتها وفهم نتائج المقارنات بما يساعد على فهم الأرقام الحسابية بصورة سليمة.

comparative advantage إمتياز نسبي
ميزة نسبية
يوجد في الاقتصاد، وبالخصوص في اقتصاد التجارة الخارجية أو الدولية ما يسمى أحياناً بقانون ((الأمتياز النسبي)) وهو مبدأ يكون فيه الطرفان أو البلدان المعنيان بعملية التبادل، يفضلان التخصص في النشاطات التي يتميزان فيها بكفاءة عالية. وفي حالة كون البلد أكثر كفاءة في كل الفعاليات فإن على الرغم من ذلك يميل الى التخصص في النشاطات التي تكون كفاءته فيها أكبر نسبياً. ويشمل هذا القانون أو المبدأ التبادلي التعدد الاتجاه أكثر من بلدين إثنين.

comparative analysis تحليل نسبي
تحليل مقارن
وهو تحليل لتصريحات مالية في فترات زمنية مختلفة (وعادة متقاربة). وتحسب الفوارق في كل مفردة واحدة في هذه التصريحات باستخدام الفوارق الأولية في كمية الدولارات بين فترة من الزمن وأخرى تليها، أو استخدام

الفوارق النسبية (نسبة مئوية) بين فترة زمنية واحدة وأخرى تليها.
ان الهدف من هذا التحليل هو تفهم أسباب التغيرات في الوضعية المالية للمؤسسة ولتحديد الاتجاهات المستقبلية المحتملة لها.

comparative balance sheet ميزانية مقارنة
وهي مقارنة الميزانيات التابعة لنفس المنظمة بتواريخ مختلفة، أو تلك التابعة الى إثنتين أو أكثر من المنظمات بتاريخ واحد، ويسجل ذلك عادة في أعمدة متوازية وذلك لملاحظة وتبيان الفوارق.

comparative costs تكاليف نسبية
1- وهي النسبة بين نفقة إنتاج وحدة من سلعة معينة في بلد بالقياس الى نفقة إنتاج واحدة من نفس السلعة في بلد آخر.
2- أو هي تكاليف محسوبة لغرض مقارنتها بتكاليف أخرى تستحصل باستخدام طرق مماثلة في التكوين (الجمع) والتعديل للفوارق في السعر والحجم، والغاء العناصر المتباعدة وما شابه ذلك. راجع cost

comparative financial statements بيانات المقارنة المالية

compare يقارن، يوازن
(التدقيق) لتثبيت الاختلافات في البنود المتشابهة (المراسلات أو التقارير الفصلية) أو في البنود الحسابية بالتفصيل.

comparison schedule جدول المقارنة
الجدول أو ورقة العمل التي يقوم المدقق بتحضيرها لأي تسهيلات أو وثائق أو نتائج ممنوحة.
وذلك لمقارنة البنود المختلفة بالمعلومات الوثيقة الصلة بموضوع واحد أو أكثر من أهداف التدقيق.

compensation تعويض
1- عملية يخفي بها المرء عجزاً معيناً أو شعوراً بالنقص، وذلك عن طريق التفوق في حقل معين.
2- مدفوعات للخدمات الشخصية المنجزة (أجر).
3- مدفوعات للبضائع التجارية المتضررة أو المفقودة أو أي خسائر ترتبت عليها.
4- مدفوعات للعاطلين عن العمل أو الى العمال المصابين أثناء العمل أو الى أهل المتضرر.

compensatory balance **رصيد تعويضي**

نسبة أو مقدار معين من المبالغ المفترضة التي يطلب المقرض فيها من المقترض الإبقاء عليها أو الإحتفاض بها في الحساب المتبادل وذلك على سبيل التأمين على الأموال المقترضة الجارية. وهذه النسبة (مثلاً 20%) تسمى الرصيد التعويضي الذي يتضمن كلفة الفائدة الحقيقية لعملية الاستعارة المالية.

compensatory time **وقت تعويضي**

competition **منافسة**

حالة تسود السوق وتتميز بوجود عدد كبير من الباعة أو المجهزين أو المشترين في حالة مسابقة تجارية لاستقطاب أكبر عدد ممكن من المشترين أو الباعة عن طريق اغرائهم بشتى وسائل الترويج.

competition price **سعر تنافسي**

1- السعر الناشئ في السوق نتيجة التنافس على البيع والشراء، وكذلك نتيجة وفرة البائعين والشارين الذين يعتبر كل طرف منهم مستقلاً عن غيرة ولا يملك القوة المالية الكافية لفرض سيادته على السوق.

2- اقتصادياً يعتبر سعر الوحدة الواحدة للسلعة المباعة تحت شروط المنافسة التامة:

أ. وجود عدد كبير من البائعين والمشترين.

ب. حرية الدخول الى السوق والخروج منه.

ج. عدم وجود الشك في العمليات المتعلقة بالتنافس.

compile **يجمع**

1- (الآلات الحاسبة) وهو استخراج برنامج بلغة الآلة الحاسبة من برنامج كتب بلغة حاسبة ثانية وتكون عادة لغة حاسبة بمستوى أعلى مثل FORTRAN أو COBOL. وتولد عادة جمل بواحدة أو اكثر من لغات الآلة الحاسبة. اذ ان كل جملة تابعة لمستوى لغة حاسبة عالية واحد. ان برنامج الأنظمة الذي ينفذ هذه المهمة يدعى المترجم.

2- وهو تجميع أو تصنيف أو ترتيب كما في جداول مجموعة من المستندات.

compiler **آلة محمولة، مترجم**

الآلة المحمولة هي عبارة عن آلة لتبويب المعلومات وتحويل برامج الحاسب الالكتروني (الكمبيوتر) المعبر عنها بلغة عادية إلى لغة آلية يفهمها الحاسب الالكتروني المستعمل في تبويب المعلومات.

complementary products **منتوجات مكملة (غير رئيسية)**

1- وهو إثنان أو أكثر من أنواع المنتجات تشترك بمواد أولية واحدة، كما في تصنيع النفط المستخرج. راجع الكلفة المشتركة joint cost

2- وهي منتوجات تمتاز بصورة خاصة بقيمة سالبة لمطاطية الطلب العرضية

competent - audit **فحص حسابات كفؤ**

تدقيق كامل. تدقيق كفؤ

مراجعة حسابية كاملة لجميع الصفقات المالية، ولفترات زمنية محدودة.

complete cycle costs **دورة الكلف الكاملة**

جميع الكلف، الثابت منها والمتغير، تتعرض بوساطة الأهداف لتكون حياة غير منقوصة.

completed – contract method **طريقة العقد المتكامل**

نظام في المحاسبة لتنفيذ المشاريع الطويلة الأجل. وعادةً تستخدم لأغراض قطاع التشييد كما في عقود البناء أو هي طريقة تمييز العائدات عند إكمال مشروع معين. وتعتبر هذه الطريقة أكثر تقليدية من طريقة النسبة المئوية للإكمال. وذلك عند عدم توفر تقديرات معقولة لكلفة المشروع، ومقدار التقدم في التنفيذ لكل مرحلة من المراحل، وعلى الرغم من أن الأموال تستلم عن طريقة صرف التكاليف الداخلية، فإن حساب الميزانية يؤجل الى الفترة التي يكون فيها العقد كاملاً بصورة رئيسية. أو هي التي تتحقق أرباحها عند إتمام تنفيذ المشروع بالكامل.

complete transaction **صفقة مالية كاملة**

أي ان عملية البيع والشراء منتهية، والمبالغ مستلمة بحيث تكون مهيأة للتسجيل ولا يوجد أي أرتباط بصفقة أخرى لاحقة لها.

complex capital structure **هيكل رأس المال**

ويعتبر مؤشر الى وجود أوراق مالية محتملة السيولة في الهيكل المالي للشركة. وهذا الهيكل في شكل دين وتسوية مؤسسية تتضمن أوراقاً مالية محتملة السيولة وقابلة للتحويل، وتصريحات أو حقوقاً يمكن ممارستها بما يؤدي الى سيولة المكتسبات لكل سهم مشترك. ان شركات ذات هيكل رأسمالي مركب يجب عادة ان توفر كل المكتسبات الرئيسية لكل سهم، أو حصة، وكذلك المكتسبات الكاملة السيولة لكل سهم أو حصة.

complex information processing
معالجة معقدة للمعلومات

وهي حلقة وصل بين العلوم السيكولوجية وعلم الحاسبات الألكترونية، إذ تستخدم فيها الحاسبات لتجسيد عمليات الادراك عند البشر، وخاصة عند التعامل مع مشاكل معقدة. فالتأكيد يكون على الحلول التقريبية بدلاً من الحلول النهائية، كما في الذكاء الاصطناعي. ومثال ذلك: هو تطوير برامج الآلات الحاسبة، لكي تلعب الشطرنج بمستوى جيد أو بمستوى بطولة ضد مبارزين من البشر.

complex numbers
أرقام معقدة أو مركبة

complex trust
ثقة معقدة أو مركبة

وهو الامتحان الذي ينتج عنه دخل وتبرع.

compliance audit
إذعان التدقيق المحاسبي لإعتبارات معينة

وهو تدقيق لنشاطات خصوصية مع تشريعات قانونية خصوصية لتلك النشاطات. مثل:
تدقيق حسابات مستشفى، وهناك أنظمة لنقابة الأطباء حول الرسوم وهناك قوانين للضرائب، فعلى المدقق مسايرة هذه الأنظمة في حالات احتساب الضرائب.

compliance error
خطأ مطاوع أخطاء

محاسبية مفروضة عندما تكون إجراءات السيطرة المحاسبية الداخلية مهملة. أو انحراف من داخل معالجة الحقيقية المحاسبية.

compliance test
اختبار مساير

الاجراءات التدقيقية أو الاختبار الذي يقوم به المدقق، والهدف منها الحصول على بينة أو دليل لدعم تقديراته لنظام السيطرة المحاسبية الداخلية. وتلك الاجراءات مفروضة في الكيان التدقيقي عندما يكون قصد المدقق معتمداً على السيطرة الداخلية في تدقيقه.

composite depreciation
إستهلاك مركب

طريقة للاستهلاك تحسب رياضياً بتطبيقات علمية مفردة للموجودات المتغايرة الخواص، والتي تملك مميزات التباين كالآتي:

$$\text{الاستهلاك المركب} = \frac{\text{معدل متوسط مجموع قيم الموجودات}}{\text{معدل متوسط فترات الحياة الخدمية}}$$

composite life method
نظام تركيب الحياة

ويقصد به الاستهلاك المحتسب من نقطة بداية التشغيل للموجودات الثابتة.

composition
ترتيب، تركيب، تكوين،

1- تجميع، تصنيف، تأليف، أو اتخاذ الترتيبات
2- مادة صناعية مركبة تتكون من أكثر من عنصر واحد.
3- المصالحة بين المفلس ودائنيه.

composition of creditors
صُلح المفلس مع دائنيه

الاتفاقية الجديدة أو التسوية الصلحية المعقودة بين المدين ((المفلس)) والدائنين، والتي يتم بموجبها استحصال مبالغ أقل من قيمة الدين المستحق في البوليصة، أو دفع جزء من مبلغ، هذا الدين واعتبار الباقي مطفأً كلياً بموجب الصلح.

compound
مركب

شيء مكون من عدة عناصر أو أجزاء. كمحتويات الطرد البريدي مثلاً. كذلك يقصد به خلط الفائدة مع رأس المال، أي اضافة الفائدة لرأس المال في الفواصل الزمنية لغاية تأسيس قاعدة جديدة لاحتساب الفائدة اللاحقة.

compounding period
فترة تركيبية

تمديد الوقت بين تواريخ الفائدة المدفوعة أو تحويل الاضافة الى رأس المال (تركيب) لأجل مكاسب الفائدة للفترة القادمة، أو لمضاعفة الفائدة.

compound interest
فائدة مركبة

وتعني احتساب فوائد على الفوائد بعد مرور الفترة الزمنية لاحتساب الفائدة الاولى، بمعنى آخر ضم الفائدة المحسوبة الى رأس المال وثم احتساب فائدة جديدة في كل مرة وهكذا دواليك الى النهاية.

compound interest method
طريقة الفائدة المركبة

وهي عبارة عن نظام يحتسب فائدة عن فوائد سابقة أضيفت الى رأس المال.

compound journal entry
قيد اليومية المركب

ويستعمل هذا النوع من القيود في الطريقة المختصرة لتصحيح القيود. ويتألف من ثلاثة عناصر أو أكثر،

تتضمن اشتراكاً لعملية الإلغاء ولعملية التسجيل الصحيح في آن واحد وعلى قيد واحد. وهي تختلف عن قيد اليومية البسيط لتسجيل الصفقة المالية حيث ان قيد اليومية البسيط إذا استعمل في تصحيح الخطأ يكون في مرحلة واحدة فقط وهي عكس قيد الخطأ. ويكون التسجيل الصحيح في قيد آخر بقيد بسيط آخر وتدعى هذه الطريقة المطولة.

comprehensive income   دخل شامل

ويقصد به جميع التحويلات المالية في صافي الموجودات، أو حقوق المالكين خلال فترة زمنية من الصفقات المالية وحوادث أخرى، كذلك المشاريع من ثروات غير مملوكة (عدا الأموال لأجل رأسمال التبرعات الى المشروع بواسطة المالكين والتوزيعات المالية بواسطة المشروع الى المالكين).

comptroller   مراقب حسابات، مدقق مالي

1- الخبير المالي في السيطرة الحسابية، ويعتبر المصدر الرئيسي للمعلومات المالية مع الآخرين، أو هو المرجع العام للدائرة الحسابية وللمعلومات التجارية.

2- المدير العام للمراقبة المالية.

mptroller General   المدير العام للرقابة المالية

أو الرئيس الأعلى للدائرة الحسابية الحكومية.

COMPUSTAT   كومبيوسات

((اسم رمزي إصطلاحي، وهو مكون من أوائل حروف لكلمات معينة)). أو اسم متفق عليه لبنك المعلومات في الحاسبة الألكترونية خلال فترة تزيد عن 20 سنة من المعلومات المحاسبية المالية لأكثر من ثلاثة آلاف شركة كندية أو أمريكية. وعلى الرغم من أن هذه المعلومات لا تخلو من الأخطاء فإنها تعتبر المصدر الرئيسي للمعلومات في البحوث التجريبية (التطبيقية) المحاسبية.

computed price   سعر محتسب

computer   كمبيوتر (العقل الالكتروني)

1- مخزون الاحتساب الرقمي، أو مخزون الأنظمة القياسية.

2- واحد من المحتسبين أو الجامعين للمعلومات من المعطيات أو الحقائق العددية.

computers   حاسبات الكترونية

عبارة عن الآت مبرمجة ((تعطي أوامر عن طريق برنامج

تعليمات)) وذلك يجعلها أنظمة كاملة لتبويب المعلومات وتتقبل معلومات عن طريق وحدة إدخال، كما أنها تخزن هذه المعلومات في وحدة ذاكرة حسابية، وكذلك تعطي نتائج عن طريق وحدة إخراج اما بشكل بيانات مطبوعة أو أشرطة أو بطاقات مخرمة. وكل هذه العمليات تؤدي عن طريق وحدة رقابة تنظيم كل عمليات الحاسب الألكتروني.

computer – assisted instruction, CAl   تدريس الطلاب بمساعد الكومبيوتر، الآلة الحاسبة

وهو استعمال الالة الحاسبة كوحدة من أدوات التعليم. ويكون نظام الآلة مصمماً عادةً ليتفاعل مع الطلاب عن طريق توجيه أسئلة اليهم ثم الجواب على اجوبة الطلاب عن طريق توجيه أسئلة إضافية أو عن طريق إصدار التصحيحات المناسبة.

computer program   برنامج الكومبيوتر الآلة الحاسبة

وهي مجموعة من تعليمات الآلة الحاسبة التي تسبب ردود فعل معينة تتخذها الآلة الحاسبة. ومن الضروري ان يكون برنامج الآلة الحاسبة صحيحاً من ناحية البنية الأساسية، كما يجب ان يكون صحيحاً بتسلسل منطقي، وذلك لكي يقوم بالمهام المنوطة به.

concept   مفهوم، فكرة

النشاط العقلي لتحقيق غاية أو مشروع.

conceptual framework ، هيكل المفاهيم، إطار العمل المبدئي

وهي دراسة حيوية يقوم بها المجلس الاداري لأسس المحاسبة المالية، وذلك بهدف تطوير القواعد النظرية المستقبلية ((تصريحات معايير المحاسبة المالية)).

ان إحدى المطبوعات المتوقع دراستها من قبل المجلس الاداري هي مواضيع التصريحات المالية التي تعرف بـ ((تقرير الدم الحقيقي)).

ان أول المنشورات الناتجة عن دراسات المبدئية والاطارية هو عبارة عن مبادئ تصريحات المحاسبة المالية رقم واحد، ومواضيع التقارير المالية بوساطة مشاريع الأعمال الصادرة في تشرين الثاني (نوفمبر) 1978.

concern   وحدة إقتصادية. منشأة

الكيان المكون لتحقيق المنفعة البشرية.

توفيق بين الأطراف conciliation
عملية تسهيل حل الخلافات حلاً ودياً قبل ان تبلغ مستوى النزاعات القضائية أو التحكيم.

حكم نهائي conclusion
النتيجة النهائية من الاستنتاج المقنع، التي تساعد على تمييز الحقائق أو المعلومات أو مقدمات العقد.

إجراءات قضائية لمصادرة أملاك condemnation proceedings
إجراءات قانونية نموذجية لتحديد المبالغ التعويضية لدفعها الى المالك لقاء ملكيته المصادرة من قبل الوحدة الحكومية لغرض المنفعة العامة بدون موافقة المالك.

عائدات الممتلكات المصادرة قضائياً condemnation proceeds
المبالغ المستلمة من قبل الوحدة الحكومية، كالتعويضات المالية لقاء الملكية المصادرة من المالك عن طريق الدومين.

ميزانية عمومية مكثفة condensed balance sheet
وهي الميزانية التي تم فيها تقليل الشروط الاساسية لمجموعة التفاصيل التي تملك صفة التوحيد،أو هي ميزانية قيدت فيها حسابات مفصلة وضم بعضها الى البعض الآخر بهدف إعطاء فكرة سريعة عن وضع الشركة المالي وبشكل موجز.

شرط condition
أي قيد أو مطلب يتعلق بعقد بين الطرفين لتنفيذ مشروع. أو أي نص يجعل تنفيذ العقد غير مؤكد أو غير نهائي أو متوقفاً على واقعة تحدث في المستقبل.

قبول مشروط conditional acceptance
1- قبول الورقة التجارية بصورة مؤقتة يتوقف على تنفيذ شروط معينة.
2- قبول معلق على شروط بديلة تختلف عن الشروط التي كان متفقاً عليها بالأصل. وهي في الواقع عرض مقابل أو بديل يجب على طرفي العقد في هذه الحالة ان يقبلا به.

توقع مشروط conditional expectation
القيمة المتوقعة لمتغير يعطي معلومات أخرى.

إحتمال مشروط conditional probability

تثبيت، تأكيد confirmation
1- من الناحية التدقيقية، البحث لتأمين التحقق من الأرصدة أو الكميات المثبتة، مثلاً: إرسال إشعارات الى العمل تطلب منهم التحقق من صحة المبالغ المثبتة، وكذلك الى الدائنين للتأكد من صحة مبالغ المطلوبات.
2- الرسائل والنماذج المستعملة لهذا الغرض.
3- من الناحية القانونية، يكون العقد الشفهي المبرم بين شخصين في احيان كثيرة باطلاً الا إذا تحول إلى عقد كتابي متبادل بينهما تأكيداً لاتفاقهما.

القبول consent
هو اتحاد إرادتين: ((اتفاق)) إيجابي للقبول بإبرام عقد لفعل لم يحدث بعد بل سيحصل في المستقبل، فيكون الرضا، أي إتمام الصفقة التجارية، أو نقطة التلاقي بين البائع والمشتري تجارياً.

أرباح الأسهم المقبولة consent dividends
أي الحصة المقررة للأسهم أو جميع المكاسب المحتفظة للشركة الشخصية والتي لا تدفع الى المساهمين بل تضاف الى الفائدة المدفوعة.

خسارة ناتجة بشكل غير مباشر عن التأمين consequential loss
ويقصد بها الخسارة الناتجة بشكل غير مباشر في عقد التأمين ضد الحريق. مثلاً: تتعرض بضائع معينة للحريق، ولكنها تتضرر به مباشرة بل بالماء مثلاً الذي استعمله الإطفائيون في محاولتهم إخماد النار. أو أي مخاطرة أخرى مثلاً: إتلاف الأغذية بواسطة مسببات غير مذكورة أو مشروطة في العقد كتعطل مكائن التبريد الخاصة بالبواخر أو الشاحنات عند نقل الأغذية.

محافظة conservation
السيطرة للحفاظ على الأوضاع دون تغيير مفاجئ. وتجنب إعطاء صورة متفائلة عن الحالة المالية وذلك عن طريق توقع الخسارة وإهمال توقع الربح.

مبدأ التحفظ conservative approach
ويعني اختيار الاحتمال الذي يكون أقل تأثير ممكن على رأس المال، ((في مجال المحاسبة))، فأذا ما توفرت عدة احتمالات أو سبل لحل المشاكل لقياس الوضع المالي وتقييم أداته، فإن أجهزة المحاسبة، وهي تواجه هذه

الإحتمالات، تجد أن بمقدورها خدمة المشروع بشكل أفضل عن طريق إعتمادها مبدأ التحفظ المذكور.

consideration **اعتبار، مكافأة، تعويض مالي**

أو مراعاة الآخرين بوعد أو الامتناع عن القيام بعمل.

consignee **مرسل اليه**

حسابات بضاعة الأمانة

أو شحنة أو حساب الأرساليات. وهي بضاعة مباعة بالأرسال عن طريق الشحن للمشتري، أو مرسلة لأهداف أخرى من المالك الى وكيله في مكان آخر، مثل المعارض الدولية.

consistency **مرسل بضاعة الأمانة**

consistency **إنسجام. إتساق**

تماسك. ثبات على مبدأ

أي الارتباط الثابت المستقيم. فمثلاً في المحاسبة: تعني الكلمة استعمال نظام موحد للحسابات وطريقة موحدة لقيدها خلال فترة طويلة من الزمن بحيث تكون نتائج المحاسبة التي تحصل خلال تلك الفترة متوافقة ويمكن مقارنتها مع بعضها البعض بسهولة ويسر.

consolidated balance sheet **ميزانية عمومية موحدة**

ميزانية عمومية تضم أصول والتزامات المشروع المهيمن (الأم) الى أصول والتزامات المشاريع التابعة له، مبينة في ذلك الوضع المالي لجميع هذه المشاريع معاً كما لو كانت وحدة أو كياناً اقتصادياً واحداً.

consolidated financial statement **بيان مالي موحد**

البيان الذي يتضمن الموقف المالي للشركة الأم وللشركات التابعة لها، كما لوكانت مشروعاً واحداً. أي بتوحيد الميزانيات والإيرادات والتحويلات المالية والحسابات الشخصية والنشاطات المشتركة التي تظهر بالتفصيل.

consolidated goodwill **شهرة موحدة**

أي الافراط في التجميع ويقصد به المبالغ التي تدفعها شركة (الأم) مقابل استثمارها في شركة تابعة لها بالنظر الى مقدرة تلك الشركة (الأم) الفائقة على تحقيق الربح أو أي قيمة أخرى لا تسجل في دفاتر الشركة الفرعية. وتحتسب عادة بقيمة الاستثمار لشركة الأم في الأسهم والسندات ناقصاً القيمة الدفترية لهذا الاستثمار (المعكوسة في حسابات الشركة الفرعية).

consolidated group **مجموعة شركات موحدة الميزانية**

consolidated income statement **بيان المداخيل**

الموحدة لعدة منشآت كما لوكانت مشروعاً اقتصادياً واحداً.

consolidated surplus **فائض موحد**

ويقصد به حسابات الفائض المشتركة لجميع الشركات الموحدة الحسابات بعد طرح فوائد أقلية المساهمين.

consolidation **1- توحيد**

وهو تجميع لأثنين أو أكثر من المشاريع. أي تكون بموجبه المشروعات المنظمة الى بعضها على شكل هيئة لشركة مساهمة واحدة، بحيث تفقد المشروعات الأولى شخصيتها القانونية لتحل محلها شركة مساهمة لها شخصية مستقلة جديدة.

1- تجميع: أي التجهيز لتوحيد الميزانية العمومية أو أي توحيد لبيان مالي من المشاريع المربوطة فيما بينها.

2- جماعة المشاريع الموحدة كوحدة واحدة.

consolidation excess **فائض التوحيد**

وهو عبارة عن المبالغ المدفوعة من الشركة القابضة لتكون مستثمرة في الشركات التابعة ولا تسجل هذه المبالغ في مثل هذه الشركات باعتبارها دافعة لها.

consolidation policy **سياسة التوحيد**

وهي سياسة الشركة الأم التي تضمن شمول الشركات الفرعية في الحسابات الموحدة المنشورة.

constant **ثابت**

القيمة أو الكمية الداخلة في الترتيب أو البرامج كعنصر غير متغير في التركيب للموازنة أو أي تعبير رياضي ثابت آخر.

constant cost, fixed cost **كلفة ثابتة**

constituent company **شركة فرعية**
الشركة التي تكون واحدة من مجموعة منشآت موحدة أو مندمجة أو مرتبطة.

constructive receipt **1-** ضريبة فدرالية للدخل ويتضمن تحصيلها في التنازل الشخصي عن أجزاء الملكية لأشخاص آخرين.
2- دخل شخص واحد غير مستلم من قبله، ولكنه يدفع للآخرين. مثل تحويل أجزاء من الملكية، أو دفع إيجار بوساطة المستأجر لشخص آخر هو المؤجر.

consular invoice **فاتورة قنصلية**
وهي قائمة مفصلة ((التجارة الخارجية)) بتغطية البضاعة المشحونة من بلد مصدر الى بلد آخر مستورد، وتكون هذه الفاتورة مصدقة بالتوقيع والختم والتآشير في السجلات من قبل الممثل القنصلي المقيم في بلد المنشأ للبضائع (القنصلية التجارية للبلد المستورد في بلد المصدر)، على أن تستوفي رسوم تصديقها وتوقيعها من التجار المعنيين، وعندئذ تصبح هذه الفاتورة وثيقة رسمية تحتسب على أساسها رسوم الاستيراد والتكاليف الأخرى.

consumer price index **مؤشر أو دليل أسعار المستهلكين**
الرقم الدليلي للأسعار التي تدفعها عائلات الموظفين الذين يعملون في المدن وعادةً يقوم مكتب الاحصاء للعمل بإيجاد هذا الرقم مرة كل شهر. وهو يبنى على اساس أسعار البيع بالمفرق لمجموعة كبيرة من السلع الاستهلاكية والخدمات في عدد من المدن. ويحسب مؤشر الأسعار بالنسبة الى معدل الأسعار التي كانت سائدة في فترة الأساس.

consumer's goods **سلع إستهلاكية**
وهي بضائع لإشباع حاجة الفرد الشخصية وسد رغباته بصورة مباشرة، كالغذاء والملبس وأغراض ثقافية أو ترفيهية وغيرها من المتطلبات الجارية. أو هي سلع إقتصادية معدة لاستعمال المستهلك العادي في آخر الأمر وليست معدة لأغراض الصناعة. قارن مع capital goods

consumption **استهلاك**
استهلاك المواد الغذائية لتلبية احتياجات البشر وليس لغرض إعادة بيعها أو تصنيعها، أو التخلي عن الموجودات المنهكة بسبب الاستعمال والتخلص منها، أي إزالتها من الحسابات.

contango **رسم التأجيل**
عملية دعم المضارب من قبل بورصة أسهم لندن، أو عملية تأخير اكتساب الأسهم المشتراة. ويتم ذلك بدفع رسوم التأجيل (الفائدة+ المصاريف المدفوعة) لقيمة الأسهم التي اشتراها بسبب توقعه لأرتفاع الأسعار.

context **سياق الكلام. قرينة**
حالات أو ظروف أو بيئة أو محيط.

contingency **طارئ**
أي الاحتمالات لحوادث المستقبل، أو لحادث غير متوقع.

contingency table **جدول الاحتمالات الاحصائي**

contingent annuity **دفعة سنوية تستحق**
عند حصول حادث ما، كالوفاة، مثلاً.
المدفوعات الزمنية المعتمدة على بعض الصدف مثل الموت الشخصي.

contingent assets **موجودات طارئة**

contingent charges, or costs **مصاريف أو كلفة محتملة**
هي مخرجات الإنتاج عندما تخرج على نفسها لأي نوع من الحوادث ((بصورة غير طبيعة)).

contingent fund **موجودات إضطرارية**
موجودات مخصصة ((نقدية أو سلعية)) وهي مفصولة وجاهزة للإستعمال في المصادفات غير المتوقعة ((أي في حالات معينة))

contingent liability **التزام طارئ من المطلوبات. مسؤولية عرضية أو معلقة**
التزام أو موجب لا يكون متحققاً عند إعداد الميزانية التقديرية للمشروع. أي يتوقف قيامه أو وجوده على حدوث أمر معين، ولا يمكن تحقيقه في الوقت الحاضر، وإنما يحتمل حصوله مستقبلاً.

contingent profit **ربح متوقع**
ربح يعتمد على حدث غير مؤكد في المستقبل.

وإذا تحقق كان ربحاً طارئاً، أو قد لا يتحقق على الإطلاق.

contingent reserve   احتياطي طارئ

وهو الفائض المخصص في توقع إحتمال الخسائر أو المصاريف في المستقبل. كنقص وقع في البضائع المخزونة ((مثل تبخر كمية الكحول أو البنزين)). وجميع هذه الخسائر لا يمكن تحديدها مقدماً.

continuous audit   تدقيق مستمر

وهو العمل في الفترة الزمنية الفاصلة لتغطية وتصليح الأخطاء قبل نهاية وبداية السنة ولتخفيف العبء عن المدقق فيما بعد.

continuous inventory   جرد مستمر

عملية الجرد الإختيارية المستمرة لاحتساب كمية الوحدات المنتجة. وذلك للإحتفاض بالتعادل للكميات الطبيعية المحدودة بوساطة الحساب والوزن مع سجلات مأمور المخزن.

contra, prefix   مقابل

بادئه في بداية الكلمة معناها ضد أو عكس.

contra account   حساب المقابلة

حسابات لها مقابل في الجانب الآخر

أي الحساب الذي له مقابل مع حساب آخر عادة يكون اما في الميزانية أو خارج الميزانية.

contraband   تهريب، بضاعة مهربة

ويقصد بها تجارة البضائع التي يجوز قانوناً نقلها أو استيرادها أو تصديرها، وخصوصاً البضائع المحتجزة من جانب السلطات الحكومية، أو دخول البضائع الى بلد من مناطق غير منظورة من قبل السلطات الجمركية.

contra assets   موجودات متقابلة

قيمة الموجودات التي لها قيمة مقابلة لها.

contra entry   قيد مقابل

قيد نفس المبلغ في الجانب الآخر

قيد يومية له مقابل آخر، أي قيد مدين له مقابل قيد دائن. ويقصد به المنفرد المتوازن القيمة مع القيد المقابل له.

contract   عقد، اتفاق

ويعرف العقد بأنه عبارة عن توافق إرادتين أو أكثر

لإحداث أثر قانوني سواء أدى هذا الأثر الى إنشاء التزام أو نقله أو تعديله أو إنهائه.

contract authorization   تخويل التعاقد / الترخيص بالتعاقد

منح السلطة في العقد ((محاسبة حكومية)) تخويل يؤخذ لتوقعات العمل للوكيل الحكومي للداخل في شروط عقد، وخلافه تترتب عليه إجراءات قانونية بموجب السلطة في العقد. كمثل تسليم العمل وفق مواصفات محددة في العقد ولمدة متفق عليها والمقدار المالي الراسي على المتعهد أو المقاول.

contract price   سعر تعاقدي

في عملية البيع والشراء كما هو في:

1- السعر الثابت: وهو سعر يتوقع ان يكون مفتوحاً للتفاوض عليه، أي غير قابل للتسوية بعد الإتفاق.

2- السعر الهادف: سعر أساسي قاعدي أي في الحدود الدنيا أو الحدود العليا لسعر السوق. فموضوع التحكم مرتبط بتعيين لأجل للفترة الزمنية.

3- السعر المتصاعد التدريجي: وهو السعر الذي قد يتغير في حالات طارئة معينة مثلاً: عند زيادة كلف العمل.

4- سعر الكلفة: السعر القاعدي للكلفة وعادةً يتضمن أجراً إضافياً ثابتاً أو نسبة مئوية للكلف كهامش الربحية.

5- سعر المستقبل: أسعار لأية بضاعة تجارية منظمة لتحويلها الى استلام مستقبلي.

contraction   انكماش – تقلص

مرحلة من مراحل الدورة الإقتصادية تقع بين حالة الازدهار وحالة الكساد، أو الفترة التي يقل فيها حجم الأعمال وتكثر فيها البطالة.

contradictory   متناقض

contributed capital   رأس المال المدفوع، المساهم به

أي المدفوع نقداً من قبل المساهمين. وذلك عن طريق:

1- شراء رأس المال الأسهم.

2- الإستجابة لعملية التحديد أو تعيين القيمة على رأس مال الأسهم.

3- منحة أو مكافأة في رأس المال المدفوع.

**contributed surplus, paid المدفوع
in surplus للفائض**

contribution مساهمة أو تبرع

1- مشاركة مالية بقدر ما، يدفعها شخص معين لقاء تقديم مساعدة أو عون أو لغرض اقتصادي. مثلاً: شراء مشتريات رأس المال من قبل أشخاص يبتغون إيراداً إجمالياً إضافياً يتوقعون تحقيقها، أو انه قد تحقق بالفعل. فبهذا تكون حصه المساهم =
قيمة المبيعات - كلفتها الحدية.

فهذه الحصة تكون إما إيجابية وتعني أرباحاً، وبهذه الحالة تكون مشمولة بضريبة الدخل الفردي. وإما أن تكون سلبية أي خسائر. وبهذه الحالة تكون ما يدفعه الشخص من حصته في الخسائر.

2- كذلك يشمل ما يدفعه الشخص من حصته في التأمين. أو تعويض شركة التأمين له في الخسائر.

**contribution break – even طريق
method المساهمة**

وهي طريقة تمتاز بأنها تبين بدقة مدى تأثير التكاليف المتغيرة على حجم المبيعات.
وتترجم كالآتي:
المساهمة= المبيعات- التكاليف المتغيرة.
الربح= المساهمة – التكاليف الثابتة.
المبيعات – التكاليف المتغيرة = التكاليف الثابتة+ الربح.

**contribution margin, عائد
marginal income المساهمة=**

= قيمة المبيعات – التكاليف المتغيرة.
= الدخل – التكاليف المتغيرة.

$$= \frac{\text{الزيادة في قيمة المبيعات}}{\text{الكلفة المباشرة للصنع}}$$

**contribution نظرية الاسهام أو المشاركة
theory**

النظرية القائلة: بأن بيع السلع والخدمات يكون مصدره متفاوتاً لجهة التمويل وتدفع منه النفقات الاساسية وغيرها من النفقات.

control رقابة

هي تنظيم النشاطات والسيطرة عليها وفق الخطة المرسومة بموجب الفحص والتحقق. أو تنظيم التشغيل المالي بواسطة المنظمة أو الهيئة العامة في الشركة.

**control account, حساب المراقبة
or accounting**

حساب يرحل اليه مجموع عدد من البنود المقيدة في حسابات قانونية لأغراض المراقبة والفحص.

**control chart رقابة الخط البياني ((السيطرة
النوعية الإحصائية))**

**controllable costs تكاليف
يمكن السيطرة عليها**

وهي عناصر التكاليف المتغيرة التي تتأثر بالاجراءات التي يتخذها أحد المسؤولين في المشروع.

controllable cost variance انحراف

التكاليف التي يمكن السيطرة عليها لأنه يمكن ان يتحمل مسؤوليتها الأولى شخص معين.

controlled company شركة موجهة
Subsidiary company

وتعني العبارة الشركة التابعة لشركة أخرى.

controlling company شركة مسيطرة
Parent company

الشركة التي تملك السيطرة على واحدة أو أكثر من شركات أخرى ولربما كلاهما. وتسمى أيضاً الشركة القابضة ((الشركة الأم)).

**controlling – company محاسبة
accounting الشركة القابضة**

يتبع نظام حسابات هذا النوع من الشركات المالكة أو القابضة أو الأم في التسجيلات الحسابية والإستثمارية والصفقات التجارية مع الشركات التابعة لها.

controller مراقب حسابات

تعبير يطلق على رئيس حسابات المشروع. أو أي موظف تنفيذي في الشركة يكون مسؤولاً عن حفظ السجلات الخاصة بالامور المالية الداخلية، واعداد التقارير عنها ومراقبتها، وقد يكون مسؤولاً كذلك عن إنشاء وحفظ المقاييس والميزانيات والتنبؤات لغرض مراقبة الأعمال وقياس مستويات الأداء بمراجعتها على ضوء الخطط الموضوعة.

convention **مؤتمر أو اتفاقية**
إجتماع تقليدي لتطبيق ممارسات معينة لحل بعض الصعوبات والمشاكل.

conversion **تحويل، تبديل**
1- تحويل الأسهم الممتازة في شركة ما الى أسهم اعتيادية بشروط معينة. أو تحويل السندات الى أسهم أو تحويل عملة معينة الى عمله أخرى. أو تحويل المواد الخام الى منتجات تامة الصنع.
2- استعاضة لقيمة واحدة بأخرى. كمثل التسوية في الكلفة الأصلية عند تضخم الأسعار، أو عمليات التحسين أو الاصلاح في حالة الكلف الجارية.

conversion **كلفة التحويل**
كلفة تحويل المواد الخام الى منتوج نهائي. ويستثنى منها ثمن المادة المستعملة مباشرة. وفي محاسبة التكاليف هناك مجموعتان مصنفتان الى فئات لتغير الكلف المكونة من العمل المباشر ونفقات المصنع.

convert **يتحول ((يتغير من شكل الى آخر))**
1- لاحلال حصة واحدة من مجموع الملكية الى آخر بوساطة البيع أو التحويل.
2- تسوية دين بالدفع.
3- لتغيير التخصيص المالي المعين لشخص ما الى أشخاص آخرين يحق لهم استعمال هذا التخصيص.
4- لتحويل المواد الأولية في عمليات الانتاج بنوعية جديدة جاهزة للإستهلاك مثل: (تحويل الخرق البالية الى ورق)).

convertible bond **سند قابل للتغيير أو التحويل**
وذلك تحت شروط معينة. كامكانية تحويل هذا السند الى أسهم، أو تحويله الى سند آخر أطول مدة استثمارية أو أقل مدة.

convey **نقل ملكية العقار من مكان الى آخر**
في القانون تعني نقل الملكية العقارية الثابتة ((كالأرض والمباني)) عن طريق الوثائق والسندات وتسجيلها في الدوائر الحكومية المختصة ((الطابو)).

cooling period **فترة الإنتظار**

coop **جمعية تعاونية**

cooperative **تعاوني أو متعاون**

cooperative society **جمعية تعاونية**
مشروع يقوم أعضاؤه بالتعاون المشترك خدمة لمصلحتهم عن طريق الاتجار البسيط في السلع والخدمات دون الاستعانة بوسيط تحت سيادة القانون، وأنواعه متعددة وهي:
1- الجمعيات التعاونية الزراعية.
2- جمعيات الاستهلاكية التعاونية.
3- جمعيات الانتاج التعاونية.
4- جمعيات التسويق الزراعية.

cooperative bank **بنك تعاوني**

coordinate system **نظام التناسق**

copyright **حق التأليف**
الامتياز الممنوح للمؤلف من مكتب تسجيل حقوق النشر والتأليف. ويعتبر المؤلف بهذا الامتياز:
-1 يملك قانوناً موجودات غير ملموسة. راجع assets
-2 يملك حقاً يحفظ له في المكتب الرسمي تجاه الاخرين.

corporate **مشترك، أو متحد**

corporate action **قرار المساهمين**
السياسة المتخذة بوساطة مالكي الأسهم والمدراء في مجلس إدارة الشركة بموجب الهدف المرسوم، تحت سيادة القانون للشركات وكذلك تتضمن الإنتاجية والمالية والإدارة والمحاسبة والتنظيم والتعامل بين العملاء.

corporation **شركة تجارية**
تعني الكلمة في الكلمة المتحدة أصلاً المؤسسة، أو المنشأة التي منحها القانون بموجب امتياز حق القيام بعمل أو نشاط مشروع، وتستعمل اليوم للدلالة على الهيئة الإدارية العامة، كما أصبحت تستعمل منذ عهد قريب لتعني شركة

company **أعمال أي**

corpas **رأسمال أساسي**
وهو أموال التركة أو صندوق خيري أو تعاوني أو وصاية بالمقارنة مع الدخل أو العائد المتحقق عنه.

correlation table **جدول الإرتباط المتبادل**
أو جدول معدل التكرار أو التردد. معدل حدوث أي

تكرار شيء مصمم ليساعد في تصميم الروابط والعلاقات ما بين الفترات.

correlation analysis **تحليل العلاقات الإحصائية المتبادلة**

correlation coefficient **معامل الإرتباط**

وخصوصاً بين حقيقتين، ثم برهان ارتباطهما أو تلاحمهما بطرق إحصائية لبيان قوة علاقتهما.

cost **كلفة، تكلفة**

1- أي شكل من أشكال التضحية المالية، سواء أثرت هذه التضحية في حقوق المساهمين أو المالكين خلال مدة معينة أم لم تؤثر. مثل: المنفعة،أو المخرجات النقدية، أو الملكية الأخرى، أو رأس مال الأسهم، أو الخدمة أو دفع مكثف خاص للإلتزامات، أو مماثلة بالقيمة مع البضائع، أو خدمات المشتريات أو أي خسارة متضمنة، أو قيمة مدفوعات تسويقية لأي ملكية، أو خدمات مأخوذة عن طريق التحويل.

2- كلفة القيمة المتبقية في الجرد، أو تسلسلات الجرد، أو سعر السوق أو أيهما أقل، الثمن في الكلفة.

3- (اقتصادياً) المدفوعات لعناصر الإنتاج والتموينات للبضائع والخدمات أو ثمن ما يتحملة المشروع من المواد والعمل والنفقات الأخرى في انتاج السلع والخدمات.

cost absorption **إستيعاب الكلفة**

ويقصد به الوعاء الذي تستوعبه الكلف مثل:

1- المصاريف المضافة كالشحن، وهي مصاريف غير مبلغه الى الزبون بإضافتها.

2- الإقرار أو الاعتراف بالنفقة ككلفة التشغيل أو المصاريف المتضمنة التخمينات في الجرد، والخسائر، والخدمة، ومصاريف الفترات، أو مشتريات الموجودات الثانوية.

cost account **حساب الكلفة**

بيان كلفة سلعة أو خدمة ما، أو انتاج صناعي لبيان مقدار كلفة كل صنف.

cost accounting **محاسبة التكاليف**

إجراءات مشتركة تطبق على العمليات المختلفة لتوزيع التكاليف على عدد من المنتجات أو عدد من العمليات الإنتاجية اللازمة لصنع سلعة ما.

cost accounts **حساب الكلفة**

مجموعة حسابات تكون سجلاً للإنتاج، والتوزيع في عدة حالات.

cost allocation **تخصيص الكلفة**

تحديد عناصر التكاليف الخاصة بالنسبة للوحدات المخصصة لها، أو مراكز الكلفة المتعلقة بها طبقاً لما حدث فعلاً. أي توزيع التكاليف على حسابات فرعية متعددة.

cost basis, of accounting **عنصر الكلفة، للمحاسبة**

وهو أساس تقييم المصروفات لإدخالها في سجلاتها.

cost analysis **تحليل التكاليف**

عملية إعادة تنظيم البيانات والمعلومات المتعلقة بالكلفة وتصنيفها وتجزئتها بشكل مفصل الى أجزاء مناسبة بكشف موحد بغية معرفة مفرداتها ليتسنى دراستها مما يكشف للإدارة الأمور والعلائق المهمة في حركة نشاط المشروع.

cost control **رقابة على التكاليف**

تعتبر هذه الأمور الرقابية مهمة بعد أن ازداد الاهتمام بها خلال السنوات الأخيرة، خصوصاً بعد أن أصبحت الرقابة والتخطيط من أبرز وظائف الادارة الحديثة. وتقوم فكرة الرقابة على تقدير التكاليف والتنبؤ بها قبل البدء بعملية الإنتاج، وضرورة مطابقة هذه التقديرات بالمتحقق في أعمال سابقة لامكان اتخاذ القرار المناسب بشأنها.

cost distribution **توزيع الكلفة**

أو تقسيم الحصص أو الحصة الواحدة الى أجراء من الكلفة

cost elements **عناصر الكلفة**

عناصر التكاليف التي تمثل مدفوعات إقتصادية أو إجتماعية مقابل منفعة ضرورية. كالمواد والأجوار والمصروفات أو كلفة الخدمات الأخرى. وهذه العناصر ضرورية لأوجه النشاط المختلفة في المشروع، سواء كان نشاطاً متعلقاً بالإنتاج أو التسويق أو الأدارة.

cost fraction **تجزئة الكلفة**

وهي الكلفة المخصصة للوحدة المنتجة أو لعملية إنتاجية واحدة كما هو الحال في تقسيم إجمالي التكاليف المباشرة على الوحدات المنتجة.

costing احتساب الكلفة

تمثل العملية الحسابية للتحقق من صرف المال على النشاطات التي تؤدي الى الإنتاج أو توفير الخدمة على أساس التوزيع بموجب حصة كل نشاط.

costing unit وحدة الكلفة

cost ledger أستاذ الكلفة

دفتر الأستاذ المساعد المخصص للحسابات التحليلية المفتوحة لأغراض التكاليف.

cost of capital كلفة رأس المال

وهي المبالغ المخصصة للحصول على المبالغ من الأموال طويلة الأجل. مثل: الفائدة،المصاريف المالية على السندات المصدرة.

cost of goods manufactured كلفة البضاعة المصنعة

أي كلفة السلعة المتكاملة خلال فترة زمنية معينة.

cost of goods purchased كلفة البضاعة المشتراة=

+ أسعار البضاعة المشتراة.
+ كلفة التخزين.
+ النقل.
+ التسليم (الى نقطة الاستعمال).

cost of goods sold كلفة البضاعة المباعة =

رصيد الجرد البدائي للمشتريات
+
كلفة البضاعة المتكاملة
البضاعة المتواجدة للبيع
ــ
رصيد الجردالنهائي
كلفة البضاعة المباعة

cost of production كلفة الانتاج

مجموع ما ينفق على عمليات الإنتاج المختلفة ((وهي المصاريف المخصصة لتشغيل التصنيع)) ليتمكن المنظم من الحصول على عناصر الانتاج من: طبيعة عمل أي المواد الخام، العمل، والمصاريف العامة للعمل في الانتاج.

cost of re – production كلفة إعادة الانتاج

إن قيمة السلعة لا تحدد بما أنفق عليها بالفعل، بل بما ينفق على مثلها في الوقت الحاضر. أو تخمين الكلفة الحاضرة للاحلال محل الملكية التي يراد إعادة إنتاجها.

cost of sales كلفة المبيعات=

مجموع تكاليف وتسويق وحدات الانتاج المباعة. انظر كلفة البضاعة المباعة.

cost, or market price, whichever is lower سعر الكلفة أو سعر السوق

أيهما أقل. قاعدة تخمينية تعتمد على الممارسة والتطبيق الشخصي لقيمة البضائع الموجودة وما شابهها عند جرد المخزون.

cost – plus سعر الكلفة مضافاً اليه ربح معين

اصطلاح خاص بطريقة تسعير البضائع والخدمات، حيث يعتبر السعر المطلوب دفعه هو ثمن البضائع أو تكاليف إنتاجها، تضاف اليها نسبة معينة من هذه التكاليف، أو مبلغ معين مقابل الربح.

cost – plus – pricing التسعير بالكلفة

مضافاً اليه ربحية معينة
وهو نظام تحديد السعر النهائي بإضافة هامش الربحية الى التكاليف. مثل: سعر الخدمات الوظيفية المعينة((سعر عقد المهنة)) ويقصد بها المزاولة والممارسة الفنية المتفاوض عليها من قبل طالبها لفترة معينة بموجب عقد ملزم بوساطة القانون. وذلك عندما تكون هذه الوظيفة كرأسمال سلعي.

cost price, cost سعر الكلفة

cost – push رفع الأسعار

مضطلع مصرفي يستعمل لتفسير التضخم الناجم عن رفع الأسعار بسبب زيادة تكاليف الانتاج وبصورة خاصة زيادة الاجور.

cost rate معدل المصاريف

ويستخدم التعبير في بعض الحالات لتوضيح شمولية التكاليف الثابتة والمتغيرة.

cost records تسجيلات الكلفة

سجلات الاستاذ، التقارير المسندة، القوائم، التحويل المخزونة، أي وثيقة لكلفة المشروع أو العمل أو المركز الانتاجي أو العملية الانتاجية أو المنتوج أو الخدمة الموفرة.

cost recovery **استرداد الكلفة**

إعادة دراسة الكلفة من خلال تمييز المصاريف.

cost recovery **قاعدة استرداد الكلفة**

وهي نظام محاسبي للمحافظة على الأموال، وهي نوعان:

أ- استرداد الكلفة بمبيعات جزئية ومتسلسلة وبدون توفر عنصر الربح، وذلك للمحافظة الخارجية على قيمة الموجودات عندما يكون ريعها أكيداً وبدون شك.

ب- عندما يكون ريع الموجودات فيه شك أكيد واستثماره ضئيل، يبادر المنظم للتخلص منه في هذه الحالة.

cost reduction **تخفيض الكلفة**

عملية تنفيذية تستهدف العمل على ايجاد الوسائل والطرق لتخفيض التكاليف في المشروع، وذلك في المواد الأولية والأيدي العاملة والفترة الزمنية.

sost saving **تقليص الكلفة**

تخفيض التكاليف بوساطة المجهود الشخصي للحصول على خصم نقدي مثلاً، أو تقليص المشتريات الضرورية، أو استخدام أسلوب إنتاجي كفؤ.

cost sheet **ميزانية الكلفة**

البيان الضروري لرؤية العناصر الداخله في الكلف للإنتاج.

cost standard **مقياس الكلفة**

المعيار اللازم لبيان الكلفة، في التشغيل وفي العملية الانتاجية، أو أي جزء إنتاجي آخر.

cost system **نظام الكلفة**

وهو النظام الذي يتم بموجبه حسابياً تحديد كلفة المنتوج. هذا ويكون بدوره تابعاً دائماً لسجل الاستاذ العام بوساطة معطيات لأي كلفة في الانتاج.

cost – type **كلفة منظمة**

((محاسبة حكومية)) وتستعمل لحسابات المنفعة العامة.

cost unit **وحدة الكلفة**

الكمية المعينة من المنتوج أو مقدار الخدمة، أو الزمن. ويتم اختيارها لقياس كلفة السلعة. وتتكون عادة من وحدات تسمى وحدات الانتاج ((كطن أرز)) أو وحدات خدمة فنية ((كساعة خدمة عمل استشارية)).

cost – volume profit relationship **علاقة الكلفة- الكمية – والربح**

نظام عمومي لتحقيق تفاعل المصاريف في الكلف والقيم والأرباح لقياس مساحة الفائدة في المشروع. وفي ضوء خلاصة الرسم البياني للتعادل، نستنتج الامور التالية:

الإيراد = سعر الوحدة × عدد الوحدات المباعة.

= المصاريف المتغيرة + المصاريف الثابتة + صافي الأرباح.

ومثال ذلك تحويل سعر بيع أو توسيع الطاقة الفعلية.

cost value **قيمة الكلفة**

للتعبير عن التكاليف وكأنها قيمة معينة.

industry cottage **صناعة منزلية**

صناعة صغيرة يمارسها الأفراد عادة في منازلهم لغرض البيع.وهي الطابع الشعبي لذلك البلد في الغالب.

coverage **تغطية**

1. ((في التأمين)) مبلغ التأمين ضد أي خطر.
2. ((في الاحصاء)) الجزء من الكل في المسح الاحصائي.

covering entry **قيد التغطية**

1. قيد شامل لجميع عناصر الصفقة التجارية.
2. تكتم عن الصفقة التجارية بوساطة وضع ايضاح للقيد لأجل صفقة غير حقيقية متعادلة في المبالغ.

covering warrant **وثيقة تغطية**

((محاسبة حكومية)) وثيقة مصدرة بواسطة وزير المالية ((الخزينة)) وموقعة من قبل المراقب المالي والحسابي عموماً. وموافقة مشتركة على إيداع النقد المستلم النفائس لدى الدولة.

credit **حساب دائن أو اعتماد**

1. الجانب الدائن في عملية مسك السجلات التجارية ويشمل المطلوبات في المحاسبة ويرمز اليه (له) أو (الى). ويمثل التزاماً.
2. اعتماد أو تسليف.

credit line **خط الاعتماد**

أي التسهيلات المالية المقدمة من قبل البنك الى عملائه في القروض الطويلة الأجل أو القصيرة الحساب المكشوف حسب حاجة الزبون أو ما يحدده البنك في سياسة المنح على أن لا يزيد القرض على مبلغ معين.

والغرض منها تشغيل الثروة المالية في الاستثمار. وإستمرار هذا الخط يكون معتمداً على الحساب التجاري للتوفير والأمانات الثابتة والعمليات المصرفية الأخرى، وتعتبر هذه الأرصدة معوضة للقروض وتراعى فيها نسبة التكافؤ، وكلما زادت هذه الأرصدة يمكن المصرف من توسيع إستثمار للأموال ((القروض)) بنسبة أعلى أو فترات زمنية أطول. أما اذا اختلف ميزان التكافؤ لدى المصرف تمكن من سحب أرصدته من البنوك الأخرى أو الاستلاف من البنوك المركزية للدعم في الاسباب القاهرة.

credit memorandum   **مذكرة الحساب الجاري**

وهي استمارة الملاحظات أو الاشعارات من البائع الى المشتري يخبره فيها بتسليم الأموال العائدة له بعد تخفيض قيمة المبلغ المتفق عليه.

creditor   **دائن**

الشخص الذي يملك حقاً مالياً على غيره، ويحميه القانون في استرداد المبلغ المقرض من قبله.

creditor's ledger   **سجل أستاذ حسابات الدائنين**

credit sale   **المبيعات على الحساب**

وهي المبيعات المشروطة بتعهد شخصي بالدفع في وقت معين.

cremation certificate   **شهادة حرق**

بيان تأكيدي بوساطة وصي أو وكيل في مكان محدد وزمان محدد باتلاف السندات المستحقة.

crisis   **أزمة إقتصادية**

اضطراب فجائي يطرأ على التوازن الاقتصادي في دولة ما أو في عدد من الدول، وهي حالة اختلاف التوازن بين الانتاج والاستهلاك.

crop insurance   **تأمين المحصول**

التأمين ضد فشل الانتاج الزراعي، أو تلف المحصول مع تقرير القيمة للمحصول مقدماً. ويكون الخطر المؤمن ضده عادة هو تساقط البرد أو الأوبئة الزراعية والفيضانات.

crosscheck   **مراجعة**

إعادة النظر للتحقق من صحة الحسابات، وذلك بطريقة الجمع المتقاطع على نحو أفقي وعلى نحو عمودي ليكفل الصحة في المجاميع. أو تدقيق الحسابات المجدولة بالخطوط بحيث ان كل جزء من المبالغ في مقطع.

crossed cheque   **شيك مسطر**

إضافة خطين متوازيين على الشيك عند التحرير. بحيث يقتصر الوفاء لأحد البنوك حصراً وليس للمستفيد. ويكون على نوعين:

أ‌- الشيك المسطر الخاص ويذكر المحرر به بين السطرين ((اسم البنك)).

ب‌- الشيك المسطر العام ويذكر المحرر به بين السطرين ((إسم وشركاؤه)) أو يترك فراغاً. ويلجأ عادة الى الشيك المسطر من أجل تقليل المخاطر مثل: الضياع، أو السرقة.

cross entry   **تصحيح القيد الحسابي**

cross – section study   **دراسة الملكية للأجزاء**

المترابطة للكيان المركب لبعض الفترات الواضحة، أو تحليل الحسابات لأشهر مختارة في الطلب لتحديد العلاقات الهيكلية ما بين شرائح معينة، وذلك لفترة زمنية محددة.

cum dividend   **مع الربح**

تعبير يعني ان السعر المعلن للأسهم في رأس المال يتضمن الأرباح المعلنة، أي أرباح الفترة الممتدة من تاريخ التصريح الى تاريخ التسجيل ((أرباح سابقة)).

cumulative dividends   **أرباح أسهم متراكمة**

أرباح على أسهم ممتازة تراكمية تدفع على فترات معينة، وقبل توزيع الأسهم الاعتيادية. ((لم تدفع في وقت الاستحقاق)).

cumulative depreciation   **استهلاك متراكم**

الاستهلاك المتجمع خلال فترة حياة تشغيل الموجودات.

cumulative preferred stock   **أسهم ممتازة متراكمة**

ان أرباح الأسهم الممتازة تدفع قبل أرباح الأسهم الاعتيادية بسبب أفضليتها وارباح الأسهم المفصلة المتراكمة تأتي في حقوق الدفعات المستحقة عندما تكون منتقلة أو غير معلنة لأي فترة.

عملة متداولة   **currency**

ويقصد بها النقد الورقي أو النقد المعدني التي شرع القانون بها حق التداول.

جاري. أو متداول. أو حالي   **current**

ويقصد به شيئاً ساري المفعول أو نافذاً أو معمولاً في الوقت الحاضر. مثل:

1- متداول مكاني ((الموجودات الجارية)).
2- متداول زماني ((ربطة الميزانية العمومية بالفترة الزمنية المالية)).

حساب جار في البنك   **current account**

وهو عقد مالي بين طرفين من الأشخاص بعد اكتمال الثقة، بأن يجعل من الحقوق التي تنشأ من عمليات الوفاء والاستيفاء مجرد مفردات جارية في الحساب ذات صفة دائنة أو مدينة، بحيث يكون الرصيد النهائي وحده مستحقاً. وللحساب الجاري احكام معينة نص عليها قانون التجارة.

موجودات متداولة   **current assets**

أو الأموال التي يمكن تحويلها الى نقد خلال التعامل التجاري الإعتيادي، وخلال مدة قصيرة لاتزيد عن السنة الواحدة.

موازنة جارية   **current budget**

وهي المصاريف التي يتوجب حصولها بالتناسب مع النشاط المبذول.

كلفة حالية   **current cost**

ويقصد بها الكلفة الحاضرة المرتبطة في ذلك اليوم لبعض أو جميع البنود المؤلفة للميزانية العمومية، أو تصريح الدخل.

نفقة جارية   **current expenditure**

وهي المصروفات الجارية لتغطية تكلفة التشغيل أو الاضافات الجارية على المصنع.

مصاريف جارية (حالية)   **current expenses**

وهي المصاريف التي تكون ضمن الفترة الزمنية المحددة، أو مصاريف التشغيل الاعتيادية التي تكون مستمرة بطبيعتها.

مخزون مالي جار   **current fund**

نقد في الصندوق. أو موجودات تتحول الى نقد بفترة

قصيرة الأمد. كمثل الأوراق التجارية أو الذهب، وتختلف سيولتها عن الموجودات المتداولة.

دخل جار   **current income**

أو الإيراد الجاهز لفترة محاسبية.

استثمار جار   **current investment**

أو استثمار ذو مردود سريع للنقد الفائض.

التزام حالي   **current liability**

وهو التزام مالي مستحق الدفع على الشركة خلال السنة المالية الحالية ((مطلوبات متداولة)).

إستحقاق الدفع الجاري   **current maturity**

حصة من التزام طويل الأمد يتم حذفها خلال السنة التالية والتي تصنف عادة مطلوبات جارية.

كلفة عاجلة   **current outlay cost**

أو كلفة تتطلب مصروفات نقدية جارية أو حاجة الكلفة الى مصروفات سائلة نقدية.

سعر جار   **current price**

السعر المسجل في وقت البيع.

النسبة الجارية   **current ratio**

أي نسبة السيولة الجارية للنقد

$$= \frac{\text{مجموع الأصول الحالية}}{\text{مجموع الألتزامات}}$$

$$\text{أو} = \frac{\text{الموجودات الحالية}}{\text{المطلوبات الحالية}}$$

وأهمية هذه النسبة هي قياس سيولة المشروع وقدرته على الوفاء بالتزاماته القصيرة الأجل أي ديون الحالية.

عائد جار   **current return**

نسبة مئوية مبينة على أساس نسبة ربح السهم المدفوع خلال (12) شهراً السابقة، وسعر السوق للسهم الواحد في نهاية تلك الفترة.

تكلفة معيارية جارية   **current standard cost**

قاعدة الكلفة المبنية على توقع النفقات للمواد الأولية والخدمات وكفاءة التنفيذ المعقولة التي يمكن تحقيقها تحت ظروف الانتاج الحالية.

ضرائب جارية   **current taxes**

وهي الضرائب التي تثبت من تاريخ قبول تخمينها من قبل الجهات المختصة، ولغاية تاريخ فرض غرامة عن تاخر دفعها.

قيمة جارية   **current value**

أو الثمن الحالي. وهي القيمة المبنية على أساس الصفقات التجارية الحديثة العهد أو التخمينات، وهناك ثلاثة أشكال مميزة:

1- الكلفة الاستبدالية.
2- إعادة البيع أو سعر السوق.
3- الكلفة الحاضرة.

curve   منحني

تحدد طبيعة المنحني على رسم بياني معد لنتائج رياضية مرتبطة في التطورات وتؤشر بالنقاط. وعندما تلتقي هذه النقاط، تكون منحنى على رسم بياني للأرشاد الى نتيجة محتملة أخرى.

curve fitting   ملاءمة المنحنيات

توفيق المنحنيات

وهو عملية ارتباط عدة منحنيات بيانية، مع المعلومات كمية وحسابية على أساس افتراض مسبق.

custom & tradition   عرف وعادة

customer   عميل أو زبون

customer's ledger   سجل أستاذ حسابات

العملاء

أو مجموع حسابات العملاء.

customs duties   رسوم كمركية

الضرائب التي تفرض عادة على السلع المستوردة من دولة أجنبية، والتي تقدر بنسبة مئوية من قيمة السلعة وكذلك في بعض الدول تفرض على السلع المصدرة أيضاً.

customs house   مركز جمركي

المكتب الرسمي لكل دولة على الحدود الدولية، سواء كان هذا المكتب في الميناء أو في المطار أو في نقطة تلاق

بين بلدين على الحدود. وفيه تجري معاينة البضائع المستوردة وتثمينها وتقدير دفع الرسوم الجمركية واستكمال المعاملات اللازمة لإدخالها الى بلد.

cut back   يخفض

عملية التنقيص للمبالغ في الميزانية العمومية أو المخصصات المالية، لغرض مالي أو لمصلحة عامة. أو تخفيض الأسعار الى مستواها السابق بموجب القوانين الخاصة بمراقبة الأسعار.

cut off   يقطع. يوقف

عملية إيقاف تسجيل الحسابات لغرض المقارنة.

cut off date   تاريخ القطع

أي تاريخ استحقاق القطع لغرض تدقيق الحسابات أو الجرد.

cut off statement   بيان القطع

وهو كشف لأغراض التدقيق بين الشركاء.

cycle   دورة زمنية أو موسمية

cycle billing   مطالبة دورية للعملاء

وهو أساس خاص في محاسبة المبيعات، ترتب على أساسه حسابات العملاء في تسلسل منطقي على البيانات المرسلة لفترة زمنية.

cycle count   دورة حسابية

أو عملية جرد خلال فترة زمنية لشهر أو لسنة.

abcdefghijkmn

damage
ضرر. أو تلف. أو خسارة

أية خسارة يتكبدها شخص أو تلحق بممتلكاته، سواء كانت هذه الخسارة ناتجة عن حادث لا يمكن تفادية أو عن اهمال شخص آخر أو فعل متعمد.

أو أي تعويض مالي بسبب الأضرار.

data
بيانات. حقائق. معطيات

مفردها البينة. datum.

1- وهي الحقائق. راجع evidence

2- (حسابات) وهي مجموعة من الكلمات أو الأشكال التي يمكن خزنها ومعاملتها في داخل الآلة الحاسبة.

data base
قاعدة البيانات

وهي مجموعة من البيانات يقصد منها تلبية حاجات المستخدمين وهي منظمة بشكل تهيئ كتابة التقارير وإيجاد نماذج للعلاقات المطلوبة ذات الاهتمام العام.

data base administrator
مدير قاعدة البيانات

وهو دور يعطي للفرد أو لمجموعة من الأفراد ويتضمن ذلك تعريف وتنظيم وحماية قاعدة البيانات.

data description Language
لغة وصف البيانات

وهي لغة كومبيوتر تستخدم في وصف البيانات الموجودة في قاعدة البيانات. ويتضمن ذلك تعريف مفردات البيانات ومتعلقاتها مع هيكل البيانات الذي يربط مفردات البيانات.

data file
ملف البيانات

data independence
إستقلالية البيانات

خاصية تفيد بأن البيانات مستقلة عن البرامج التي تقوم بمعالجتها، بمعنى أن بياناً ما لا يرتبط ببرنامج ما، وأنه متيسر لأي برنامج يحتاج إليه.

data integrity Maintenance
ادامة دقة درجة المعلومات

الوقاية لقاعدة البيانات من الحوادث أو حمايتها من التزيف المتعمد.

data item
بند البيانات

data manipulation Language
الوحدة المصغرة للبيانات لغة معاملة البيانات

(حاسبات) وهي لغة تستخدم بالبرامج التطبيقية لغرض الادخال وتحسين وخزن البيانات في انظمة قاعدة البيانات ومن الممكن ان تكون متكاملة ذاتياً وان تكون أيضاً امتداداً للغة الكمبيوتر المضيف مثل لغة كوبولCobol

data privacy
مستقبلية البيانات

وهي حماية البيانات من عملية الادخال والتعديل عن طريق شخص غير مخول بإستخدام الكمبيوتر.

data processing
معالجة البيانات

1- وهي معملة للبيانات مثل تحضير القوائم وإستخراج البيانات من الوثائق الأصلية لغرض ادخالها في كتب الحسابات.

2- وهو مصطلح يستخدم أحياناً لتمييز معاملة الكمبيوتر للبيانات المتعلقة بإدارة الأعمال ((مثل قيود الادخال المحاسبية)) عن انواع أخرى من معاملات الكمبيوتر، مثل معاملة العمليات الاحصائية، ومناهج الحل ((الخوارزمية)).

data record
سجلات البيانات

data security
أمن البيانات

data set
مجموعة البيانات

وهي مجموعة من سجلات البيانات المتشابهة ويرمز لها أحياناً بملف البيانات.

data structure **تركيب البيانات**

وهو نظرة المستخدم لكيفية ترتيب قاعدة البيانات من حيث الوصف المنطقي والاحتواء على مفردات البيانات والعلاقات فيما بينها، وليس من الضروري ان تكون هذه النظرية هي الطريقة الواقعية التي يتم فيها خزن ومعاملة البيانات.

date **تاريخ**

تعيين الزمن لوقوع حادث معين. ويذكر فيها اليوم والشهر والسنة. وهو مهم جداً في الانظمة الحسابية. مثلاً، موعد استحقاق الورقة التجارية أو بوليصة التأمين، وكذلك مهم في الأنظمة التجارية لبيان المواسم الزراعية مثلاً وعدد الصفقات التجارية، وتوقعات البيع. لذا فهو يعتبر الاساس في الاحتساب.

dated earned surplus **فائض المكسب المؤرخ**

المكاسب المحفوظة وهو فائض المكسب المتراكم للشركة من تاريخ الاستحقاق أو الفترة المثبتة بعدد السنوات في التصريح المالي أو الميزانية العمومية.

date of acquisition **تاريخ الملكية، الاقتناء**

أو تاريخ اكتساب الحقوق، أو المشتريات الفعالة مثل: الموجودات لتكون أساساً في الاحتساب.

date of record **تاريخ التسجيل للأسهم**

المشتراة من قبل المالكين وتوزيع الأرباح عليها.

day book **دفتر يومية مساعد**

دفتر لتسجيل الأحداث التجارية (الخرطوش) ((blotter)) تسجل هذه الاحداث بالترتيب حسب تاريخ وقوعها، مع استعراض تفاصيل الصفقات التي حصلت خلالها. ويسمى مذكرة اليومية أو مفكرة الأعمال التجارية. ويمكن تحويل أرصدة مبالغها في قيد يومية واحد وترحيلها الى اليومية العامة.

daily purchases **مشتريات يومية في نسب**
accounts payable ratio **الحسابات المدفوعة**

وهي نسبة لقياس الدرجة التي يكون فيها الحسابات المدفوعة معبرة عن التزامات جارية بدلاً من التزامات مستحقة. وتشتق هذه النسبة عن طريق تقسيم الحسابات المدفوعة على معدل مشتريات اليومية أي ان المشتريات السنوية تقسم على 365 يوماً أو 360.

daily sales **استحقاق المبيعات**
outstanding **لأيام المتراكمة**

الفترة المجموعة للحسابات القابلة للقبض.

DDL **لغة وصف البيانات**
data description language

deadlock **ورطة. إخفاق. مأزق**

1- وهي العجز عن حل اثنين أو أكثر من المتطلبات أو المتغيرات المتنافسة.

2- (حاسبات) وهي حالة يكون فيها اثنان أو أكثر من البرامج في حاللة تنافس بهدف الحصول على المصادر التي تكون فيها لدى احدى البرامج الإدخال المطلق بتلك المصادر مثال برنامج (أ) لديه ادخال مطلق الى ملف ((1)) ويحتاج الادخال الى ملف ((2)) بينما برنامج (ب) لديه ادخال مطلق الى ملف ((2)).

dead weight **حمولة صافية، حمل السكون**
حمل ساكن

وهو ثقل الباخرة أو اية نقل أخرى بدون حمولة.

deal **صفقة**

وهي اتفاقية تجارية بين البائع والمشتري في أمر شراء، وتنفيذها يكون عن طريق صفقات تالية. واذا لم تنفذ لا تسجل في الدفاتر التجارية.

dealer **تاجر**
((في الأوراق المالية))

هو ذلك الشخص الذي يشتري الاوراق المالية، ويحتفظ بها لحين بيعها. وله القدرة في التمييز بين الأسعار والفرق الحاصل بينها وحصر فائدته في البيع والشراء. فهو في آن واحد يمتلك ملكية الأوراق المالية والممارسة.

dean schedule **جدول تحليلي**

جدول تحليلي في التأمين للبيانات أو المواعيد.

death benefits **مقبوضات بعد الوفاة**

المقبوضات من أجراءات التأمين على الحياة، والمقبوضات بوساطة الملكية المستخدمة، أو هي المقبوضات التي يستفيد منها ورثة المستخدم المتوفي، طبقاً لقانون الايرادات الداخليةللدولة.

death taxes **ضرائب الوفاة أو رسم الانتقال**

وهي المفروضة من قبل الدولة على التركات أو الارث.

debenture, bond **سند**

سند قرض طويل الأجل وصادر عن شركة مساهمة.

debenture capital **رأسمال السندات**

debit **مدين ((مديونية))**

1- ويرمز لها حسابياً بالرمز ((منه)).

المبلغ المدين في التسجيلات الحسابية وهو عنصر من عنصري الصفقة التجارية بموجب القيد المزدوج. اما العنصر الآخر فهو الدائن "credit"

أو هو ذلك الجزء من القيد الحسابي ((قيد اليومية)) الذي يدخل اجبارياً على جانب المدين في سجلات اليومية والأستاذ العام والذي تطابق قيمته المبالغ الدائنة بالضبط وبدون فرق.

أو هو الاضافة المالية على الأصل وهي حالة تعتبر ((عكس المطلوبات)).

2- الرصيد للأصل، للمصروفات أو للقيم المدينة الأخرى.

debit balance **رصيد مدين**

وهو القيمة التي اذا طرحت منها القيم الدائنة، كانت النتيجة الحاصلة قيمة رصيدية موجبة. أو هو الفرق الذي تزيد فيه قيمة الموجودات من جراء طرح المطلوبات ((صافي الخسارة)).

debit memorandum **مذكرة مدينة**

الوثيقة، أو أي قائمة توضح السبب المعين للدين والصادرة مثلاً من البنك الى الزبائن، وتشير الى ان أرصدتهم أصبحت مدينة وواجبة الأداء أو التسديد خلال فترة معينة.

debt **دين**

الكلمة مشتقة من للغة اللاتينية وتعني استحقاق مبلغ معين على شخص معين لشخص آخر بموجب الاتفاق سواء كان ذلك الاستحقاق عبارة عن مال أو بضاعة أو خدمة.

debt – equity ratio **نسبة حقوق الدين**

النسبة التي تقيس حدية السلامة لحماية الدائنين للمؤسسة التجارية مقابل الخسائر في الحوادث التي تقبلت الدفق النقدي.

((تحويل الموجودات الى نقد))

وهي تحتسب اعتيادياً بوساطة

مجموع المطلوبات
———————
مجموع الموجودات

مجموع ديون طويلة الأجل
——————— أو
مجموع حقوق المالكين ((المستثمرين أو المقرضين))

debt limit **حد أقصى لمديونية**

وهو الحد لا يسمح تجاوزه قانوناً.

debt margin **احتياطي الدين**

الاختلاف بين مبالغ الحد الأقصى للدين وصافي المبالغ المستحقة للمديون.

debtor **المدين**

الشخص الذي يملك ألتزاماً مالياً للآخرين وعليه التنفيذ في وقت معين وخلافه يترتب على الأجراءات القانونية

debtors **المقبوضات**

debt ratio **نسبة الدين**

debt – equity ratio **لاحظ**

debt restructuring **إعادة تشكيل الدين**

وهي عادة تسجيل الدين بحيث يعكس التزامات ممنوحة الى المدين عن طريق الدائن لأسباب متعلقة بوجود صعوبات مالية لدى المدين. ان التزامات كهذه يمكن أن تنشأ عن وجود اتفاق بين الدائن والمدين أو أنها مفروضة قانوناً أو أن تفرضها محكمة معينة كمثال دائن معين قد ينفق على اعادة التشكيل لبنود الدين بهدف تخفيف حمل المتطلبات النقدية المقاربة للبنود والمطلوبات من المدين أو أن أي مرجع قضائي أو محكمة يمكنها إعادة تشكيل الدين لدين محلي، وذلك لتخفيض أو تنحية المدفوعات النقدية المطلوبة.

debug **إختبار تشخيصي**

اجراء عملية إختيار وتفتيش للعثور على أخطاء في برنامج الحاسبة لإزالتها.

decentralization **لامركزية**

اللامركزية في التخويل (تجزئة السلطة) أي توزيع السلطات أو الاختصاصات في مناطق متعددة، أو اعطاء مقدار كبير من الاستقلال الذاتي.

decentralize **إبطال المركزية**

1- وهو تفويض الصلاحيات القانونية الى مستويات دنيا في داخل التسلسل مستويات دنيا في دخل التسلسل الاداري أو على قواطع.

جغرافية مختلفة، وذلك لغرض تثبيت مناطق المسؤولية ولانسجام القرارات المتخذة في تلك المنطقة.

2- وهو زيادة صلاحيات ومسؤوليات الوحدات الميدانية البعيدة جغرافياً عن المقر الرئيسي أو المكتب المركزي.

3- ومن معانيها النادرة تأسيس وحدة تشغيلية توجه اليها مسبقاً التخويلات والتفويضات.

جزء عشري　decile

1- جزء واحد من عشرة أجزاء. تتبعها أربعة أجزاء وبعدها الوسيط ويتبع الوسيط أربعة أجزاء متأخرة، أو تتبعها تسعة أجزاء.

2- تقسيم الخط البياني للتوزيع التكراري الى عشرة أجزاء لأي قيمة من القيم.

قرار أو حكم　decision

مثل أي قرار رسمي لمجلس الادارة أو أي قرار بشأن عملية معينة تمت دراستها سابقاً عند التخطيط وفي أنتظار التنفيذ حالياً.

مركز القرار　decision center

أي وحدة تنظيمية ((أو وحدة ثانوية)) تكون متطابقة مع صاحب القرار ((المدير)) الذي يملك المسؤولية والسلطة على النشاطات داخل الدائرة ومركز المسؤولية هو مركز الكلفة، أو مركز العائد أو النشاط ((محاسبة النشاط)).

حقيبة القرار　decision package

الإتفاقية المطابقة لأوصاف النشاطات النوعية (وظيفة أو تشغيل) كاسلوب اداري، ويمكن:

- تخمينها وتقييم درجتها مقابل النشاطات ودائماً بالاعلان عنها في حقيبة القرار، في منافسة لأجل جني الثروات.
- الحسم لاي الأثنين اما الموافقة أو عدم الموافقة.

لائحة القرار　decision table

تصميم نظامي للمتغيرات المحتملة التي قد تطرأ على المشاكل، كما هو واضح في إتخاذ القرار.

شجرة القرارات　decision tree

وهي شجرة تكون فيها الاتصالات الخارجية من كل عقدة تمثل اختبارات بديلة لقرار معين، وعائدات صافية، ((العوائد المطروحة من عندها الكلف أو الخصومات)) وتنتقل هذه الى العقدة النهائية التي يمكن الوصول اليها عن طريق السلاسل، ابتداءً من العقدة الأولية، ويمكن

تقسيم العقد الى نوعين:

1- عقد القرارات.

2- عقد الفرص، والتي تكون فيها الاختبارات عن طريق الصدفة حسب احتمالات محددة. أو العائدات الصافية في العقد النهائية تمثل القيم المتوقعة أو التوزيعات الإحتمالية الشاملة. راجع المقال في تحليل الخطر. إن شجرة القرارات في الواقع هي نوع خاص من شجرة الألعاب، يكون فيها لاعب واحد، على الرغم من امكان إعطائها تفسيراً معيناً بوجود الطبيعة كلاعب ثان.

إعلان. بيان　declaration

1- وثيقة رسمية، كعمل نموذجي لمجلس الإدارة بوساطة أي التزام.

2- (التأمين) ذلك الجزء لاستمرارية عقد التأمين، البيان التأميني لمعلومات المؤمن، والخطر، وغطاء الخطر.

رأس مال مصرح به، معلن　declared capital, Stated capital

أرباح الاسهم المعلنة　declared dividends

وتتم بوساطة القرار الذي يتخذه أعضاء مجلس ادارة الشركة المساهمة، لدفع أرباح المساهمين في فترة زمنية معينة.

قيمة معلنة　declared value

1- stated value =

2- القيمة التي تعطي بوساطة الشركة الى أسهم رأسمال لأجل أهداف ضريبية متنوعة.

كلفة غير مصنفة　declassified cost

الكلفة التي يتم اعادة التقرير في شروط المواد الاولية، العمل، وقاعدة اخرى لمواضيع النفقات، كالانتاج الصناعي.

تدن في المنفعة الاقتصادية للملكية　decline in economic usefulness

راجع الاستهلاكات depreciation: او طريقة القسط المتناقص في حساب المستهلك.

فك الرمز. حلّ الشفرة　decoding

هي حالة لعكس اجراءات الترميز encoding او هي عملية ترجمة رسالة مكتوبة بالشفرة.

decommissioning cost **كلفة عزل الخدمات**

وهي كلفة متعلقة بإبعاد موجود تشغيلي من الخدمة الفعلية. مثال: إقالة مبنى توليد الطاقة الذرية المخول سابقا العمل بحيث تزال كل الإخطار التي تهدد السلامة العامة. أي القيام بتفكيك التاسيسات الوقودية، ودفن الفضلات المشعة إذ تكون التكاليف للقيام بهذه العملية عالية، ومن الممكن ان تودي الى وجود قيمة مالية لكلفة الانقاذ التي تضاف الى قاعدة الاستهلاك. قيمة الانقاذsalvage value.

decomposition analysis **تحليل التجزئة**

وهو اصطلاح في التحليل المالي يرمز الى طريقة للتحقق من عملية التغيرات في الحصص النسبية لمفردات التصريح المالي. وغالبا تحلل القيم بالنسبة المئوية للمفردات المستقلة المستخرجة من التصريحات ذات الحجم المشترك بحقبتين من الزمن، وذلك لتحديد ان التحليل يتمثل في رقم بسيط يرمز له = 1 ويسمى مقياس التجزئة.

decomposition measure **مقياس التجزئة**

decrement **خفض. نقص . تخفيض**

راجع increment

deduction **استنباط . استقطاع**

1- ان عملية التفكير المنطقي (استعراض الذهن لقضية او عدة قضايا مطروحة) والذي تنتج عنها استنتاجات حتمية. بمعنى انه استنتاج تفرضه المقدمات المنطقية، وبتحديد اكثر فان الاستنتاجات الحتمية ممكنة في حدود مجاميع من الرموز. ولتحديد صحتها فانها تكون قابلة للتطبيق على ظروف حقيقية عند القيام باختبارها تجريبيا.

2- وهي اي كلفة او مصروف مستقطع من العائدات.

3- ((ضرائب الدخل الفيدرالية)) وهو القيام بعملية طرح من قيمة الدخل الكلي الذي يسمح به قانون العائدات الداخلية. وذلك لاستخراج قيمة الدخل الخاضع للضريبة. ان الخصومات المستقطعة من دافعي الضريبة هي خصومات بهدف الوصول الى قيمة الدخل الكلي المنتظم وانها تعتبر مفردات استقطاعات من الدخل الكلي المنتظم. ان الاستقطاعات لاستخراج قيمة الدخل الكلي المنتظم مذكورة في 62 من قانون العائدات الداخلية. وان الفائض من مفردات الاستقطاعات عن قيمة قوسي الصفر zero bracket amount هو ما يستقطع فقط اذ يطرح هذا الفائض من الدخل الكلي المنتظم لاستخراج قيمة الدخل الخاضع للضريبة.

deductions from gross income **استقطاعات من الدخل الكلي**

1- وهو تصنيف تقوم به ما قررته الهيئة الادارية للتجارة ما بين الولايات في نظامها للحسابات التابعة للحاملات ووسائل النقل الاخرى التشغيلي وغير التشغيلي لتحديد صافي الدخل. انه تصنيف يتضمن مفردات مثل الايجارات والضرائب والفوائد واطفاء الديون.

2- وبصورة عامة فهي اي مفردة مستقطعة قبل استخراج قيمة الدخل التشغيلي .

3- ((ضريبة الدخل الفدرالية)) وهي تلك المفردات المعرفة في القسم 62 من قانون العائدات الداخلية بانها المستقطعات من الافراد ولاستخراج قيمة الدخل الكلي المنتظم .

deductions from income, income deductions **استقطاعات الدخل**

deductions from net income **استقطاعات من صافي الدخل**

deed **صك طابو**

حجة الملكية الخاصة الرسمية التي تم تحرير الاتفاقية بموجبها تحت صفقة البيع، والتي تشهد بان الملكية الحقيقية كالعقار مثلا باسم المالك الجديد.

deed of trust **عقد نقل الملكية الى الحارس (الوصي)**

تنازل عن حق الملكية امانة وثقة، لحين امكانية اعادة التصرف بموجب شروط متفق عليها. وتعني عموما الرهن.

de facto **واقعي**

وتعني العبارة حرفيا في الواقع وهي تستعمل في وصف تكوين الحوادث الحقيقية.

defalcation **اختلاس**

راجع embezzlement

تقصير default

اي التخلف عن دفع الدين الملتزم به، كقسط التأمين، او دفع فائدة الدين عند استحقاق القرض، او لانجاز اي التزام اخر مطلوب بواسطة العقد

فترة فعالية الحماية defensive interval

وهي نسبة تقيس حدود الحماية التي تمنحها الموجودات السائلة لمؤسسة معينة لغرض تخفيض إنسيابياتها النقدية ويحسب عادة بقسمة موجودات الحماية الكلية على تكاليف التشغيل السنوية على 365، 360 يوم. ان موجودات الحماية تتضمن النقد والاوراق المالية المسوقة والحسابات المقبوضة في المقام ويتضمن كل النقد المشغل ككلفة في البسط ان قيمة النسبة تبين عدد الايام التي تستطيع فيها موجودات الحماية الاستيفاء بكلف تشغيل يومية. وعادة يكون في الكسر العشري صورة كهذه (بسط / مقام)

طريقة التأجيل deferred method

أصل مؤجل deferred asset

مصروف مؤجل deferred charge

نفقة مؤجلة deferred charge

مصاريف مدفوعا مقدماً prepaid expenses

المبالغ المدفوعة لقاء خدمة او منفعة في الفترة الحسابية التي تلي الفترة الحسابية الحالية (الفترات الزمنية القادمة) والتي يجب ان تستهلك خلال فترة الانتفاع المقدرة.

تعويض مؤجل deferred compensation **(ضرائب الدخل الفدرالية)**

المؤن لاجل خطط التقاعد ، خطط توزيع ارباح الاسهم. خطط علاوات السهم ، خطط مشتريات السند، خطط الاعتزال الشخصي.

اعتماد مؤجل او ايراد مؤجل Deferred credit Deferred revenue

الضريبة الدائنة او المؤجلة كمثل المعالجة.

دين مؤجل deferred debit

نفقة مؤجلة deferred charge

او المصاريف مدفوعا مقدما (مؤجلة) Deferred expense

ارباح مؤجلة deferred dividend

ارباح اسهم معلنة ولم يتم توزيعها او دفعها الى المساهمين.

استحقاق deferred investment tax **ضريبة الاستثمار المؤجلة** credit

وهي طريقة محاسبية تحدد مقدار استقطاع المستحق لضريبة الاستثمار للدخل في السنين التالية لاستملاك وتاسيس الملكية المؤهلة لذلك، إن مدة الاستحقاق تتطابق عادة مع مدة حياة الاستخدام. ان البينة التي تستند اليها عملية التاجيل هي بان استحقاق الضريبة ناجم عن استخدام الاصل وليس ناجم عن اكتسابه.

التزام مؤجل deferred liability

1- ديون التي تكون دفوعاتها بتواريخ استحقاق بعد التأجيل القانوني او العرف التجاري

2- اي مطلوبات طويلة الأجل

3- مصدر دخل مؤجل ، أو عائدات حكومية مؤجلة

مصاريف تدفع deferred maintenance

مقدما لصيانة الممتلكات والتجهيزات في المصنع ويتم ذلك من اجل اعادة الخدمة الاقتصادية للمعمل والماكينات او المحافظة على استمراريتها ضمن الطاقة الانتاجية المقررة خلال السنة الطبيعية على اساس التنسيق الاداري مع الهندسة الميكانيكية في المشروع

بيع مؤجل الدفع deferred payment sale

البيع بالتقسيط او ما شابهه

مصاريف deferred maintenance **دخل مؤجل** deferred revenue, or income

او الايرادات السابقة التحصيل، وهي الايرادات المستلمة او المحصلة في الوقت سابق للموعد الذي تستحق فيه.

ضريبة مؤجلة deferred tax

عجز ، مقدار النقص deficiency

انخفاض قدرة التسديد المالي لسد النقص الحاصل في الرصيد، أو تجاوز المطلوبات في المشروع عن موجوداتها.

حساب العجز deficiency account

البيان الحسابي لاجل تخمين الخسارة او حقيقتها للدائنين او المالكين.

او هو البيان المقدم الى المحكمة اثناء درسها قضية افلاس احد الاشخاص او احدى الشركات. او هو مقارنة مجودات المفلس بالديون المرتبة عليه.

71

deficiency appropriation **مخصصات العجز (محاسبة حكومية)**

اموال مخصصة لتغطية التزامات مترتبة زيادة عن مخصصات سابقة

deficit **عجز في الميزانية .... الخ**

ويتمثل عادة في تجاوز الالتزامات للغير او الديون او المصاريف عموماً عن موجودات المؤسسة بحيث يصبح رصيد الرأسمال مديناً ويكون ذلك نتيجة خسائر تكبدتها المؤسسة ولم تستطع تغطيتها.

defined –benefit pension plan **خطة التقاعد ذات العائد المحدد**

وهي خطة تقاعد تحدد عائد تقاعد مقرر. وتكون عادة مبنية على اساس مثل العمر، سني الخدمة، الراتب الشهري.

ان خطة ممونة ومطابقة للجداول الزمنية التي تحدد معدلاً ثابتا لمساهمات صاحب العمل (خطة جماعية متفق عليها لأصحاب عمل عديدين) آذ أنها تعتبر خطة تقاعد بعائد محدد أذا كانت الخطة تصف حدود العائدات مثلاً علما بأن الخبرة العامة تؤشر الى ان مساهمات صاحب العمل قابلة لتنظيم زمني لتمكينه من ادامة العائدات المذكورة.

defined contribution plan **خطة المساهمة المحددة**

وهي خطة تقاعد تكون فيها مدفوعات أو مساهمات صاحب العمل محدودة ومقررة بالنسبة إلى أفراد معينين وتكون عادة بشكل نسب مئوية تعويضية (لغرض التعويض)

أن العائدات المستحقة لكل موظف هي مبالغ من المال التي أمكن توفيرها من مجاميع المساهمة أصلا.

definition **تعريف أو تحديد**

deflation **انكماش (اقتصاد)**

الانخفاض العام في اجمالي المستوى السعري في الاقتصاد. او هو نقص في حجم المتداولة، يفضي الى انخفاض عام في الاسعار.

defraud **سلب المال بالإحتيال**

عملية لحرمان الحق او الملكية الشرعية الخاصة، بطريقة غير قانونية راجع fraud

de jure **شرعي**

الحق الممنوح عن طريق سلطة القانون العادل بوثيقة مصدقة او الشركة الشرعية تكون منظمة متكاملة كليا مع الحالة القانونية في التأسيس بالضمانات المالية.

del credere **ضمان الوفاء**

العبارة المأخوذة من اللغة اللاتينية، وهي اسم لاتفاق يعقد بين وكيل وموكله يقدم بموجبه الأول، لقاء مبلغ اضافي يتفق عليه، ضمنا بأن يدفع ثمن جميع البضائع التي باعها لحساب الاخير، وهذا المبلغ الاضافي الذي يتقاضاه الوكيل يسمى عادة (عمولة ضمان الوفاء) ويسمى الوكيل الذي يعمل بموجب اتفاق كهذا بأسم (وكيل ضمان الوفاء)

del credere agent **وكيل ضمان الوفاء**

وهو وكيل يوافق على حماة ممتلكات رئيسية لفرد معين ضد الخسارة الناجمة من تمديد الاعتماد العائد الى جهات ثالثة اخرى اذا يقوم بهذا التمديد الوكيل العام لصالح تلك الممتلكات الاصلية. وفي حالة عدم وجود اتفاق معين فان الوكيل غير مسؤول عن الممتلكات في حالة ارتكاب خطأ من قبل الجهات الثالثة.

delegation of authority **تفويض الصلاحيات**

عميلة تخويل السلطة بوساطة شخص في المقام العالي الأداري الى تابع، او الشخص القانوني، ليفصل في الحكم مع الحدود المحددة له.

deliberation **مداولة فكرية**

معالجة فكرية متقدمة وموجه لتنفيذ قرار معين.

delinquent tax **ضريبة الاهمال**

(العقار الفعلي او الملكية الشخصية) ويقصد بها بقايا الضريبة غير المدفوعة في موعد الاستحقاق او بعده - اي تأخر الاداء للالتزام الرسمي. وبهذه الحالة تفرض مصلحة الضرائب الحجز المالي للعقار وهي العقوبة القانونية لضمان حصة الدولة من دافع الضريبة.

delivered piece **سعر التسليم**

التسديد للحصة او السعر القائمة المستلمة بجميع التكاليف لغاية نقطة F.O.B وذلك حسب الأتفاق بين البائع والمشتري.

delivery **تسليم. إيصال**

الطريق او الممر او الانتقال من حالة الى اخرى. او تحويل الامتلاك للبضائع او الخدمات من شخص الى شخص اخر او من دولة الى اخرى ((ارسالية عبر الحدود الدولية)).

delivery basis قاعدة التسليم

(احتساب العائدات) وهي الطريقة في المحاسبة يكون فيها التسليم هو المطلب الاساسي في تحديد الوقت الذي يتم فيه احتساب العائدات بدلا من ان يكون البيع اساساً. لذلك فانه من المناسب عند انتهاء عملية الاكتساب ان تعرف تلك العملية من خلال تسليم البضائع الى جهة او مكان المشتري.

delivery order أمر التسليم

أمر يصدر من قبل الناقل ليحل محل سند الشحن وتظهر الحاجة الى أمر التسليم عندما يرغب الشاحن الذي بحوزته سند شحن واحد، في بيع الشحنة اثناء الرحلة لعدد من المشترين، وان يبيع جزءاً منها ويرهن الأخر أ اذا يصبح سند الشحن في هذه الحالة غير مؤهل للقيام بدوره كمستند يمثل الحيازة الفعلية للبضاعة، وبمعالجة الحالات المذكورة اعلاه، ويقتضي اصدار مستند خاص بحصة كل مشتر او بالجزء المرهون من الشحنة وهذا المستند هو الذي طلق عليه اسم (أمر التسليم)

delivery price سعر التسليم

تسعيرة السلعة او السعر القائمة المستلمة بجميع تكاليفها لغاية نقطة F.O.B وذلك حسب الاتفاق بين البائع والمشتري.

demand طلب

أ- الرغبة الحاصلة في شخص لا في اقتناء سلعة اقتصادية او خدمة مع توفر القدرة التعويضية على ذلك.
ب- مقدار السلع او الخدمات المطلوبة بسعر معين وزمان معين.
2- مجموعة مبالغ الاموال لدى الاشخاص تمثل رغباتهم الاقتصادية، وهذه الحالة عكس العرض supply
3- الاقتدار القانوني للدعوى القضائية التي يقيمها الدائن لاستحقاق الدين او تخلف المدين عن الالتزام.

demand deposit وديعة عند الطلب

ترد وديعة النقود عند الطلب ما لم يتفق على خلاف ذلك، وللمودع في اي وقت يتصرف في رصيده الدائن في البنك واي جزء منه ويكون السحب هلى هذه الرصيد بوساطة الشبكات او بطريقة التحويل

demand loan قرض يعاد عند الطلب

القرض الجاهز للاستحقاق في وقت يشاء المرتهن استرجاع قيمة القرض.

demurrage رسم الأرضية

مصاريف مدفوعة بوساطة الناقل خلال فترة وجود البضاعة في أرضية المرفىء ضمن الحالتين، اي حالة التحميل وحالة التفريغ، ولمدة زمنية تزيد عن المسموح بها.

denominator variance تباين البسط
volume variance اختلاف الحجم
density الكثافة
deobligation إلغاء الالتزام

1- (محاسبة حكومية) إلغاء تخصيص مبلغ معين لغرض ما.
2- (محاسبة حكومية) عملية شطب الدين على العقار المرهون ، اي إمكانية إعادة التأجير. أو اعتبار الأموال مستلمة سابقاً.

department دائرة أو شعبة

اي وحدة ادارية منفصلة وتضطلع بالمسؤولية عن نشاط الاعمال المحددة (مركز الكلفة) او عن وحدة تشغلة، او عن منظمة طبيعية او وظيفية.

departmental burden توزيع النفقة
department overhead العامة على الدوائر
departmental charge مصروف الدائرة

المصروف المضاف الى الكلفة المباشرة للدائرة. ودوما يتضمن حصة النفقة العامة المباشرة على الدائرة.

Departmental overhead النفقة العامة للدائرة

أي المصاريف المباشرة وغير المباشرة

departmental profit ربح الدوائر

1- وهو الربح الناتج عن المبيعات او العمليات لاحدى الدوائر مبني على اساس التعامل مع الزبائن بعد استقطاع الكلف الادارية المباشرة والتكليف واحيانا جزء من التكاليف العامة غير المباشرة.
2- وهو الربح الذي يولده قسم من المشروع مؤسسة الاعمال المتكاملة وذلك عند دفع الكلف التشغيلية

73

وتمويله بالكمية التي يكون فيها منتوجه مباعا مباشرة الى مشترين خارجيين وتباعا ففي مؤسسة مشروع إنتاج النفط المتكاملة، فان النفط الخام المنتج يمكن ان يدفع القسم الإنتاجي بسعر السوق الحالي، ويخصم من قسم تنفيذ بنفس ذلك السعر، وبذلك لإمكان الحصول على ربح جار مباشر لخروج الإنتاج، من قسم الإنتاج بغض النظر عن توقيت البيع للمنتوج النهائي المحسن الى الجمهور، راجع

inter department profit.profit center tanster price

dependent   متوقف على معمول على متعلق بـ
الشخص الذي يعتمد على معيشته على شخص آخر سواء كانت بينهما صلة رحم او لم يكن. وله معيار خاص في احتساب ضريبة الدخل والاستثناءات التي يحصل عليها الشخص الاخر.

dependent variable   متغير تابع وهو
متغير تقدر او تحدد في قيمته باستخدام عناصر اخرى (متغيرات او ثوابت) في هيكل معادلة معينة او تعبير رياضي، راجع variable الدالة function المعادلة equation

depletable cost   الكلفة القابلة للاستنزاف
مثل الاخشاب القابلة للقطع، او الترسبات المعدنية داخل الأرض (موارد طبيعية).

depleted cost   قابلة للاستنزاف او مستهلكة
الكلف المتخلفة residual cost بعد طرح الاستنزاف المتراكم. ولاجل يكون تطبيقا بالنسبة للمعاد، والفحم والنفط، والغاز الطبيعي، والملكية الاخشاب.

depletion   استنزاف . تقلص
((صناعة استخراج الثروات من باطن الأرض))
1- استنزاف الموارد الطبيعية او تقليص كمية المصدر الاصل عن طريق الافراغ، او نفاذ كمية معينة من الموجود الثابت: مثل استخراج الترسبات المعدنية عن طريق المناجم من باطن الأرض، او النفط من الابار او الخشب من الغابات، وتعتبر هذه الاصول غير دائمة (هالكة).
2- كمية المبالغ او القيم الظاهرة الاخرى المتنازل عنها في استخراج المعادن، او الحصة المتنقلة بطريقة اخرى للموارد الطبيعية المملوكة او تحت عقد الإيجار

3- المهمة الدورية للكلف المكونة في الحسابات لاجل استنزاف الموارد الطبيعية.
4- لاجل نسب الاستنزاف.
5- الاجراءات للقياس والتسجيل لاستنزاف الموارد المادية ويحسب بقسمة كلف المورد الطبيعي على عدد الوحدات المقدرة الموجودة مثل براميل الزيت او اطنان الفحم يختلف الاستنزاف عن الاستهلاك في ذلك من حيث يحتوي الاستنزاف عملية انتقال تضمينات سابقة للموارد الطبيعية عندما تكون التضمينات سابقة لموارد الطبيعية عندما تكون التضمينات اللاحقة لاستقطاعات في الطاقة الخدمية للاصل خلال الاستعمال غير كاف في (الأيل الى الزوال).

depletion unit method   طريقة الوحدة النافذة
تندثر كلفة الاصل بنسبة الوحدة المستخرجة من الوحدات المتوقع استخراجها من باطن الأرض. فعند ايجاد المنجم يقدر الخبراء الكمية المتوقع استخراجها من المنجم، وتعتبر هذه الكمية الاساس في احتساب الاستهلاك. اما الكلفة القابلة للاستهلاك فهي:
- كلفة التنقيب
+
- كلفة التنقيب والتحري.
+
- كلفة انشاء المنجم (ابراج ومكائن)
+
- المصاريف الاضافية التي تجعل صالحا للاستثمار .
- الكلفة الكلية

depletion reserve   احتياطي الاستهلاك
(النفاذ) للموارد الطبيعية. مال احتياطي تحفظ به الشركات التي تقوم باعمال التعدين وانتاج البترول وقطع اشجار الاحراج واعمال اخرى متشابهة، وذلك لغرض ابدال الاصول او الموجودات التي تتضائل او تتناقص كميتها نتيجة للاعمال العادية. ويجوز استعمال هذا الاحتياطي في شراء مشاريع اخرى تختلف عن المشروع الشركة الأصلي بهدف التنويع.

deposits , type of   انواع الودائع
1. ودائع جارية   current deposits
2. ودائع تحت الطلب   demand deposits
3. ودائع القطاع الخاص   private deposits sector
4. ودائع القطاع العام   public deposits sector
5. ودائع التوفير   saving deposits
6. الودائع لاجل   fixed deposits

74

deposit **وديعة ، امانة**

1. المال (عملة متداولة او صكوك مصرفية) التي توضع عند شخص معين للثقة المتوفرة به وذلك للحفاظ عليه في حساب شخصي، او لاستثماره في الحساب التجاري، ثم امكانية رده بعينة في الموعد النتفق عليه الى صاحبه الشرعي (المودع).

2. المال (عملة نقدية او الأوراق مالية او قطع ذهبية او مجوهرات المخزون في صناديق الأمانة.

3. المال (العربون) المؤمن لدى البائع كدفعة نقدية جزئية للصفقة التجارية نوع من االتأمين العيني لضمان تنفيذ الاجراءات القانونية، او اي معاملة قانونية تتم بمجرد تتم بمجرد التراضي بين الاطراف على منفعة متبادلة.

depository **حافظ الوديعة**

كل من احتفظ بالوديعة وحافظ عليا كالبنك، فمثلا الذي يستقبل الودائع المالية والنقدية، مؤتمنا عليها من قبل المودع، وذلك لفترة متفق عليها او مقررة او مفتوحة، طبقا لرغبة صاحبها.

deposit warrant **صك ايداع رسمي**

وثيقة يصدرها عادة مدير الخزانة عن الودائع الحكومية من النقود المجموعة بوساطة الوكالات او المصالح الحكومية.

depreciable **قابل للاستهلاك**

depreciated original cost **كلفة اصلية**

مستهلكة ، كلفة اصلية – استهلاك متراكم

depreciated value **قيمة مستهلكة**

depreciated cost 1- الكلفة المستهلكة

2- الكلفة الأصلية المستهلكة، ما لم يكن هنالك طريقة اخرى محددة بوساطة القانون المحلي او التنظيم مع مراجعة للتطبيقات النوعية.

depreciation **استهلاك**

ويعني بعبارة اخرى القيمة التي تفقدها الموجودات الثابتة عدا الاراضي، نتيجة الاستعمال او مرور زمن، بكلمة اخرى، ان جميع الموجودات الثابتة تفقد من قيمتها جزءا جراء الاستعمال كالماكينات والالات والمباني والسيارات ولاثاث وغيرها من الموجودات تحتوي علها المؤسسة ولذلك يصير استهلاك هذه الموجودات سنويا حتى تظهر في السجلات بحسب قيمتها الواقعية وليس قيمتها الدفترية. وهذا الجزء الهالك عن عنصر الموجودات يدعى في علم المحاسبة، الاستهلاك.

فضلا عن ذلك، فأن الإنشاءات والمصاريف التأسيسية والأولية وغيرها من عناصر، وهي أيضا قابلة للاستهلاك باعتبارها مصاريف أنفقت على المشروع لابتداء عمله إنما لا تبقى على قيمتها بصورة مستمرة.

وفي كل بلد من بلدان العالم تقبل دوائر الضرائب تنزيل هذه المستهلكات مع مصاريف المؤسسة، باعتبارها من عناصر الأعباء، ولكل بلد نسب معينة متبعة يتقيد بها المكلفون.

اما طرق الاستهلاك المتبعة في محاسبة المؤسسات فهي على اشكال متعددة، إنما أهمهما نوعان: فاما ان يتقيد الاستهلاك على الأرباح والخسائر والقيد المقابل يكون (احتياطي استهلاك كهذا) اي تبقى قيمة العنصر بنفس القيمة الدفترية، يقابلها على الجانب الدائن الاحتياطي المكون لأجلها. واما ان تطرح قيمة الاستهلاك من القيمة الدفترية بحيث يصبح قيد هو صافي قيمة العنصر بعد طرح الاستهلاك.

وبالتالي فالاستهلاكات تزيد في قيمة كلفة الانتاج بحيث تضاف على سعر الكلفة لتحديد صافي كلفة بضاعة معينة او تزيد اعباء المؤسسة بحساب الارباح والخسائر، باعتبارها من الهوالك التي تتحملها المؤسسة ان الاستهلاك يختلف عن احتياطي تجديد عناصر الموجودات باعتبار ان الاستهلاك بحسب القيمة الدفترية للعناصر، بينما احتياطي تجديد الموجودات يحسب بالنسبة لتكلفة الموجودات الفعلية في السوق وما تتطلبه من اسعار لمشتراها من جديد او انشائها من جديد او أقامة بنائها او غيره.

depreciation adequacy **تناسب الاستهلاك**

ان كفاية الاستهلاك يجب ان تبنى على اساس حقيقة عمر عنصر الموجودات وما ينقص من قيمته خلال الاستعمال، او مرور الزمن وهي تختلف من بلد لاخر وفي اكثر البلدان. ان وزارة المالية تحدده عادة معدلات للاستهلاك المختلفة يتوجب اتباعها لتتماشى السجلات مع متطلبات دوائر المالية في كل بلد من البلدان.

depreciation methods **طرق الاستهلاك**

الطرق الاخرى المختلفة عن طريق الخط المستقيم straight-line method وهي العمليات الحسابية.

المتعددة لتحديد الضروريات الزمنية، لاحتساب الاستهلاك وتجمعه خلال فترة الاستخدام لموجودات ثابتة ذات حياة محددة. راجع accelerated cost recovery system نظام استرجاع التكلفة المتراكمة، وهو نظام الاستهلاك للإغراض الضريبية.

1-Age life method طريقة عدد سني الاعمار الانتاجية

وبموجب هذه الطريقة يقدر العمر الانتاجي للموجود الثابت وتجمع السندات، ومجموع المقسوم عليه يمثل النسبة والاستهلاك لكل سنة يمثل مركزها في التسلسل وبشكل معكوس، مثلا ماكنة كلفتها 4200 دولار قدر عمرها الأنتاجي 6 سنوات فاحتساب الاستهلاك يكون:

مجموع السنين المتوالية : 1+2+3+4+5+6= 21.

$$\text{السنة الاولى} = 4.200 \times \frac{6}{21} = 1200 \text{ دولار}$$

$$\text{السنة الثانية} = 4.200 \times \frac{5}{21} = 1000 \text{ دولار}$$

$$\text{السنة الثالثة} = 4.200 \times \frac{4}{21} = 800 \text{ دولار}$$

$$\text{السنة الرابعة} = 4.200 \times \frac{3}{21} = 600 \text{ دولار}$$

$$\text{السنة الخامسة} = 4.200 \times \frac{2}{21} = 400 \text{ دولار}$$

$$\text{السنة السادسة} = 4.200 \times \frac{1}{21} = 200 \text{ دولار}$$

مجموع الاستهلاك خلال العمر = 4200 دولار

2-Annuity method طريقة القسط الزمني

بموجب هذه الطريقة يفترض ان رأس المال المستثمر في الموجودات الثابتة يجني فائدة بينة على أساس الافتراض ان يكون مستثمراً خارج المؤسسة. لذا يجب احتساب فائدة على رأس المال وتضاف هذه الفائدة الى كلفة الموجودات وتؤخذ ايراداً في حساب الارباح والخسائر من الناحية الثانية نجد ان حساب الارباح سيتحمل القسط السنوي للاستهلاك، والذي يظهر انه ثابت من سنة الى اخرى، الا ان الواقع هو بالرغم من ان القسط يبقى ثابتاً نجد ان الفائدة تقل من سنة الى اخرى ويترتب عليه العبء ويزداد سنويا. يحتسب القسط السنوي من جدول السنوية عل اساس ايجاد الدفعة السنوية للدولار الواحد بعد مرور مدة تمثل العمر الانتاجي للموجود والثابت.

أ- شراء الموجودات: من حـ/ الموجودات الثابتة الى حـ/ البنك

ب- الاندثار السنوي : من حـ/ الاندثار الى حـ/ الموجودات الثابتة

جـ- أحتساب الفائدة: من حـ/ الموجودات الثابتة الى حـ/ الفائدة .

من حـ/ الفائدة اى حـ/ الارباح والخسائر

3-Appraisal method طريقة التثمين

مصاريف الاستهلاك السنوية، تكون مختلفة بين القيمة التثمينية للموجودات الثابتة في بداية ونهاية الفترة الزمنية. وهذه الطريقة لم تعد مستعملة في الوقت الحاضر

4-Combined –depreciation andmaintenance method طريقة الاستهلاك الموحد ونفقات الصيانة.

ان طريقة تخصيص الاستهلاك والصيانة، تاخذ هذه النقطة بعين الاعتبار فتتحمل كل سنة قسطا من الاستهلاك وقسطا أخر للصيانة، فبينما نجد ان القسط الصيانة ثابت من سنة الى أخرى، نجد ان العبء الحقيقي يتوزع بصورة متساوية، هدف الطريقة هي التسوية للمصاريف التي تحدث دائما بصورة غير قياسية (شاذة) وذلك بأخذ مصاريف الصيانة الى جانب المدين من حـ/ تخصيص الاستهلاك والصيانة، ففي السنوات الأولى نجد ان مصاريف الصيانة قابلة بينما السنوات التالية نجد فيها المصاريف للصيانة تزداد ومع ذلك فالارباح والخسائر لا تتحمل نتائج هذه الزيادة.

فلو فرضنا استهلاك الماكنة 1600 دولار والمبلغ المخصص للصيانة هو 400 دولار في كل سنة لوجدنا

السنوات	المخصص	الصيانة	الفائض المدور
الأولى	400	80	320
الثانية	400	250	470
الثالثة	400	450	420
الرابعة	400	600	220
المجموع	1600	1380	-

1600 = 220 + 1380

5-Composite life method طريقة الحياة المركبة

وترمي الى تطبيق طريقة المعدل المفرد على مجموعة كبيرة من الموجودات وتكون عادة من صنف واحد، مثل الابنية والماكينات او الشاحنات. ان تفاصيل هذه الطريقة تظهر الاستهلاك. راجع ايضا طريقة حياة العمر السابقة. وهي بصورة رئيسية تطبيق طريقة الخط المستقيم للاستهلاك، وان هذه الطريقة تعتبر من قبل الكثير من المحاسبين ذات النتائج أكثر اعتمادا من الطرق الأخرى.

وفي التعليمات ضريبة الدخل الفدرالية، فان طريقة الحياة المركبة، يمكن ان تطبق على الصندوق المنفرد للموجودات الثابتة، كما أنها يمكن ان تطبق على كل الأصناف بصورة مجموعة. أن امتداد لتلك الطريقة، له تطبيقات عملية على الرغم من أنها تطبيق في حالات تكون فيها المجموعة الكلية للموجودات ذات استقرار نسبي لفترة طويلة من الزمن، والتي تجري عليها اختبارات بين الحين ولآخر لقياس متوسط ما تبقى من الحياة.

أن مصطلح الاستهلاك المجاميعي، هو أيضا مستخدم خصوصا عندما تكون مجموعة من الموجودات المتجانسة في حياة الخدمة، ومندثرة تحت معدل واحد.

6-Declining –balance method or diminishing provision ethod

طريقة الرصيد المتدني طريقة القسط المتناقص

ويتم احتساب مصروفات الاستهلاك بموجب القسط المتناقص باختيار احدى الخطتين:

أ- خطة النسبة الثابتة لرصيد متناقص لحساب الموجودات الثابتة: كما في الجدول الاتي:

السنة	الاستهلاك السنوي 10%	رصيد كلفة الأصل
-	10%	1000,00
1	100,00	900,00
2	90,00	810,00
3	81,00	729,00
4	72,90	656,10
5	65,61	590,40
6	59,05	531,44
7	53,14	478,30
8	47,83	430,47
9	43,05	387,42
10	38,74	348,68
-	651,32	-

الكلفة 1000.00 = 651.32+348.68

اذا كانت النسبة الثابتة 10% في المثال الاعلى في موقع مزدوج فالنسبة تحت طريقة الخط المستقيم تكون 5% للكلفة المكتسبة عندما تكون الحياة الخدمة فيها 20 سنة وبهذه الحالة تسمى طريقة القسط المضاعف المتناقص. لاحظ (ب) لطفاً

ب- خطة سعر التناقص للكلفة الاصلية لحساب الموجودات الثابتة: كما في الجدول الاتي:

س= نسبة الاستهلاك السنوي =r
ن=عدد سني العمر الانتاجي =n
ق= قيمة الانقاص او الانقاذ =s
ك= كلفة الموجود الثابت = c

$$r = 1 - \sqrt[n]{\frac{s}{c}} \equiv \text{س} = 1 - \sqrt[\text{ن}]{\frac{\text{ق}}{\text{ك}}}$$

$$r = 1 - \sqrt[10]{\frac{100}{1000}}$$

$$r = 1 - antilog \frac{2-3}{10}$$

r=1- antilog(.9-1)
r=1- .794328 =205672

عند استعمال اللوغاريتم تكون 10 هي الاساس .

السنة	الاستهلاك السنوي 20،5672%	الرصيد المتبقي
-	-	1000,00
1	205,76	794,33
2	163,85	630,75
3	129,73	501,02
4	103,04	397,98
5	81,84	316,14
6	65,02	251,12
7	51,64	199,48
8	41,02	158,46
9	32,59	125,87
10	25,87	100,00
-	900,00	-

الكلفة 1000,00 =900,00+100,00

ان الفائدة في التخفيض في اتباع الطرق السابقة كونت انتعاشا اقتصادية لأسباب متعددة:

1- أن البنايات او العمارات او المعدات، كانت قد اشتريت بأسعار عالية متضخمة، وان الإدارة ترغب في إطفاء مثل هذه الكلف، أو إطفاء الجزء المتضخم فيها بأسرع وقت ممكن لغرض رفع العبء عن الفترات الزمنية المستقبلية التي ستكون مسؤولة عن الكلف الحاصلة في المستقبل الحاضر.

2- العائدات الجارية لمالك الموجودات الثابتة، يمكن ان تعتبر عاملا عاكسا للحالة الاقتصادية المتدهورة وغير الممكن استردادها، وان كلفة التضخم إلى حد ما تعادل عائدات التضخم اذا يجب أن ينخفض من تلك العائدات.

3- أن الكمية الأكبر من الاستهلاك تصبح ممكنة باستخدام طرق الرصيد المتناقض، وقد اعتبر ذلك بعض مدراء الإعمال المحاسبين كبديل مقبول لاستهلاك الخط المستقيم الناجم عن كلفة الاسترداد. أن تدوين كلف الاستبدال بالتصريحات المالية فيما عد المذيلات والجداول قد لاقى رفضاً من قبل محترفي المحاسبة.

7- Policy method   طريقة وثيقة التأمين

وبموجب هذه الطريقة تستحصل وثيقة التأمين على مبلغ يعادل المبلغ الموجود الثابت، وتدفع في نهاية مدة معينة تمثل العمر الانتاجي للمنفعة الاقتصادية للموجود الثابت. فلو كانت لدينا مجموعة سيارات لها عمر إنتاجي يقدر بعشر سنوات بكلفة 6000 دولار، ويجي ان تستبدل في نهاية العشر سنوات فتستخرج وثيقة تأمين بمبلغ 6000 دولار وتستحق الدفع في نهاية العشر سنوات. لذا تدفع أقساط تأمين سنوية لهذا القرض تمثل الاستهلاكات السنوية.

8- production method, production – unit – basis- method, service - output method   طريقة الانتاج، طريقة وحدة قاعدة الانتاج، طريقة المخرجات الخدمية، وحدة طريقة الانتاج

إن عوامل الاستهلاك تحسب كمعدل ثابت لكل وحدة من الانتاج مبني على اساس تخمين العدد الإجمالي للوحدات التي ستنتجها الممتلكات المقصودة خلال فترة حياة الخدمة. راجع الاستهلاك.

9- replacement method   طريقة الاستبدال

أ- وهو استخراج تخمين لكلفة استبدال الموجودات ذات العمر المحدود المشغلة فعلياً بالخدمة، أي أنها قيمة كلفة الاستهلاك الجارية محسوبة عادة على قاعدة كلفة ذات خط مستقيم. إذ تضاف اليها نسبة مئوية مشتقة من مقارنة كلفة الابدال المتوقعة مع الكلفة المسجلة وبكلمة أخرى هي كلفة تجديد الموجودات التي تقاس عادةً بسعر السوق الحالي.

ب- هناك ممارسة أخرى يرمز اليها بهذا الاصطلاح وهي أحياناً موجودة عندما تكون كلفة الاستبدال الرئيسية مصروفة، بنفس الطريقة التي تم بها تصريف الاستبدالات الفرعية تحت طرق استهلاك مقبولة، أي أن كلفة الاستبدال تحول الى مصروف، وان حساب الموجودات يبقى ثابتاً بدون تغيير باستثناء الاضافات ولا تتم تهياة طريقة الاستهلاك كهذه أذ أن هذه الطريقة غير معترف بها كلياً في الوقت الحاضر.

10- Retirement method   طريقة الاعتزال

ان الاحتساب في هذه الحالة، يأخذ بالاعتبار قيمة وحدات الموجودات التي سيتم أعتزالها قريباً. لقد كانت هذه الطريقة شائعة بين المستخدمات الشعبية، وهي الآن مهملة.

11- service – capacity – method   طريقة طاقة الخدمة، طريقة القسط المتناقض.

12- sum – of – the- years-   طريقة

وتعتبر هذه الطريقة مفهومة ضمناً بطريقة المتناقص لسعر التخفيض. حيث يتضمن تحديد الاستهلاك السنوي بتطبيق التواتر العددي على الحياة المقررة للموجودات الثابتة. ن= عدد السنين لحياة الأصل.

$$\frac{ن(ن + 1)}{٢} = \frac{٦(٦ + 1)}{٢} = \frac{٧ \times ٦}{٢} = ٢١$$

$$\frac{٦ + ٥ + ٤ + ٣ + ٢ + ١}{٢١} = ١ \text{ حصة} \qquad \text{إستهلاك SYD}$$

راجع طريقة القسط المتناقض وطريقة عدد سني العمر الانتاجي Age – life – method.

13- unit method   طريقة الوحدة الواحدة

وهو استهلاك مركب محسوب على قاعدة الخط المستقيم لكل مفردة واحدة بدلاً من احتساب المجموعة بكاملها.

14- Unit – summation method   طريقة جمع الوحدات

وحسب هذه الطريقة، فأن معدل الاستهلاك يحسب في كل سنة بصورة منعزلة لغرض تطبيقه على الكلفة الدفترية للوحدات في مجموع الموجودات.

15- working – hours method   طريقة الساعة العاملة

الاحتساب بموجب هذه الطريقة يكون على أساس السعر الثابت لكل ساعة استعمال الأصل.

فالتحديد لمجموع الساعات العاملة ((الساعات المجدية للأصل اقتصادياً))، يتم:

أ- إما عن طريق التخمين. وهناك قضايا غير قابلة للتطبيق لأن ساعات التشغيل لا يمكن أن تكون مخمنة مهما كانت درجة الدقة في هذا التخمين.

ب- أو عن طريق الزام المنتج المضمون للأصل. أي محدد من المنشأ. كصناعة الطائرات. مثل تبديل محرك الطائرة كل ألف ساعة طيران. فالاستهلاك في هذه الطريقة يكون:

عدد الساعات التي عمل فيها الاصل السعر الثابت لكل ساعة استعمال.

depreciation policy سياسة الاستهلاك
وهي تحديد وتسجيل مدى استهلاك الموجودات الثابتة.
أ- وهي عملية التوصل الى تدابير الاحتياطية تباعاً.
ب- وهي الطريقة استخدام التدابير الاحتياطية الجارية او المتراكمات.
جـ- تطبيق طريقة المتراكمات الى مهملات ويتم الاعتزال للموجودات الثابتة.
د- وهي تدابير احتياطية للمتراكمات غير المسجلة لاغراض الضريبة مع اجراء عملية الكشف عنها في تقارير دورية.
هـ- وهو عرض تدابير الاحتياطية والمتراكمات المسجلة مع شروح لتصريحات الدخل وأوراق الميزانية.

depreciation provision احتياطي الاستهلاك
تحديد الكمية المالية لمصاريف الاندثار لفترة زمنية محددة مثل:
التحميل للمصاريف، والأتمان لحساب التقيم الى الاستهلاك المتراكم.

depreciation rate معدل الاستهلاك
وهو نسبة المؤوية التي يتوجب تطبيقها لاستخراج الاستهلاك الواجب اعتماده وهناك مراسيم تحدد هذه النسب المقبولة.

depreciation reserve ادخار الاستهلاك
accumulated depreciation
المبلغ المحتفظ به كاحتياطي على نحو متزايد في الشركات لمواجه استهلاك الموجودات الثابتة.

depression الركود الاقتصادي
وهي فترة تقلص في حجم النشاطات والإعمال التجارية والصناعية. وتتميز هذه الفترة بانتشار البطالة، وانخفاض الإنتاج، قلة إقبال الناس على شراء والاستهلاك، وانكماش في حجم الأموال المتوفرة التسليف.

derive suit, or action دعوى ثانوية
(إصدار دعوى من المحكمة)
الدعوى المقامة ضد المدراء المباشرين او المدراء العاملين في شركة من شركات. وفصل هذه الدعوى قد يعود بافضل الفوائد على مالكي الاسهم.

derived demand طلب مشتق
(اقتصاد) وهو الطلب على سلعة او خدمة بدافع مساهمة تلك السلعة او الخدمة في عملية انتاج منتوج اخر. ان طلب المستهلكين لمنتوج واحد، يمكن ان يؤدي الى طلب منتوجات اخرى تستخدم في تهيئة وتصنيع ذلك المنتوج،

ويرمز المنتوج الأولى للطلب النهائي والى المنتوجات اللاحقة المتعلقة بالطلبات المشتقة.

descent تحويل ميراث
وهي عملية توزيع الممتلكات الحقيقية لمن يترك وصية.

descriptive financial statement بيان مالي توضيحي

descriptive model تصميم توضيحي

descriptive statistics علم الإحصاء التوضيحي
روافد الدراسات الاحصائية المكدسة الى خلاصة مجموعة الاعداد البيانية للكميات المتسلسلة من بنود المعطيات او الحقائق المراقبة عمليا.

descriptive theory نظرة تطورية
راجع normative theory

detailed audit تدقيق مفصل
الفحص للسجلات الحسابية بشكل دقيق.

determine يتخذ قراراً في التحكيم
ويضطلع بهذا الدور من مارس عملية الاستقلال الفكري، وخبير في مهنة التدقيق خلال ردح من الزمن، حتى بات قادراً على تصفية الحسابات وانهاء القضايا الشائكة وتحديد سياسية مدققي حسابات جدد.

deterministic equivalent تكافؤ تحديدي
التصميم التحديدي مع احلال التفاؤل التعويضي، او اي ملكية مربوطة بتصميم التغير العشوائي.

deterministic model نموذج تحديدي
التنظيم الكياني لاي تضمينات بدون شروط تحويل الملكية.

development countries بلدان نامية
راجع less developed countries

development cost كلفة التنمية
تكاليف الارتفاع بمستوى المنتجات وتحسينها (الموجودات المعتمدة عل السعة والقدرة) او التطوير ويتم من تاريخ قرار التطوير وحتى تاريخ تنفيذ عمليات الانتاج.
وهذا يسري ايضاً على ((الموجودات المعتمدة على الثروة الطبيعية)) مثل تكاليف تتضمن الزيت والكاز في

development expanses

الصناعات البترولية لتجهيز اماكن البئر مثلا او آله حفر البئر او عملية نصب البرج الانتاجي وتسهيلات الخزن تنفيذا لعمليات الانتاج.

development expanses **مصايف التنمية، التطوير**

-1 نفقة تبدأ بتطور ممتلكات المعادن وابار النفط وزيادة الحفر واراضي الغابات لانتاج الواح الخشب من الاشجار. وهذه المصاريف رأسمالها مستهلك جزء منه او ربما لا يسد المصاريف وتسمى نفقة تطوير الانتاج.

-2 مصاريف الترقية الوظيفية (تشجيعية).

development stage enterprise **مشروع مرحلة التنمية**

devise **هبة بالوصاية**

تصرف الشخص بملك عقاري غر منقول بوساطة الوصية وبموجب الشروط المعينة فيها.

devolution **تحول**

-1 انتقال الملكية او السلطة او الحق من شخص الى اخر، او تنازل عن السلطة تقوم بها حكومة مركزية للسلطة المحلية).

Dicksee ,Lawrence .R **ديكسي لورنس**

(1864- 1932) وهو اول من احتل منصب كرسي المحاسبة في جامعة بريطانيا، لقد كان مؤلفا ذا تأثير كبير يمتاز بغزارة انتاجه الفني. ان مؤلفه المحاسبة المتقدمة والمؤلفات الاخرى في موضوع شهرة المحل والاستهلاكات والموارد المالية قد اشتهرت في العقود الاولى للقرن الحالي. ان بحثه الكلاسيكي بعنوان (التدقيق) المطبوع أولاً في سن 1892 هو الان في طبعته الثامنة عشر. ان مؤلفه بعنوان التدقيق قد خدم نموذج اصلي لسلسة مراجع التدقيق المؤلفة في الولايات المتحدة الامريكية من قبل روبرت مونتغومري.

difference estimator **مخمن الفارق**

وهو المخمن على "طريقة تقييم النماذج" حيث تكون فيها المعلومات الثانوية على شكل فارق رياضي، وتستخدم لاستنباط نتائج اخذ النماذج من المجاميع الاصلية.

difference analysis **تحليل تفاضلي**

راجع: incremental analysis

direct access

differential cost **تكلفة تفاضلية**

-1 الفرق بين سعر الشراء وسعر البيع راجع الكلفة المتزايدة incremental cost

-2 كلفة وحدة الانتاج المضافة، او تحسب فيها الفرق بين مجموع التكاليف قبل الاضافة وبعد الاضافة مجموع من وحدات الانتاج وقسمة الناتج على عدد وحدات الانتاج المضافة وتسمى ايضا (الكلفة على الهامش).

-3 الفرق بين التكلفة بين عملتين مختلفتين في الاتجاه او قد يكون الاختلاف لاكثر من عملتين.

differential investment **استثمار تفاضلي**

الاختلاف بين الكلفة او القيمة التحميلية للاستثمار في تكافؤ الاوراق المالية والمستثمر (شركات التضامن) لاعلان الاسهم لصافي الدفترية للفرق.

digit **أرقام أحادية، رقم**

ويقصد بها الأرقام الحسابية تحت العشرة، اي من صفر الى تسعة.

digital computer **جهاز الآلة الحاسبة الرقمي**

وهو الة حاسبة تستخدم فيها البيانات بشكل محدودة وتكتب عادة بشفرة ثنائية (أن توضع جميع الصور عليها البيانات في صورة صفر او واحد). ان الكومبيوتر مصمم لانجاز كل من العمليات الحسابية والمنطقية على البيانات الموجودة في هذا الشكل، ويتميز هذا الكومبيوتر القياسي (النظيري) الذي يستخدم قيم البيانات بصورة مستمرة.

digraph **دوغراف**

الرسم البياني الموجه او الخريطة لحركة العناصر المتعددة.

dilution **خسارة نسبية**

(غير المطلقة) وهي الخسارة النسبية لوضعية التسوية لها.

dilutionوهو **مخفف**

امتلاك القابلية الكامنة للتخفيف، راجع ايضاً مضاد التخفيف anti- dilution.

diminishing provision method **طريقة التدبير احتياطي التخفيف**

direct access **تداول مباشر**

(الآلات الحاسبة) وهي الطريقة في تنظيم الخزن تسمح

للبيانات المخزونة بتحديد امكانها مباشرة مما يميز هذه الطريقة عن طريق الذهاب الى موقع معلومات معينة بالنسبة الى اخر موقع معلومات تم التداول معه.

direct cost **كلفة مباشرة**

1. مجموع عناصر التكاليف التي تساعد العملية الانتاجية للسلفة او المصاريف الخدمات بشكل مباشر، ويمكن تحميلها على المنتوج مباشرة. فالكلف المباشرة المشتركة في التصنيع الانتاجي والمتعارف عليها هي

أ- المواد الأولية.

ب- النفقات لاجل العمل والمحروقات.

جـ- النفقة العامة مع المقدار الانتاجي. وحسب الاتجاهات الحديثة في مبادئ السيطرة الادارية فان كل كلفة تكون كلفة مباشرة، قابلة للتطبيق مع الانتاج النهائي او خدمة متوسطة.

2- الكلفة المتغيرة variable cost

direct costing **محاسبة الكلفة المباشرة**

1- بمقتضى اجراءات التكلفة المباشرة تقتصر تكاليف السلعة المنتجة على المواد الخام واعباء العمل المباشر ونصيب السلعة المنتجة من مصاريف عبء المصنع في الانتاج.

2- او هي عمليات انتاجية للكلف المحدودة كالمتضمنات المتكونة للسلع الانتاجية والخدمات.

direct debt **دين مباشر**

وهو الدين المستحق على وحدة حكومية سببت في ايجاد بصورة مستقلة او انه كان مفروضا وجوده خلال عملية استيلاء على مساحة معينة، أو قطعة من الارض او من تعاون تلك الوحدة الحكومية مع وحدة حكومية اخرى في نشاطات محدودة.

direct expenses **مصاريف مباشرة**

او الكلفة المباشرة direct cost

direct financing **تمويل مباشر**

1. هو الاتفاق المالي المنتهي في خلال المفاوضة المباشرة بين المقرض والمستثمر بدون ضمان السند (شركة التأمين).

2. عمليات جمع الاعتمادات او التخصيصات اللازمة للاموال مباشرة.

direct financing lease **ايجار التمويل المباشر**

الايجار المحتسب لأجل الصفقة التجارية التمويلية بوساطة المؤجر.

directive **توجيهي**

دعوة الانسجام مع الخطة المرسومة، او الدعوة المطابقة مع النوعية الانتاجية.

direct labor **عمل مباشر**

كلفة الجهود البشرية المبذولة مباشرة في عمليات انتاج البضائع او صنعها. وهو عنصر من عناصر الكلفة المباشرة المطبقة في الانتاج مباشرة مثل العاملين على أدارة المكائن في المعمل.

direct labor hour rate **معدل اجرة الساعة من العمل المباشر**

يشير معدل ساعة اليد العاملة الى معدل مصاريف عبء المصنع لكل ساعة لليد العاملة المباشرة.

direct liability **إلتزام مباشر**

الالتزام الناتج للمدين من النقد، أو البضائع، أو الخدمات المستلمة بوساطته من قبل شخص آخر.

direct material **مواد مباشرة**

عنصر من عناصر الكلفة المباشرة الداخلة في الانتاج ليعطي عنصرا تأسيساً جديدا اخر في صفات جديدة مثل دخول عنصر الفولاذ في صناعة هياكل السيارات ودخول الاخشاب في صناعة الاثاث، ودخول الزيت الخام في صناعة البنزين، فهذه المواد تعتبر جزأ اصيلا لا يتجزأ من السلعة المنتجة بعد اتمام انتاجها وتصبح قابلة للبيع.

direct report **تقرير المدراء**

اي تقرير مالي جاهز سنويا من مدراء الشركة ويتضمن الكمية، النوعية، والتقارير الفصلية، والتحاليل، التجهيزات وتقارير مالكي الاسهم.

direct overhead **النفقة العامة المباشرة**

مصاريف المصنع أو إي مصاريف أخرى في المصنع تؤدي إلى تحديد كلفة الإنتاج. راجع direct cost

direct shipment drop shipment **شحنة تجارية مباشرة**

اي البضائع التي يستلمها الزبون مباشرة من المنتج دون ان تمر عبر وسيط تجاري.

direct tax **ضريبة مباشرة**

فريضة مالية يدفعها المواطن المكلف بدفع الضريبة بصورة مباشرة ونهائية إلى خزينة الدولة وأنواعها هي:

1. الضريبة رأس المال والدخل.

2. ضريبة الاملاك المبنية.

3. ضريبة التركات.

4. ضريبة الانتاج والتي تدفع من قبل صاحب المصنع مباشرة.

direct test of financial balance فحص مباشرة للميزانية المالية

وهي طريقة تدقيقية رئيسية، تطبق على حساب الميزانية المسجل بدلا من طبيقها على الصفقة التجارية ومن الممكن ان تكون تلك الميزانيات مسجلة من بداية تاريخ اصدار التصريحات المالية المدققة، او بتاريخ اخر داخلي ويتطلب ذلك عملاً تدقيقياً اضافيا للفترة المعينة.

disaggregation cost كلفة التحليل

وهو تنصيف الكلفة الى مجاميع فرعية، كما في تصنيف كلفة الانتاج الى كلفة مادية، وكلفة عمل، كلف النفقات العامة.

disaggregation تحليل

وهي العملية او الحالة المعاكسة للتجميع.

disallowance رفض او استثناء

او عدم اجازته قانونا (محاسبة حكومية)

disbursement مال منفق

مدفوعات.

discharge تفريغ، تنفيذ، تسديد

1. (ايراد ذمة) وثيقة تفريغ السفينة من حمولتها.

2. (تسديد دين) عملية اسقاط جميع الحقوق المرتبة على المدين واطفائها.

3. (صفقة تجارية) تطلق على شخص في السوق بأنه متمكن مادياً قارن مع charge

Disc, Domestic International Sales Corporation المؤسسة التعاونية للمبيعات المنزلية الدولية

disclaimer تصريح التنصل (التدقيق)

وهو تصريح في تقدير (المدقق) يبين عدم قابلية المدقق في التعبير برأي عن عدالة وانصاف التصريحات المالية في التقرير.

ان تصريح التنصل يكون مناسبا، عندما يكون المدقق

منجزا للفحوصات الفنية الوافية، التي تمكنه من تكوين رأي في حالات خاصة تتضمن ذلك مشبوهات مادية.

disclosure كشف، افشاء، انكشاف، افتضاح

عملية انكشاف الفروقات في التصريح المالي وازالتها من قبل المدققين. او هو تعبير لصفاء الرؤية الحقيقية في التقرير المدعم من قبل المدقق بمستند قانوني. أو الفكرة الصحيحة لإعطاء أقل نسبة ممكنة في كل الاحتمالات للحوادث، حتى ولو كانت ملاحظات على الهامش، او هي شرح وتفسير المساعدة المقدمة للانقاذ.

disclosure of secret افشاء السر

يعرف السر بأنه كل ما يضر افشاؤه بسمعة مودعه او كرامته. او هو كل ما يعرفه الامين اثناء او بمناسبة ممارسة المهنة، وكان في إفشائه ضرر لشخص او لعائلة اما لطبيعة او بحكم الظروف التي تحيط به ويعتبر إفشاء السر من الجرائم التي يعاقب عليها القانون، الا اذا كان الافشاء مقصوداً لغرض الاخبار عن الخيانة او جنحة.

discontinued operation عمليات تجارية متوقفة

الفترة الزمنية التطبيقية لنتيجة البيع او التنازل او هلاك الموجودات، واحتسابه خسارة في تقرير الارباح والخسائر.

discount حسم او خصم

1. الاختلاف بين الثروة المخمنة للأرباح المستقبلية والقيمة الحاضرة.

2. الحصة المعطاة لأجل تسديد الدين، وعادة كنتيجة المدفوعات قبل الاستحقاق.

3. الافراط في سعر القيمة الاسمية للسنة اكثر من المبلغ المخصص.

4. العمولة المستقطعة بواسطة الصيرفي او الدلال لأجل عملية بيع اصدار الأوراق المالية.

5. السند لأمر المودع في البنك لأجل الخصم مع بنك اخر.

discount earned اكتساب الخصم

الانقاض في سعر مشتريات السلع او الخدمات بسبب الدفع المبكر راجع الخصم النقدي cash discount او لاي سبب اخر.

طريقة الانسياب المالي للخصم النقدي **discounted cash –flow**

طريقة لتقييم قدرة المشاريع ذات المصروفات الرسمالية على الكسب. وذلك بالحسم من مبالغ الايرادات السنوية المتوقعة او الدخل بنسبة معينة بحيث تكون القيمة الحالية المتجمعة لتلك الايرادات مساوية للمبلغ المستثمر في المشروع اصلا وينبغي عدم الغلط بين هذا التعبير وتعبير حركة النقد (cach flow) وهو يعرف ايضا باسم نسبة المردود الصناعي او الداخلي.

فقدان الخصم **discount lost**

إذا تأخر الدفع وفق الفترات الزمنية المقررة في الصفقة التجارية ،يدفع المشتري حينذاك ((الخصم الضائع)) آو ما يسمى بالمصروفات الاضافية.

فترة الاكتشاف **discovery period**

((التأمين)) الفترة المسموح بها للمؤمن بعد انتهاء عقد وثيقة التامين ليكتشف خسارته آثناء التامين وفي حدود الاتفاقية.

معاينة الاكتشاف **discovery sampling**

الاجراءات المحددة لحجم العينة.

محاسبة قيمة الاكتشاف **discovery –value accounting**

وهي محاسبة للموارد الطبيعية، مثل الغاز والنفط أو أي مصادر آخرى التي تم اكتشافها ولم يتم استخراجها، اذ تستثمر كرأسمال بالقيمة الكلية المقررة للموجودات، مما يميزها عن طريقة الكلف المكتملة وطريقة المساعي الناجحة التي تستثمر كرأسمال الكلف الناجمة في عملية الاكتشاف. راجع revserve recognition accounting

تعارض . تناقض **discrepancy**

وهو أي فارق بين الحقائق أو الآراء، ويكون غالباً بالإشارة الى خطأ أو أي فرق آخر.

كلف استنسابية او ادارية مستقلة **discretionary costs**

وهي كلف يمكن ان تتغير حسب تقدير مركز المسؤولية أي أنها كلفة مستحصلة بما يتعلق بسياسات الإدارة العليا التي ليس لها علاقة مباشرة بحجم النشاط المقصود، وبنسب بعض المصاريف، مثل البحث والتطوير والادارة الفردية وخدمات الاستشارة القانونية، فلا توجد علاقة واضحة بين الكمية المصروفة والمنافع المكتسبة. راجح الكمية المرصودة لتلك الفردات. راجع الكلف الإدارية.

تحليل تمييزي **discriminating analysis**

أسلوب إحصائي يستخدم في التخمين أو التصنيف النوعي للمتغيرات. إن المواضيع الخاضعة للتحليل تصنف أولاً الى طبقات نوعية وذات أولوية، وتجمع بعد ذلك البيانات للمتغيرات غير المعتمدة، بحيث تكون متعلقة بتخمين الطبقات الخاصة بكل موضوع. إن

اساليب التحليل التمييزي مستخدمة لتحديد المجاميع الخطية باستخدام البيانات السابقة للمتغيرات غير المعتمدة التي تميز بين الطبقات النوعية، وفي تلك الحالة، تأخذ الدالة التمييزية الشكل التالي:

$$Z = B1X1 + B2X2........+ BnXn$$

Z= اذا يكون العدد المميز

Bi= وتكون معاملات التمييز

Xi=ويكون المتغير غير المعتمد

i=1,2.................,n

وبذلك فإن التحليل التمييزي يحول المتغيرات غير ألمعتمدة الى عدد تمييزي مفرد وهو Z، إذ يستخدم هذا في تصنيف المواضيع الى طبقاتها النوعية ألمتعلقة بها. إن التحليل ألتمييزي مستخدم لاختيار قابلية المتغيرات المحاسبية في تخمين فشل المؤسسات العامة. وقد استخدم أيضأ في تصنيف المخاطر النقدية المحتملة عند وجود عدد كبير من الدائنين لطلب كمية صغيرة نسبياً من الديون المتوفرة.

مذكرة المناقشة **discussion memorandum**

ألوثيقة ألصادرة بوساطة المجلس ألرقابي للمحاسبة المالية لأجل الإنتقاد العام الذي يكون مقصودا لاتخاذ الإجراءات الوقائية للمداولة ألشاملة لإصدار الحلول ألمبدلة لمشكلة الممارسة المفردة مع البراهين لأجل ومقابل كل حل مبدل.

يرفض دفع قيمة حوالة مالية يهين، يخزي **dishonor**

عدم دفع أو رفض القبول للصكوك، أو أي ورقة تجارية من قبل المسحوب عليه.

قطع المتوسط المالي **disintermediation**

وهوعملية سحب التمويل من حسابات الدوائر أو نوع آخر من الإيداعات الزمنية لغرض إعادة الإستثمار، ويكون عادة بمعدلات أعلى من ألفائدة المفروضة.

الغاء الاستثمار **disinvestment**

1. وهو بيع أو تعرية جزء من مؤسسة إدارة الأعمال.

2. وبصورة أكثرشمولية فإنه عملية تصفية أو إخراج أي استثمار، وأي خطط من خطوط إدارة الأعمال.

مردود الشحن **dispatch earning**

عملية توفير كلفة الشحن، ومن ظروف ناشئة لتفريغ الحمولة فوراً في ألجهة المقصودة.

dispersion **تشتت ، إحصاء**

((الإنحراف المعياري في التحليل الإحصائي)) وهو مقياس مقدار التغير لمجموعة من البيانات التقريبية من قيمة وسطية غالبة، مثل الوسط الحسابي، ويتم ذلك عن طريق التحديد لمجال التغير لكل مفردة من تلك البيانات، أو تحديد معدل الإنحراف أو الإنحراف المعياري.

disposable income **دخل متاح**

disposable of net income **ترتيب صافي الدخل**
" or net profit or net earnings" **((أو صافي الربح أو صافي المكاسب))**

distort **يحـرف . يصـحف . يشـوه**

عملية ابتداع الخدع المطبوعة أو المضافة الى الأصل بنفس اللون والتصميم، مما يؤدي الى تبدل الحقيقة لصالح المحرف: (تضليل).

distraint **حجز مالي لإستيفاء دين**

إجراءات وضع الملكية الشخصية بتصرف الجهات الرسمية لاستيفاء الديون الممتازة عند عدم دفع الضريبة من قبل أصحابها المشمولين بالدفع الضريبي.

distressed mechandise **بضاعة راكدة**

أو هبوط اسعار البضائع إلتجارية

((السلع المعروضة للبيع بأسعار مخفضة جداً)) وذلك:

أ - لقلة الطلب عليها.

ب- صعوبة الحصول على الأموال السائلة ((ضيق مالي)) ولانقاذ البضاعة من هذه المحنة يتطلب تصريفها سريعا. ويتم ذلك بوساطة:

1. خلق ظروف معينة عن طريق ايجاد ارتباطات مالية جديدة.
2. إسعاف فوري لتلك البضاعة في امر يجعلها محتملة لإمكانية إعادة الدفع عليها، والتخلص منها بوساطة الطلب السريع ((حركة المبيعات، أو الدورة المالية السريعة)) كمثل المزاد العلني، أو التنزيلات في الأسعار، أو الخصم بالكميات، أو البيع بالآجل لتاجر الجملة، وذلك للعمل على ترويجها.

distributed computer systems **أنظمة الالة الحاسبة الموزعة للبيانات**

وهو ترتيب معين لمجموعة من الآلات الحاسبة المتصلة فيما بينها، والموجودة في أماكن مختلفة، مما يمكن مقارنته

بحاله كون كل الآلات الحاسبة موضوعة في مكان واحد.

distribution **توزيع**

1. أي مدفوعات لمالكي الأسهم أو المالكين، سواء كانت نقدية، ملكية، أو أسهم، أو أي شيء من الأرباح ولو كانت عائدة من مشاريع خارج الشركة الى المدفوعات النقدية في الشركة.
2. توزيع العائدات والنفقات، أو أي أضافات رأسمال الى الحسابات المتنوعة.
3. تنظيم الانتاج بوساطة البيع، أي نقل السلع من مواقع انتاجها أو تجميعها الى المواقع الاستهلاكية.
4. منافذ توزيع المبيعات وتكوين الاستلام.
5. التوزيع الا حصائي.
6. الحصصية ونقل الملكية للورثة أو الى الدولة.

بواسطة السلطة القضائية في المحكمة للملكية الشخصية المتروكة بدون وصية بعد دفع الديون، والتكاليف المترتبة على ذلك.

distribution expenses ,or cost **أكلاف التوزيع**

ويقصد بها مصاريف البيع، والمتضمنة الترويج وكلف الاستلام.

distributor discount **خصم الموزع**

وهو منحة تقرر عادة بنسبة مئوية ثابتة لقائمة سعر الجملة وهو يسمى أيضاً الخصم التجاري. ويستطيع البائعون استخدام الخصم لتحديد عملية الرجوع الى سعر واحد.

وهو في أكثر الحالات سعر الجملة إذ يعرف الجمهور ذلك السعر مع المنتوج المقصود. ان جداول إلخصم توزع على الموزعين التجاريين فقط ولاتصبح في حكم المعلومات العامة (الشائعة).

ان كمية الخصم هي الحد الأعلى لتعويضات الموزعين، وذلك لقيامهم بالبيع والخدمات المتعلقة بالمنتوج .

diurnal **يومي ، نهاري (سجل اليومي)**

الاسم القديم في اللغة الانكليزية لتسمية journal .

diversification **تنويع**

ويقصد به النشاط التجاري سواء كان ذلك في مجال السلع او في مجال الخدمات.

1. هو الاجراء الاستثماري في الموجودات لمختلف الأخطار والمواد الأولية في آمر آلتغييرات المختصرة في

العائدات التي يجب أن تكون قد مورست سابقاً.

2 - أو هو الإكتساب لمختلف خطوط الأعمال ألتجارية لأجل السيطرة الإضافية على التجهيزات.

diversified **مختلف، منوع**

diversified companies **الشركات المختلفة**

التجميع المالي المختلف للشركات التجارية الخاضعة للسيطرة المشتركة، ودوماً تتضمن الخدمات غير المتشابهة أو النشاط الإنتاجي أو الأسواق.

diversified enterprise or business **مشروع مختلف**

((الأعمال التجارية)) المؤسسة المرتبطة في خطوط واضحة للأعمال التجارية أو الصناعية كل على حسابه أو من خلال الحسابات التابعة.

diversify **ينوع**

توظيف الأموال في مشاريع مختلفة احتياطاً لتوقعات الخسارة في مشروع واحد.

divided account **حساب ارباح الاسهم او حساب تقسيم الحصص**

dividend **ربح السهم . حصة . فائدة**

1. أو حصة أرباح الأسهم .

يقسم هذا النوع من الأرباح الى قسمين احدهما للمساهمين والثاني الى حساب الأرباح المحفوظة (فائض المكاسب) في الميزانية العمومية. "retained earnings" و الأرباح هذه توزع إما نقداً، أو أسهما، أو على أي شكل آخر.

2. الدفع للدائنين خلال أو بعد تحويل الموجودات الى سيولة نقدية بصورة الزامية ((التصفية في الشركات)).

ividend –equalization reserve **ادخار الأرباح المتساوي**

وهو التخصيص من فائض الأرباح الى مدفوعات أرباح المستقبل خدمة للأهداف المرسومة للمشروع أو الشركة.

dividend in kind ارباح الملكية

property dividened

dividend npayable **أرباح أسهم برسم الدفع**

1. الإلتزام المالي غير السائل للتسديد النقدي أو لارباح الملكية بوساطة الأرباح المعلنة.

2. ويكون حسابها في الميزانية العمومية مطلوبات مع الحسابات الدائنة الإعتيادية ((أي أرباح مستحقة)).

dividend payout **حصيلة مدفوعة الارباح الأسهم**

وهي نسبة قياس النسبة المئوية لصافي الدخل المدفوع نقداً كأرباح أسهم. إن هذه النسبة تعتبر المؤشر الرئيسي لسياسة الأسهم لمؤسسة معينة.

وتحسب هذه النسب عن طريق تقسيم أرباح الأسهم على العائدات الكلية المتوفرة لدى حاملي الأسهم العموميين.

dividends in arrears **أرباح أسهم مستحقة**

وهي أرباح غير معلنة، والتي تكون لها أفضلية على الأسهم الممتازة المتراكمة. وهي في الدفعات، لا تكون مطلوبات على مجلس إدارة الشركة، ولكنها يجب أن تدفع قبل أية لرباح، لربما تعلن وتدفع مع الأسهم العادية.

dividend yield **إنتاجية أرباح الأسهم**

وهو مقياس سوقي للعائد على الأسهم من أرباح الأسهم. ويحسب عادة بتقسيم أرباح الأسهم السنوية الجارية على السعر السوقي الجاري لحصته من الأسهم.

divisibility **قابلية القسمة**

معيار يستخدم لإختبار كون عدد صحيح ما يقبل القسمة على عدد صحيح آخر. فلاختبار قابلية قسمة عدد ما على3 نجمع أرقام العدد 3ونقسمها على3 فإذا قبل المجموع القسمة على3 بدون باقي كان العدد يقبل القسمةعلى3. فمجموع الارقام لعدد 3729هو 21 الذي يقبل القسمة على3بدون باق، وعليه فالعدد3729 يقبل القسمة على 3 بدون باق.

dollar accountability **مسؤولية الدولار**

الحسابية (محاسبة المنظمات غير الربحية).

يكون التركيز في المنظمات ذات الأهداف غير المنفعة الذاتية وبصورة تقليدية، على انسياب الموجودات السائلة، أي قوة الدولار الحسابية، إذ يتضن ذلك تصريح المصاريف والعائدات، ومصادر الموجودات السائلة، مع الفعاليات التي أستخدمت فيها تلك الموجودات.

dollar unit sampling , Dus **معاينة**

وحدة الدولار، أو معاينة الوحدة المالية

وهي احتمالية متناسبة مع سحب عينات حجمية للوحدات التدقيقية، مع وجود تقدير إلزامي أعلى

للأخطاء المحتملة، مبني على أساس الأخطاء المالية الموجودة في العينة، مع وجود خاصية معتمدة على مقياس الاحتمال. إن الاسم المشتق من المقارنة ما بين مفردة التدقيق مثل (حساب زبون معين) مع قيمة دفترية لعشرة دولارات تمثل العشر وحدات من الدولارات ،ومفردة تدقيق مقارنة بقيمة دفترية خمسين دولاراً تمثل خمسين وحدة من الدولار.

إن أخذ العينات العشوائي لمثل هذه الوحدات الدولارية، يتم مع احتماليات متناسبة مع الحجم، ووحدات التدقيق المرتبطة بالدولارات المأخوذة كعينة، والتي يتم تدقيقها فيما بعد. ان أي أخطاء مالية مكتشفة في مفردة العينات يحول الى قاعدة مالية «لكل دولار» ويطبق الناتج بالنسبة المجموعة الكلية للعينات.

شركة الأعمال الأهلية ، المحلية domedtic corporation

وهي شركة أعمال متكونة حسب قوانين ولاية أو بلد معين. وان هذه الشركة مؤسسة حسب قوانين الولايات المتحدة الأمريكية أو أي من الولايات أو المقاطعات في قانون المؤسسات التابع لولاية معينة. ان المصطلح يتعلق بشركة الأعمال المؤسسة حسب قانون الولاية الواقعة فيها.

موجودات جرى التبرع بها للشركات donated assest

الارض، العمارات، التجهيزات، المعدات، المواد الأولية، والأوراق المالية (بدون نقد).

خدمات موهوبة donated services

خدمات الأعمال الادارية التي تكون قيمتها غير المدفوعة بالنقد، أومدفوعة بآقل من الأسعار السوقية.

اسهم، راسمأل متبرع بها donated(capital) stock

موجودات تبرع بها المالكون مسجلة قانوناً بسعر السوق. ومبلغ المال يكو ن مضافاً الى حقوق المالكين المتبرعين.

فائض متبرع به donated surplus

الفائض الناتج عن التبرع بدون تعويض أو مكافأة، بوساطة مالكين للأسهم وغيرها: النقد، الملكية، او أسهم رأس المال المملوك للشركة. فالفائض الموهوب يكون من الاضافة المالية في راس المال المدفوع.

هبة ، تبرع donation

1. عائد لرأسمال الأسهم الى الشركة المصدرة للأسهم في حالة بدون كلفة الى الشركة. راجع الأسهم المتبرعة. donated stock

2. أي هبة، تبرع، منحة، أو مكافأة، وخصوصاً لدعم المؤسسات الخيرية أو الإجتماعية أو المعاهد الثقافية العامة، دون أرباح ذات قاعدة.

مستفيد، موهوب له doneebeneficiary

وهو الطرف الثالث الذي يعقد معه صفقة الوفاء، بعهد معين المقصود منه الإفادة عن طريق إعطاء هدية، ويكون ذلك بعقد صفقة معه في مقابل أنجاز معين يقدم الى الشخص الثالث لأنه يعتبر مساهماً في العقد.

حساب مزدوج : التزام الميزانية العمومية double –account –from blance sheet

الميزانية العمومية نموذج لقيد المزدوج: فهي مبنية على قاعدته ومقسومة الى قسمين:

أ- رأس المال والايرادات. ب. الموجودات والنفقات.

نظام الحساب المزدوج double –account system

نظام للمحاسبة اكتسب حق التقادم في المملكة المتحدة، ويطبق على الشركات النموذجية التي تقوم بتنفيذ مشاريع الأعمال العمومية، مثل السكك الحديدية والبنزين والكاز. وينص على ان توضح الموجودات الجارية والمطلوبات للمشروع لمعرفة استثمارية راس المال وحقوق مالكي الأسهم وما تم تنفيذه من الأهداف المرسومة.

توزيع مزدوج double distribution

إعادة التوزيع، أو التخصيص لأي مصاريف، أو جماعة المصاريف،أو أي كلفة اخرى يتم التوزيع بوساطتها أو نموذج التصنيف الإبتدائي بوساطة الهدف مثلاً، أو الكلفة المحولة الى حساب آخر.

مسك دفاتر القيد المزدوج التجارية double –entry bookkeeping

أي صفقة تجارية تترجم ماليا وتدخل بصورة شرح تحريري الى مستند قيد اليومية، والذي بدوره يكون واسطة إدخال المعلومات المالية والتجارية مزدوجاً وبالتساوي، وعلى شكل كفتين، إحداهما مدينة،

والأخرى دائنة. واذا طرحت إحدى الكفتين من الأخرى كانت النيجة صفرا.

ويطلق على اسم كل كفة كنية حساب.راجع:

Account payable   1-
Account receilvable 2-
Debit   3-
credit   4-

واذا كانت في الكفتين حسابات كثيرة، يطلق عليها اسم الميزان مثل ميزان المراجعة ((عند جمع ارصدة سجل الأستاذ للتدقيق)).

والقيد له صفة آساسية قاعدية فى مسك ألسجلات وله صفة قانونية، تثبت فيه سير الحركة للصفقة التجارية، تاريخ القيد، رقم القيد، مبلغ الصفقة مزدوجاً وبالتساوي، استلام النقد، مع شرح الأجل بالاقساط على الثقة او الضمان بـالأوراق التجاريـة. الشرح في البيان وذكر الاستلام أو التسليم، والتوقيع عـلى صـحـة حقيقة القيد المنظم بعد الاقفال حتى لايتحمل اضافة اخرى. وبهذه الحالة يكون في حالة تهيئة صحيحة لترحيله الى سجل اليومية العامة، ومنها الى سجل الأستاذ العام الذي يحوي صفحـة كاملة لكل حساب كالصندوق، والبنك، والبيع والشراء والمصاريف، والاعتمادات، والموجودات، ورأس المال والقروض . . . . . .الخ.

double liabilitiy التزام مضاعف

وهـي المسؤولية الشخصية المتعلقة سابقاً بحاملي الحصص في البنوك الوطنية، وفي بعض الولايات التي تربط حاملي الأسهم لأنوع آخرى من الشركات المساهمة بالالتزام بمساهمات إضافية مساوية الـى الكميات المدفوعة آصلاً او المقررة. ويعتبر هذا الالتزام لحاملي الأسهم احتمالياً في حال كون الشركة مساهمة غير قادرة على الابقاء على التزاماتها بشكل كامل.

duble taxation ازدواج الضريبة

حصيلة الضرائب الثنائية (أكثر من مرة) على وحدة ضريبية بشكل مقصود أو غير مقصود. وتعتبر حالة من الحالات المختلفة مع العدالة الضريبة. مثل:

1 - خضوع آرباح الشركة الى الضريبة . وعند توزيع الأرباح على المساهمين تخضع الأرباح في الحالة الثانية الى الضريبة ثانية.

2 - خضوع الملكية الثابتة والمنقولة (السلعة) الـى الضريبة عند تداولها تخضع ثانية الى الضريبة، كدخول

البضائع عند الحدود، وتفرض عليها الضرائب الجمركية وعند تداولها في الداخل كتحويلها الى سلع إنتاجية (ضـرائب إنتاجيـة) أو بيعها جـاهزة كمـواد إسـتهلاكية (ضرائب إستهلاكية).

3 - خضوع نفس ألشخص ونفس المـال في مدة زمنية لنفس الضريبة أكثر من مرة. ويشكل الإزدواج نوعين:

أ- ازدواج داخلي: أي داخل حدود الدولة، فمثلاً عند انتقال السلع في الولايات المتحدة الأمريكية تفرض على السلعة ضريبة عدة مرات بعدد دخولها أومرورها بالولايات. أو يخضع الميراث. لضريبتين مرة في ولاية المتـوفى (الولايـة المحلية)، ومرة تفرضها الحكومة المركزية (اوالفدرالية).

ب- ازدواج خـارجي: أي خـارج حـدود الدولة. أي عند انتقال السلعة بين الدول الأجنبية في نفس الوقت، أو عندما تفرض ضريبة على موظف يقيم في دولة أجنبية، وتفرض عليه في الوقت نفسه ضريبة اخرى في موطنه الاصلي.

doubtful debts ديون مشكوك في تحصيلها
downstream merger إندماج تنازلي

اندماج الشركة الأصلية (الأم) في الشركة الفرعية.

downtime وقت التعطيل

الوقت الذي لاتعمل أثناءه الالة أو الموظف بصورة منتجة بسبب خلل ميكانيكي، أو أعمال الصيانة، أوانتظار المـواد، أو تعديل الالات أو غير ذلك.

dr مديونية

اختصار لكلمة debit.

draft حوالة مالية، السحب

أمر دفع يحرره، طرف أول (هو الساحب) الى طرف ثان (هو المسحوب عليه) لدفع مبلغ محدد من المال الى طرف ثالث (هو المستفيد).

drop shipment شحن فوري، متخلف.

عملية الشحن من صاحب المصنع أو المجهز مباشرة الى العميل أو المستهلك للتوزيع أو للتجهيزات الأخرى مـع عدم مرورها بالوسطاء الآخرين.

dualism ثنائية . إزدواجية

1- مذهب يقول: بأن الكون خاضع لمبدايين متعارضين أحدهما خير والآخر شر.

2 ـ قاعدة محاسبية تنهض على مبدأ: مضاعفة مميزة لمفاهيم مختلفة ،كالدائن والمدين في مسك سجلات القيد المزدوج.

dualism concept مبدأ الازدواجية

في ((المحاسبة)) هو الاعتراف بالمصدر والميل الى ان (الدائن والمدين) هما العنصران الرئيسان والمكونان للصفقات التجارية الخارجية والداخلية والى ان التساوي الدائم لهذين العنصريين هو تمييز مباشر لهما ويعمل على تصنيفهما في مجاميع وكل هذا يؤدي الى تسجيل وتقرير انسيابات الكلفة مع العائد وهذه بدورها تسيطر على الوحدات الاقتصادية.

duality ثنائية، أو ازدواجية

حقيقة مقررة، أو بديهية او مبدأ لمسك السجلات بالقيد المزدوج وذلك بتساوي الدائن والمدين في المبالغ التي يجب أن تسجل للصفقة التجارية.

dual presenatation تعبير او تقديم مزدوج
of earninigs per share للمكتسبات لكل سهم

dual –purpose test اختبار ثنائي الهدف

إجراءات عملية التدقيق التي تهدف للحصول على كل من المطاوعة والبنية التدقيقية الحقيقية.

due استحقاق

استحقاق أداء الورقة التجارية المملوكة من قبل الاخرين، سواء كان الاداء دفعاً او قبضاً.

due from other funds اموال مستحقة الاداء من الاخرين

dummy vaiable المتغير الصوري

((الوهمي)) وهو متغير تصنيفي يؤشر الى وجود او عدم وجود خاصية نوعية معينة. وتستخدم عادة القيم صفر او واحد لهذا المتغير بتبيان وجود او عدم وجود تلك الخاصية.

dumping اغراق السوق بالضائع

نوع من السياسة الخارجية التجارية (بائع) لفرض السيطرة التجارية في الاسواق الخارجية للبلد المنتج. وتعتمد اساسا على المنافسة واحتلال الاسواق الخارجية للبلد المصدر. وتتم العملية بضخ كميات فائضة بنسبة عالية من الانتاج ليستطيع المصدر من تخفيض سعر السلعة، هذا ويتخلص المنتج بدوره من فائض السلعة المنتجة،

بحيث تكون له القدرة على استيعاب مواد أولية جاهزة للتصنيع. واحيانا يكون البيع أدنى من سعر الكلفة. وقد تتدخل دول الانتاج، في بعض الاحيان لمساعدة المنتج وذلك بتقديم بعض التسهيلات كالاعفاء من الضرائب بغية الحصول على اكبر عدد من العملة الصعبة لتعزيز ميزان مدفوعات البلد المنتج.

duplex مزدوج العمل، الاتجاه

1. مكتمل: وهي حلقة اتصالات تسمح لأطرافها بايصال واستلام المعلومات في وقت واحد.

2. غير مكتملة: وهي حلقة اتصالات تسمح لاطرافها اما بايصال المعلومات او استلامها فقط.

du pont chat system نظام خارطة دي بونت

وهو نظام في التحليل النسبي مصمم لتوضيح العلاقة بين العائد من الاستثمار ونسب الايرادات وبين حد الربح. إن معأدلته الرئيسية هي بان العائد على الإستثمار= ايرادات الموجدات الكاملة × الدخل لكل دولار من المبيعات.

ان الايرادات الكلية للموجودات تستخرج عن طريق تقسيم الموجودات على الموجودات الكلية بينما يكون صافي الدخل لكل دولار من المبيعات هو صافي الدخل مقسوما على المبيعات السنوية ان نسبة المبيعات الى الموجودات الكلية ممكن تجزئتها اكثر من ذلك الى أصناف ممتلكات متعددة وتجزئه صافي الدخل للحد الأدنى من ارباح المبيعات الى مفردات كلفة متعددة. ان هذا النظام مصصم اساسا لتقييم الكفاءة التشغيلية لمدراء الأعمال، ولكنه الان يستخدم بصورة واسعة في التحليلات المالية العامة.

duty , tariff رسم جمركي، تعريفة

هي الرسوم التي تفرضها الدولة على البضائع مستوردة كانت أو مصدرة وتعني هذه العبارة ايضا ((واجب أومسؤولية))

duty drawback استرجاع الرسوم

وهي رسوم التصدير الجمركية: نظام جمركي يقتضي بموجبه رد الضرائب والرسوم الجمركية التي سبق تحصيلها على بضائع او مواد أولية مستوردة تستعمل في انتاجها كليا او جزئيا، وذلك عند اعادة تصديرها.

duty free غير خاضعة للرسوم الجمركية

bcdefghijkmno

E and OE, E&OE   **ما عدى السهو والخطا**
Errors & ommissione Excepted

عبارة شائعة تثبت في أسفل القوائم التجارية لحفظ الحقوق المتبادلة وتجنب الغبن المالي بين البائع والمشتري عند الاختلاف في تثبيت الأسعار أو احتسابها أو احتساب الخصم بموجب شروط الدفع أو بمعدل خطأ ما في القائمة.

earmark   **(1) علامة مميزة ، تخصيص**
(2) يعتمد او يخصص مبلغاً من المال

1. علامة مميزة خفيفة وصغيرة للاخذ بنظر الاعتبار، للتذكير، أو للتأشير، أو للأحتراس من الضريبة مثلاً، أو لترحيل الحسابات، او للتدقيق، او للتكافؤ في تطبيق الحسابات. وربما تنوع حسب اتفاق الأشخاص الذين لهم علاقة وطيدة في الموضوع كالشفرة السرية.

2. تخصيص آني، أي عزل مال معين لغرض معين. او تحويل حصة حساب واحد مؤقتاً الى حساب آخر. كخلق احتياطي نقدي لاستهلاك الدين خارج فائض المكاسب.

earn   **يكسب**

بمعنى ما يكسب في التجارة أو في غيرها.

earned   **كسب**

ما يتحقق من مكسب من مختلف الانواع أو العقارات والاسهم نقدا أو غيرها.

earned capital   **رأسمال مكتسب**

نوع من انواع رأس المال المنتج، ويشمل ما يحجزه المشروع من الأرباح السنوية كإحتياطي لمواجهة التوسعات أو الحالات الطارئة. وهو ناتج عن النشاط الإقتصادي وليس ما يقدمه الشركاء أو المساهمون في (راس المال الأصلي).

earned income   **دخل مكتسب**

1. الدخل الناشئ من الخدمات الشخصية كـالأجر والرواتب وأجور المهن الحرة.

2. العائدات المتحققة (مكاسب).

earned surplus   **فائض مكتسب**
retained earnings هو   **مكاسب محفوظة**

متراكم صافي الربح طرح منه ما وزع على مالكي الأسهم وما نقل الى حسابات حقوق المساهمين في رأس المال المدفوع.

earning –capacity   **قيمة الطاقة المكسبية**
value , earning power   **القدرة الايرادية**
earning power   **قدرة ايرادية**

تعتبر القيمة الحاضرة كمية معادلة الى ثروة الارباح المخمنة.

earning process   **عملية الاكتساب**

1. جميع ألخطوات، النشاطات، العمليات، والصفقات التجارية، تلك التي تحتاج الى المكسب، أو الإنتاج أو تجهيز السلعة أو الخدمة الى الزبون لعملية جمع النقد ولدفع المال للمجهزين.

2. النشاطات المتكاملة في دورة المكاسب، أو في دورة التشغيل.

earning coveriability   **قدرة تغطية المكاسب**

قياس احصائي لحساسية مكاسب مؤسسة تجارية لتحويل الأموال في المكاسب بالنسبة لجميع المؤسسات الآخرى. وهو النظير لنظام (beta coefficient) أي الدرجة الثابتة في نظام التأمين على المخاطر). وذلك لتصميم تسعير الموجودات الرأسمالية حيث يكون مقياس محاسبي للخطر في الحياة الكاملة. وتكون محدودة إحصائياً بوساطة عملية ارتداد الوقت المتسلسل لمؤسسة تجارية على القياس للمكاسب المعدلة في التوفير الكلي أوالاقتصاد التام.

earnings coverage ratios نسب تغطية المكاسب

earnings cycle دورة المكاسب = الدورة النقدية
cash cycle
operating cycle او دورة التشغيل

وهي التسلسل للصفقات التجارية مع افتراض وجود النقد مغطى في السلع والخدمات. ونقصد بالسلع والخدمات المباعة للزبائن والنقد المحصل منهم.

earnings statement بيان المكاسب
١ ـ بيان تصريح الدخل (الارباح والخسائر).
٢ ـ اي تحليل للمكاسب في نموذج التصريح.

earnings variability متغيرات المكاسب
أي مقياس يقدم تصورا لتقلبات مكاسب الوقت الاضافي لمؤسسة تجارية ما.

easement حق الارتفاق ، حق الاستعمال
إمتياز او حق أو حرية تمنح لصاحب أرض في استعمال ارض غيره دون مقابل وبدون ان يمتلكها، مثل حق مرور المياه الى ارضه، حق عبور مصادر الطاقة الى أرضه.

economic إقتصادي
1. ما يتعلق بعلم الاقتصاد ،أو مساهمة الجهود للانتاجية أو نشاطات الأعمال التجارية الاخرى.
2. قابل للاستثمار الرابح.
3. الكلفة المخفضة أو الاقتصادية.

economic activity نشاط إقتصادي، فعالية مربحة
1. الانتاج والتوزيع للسلع والخدمات.
2. مساهمة شخص أو أكثر في الانتاجية للسلع الاقتصادية أو الخدمات . وتطبق للعمل المقدم من قبل شخص آو وحدة إقتصادية .

economic cost كلفة اقتصادية
1. الخيارات الخارجية عندما تكون الثروة الاقتصادية مستعملة في اسلوب معين.
2. الكلفة الجارية.

economic crisess ازمات اقتصادية
إضطراب فجائي يطرأ على التوازن الاقتصادي في قطر ما، او في عدة اقطار . (إختلال التوازن بين الانتاج والاستهلاك).

economic development تنمية إقتصادية
عملية تحقيق زيادة الدخل الفردي الحقيقي بمعدلات سريعة وبصفة تراكمية تستمر فترة معينة من الزمن، وهدفها المباشر هو زيادة القدرة الانتاجية للإقتصاد عن طريق إزالة المعوقات التي تتعرض للبنيان الإنتاجي ونحوه، وصولاً الى وفع كفاءة الأداء ورفع مستوى انتاجية العمل.

conomic efficiency كفاءة إقتصادية

economic entity كيان إقتصادي
تستعمل في التمييز المقارن لاستخدام مصطلح الوحدة القانونية المثالية.

economic events حوادث اقتصادية
الحوادث التي تكون الفرص (افتراض دفع الدين قبل الاستحقاق) لمصلحة (لإنتاج، التوزيع او بيع السلع، أو الخدمات، أو تراكم الثروة والنشاطات المرتبطة بها، مثل المالية والضريبة.

economic goods سلع إقتصادية
البضاعة او الخدمة التي تمتلك إمكانية التحول الى قيمة مالية وطاقة لتسديد الدين أو المعونة في عملية تعويضية لها مساس برغبات الانسان.

economic interest فائدة إقتصادية
الملكية للكل أو للجزء لمشاريع الأعمال التجارية حيث تعتبر دائماً الملكية التزام لهذه المشاريع.

economic life حياة إقتصادية
الفترة الزمنية المحددة لزوال لأي أصل ثابت يكون من خلال إستمرار وظيفته قابلاً للثروة الخدمية مقابل القيمة العائدة للمالك. قارن physical life .

economic lot size حجم الكمية الاقتصادي
حجم الكميات والدفعات المطلوب صنعها او شراؤها من ألسلع او المنتوج على ان تؤخذ بعين الاعتبار تكاليف إنتاجها أو الحصول عليها والاحتفاظ بها في المخزن.

economic order quantity كمية الطلب الاقتصادية
مراجعة الفقرة السابقة. هناك معادلات كثيرة لتحديد كمية الطلب الاقتصادية، وبعضها يأخذ في الحساب الحسم.

الـذي يمنح علـى حجـم الكميـات واثـار التضخـم المالـي وتكاليف الاحتفاظ بالمخزونات في مستويات مأمونة لك.

economic resource مصدر اقتصادي
مساهم انتاجي نادر. مثل، الأرض، العمل، المعرفة راس المال. تلك امكانية تستعمل في عملية تعويض رغبات الإنسان وامتلاك القيمة في التحويل.

economics علم الاقتصاد
هو نـوع مـن العلـوم يـدور حـول دراسـة تنظيم المـوارد النادرة لتستوفي الرغبات، الحاجات البشرية، مع وصف لوظائف الخطـط الإجتماعيـة الماضـية والحاضـرة، الموضوعة لغرض تحقيق وتنفيذ التنظيم للموارد المقصودة ولتأسيس قواعد لقياس الكفاءة، والتـوازن الضروريين لتقييم تلك الخطو ط الإجتماعية. ويضاف الى كل هذا تطوير طرق تحسين تلك الخطوط.

economic unit وحدة اقتصادية
1. أي شخص أو جماعة من الاشخاص يملكون الأسهم، الهدف المشترك، والصفقات المالية مع اشخاص آخرين. مثال: الشخص الطبيعي، العائلة، مشاريع الأرباح وغير الأربـاح (التعاونيـة والخيريـة) أو المنظمـة الحكوميـة. راجع business enterprise

2. جماعـة تشغيـل مشاريـع الأعمـال التجاريـة تحـت السيطرة المشتركة، خصوصا عندما تكون أرقام الصفقات التجاريـة بيـن أعضـاء الجماعـة: الشركة الأم و الشركة الاستهلاكية المشتركة التابعة لها.

economic usefulness منفعة إقتصادية
كمية أوقيمة الارباح أوالخدمات المتوقعة لتكون باستلام الاصل او الثروة. عادة تقاس بوساطة القيمة الصافية لقابيلة تحويل العقارات الى نقد او القيمة الحاضرة للارباح او الخدمات التي تكون متوقعة من الاصل او الثروة.

economy نظام اقتصادي
مجمـوع النشـاطات الانتاجيـة والتوزيعيـة داخـل القطـر الواحد أو الاقليم .

education ,for accounting ثقافة للمحاسبة
من الممكن تصنيف ثقافة المحاسب الى ثلاثة أقسام:
1- التقنية ، 2- المهنية ، 3- العامة.
ان بعض الدورات الدراسية تساهم في كل هذه الانواع. ان الثقافة والتـدريب التقنيـي تضمـن تعلم المصطلحات والعمليات الماهرة والضرورية في المحاسبة مما يميزها عـن أي مهنـة اخرى. ان الثقافة المهنية هي أكتسـاب الاتجاهات والمفاهيم التي تمكن المحاسب من العمل من دون أشراف مفصل أو كامل. وذلك لغرض ضبط أنجازه الى حاجات وظروف مهن

أخرى، ولحل المشاكل غير الاعتيادية والغريبة بطريقة ذكية. أن الثقافة العامة تتكون من كل ما يتعلمه الفرد. من مراحل ما قبل الدراسة، وصولآ الى الدراسات المتقدمة في الفنون الحرة والعلوم التي تساعد المحاسب في تطوير إهتماماته الثقافية في مختلف الخطوط والاتجاهات، وفي ايجاد حلول للمشاكل الشخصية، ولفرض المساهمة بالحياة الإجتماعية.

effective interest method طريقة الفائدة المؤثرة ، المتحققة
وهي طريقة في المحاسبة تستخدم في علاوات اصدار المستندات أو الخصوم المالية التي تكون فيها كلفة الفائدة الى كل حقبة زمنية محسوبة عن طريق ضرب الكلفة المحمولة في بداية تلك الفترة.((أو أنها القيمة الإسمية - الخصم أو + قيمة العلاوة)).

لسند صادر عن شركة أو سند أذني شخصي بقيمة معدل التـأثير ((السعر المتحقق)). ومثال توضيحي على ذلك: قرض بقيمة 800 دولار أستلم بتحويل سند لامر أو سفتجة بشرط الدفع 100 دولار كدفعة نهائية في السنة الثانية التي ينطفي بـه السـند. أن المعدل الإسمي للفائدة هـو 10% لورقة 100دولار.

أما المعدل المؤثرللفائدة هو23.7% لقرض800 دولار. وعليه يكون الإحتساب كالاتي:

800×23,7%=190 مصاريف الفائدة
(طرح) الفائدة المتراكمة = 100 اسنة الاولى
الرصيد = 90
(يضاف) أصل القرض اليه = 800
المجموع 890
890×23.7%=$210 مصاريف فائدة
210 للسنة الثانية
(طرح) الفائدة المستحقة = 100
الرصيد = 110

قيمـة السـند الأذني الموقع بالدفع 110 + 890 = $1000

وعمومـاً فأن المعدل يبقى ثابتا ولكن الكميـات لمصاريف الفائدة واطفاء الخصم تتغير من سنة إلى أخرى حسب.

طريقة الفائدة المؤثرة أو المتحققة. راجع interest for-mulas لإيجاد طريقة حساب معدل الفائدة المتحققة.

effectiveness فعالية

1. أ - الموهبة الطبيعية لحالة معينة.
ب- المهارة الفنية لإنجاز الأهداف.

2. الكمية، النوعية، الثروة الخدمية، استنفاذ الوقت، أو أي تحقيق لانجاز أخر، كالمقارنـة مـع التحديد القياسي المقدم سلفا = الكفاءة.

3. الكلفـة المباشرة الحقيقية للإنتـاج المقارن مـع الكلفـة القياسية. كذلك المخرجات التخطيطية في الميزانية والوقت للانجاز أيضاً المقارن مع الوقت المتوقع المنقطع.

effective pay rate سعر مدفوع للانجاز

سعر الدفع (اسبوعي) بعد اضافة دعم الاستقطاعات من فائدة الـدفع (الامـتلاك وضرائب الضمان الاجتماعي) وبضمنها التأمين وأرباح ثانوية أخرى غير مستقطعة من قاعدة الدفع.

effectiverate, of interest نسبة الفائدة المحققة او انجاز الفائدة.

1. عائد اقتصادي أو السعر الاقتصادي للفائدة.

2. معدل الفائدة يحصـل عنـدمـا يكـون السـعر الاسمي مقسوما بوساطة السـعر الفعلي المدفوع للسند اوبوساطة المبالغ الفعلية للقروض. راجع طريقة الفائدة المؤثرة. ذلك إذا كان القرض المصرفي 1000 دولار .لمدة سنة واحدة وخصم في 10% بوساطة استطاع الفائدة في المقدمـة، وبعدها يكون معدل الانجاز .للفائدة ضعيفا في الزيادة.

$$11\% = \frac{100}{900}$$

efficiency كفاية . فاعلية . إقتدار

1. هو مقياس تقليدي للإنجاز.

2. وهو نسبة المخرجات الى المدخلات. ويسمى الكفاءة النسبية عند مقارنته بمعيار. معين .

3. و فـي المعنـى الشـائع للمصطلح فإنـه يعنـي مـعدل استخلاص الربح((النفع)).

4. ((علم الاقتصاد))

أ - كفاءة الكلفة: وهي بكلف أقل ما ينتجه بقية المنتجين أو أنها تكون بنفس الكلفة الكلية للانتاج بمعدل اعلى.

ب- الكفاءة التقنية: وهي القابلية لتحصيل أعلى إنتاج ممكن من مدخل معين أو إنتاج مخرج معين باستخدام أقل كميات ممكنة من المدخلات. لاحظ أن المقارنة ممكن ان تكون بالنسبة الى عملية إنتاج تكنولوجية نظرية أو بالنسبة الى منتجين أخرين.

وفي الحالة الأخيرة فأن النسبة الناتجة تستمر مقياساً للكفاءة النسبية التقنية. وفي مطلق الاحوال فان القياس يميز عن كفاءة الكلفة، إذ أنها تتجلى في المدفوعات لأوطأ أسعار ممكنة وأيضاً بالإستفادة من عامل المدخلات بأقصى نسب تتناسب مع تلك الأسعار. أن الأخير يسمى أيضاً ألكفاءة المقررة ويميز أيضاً عن الكفاءة القياسية التي تنتج عن الإنتاج بأعلى مقياس تحت الأسعار المحددة. وفي الخلاصة فأن الكفاءة التقنية تحتاج الى استحصال أكبر مخرج ممكن من كميات المدخلات المستعملة، وان الكفاءة المقررة تحتاج الى استخدام أفضل نسب للمدخلات بأسعار السوق الغالبة، وان الكفاءة المقياسية تحصل من مقياس اعلى تحت هذه الظروف من المزج لظروف الكفاءة التقنية.

efficiency-effectifeness audit مراقبة الكفاية الاقتصادية

أو تدقيق الكفاءة الاقتصادية.

efficiency Frontier جبهة الكفاءة

وهي مجموعة من نقاط (ذات ظروف تعبر عن كميات لممتلكات مرغوبة أو غير مرغوبة) إذ تمتلك كل نقطة الخاصية بأنه من غير الممكن استبدال واحدة من هذه النقاط بأخرى من دون إرباك قيم الظروف الأجزاء. أمثلة:

1. ان جبهة متوسط التباين في تحليل قائمة السندات. إذ تسمح فرص الاستثمار باختيار قائمة السندات التي سوف تحسن متوسط العائدات بشرط تقبل مخاطرأكبر كما تحددها قيمة التباين المرتفعة في تلك القوائم والإضبارات للعائدات.

2. وفي فرع من فروع علم الاقتصاد المعروف (اقتصادية الرفاهية) فأن أقصى قيمة (بريتو Pareto) وذلك بسب ان لها الخاصية بعدم وجود سياسة اقتصادية من الممكن ان تحسن ممتلكات الحصص لفرد معين أو مجموعة أفراد دون الإساءة الى ممتلكات حصص أفراد أخرين أو مجاميع في مجتمع معين.

راجع الكفاءة الاقتصادية economic efficiency.

efficiency ratios نسب الكفاية والفعالية

تحسب الكفاءة التي يتم تحقيقها في انتاج كمية معينة بوساطة تقسيم الساعات القياسية للانتاج الفعلي على الساعات الفعلية لهذا الانتاج.

efficiency variance إختلاف الكفاية والفعالية

1. اعطـاء المخرجـات الفعليـة البالغـة الهـدف وتكـون مختلفة بين المدخلات المستعملة والمدخلات التي سوف تكون مستعملة تحت شروط التشغيل الفعال.
2. الاختلاف الناتج عن القضايا الأخرى.

efficient capital markets اسواق رأس المال الكفوءة

راجع الفقرة التالية.

efficient market hypothesis نظرية السوق الكفؤة

وهي نظرية عامة تقول بأن أسعار الأوراق المالية تعكس دائماً كل المعلومات المتوفرة عموماً والمختصة بتجارة الأوراق المالية وفي اسواق راسمال الكفوء تنضبط اسعار الأوراق المالية بسرعة وبدون تحيز حسب المعلومات الجديدة المطروحة. وكنتيجة لذلك فأن تغيرات السوق بالاسواق الكفوءة تتسابق وكأنها مسار عشوائي خارج الزمن. وبمعنى آخر فانه لا يوجد تسلسل نظامي معروف من الممكن استخدامه لفائدة المستثمر.

ان البحث التجريبي الموسع قد أيد نظريـة السوق الكفوء وخاصة بالنسبة لاسواق البضائع.

أن اختبارات (قسيمة الضعف) قد ايدت بان الاسعار في السوق المالية الجارية تعكس بصورة كاملـة معلومـات تاريخية عن السعر وان اختبارات (قسيمة القوة الجزئية) قد أثبتت بأن اسعار الأوراق المالية تعكس بصورة كاملة كل المعلومات المتوفرة على العموم ،وخصوصاً البيانات المحاسبية. وعلى الـرغم من ذلك فأن بعض اختبارات (قسيمة القوة) قد بينت بـأن بعض (المعلومات الداخلية) لا تنعكس دائماً في اسعار الأوراق المالية. ان نظريـة السوق الكفؤة بالنسبة لعلم المحاسبة هي بعيدة التأثير لأنها تقترح بـأن ألجهود المبذولة لتحليل التصريحات المالية لا تنتج بالضرورة مستوى عاليأ مـن العائـدات فـي عمليـات الاستثمار.

efficient portfolios سندات واوراق تجارية كفوءة

Electronic funds transfer system .EFTS(Banking) نظام تحويل الأموال الالكتروني

elasticity مرونة

1. مرونة الطلب **1-elasticity of demand**
2. مرونة العرض **2-elasticity of supply**

يلاحظ ان درجة الاشباع بالنسبة لبعض السلع تتضاءل بسرعة أكثر منها بالنسبة لسلع أخرى. فاذا كانت الكمية المطلوبة من سلعة ما سريعة التغيير تجاه أقل تغيير في السعر، فمعنى ذلك ان الطلب عليها يكون بطبيعته حساسا، لان أقل تغيير في السعر تتمثل فيه منفعة جدية أو حرمان حقيقي بالنسبة للمستهلك. فالمستهلك يزيد من اقتنائه الكمية المطلوبة في حالة انخفاض السعر ويقلل من هذا الاقتناء في حالة ارتفاع السعر لأن هذا السعر في نظره يمثل الاعتبار الأول. وبالتالي هو الذي يعمل على تحديد الكمية المطلوبة. ويطلق على السلعة في هذه الحالة أنها تتسم بالمرونة، كما يعبر عن الطلب عليها بالطلب المرن.

electronic data processing معالجة البيانات الالكترونية، حاسبات

اصطلاح عام يطلق لوصف أجهزة اعداد وتهيئة وصياغة المعلومات الخاصة بالصفقات التجارية وبيانات أخرى بوساطة الآت تستخدم دوائر الكترونية تتحرك بسرعة الالكترونيات لتميزها عن المعدات الكهربائية الميكانيكية بهدف الإسراع في عمليات التسجيل والتحليل واصدار التقارير.

elimination استبعاد ، ازالة

embargo مقاطعة . حظر مفروض على التجارة

أمر السلطات الرسمية بايقاف عملية انتقال الملكية من مكان لآخر، الى ان تتخذ دعوى قانونية بصددها. ((منع حركة البضائع لسبب من الأسباب)).

أ- إما ان يكون ذلك أثناء الحروب مثلاً: بمنع السفن من مغادرة موانيء البلد أو منع تصدير انواع معينة من البضائع أو شحنها الى بلدان معينة.

ب- واما ان يكون ذلك أثناء السلم مثلاً: منع شحن البضائع بسكك الحديد بسبب نقص المعدات أو إضراب العمال، أو منع استيراد الماشية من دولة معينة بسبب إصابة الماشية بمرض معين.

embezziement **إختلاس**

عملية الإستيلاء على اموال الآخرين المؤتمنين عليها بدون حق شرعي أو حق قانوني أو بدون علم المالكين، الأمر الذي يدعو الى وجوب التدقيق المستمر في الحسابات.

emergency amortization **استهلاك طارىء للدين او الاسهم**

emolument **مكافأة . أوتعويض . دخل . ريع ربح . راتب**

منحة مالية أو غير مالية تدفع عوضا عن الخدمات الشخصية المقدمة مثل: الرواتب، والاجور، والاجور المقطوعة، والعمولة، والجائزة، والتعويض للعمال من جراء الحوادث اثناء العمل.

وتعتبر المصاريف التعويضية غير التعاقدية، والامتياز السعري، والاجور الاستشارية كمكافآت مالية.

empirical **تجريبي**

الناشىء عن الممارسة معتمداً على التجربة العملية وحدها بغض النظر عن العلم والنظريات ،وذلك بالاستناد الى الملاحظة والاختبار (الاستنتاجي).

mployee **مستخدم**

تصنيف التعاقد المستقل للعمل، بين العامل ورب العمل، وبموجبه يتم العمل تحت اشراف الاجر ويكون الأجر خاضعاً لضريبة الدخل والعقد خاضع لقانون الضمان الاجتماعي.

employee liabilities **التزامات الاجر**

العلاوات والأرباح، التعويضات المؤجلة، المعاشات التقاعدية إمتيازات الاعتزال او مبالغ آخرى مملوكة لاجل مدفوعات نهائية للعمال.

embloyee retirement income security act of 1974(ERISA) **قانون ضمان تقاعد**

وهو القانون الصادر لتزويد الموظفين بالضمان عن طريق خطط تقاعدية عادلة وضامنة يوفرها ارباب العمل.تتضمن الشروط الرئيسية ما يلي:

1 - المساهمة : أن موظفاً بعمر أدنى هو25سنة مع توفير سنة خدمة واحدة لايستثنى من هذه الخطة. وهناك استثناءات تخص موظفين بدوام جزئي وموظفين جدد في حدود الخمس سنوات من عمر التقاعد الطبيعي.

2 - التخويل الفعلي: ان الخطة يجب أن تتلائم مع واحد من ثلاثة معايير دنيا بالنسبة لمساهمات أصحاب العمل. (اذ ان مساهمة الموظفين هي طبيعياً 100%)

أ. وجود من (5-15) سنة مقياس ضمان بتخويل بنسبة25 % بعد خمس سنين وبنسبة 50% بعد10سنوات وبنسبة 100% بعد 15 سنة.

ب. تخويل 100% بعد مرور عشر سنوات من الخدمة.

جـ. معيار قاعدة 45: وهي ان50% من التخويل للفوائد المتجمعة لموظف معين بادنى خدمة مساوية الى خمس سنوات وذلك عندما يكون مجموع العمر وسني الخدمة مساوياً الى45 سنة مع وجود10% من تخويل اضافي لكل خمس سنوات تليها.

3 - التمويل : ان ضروريات التمويل قد تحددت بالنسبة الى خطط فوائد معرفة تقتضي بان الكلفة الاسمية والاطفاء لمسؤوليات الخدمة السابقة ((اقل من او = 30 سنة)) مع أطفاء فقدان الخبرة ((أقل من أو = 15 سنة)) مفردات اخرى يجب ان تمول بصورة مستمرة.

4 - قابلية النقل والتحويل: ان توز يع كمية مقطوعة من المال من خطة التقاعد منفذة سيكون خالياً من الضريبة اذا تم إعادة استثماره خلال60 يوم في حساب التقاعد الفردي المنفذ او في ظروف محررة اخرى او اذا كانت محولة الى خطة تقاعد آخرى. ان القانون يوفر أيضاً قواعد لاقصى قيمة للمساهمات واقصى قيمة (للفوا ئد) ومسؤوليات الائتمان وضمان انتهاء الخدمة.

employment **استخدام**

الاعمال التي يتقاضى الأشخاص اجوراً او رواتب عوضاً عنها.

encoding **ترميز بالشفرة**

الاجرادات لعملية وضع الرسالة في وضع شفرة مرسلة والنقيض لهذه الاجراءات هي decoding

encumbrance (1) رهن أو دين

(2) عبء . عائق

1 - المصروفات المتوقعة (محاسبة حكومية) والمبينة في العقد لأوامر الشراء أو المحددة بوساطة القرارات الادارية.

2- تعهد أو التزام.

3 - اي خطط أو مطلوبات أخرى مرتبطة أو محجوزة للعقار الحقيقي.

endorsememt تظهير نقل ملكية

1. توقيع المستفيد على ظهر شيك أو على سند لامر دلالة على تنازله أو قبض ثمنه أو تحويله لشخص ثالث سواء كان البنك أو غيره.

2. الملحق : شرط مضاف الى عقد التأمين.

3. مصادقة.

endowment fuod صندوق خيري

وعادة تكون تحويله من الأرث المتبرع به أو الآموال الممولة على شكل اعانة لهدف معين أو لانشاء المشاريع الخيرية. وهو مؤسسة غير ربحية.

endowment policy بوليصة الهبة

أو وثيقة الاطفاء. وهي وثيقة لتأمين الاسراع في دفع قسط الهلاك نقداً إلى الشخص للوصول لعمر محدد. وتسمى حساب قسط الهلاك (الاطفاء).

endproduct نتاج نهائية

1. الثمرة الناشئة عن التطبيق باسلوب استنتاجي أو ادائي.

2. أي مخرجات للسلع والخدمات.

ending inventory نهاية جرد المخزون السلعي حسابيا

engineeried (variable) costs كلف (متغيرة) هندسية

وهي فئات الكلف المتغيرة التي تملك رابطة نوعية طبيعية للقيمة، مثل التحليل الهندسي الذي سوف يكون قادراً على كشف الكميات للمواد الأولية الضرورية للوحدة الواحدة المنتجة.

enter يدخل في الدفاتر . يرحل حسابات

1- عملية ادخال الصفقة التجارية الى سجل اليومي العامة بوساطة طريقة القيود

2- عملية الترحيل الى سجل آخر

enterprise-1 مشروع . عمل . مقاولة

1- تقسيم الاصل الى اجزاء اصغر معدة للبيع ابتغاءاً للربح .

2- القيام بجميع الاعمال التجارية والصناعية وفق تنظيم معين.

أو هو حق المبادرة او التقدم على الأخرين في اداء الاعمال او في ابتكار الخطط الايرادية.

enterprise accounting محاسبة المشروع

المحاسبة المقررة للمشروع ككل.

enterprise cost كلفة المشروع

كلفة الآصل للمالكين الحاليين للتمييز بين وجود كلفة لمالكين سابقين او لاحقين.

enterpris fund تمويل المشروع

مال رسمي مخصص لدعم وحدة اقتصادية حكومية منفصلة عن اصل شيء مكتسب.

enterprise standad industrial classify cation (ESIC) تصنيف موحد للمشاريع الصناعية

هو نظام قانوني ترافقه تعليمات 4- مرتبة لغرض تصنيف الشركات والمؤسسات والشركات المساهمة . الخ حسب نوع الفعالية الاقتصادية التي تقوم بها تلك الجهة. ان هيكل ESIC مواز ومقارب لهيكل تعليمات SIC (= تصنيف المعايير الصناعية) إذ أنها تصنف المؤسسات مثل المعامل والمخازن والبنوك الى اخره بدلاً من المشاريع الكبيرة وذلك لغرض جمع واصدار الاحصائيات التي يصدرها المجلس الاداري للاحصاء ومؤسسات حكومية فدرالية آخرى.

enterprise value going concern value قيمة المشروع

entitlement تخويل

1. السماح بالدفع المالي الى أية ولاية أو حكومة بموجب تخويل رسمي محدد بوساطة السلطة العليا.

2. الدفع المالي لأي اشخاص مستقلين مخولين تحت نظام الولايات كما في نظام الضمان الاجتماعي.

entity الكيان (الشخصية)، الوجود في الحياة الاقتصادية

1. الانفصال: ويعني آي شيئ منغزل وموجود، أو أي تقسيم للنشاطات الشخصية (مادية كانت أو معنوية) الطبيعية كالشركة أو المشروع أو النظام أو التنظيم. ويعتبر الوجود دوماً وحدة محاسبية.

2. الاندماج: اندماج إثنتين آو أكثر من الشركات المرتبطة ببعضها البعض لتكون إجراءتها تحت سيطرة الشركة الأم. ان نتائج هذا الإجراء مميزة لأنها استطاعت توحيد التصاريح المالية لمؤسستين أو أكثر.

entity accounting محاسبة الكيان

هي محاسبة الوحدة الاقتصادية للمشروع والمستقلة عن المنظمة أو الهيئة المسيطرة (الأم)

entity concept مفهوم الوجود

وتعتبر الفكرة العامة لاطار الأعمال التجارية أو للمنظمات الأخرى والتي تمتلك فصول المطابقة من المالكين أو المدراء.

entity theory نظرية الكيان

وهو رأي من الاراء في العلاقة بين الوحدة المحاسبية أو مالكها وبين حاملي تسوية آخرين بحيث تحافظ على شخصيتها المنفردة. وعلى الرغم من ان تلك العلاقة ذات استناد قانوني وتأسيسي في الشكل التعاوني المعروف بإدارة الأعمال، فإنها أيضاً موجودة في المشاريع غير التعاونية والمشاريع التي هي ليست ادارة أعمال، اذ تكون مختصة باستمرارية وجود منعزل عن المالكين أو المنظمين مثل (الموجودات الحكومية والمستشفيات والجامعات) وتعتبر من العوامل التي سبقت تكوين شركات المشاريع. ان هذه النظرة، مستندة الى شكل قاعدة محاسبية (أو معادلة) والتي تقول بانه:

الموجودات = مجموع الحقوق (المطلوبات + الأسهم العادية للمالكين).

ان نظرية الكيان تأخذ بعين الاعتبار ان بعض المفردات الى الجهة اليسرى من هذه المعادلة تسمى أحياناً المسؤوليات في حالة كونها في الحقيقة تسويات بحقوق مختلفة ومواقف قانونية مختلفة في مؤسسة المشروع. وحسب هذه النظرية فان التعيين دخل متعاون وتخصيصه الى تسويات محددة ممكن. ولكن الالتزام المطلق في المبدأ المذكور يتطلب بان تكون الفائدة على الدين معتبرة كتوزيع الدخل بدلاً من اعتبارها كلفة معينة.

entrepot مركز التوزيع، مركز تجاري مخزن، مستودع بضائع

المركز المخصص لآية بضاعة مرسلة للتوزيع أصلها فرنسي.

entrepreneur مقاول

تطلق الكلمة على صاحب مشروع تجاري، أو المتعهد. والكلمة أصلها فرنسي ويقابلها فــــــي الانكليزية (under-taker). أو هو ذلك الشخص المكلف بانجاز المشاريع وله القدرة والقابلية على تقدير الكلف مقدماً وتحمل المسؤولية وركوب الأخطاء على عاتقه مع العمل أو رأس المال أو كلاهما في الاستخدام للتشغيل من أجل التأسيس.

entry تدوين حسابي

1- التسجيل للصفقات التجارية في سجل اليومية الحسابي.

2- ترحيل posting

entry age normal method طريقة عمر الدخول الطبيعية

وهي طريقة كلفة فائدة تقديرية لغرض تحديد كلفة عائدات اعتزال الخدمة لموظف معين بالنسبة لسنين محدودة ولغرض تحديد متطلبات التحويل السنوي. ان الكلفة الكلية لمتوقع عائدات الاعتزال لموظف معين تحدد عادة بمستوى كمية معينة من الدولارات أو بمستوى نسبة مئوية للتعويض عن كل فترة زمنية من تاريخ الدخول في خطة الضمان وحتى حلول التقاعد المتوقع. ان كلفة تقاعد سنة معينة يساوي على العموم الكلفة الطبيعية التي لا تساوي بالضرورة العائدات المتجمعة لاعتزال خدمة موظف في اي سنة محددة.

EOM- end of month نهاية الشهر
EOQ economic order quantity كمية الطلب الاقتصادي
EOY, end of years نهاية السنة
equal–annual–payment method, of depreciation طريقة دفع الاقساط المتساوي

طريقة من طرق الا ستهلاك.

equalization point basing point نقطة الاساس :

أو نقطة التوزيع المالي وتسمى نقطة التكافؤ (التعادل).

equalization reserve احتياطي التكافؤ

1. حساب استيعابي تقيد اليه دورياً مبالغ تغطي نفقات عمليات ذات حجم كأف لتغطية المصاريف التي صرفت بشكل غير منظم خلال فترة محاسبية معينة. (الانفاق الزائد أو الناقص).

2. الاحتياطي المتشابه أو المتطابق.

3. احتياطي مختلط.

equalizing dividend أرباح الأسهم المتعادلة

ارباح خاضعة للتوزيع والمقصود من دفعها تلافي الفروقات الحاصلة في مواعيد دفع الأرباح.

equation
معادلة

وهي علاقة بين تعبيرين رياضيين تتمثل في كون احدهما يفترض نفس القيم التي يتمتع بها التعبير الآخر، خصوصا بالنسبة الى جزء محدد في مجال التغيير الرياضي المأخوذ بعين الاعتبار.

equation of payment
معادلة للمدفوعات

equipment
معدات ، تجيهزات

اي وحدات الموجودات الثابتة. وعادة تكون قابلة للتحرك (الذاتي، أو إنتقال الملكية عن طريق البيع والأيجار، أو التحرك السعري) وهي شيء (ثانوي، أو تكميلي، أو كمالي) يستعمل لغاية البنود الكبيرة مثل المباني. أو قد يقصد بها الادوات الصناعية التي تدعم النشاط الاقتصادي مثل:

(معدات صناعية) الأدوات اليدوية الصغيرة الالية أو الكهربائية لغرض التصنيع.

(معدات ادارية) أثاث المكاتب، والخزانات المكتبية والنقدية والحاسبات اليدوية والكهربائية ومبردات التكييف وأجهزة الاتصالات وغيرها لخدمة الادارة.

(معدات التسليم) الرافعات الالية او الرافعات الميكانيكية او الرافعات الشوكية.

(ومعدات الزراعة) كالحارثة والحاصدة. ولإتمام ضمان الفائدة في المعدات يكون الاحتفاظ بها دوماً مطلباً اساسياً.

equity
عدل في الاستثمار

1. أي حق في الموجودات، أو أي استحقاق في المطلوبات. أن مالك الحق هو الدائن سواء كان المالك الجزئي أو صاحب المشروع أو مالك السهم.
2. الفائدة في الملكية أو في ادارة الآعمال التجارية وهو هدف لمستحقات الدائنين.
3. الأسهم الاعتيادية + الأرباح المحفوظة.

equity capital
راسمال الاسهم الاعتيادية

أو حقوق مالكي الأسهم أو صافي الثروة او الملكية.

equity capital to total debt ratio
نسبة حقوق راسمال الأسهم الاعتيادية الى مجموع الدين

هي الترجمة العكسية لهذه النسبة (debt-equity ratio)

equity financing
تمويل الحقوق

عملية بيع رأسمال الأسهم بوساطة الشركة لأجل الحصول على القيمة النقدية.

equity in taxation
عدالة ضريبية

ويقصد بها التوزيع العادل للاعباء الضريبية بين الأفراد، وذلك لتحقيق العدالة الإجتماعية.

equity law
قانون العدالة (العدل اساس الملك)

equity method
نظام حق الاستثمار

التسوية الزمنية لاستثمار أموال الشركة الأم في الشركة التابعة سواء كانت مدموجة أو غير مدموجة للقيمة الدفترية المعكوسة في تسجيلات الشركة التابعة ولأجل التصريح المالي الموحد.

equity wnership
ملكية عادلة، نسبة حق الملكية

1. فائدة المالك في الملكية أو في الأعمال التجارية او أي منظمة اقتصادية في حالة التصفية الى الاستحقاقات السابقة للدائنين.
2. الفائدة (رأس المال المدفوع والمكاسب المحفوظة) لجماعة مالكي الأسهم في الشركة.
3. نسبة الأموال المملوكة الى مجموع الاصول.

equity receiver
مستلم الحق المقرر

الشخص المعين بوساطة المحكمة، وذلك بموجب قرارصادر عنها استنادأ الى طلب مقدم من المالك أو الدائنين لأخذ الاستحقاق.

equity security
ضمان الأحقية

وسيلة إعلانية تقوم بها الشركة المصدرة للاسهم لمالكي الأسهم العادية والممتازة أوأسهم رأس المال الأخرى العادية والممتازة أو أسهم رأس المال الأخرى في حق الاكتساب أو في التوزيع (حق بيع وشراء الأسهم والسندات خلال مدة العقد بسعر معين أو قابل للتحديد) في المشروع.

أو هو حق الافضلية للمالكين في بيع وشراء الأسهم والسندات.

equity turnover
دورة حقوق مالكي الاسهم المالية

equivalent units
وحدات متكافئة أو متساوية

وتستعمل في نظام الكلفة الإنتاجية والعدد المنتج المتكامل ضمن الفترة الواحدة.

error
غلطة، خطأ

ناقص، أو خطأ غير مقصود.

واقعة غير صحيحة او واقعة صحيحة يتوهم المتعاقد بها عدم صحتها. أو نتيجة لعدم الدقة في العمل.

escalation price   سعر متصاعد
أي استمرارية الزيادة في السعر.

escalator clause   فقرة السلم المتحرك
1. شرط في عقد بين شركة ونقابة عمال يجيز زيادة الأجور أو خفضها في أحوال معينة.

2 – شرط في عقد الشراء يجيز تعديل السعر بالزيادة والنقصان في حالة وقوع زيادة في المواد الاولية أو في الذهب أو العملة.

scapable cost   كلفة يمكن التخلص منها
الكلفة القابلة للنجاة، أو هي الكلفة التي يمكن التخلص منها عند تخفيض نشاط العمل.

escape caluse   فقرة الانسحاب
1. شرط يسمح لطرف واحد أو أكثر في الاتفاقية بالانسحاب أو تعديل الانجاز المتعاقد عليه.

2. مـادة قانونية مدخلة في اتفاقيات التعرفة الجمركية تحت قانون الاتفاقيات التجارية، لهيئة التجارة الوطنية في الولايات المتحدة.

establishment   مؤسسة
وقد تكون تجارية او صناعية او اجتماعية يقوم بتأسيسها عدة افراد لعمل مشترك.

estate income   ملكية عقارية . تركة
1. اي حق قانوني. سند ملكية. أو فائدة أخرى، أو ملكية شخصية.

2. على العمـوم، الملكيـة هـي للأشخـاص، أمـا الملكيـة المتروكة في العمليات الانتاجية فتكون دائماً باشراف إدارة تم تعيينها بموجب القانون واستنادا الى الوصية.

estate income   دخل التركة
العائد أو الـدخل المحـدد للعقـار تحـت وظيفة الوصية أو التنظيمات والقوانين المحلية.

estate tax   ضريبة التركات
وهي الضريبة التي تفرضها الدولة على قيمة الأملاك عند نقل ملكيتها الـى شخص آخر بعد وفاة الأول ويقال لها ايضا رسم الانتقال

estimated cost   كلفة تقديرية
1. الكلفة المتوقعة للسلعة (المصنوعة من المواد الخام) أو الشيء المكتسب، ودائماً في إطار شروط الوحدة الانتاجية، والاحتساب على قاعدة المعلومات المتوفرة في تقديم الحقائق الانتاجية، والاحتساب على قاعدة المعلومات المتوفرة في تقديم الحقائق الانتاجية أو المشتريات. وبكلمة اخرى، الكلفة التخمينية تتضمن الكلفة القياسية وكلاهما مرتبط في التشغيلات المستقبلية وهذه المبالغ ربما تكون متطابقة. ومن ناحية ثانية يكون استعمالها يومياً، وبشروط مختلفة. فالسابق يشير الى هدف الكلف الفعلية المتوقعة واللاحق يشير الى كلف ممكن تحقيقها مع الكلف الفعلية.
راجع : standard cost.

2. الكلفة الموزعة بموجب الحصص للوحدات المنتجة لقسم واحد أو أقسام متعددة لخطوط الانتاج.

estimated revenue   ايراد تقديري
(محاسبة حكومية) سجل الاستاد العام المسيطر على الحسابات مع التسجيلات ومجاميع العائدات الميزانية القانونية لآجل اعطاء تحويل مالي، ولأجل اعطاء فترة زمنية مقررة للميزانية.

estimated salvage value   قيمة تقويض
مقدرة لإنقاذ الأصل
صافي المبلغ أو (السعر) لاي كلفة تنظيمية (حسم مالي) متوقعة تستلم لأجل الاصل عندما ينعزل أو يصبح أنقاضاً.

estimated tax   ضريبة تقديرية
estimate of cash requirements   تخمين
المتطلبات النقدية.
جدول مقدم بقصد الحصول على نقد للتشغيل الجاري او النفقة الرأسمالية في نقاط مطلوبة او فترات زمنية معينة.

estimating-cost system   نظام الكلفة تقديرية
طريقة محاسبية بوساطتها تتم عملية كلف التخمين التي تكون قواعد لاجل الاعتمادات المرصودة لحسابات العمل في التشغيل. وتعتبر هذه الخدمة البديل عن الكلف الحقيقية التي تكون محسوبة لاجل المجموع فقط.

ethics   آداب المهنة، علم الاخلاق
نظام يجمع مصادر علم الأخلاق لتطبيقها على المشاكل

الشخصية ولحلها أو للارشاد الـوظيفي فـي هذا المجـال. ويعتبـر هذا النظـام فـي الهيكـل الـوظيفي ممارسـة سلطة حسن التصرف أو السلوك.

Eurobond
سند اوروبي

السند الصادر في أي بلد اوربي والذي يكون مخصصاً للتداول في البلدان الأخرى غير الاوربية.

Eurocurrency
نقود أوروبية

العملة المتداولة والمودعـة فـي بنـوك خارجيـة أي خـارج البلد المصدر لها وتسمى العملة الصعبة.

European Economic Community, Common Market
السوق الأوروبية المشتركة

تجمع الصداقة لبلدان غرب أوروبا التي تم إلغاء القيود التجارية في مـا بينهـا. وتتبنـى هـذه البلـدان التعريفـة الجمركيـة الخارجيـة المـوحدة، كخطـوة اولـى علـى طريق التنميـة الاقتصادية.

اما اعضاء السوق الاوربية المشتركة حالياً فهم: بلجيكا، الدنمارك، فرنسا، إيطاليا، ايرلندة، لوكسمبورغ، هولندا والمملكة المتحدة، والمانيا.

Euro- market
السوق الاوروبية

سوق النقد للاقراض والاقتراض بعملة الدولار وغيره من العمـلات الأخـرى خـارج الحـدود الوطنيـة لدولة العملـة المتعامل فيها. واهم ما يميز هذه السوق أنها لا تخضع لرقابة وتنظيم دولة العملة المتعامل فيها. فهي سـوق متحررة من رقابة سلطات التحويل الخارجي ودولة العملة المتعامل بها.

evaluation of internal control
تقييم الرقابة الداخلية

وهي عملية القيام بالفحوصات لفرض الوصول الى قرار عن كفاءة عمل نظام معين للرقابة الداخلية. وفي التدقيق، فأن مواضيع واهداف محاسبة الرقابة الداخلية تتضمن ضمان الهيئة الادارية الى درجة معقولة بتوفر ما يلي:
1. أن تنفيذ الصفقات المالية يتم تبعاً للصلاحيات الخاصة والعامة للهيئة الادارية.
2. القيام بتسجيل الصفقات المالية ما أمكن ذلك:
أ- لغرض تحضير التصريحات الماليـة بـالتوافق مـع المبادىء المحاسبية المقبولة عموماً أو مع مبادىء أخرى يمكن أن تطبق على تلك التصريحات.

ب - إدامة محاسبة الموجودات.
3 - لا يسمح بالتصرف بالموجودات العامة إلا في حدود الهيئة الادارية.
4 - القيام بمقارنة بين محاسبة الموجودات وبين محاسبة الموجودات الفعلية في فترات زمنية معقولة واتخاذ اجراءات فعالة عند اكتشاف أي فوارق. راجع: Foreign Corrupt Practices Acts قانون الممارسات المنحرفة الأجنبية .ان هدف تقييم الرقابة المحاسبية الداخلية هو في تدقيق نظامي يقوم به مدقق خارجي، وذلك لأغراض تحديد وتقليص الاجراءات التدقيقية المستقبلية. ان تقييم الرقابة الداخلية تتضمن كلاً من دراسة نظم السيطرة والقيام باختبارات المطاوعة والامتثال (الاختبارات المسايرة).

even lot
مجموعة .او كمية متوازنة

event
حادثة

1. اجراءات العمليـات التـي تملـك مرحلـة زمنيـة منفردة (في تطور الأحداث) ومكان (لحادثة غير متوقعة) معين .

2. (احصـائي) الأجـل الزمنـي المطلـق لمعالجـة الظاهرة التي تستحق الدرس ضمن القواعد، او التسجيلات بوساطة المحقق في اعطاءالوقت والمكان.

events and conditions
حوادث وظروف. أحداث وشروط

وهو مصطلح يشمل كل ظواهر التقرير الاقتصادي في العمليـة المحاسبية والمكونـة مـن موضـوع الصفقات التجارية. ان الحـوادث هـي السـبب المعتـاد للصفقات الخارجيـة بينمـا تكـون الظـروف المحيطـة مختصـة بالصفقات الداخلية.

evidence
بينة أو دليل

1. مجموعـة الحقـائق التـي يعتـرف بصحتها ودلالتها وكفايتها اذ تكون معروضة لتثبيت حقيقة فرضية معينة.

ان الاعتراف والتسليم بهذه الحقائق يتحقق حسب قواعد تتبعها المحاكم والخبرات المهنية ومؤسسات اخرى. ان البينة تختلف عن الاعتقاد اذ ان الاعتقاد لا يكون مستندا لبراهين مقبولة. ومن الممكن لمدقق معين ان يعتقد بان الادارة كفـوءة وقـادرة علـى تحرير نفسـها مـن ضـعف رئيسـي تشكو منـه، ولكن هذا الاعتقـاد يجب ان لا يؤثر على ما يقدم للمحاسب.

وما يستطيع جمعه من ادلة على هذا الضعف كما هو ينكشف عادياً في ورقة الميزانية العمومية أو في بيان التشغيل.

2. ويطلب أحياناً التمييز بين البيانات والحقائق إذ تعبر هذه الأخيرة عن بيانات تمت معاملتها لغرض ازالة المعلومات غير الدقيقة. ومن الممكن تمييز الحقائق بصورة أوضح عن المعلومات المستحصلة عن طريق ترتيب تلك الحقائق بطرق مختلفة بقصد جعلها ذات معنى معين. وأخيراً فإن المعلومات يمكن تمييزها عن البينة أو الدليل الذي يعبر عن معلومات تمت معاملتها حسب قواعد القبول والدلالة الفعلية بالنسبة للنقاط التي تشكل موضوع الاهتمام. إن البينة تطلب كقاعدة للاستنتاج أو اثبات الصحة في الاجراءات القانونية أو عند الحاجة الى استنتاجات معينة أو آراء معطاة كجزء من تدقيق كامل يقوم به المدقق المهني.

ex سابقاً، من خارج، بدون

exact duplicate مزدوج صحيح
النسخة المتطابقة في كل تفصيل مع الأصل.

examination امتحان
1. التدقيق.
2. التدقيق الموجز.
3. اختبار الكفاءة أو الاهلية.

examine يفحص
(عملية التدقيق) أو الامتحان الدقيق للتسجيلات، أو فحص الاوراق المالية أو الوثائق الأخرى او إعادة النظر للإجراءات التنفيذية، أو إستجواب الأشخاص. إن هذه العمليات جميعها التي يقوم بها المدقق هي من أجل هدف التوصل الى الفكرة الدقيقة، والموافقة الأصولية، والثقة بالنفس، وما شابه ذلك.

exception استثناء
1. الكفاءة الفنية المطروحة في التقرير الخاص بالمدقق، مثل عملية الإشارة للعجز المالي بدليل الفحص الموضح، أو الاختلاف في الرأي مع القضية المطروحة، أو التعلق بالشك في بند من بنود التصريح المالي المقدم لأي شخص من الأشخاص المصادقين على صحة التصريح.

2 ـ (محاسبة حكومية) المحرر الانذاري الصادر عن مدير الرقابة المالية العام الى مدير الحسابات او الاستفهام الوظيفي حول النفقة العامة.
3ـ الاختلاف بين الكلفة القياسية والكلفة الحقيقية.
4 ـ الاختلاف بين أرصدة المقبوضات كالمسجلة والمقررة. أو الاختلاف بين أرصدة المدفوعات بوساطة العميل في المراجعة لغاية التصديق.

excess deductions account, EDA حساب الاستقطاعات الفائضة
وهو عموماً سجل محاسبي يحتفظ به دافع الضريبة الذي تكبد خسارات زراعية، وذلك لأغراض ضريبة الدخل الفدرالية (مقطع 1251) ويكون هذا الحساب فعالاً بالنسبة لسني الضريبة التي تبدأ مع سنة 1969 وذلك لفرض استعادة خسائر زراعية كان قد استخدمها دافع الضريبة لفرض الإخلال بالدخل غير الزراعي. ان دافع الضريبة يتأثر بهذه الحالة إذا كان الدخل الكلي غير الزراعي لأي سنة من السنين يتجاوز 50 الف دولار بعد استقطاع الضريبة مع تجاوز الخسائر الزراعية لحدود 25 الف دولار (وهناك قواعد خاصة تطبق على مؤسسة الأعمال الصغيرة)

أن الخسارة الزراعية لكل سنة (ما زاد عن 25 الف دولار) تسمى EDA.
إن الدخل الزراعي في اي سنة يطرح من ذلك الحساب، وهناك مكتسبات محددة تعرف بمكتسبات رأس المال تعامل طبيعياً كدخل في حدود ميزانية نهاية تلك السنة.

excess reserves احتياطات فائضة
الاحتياطات المملو كة بوساطة البنوك التجارية في المبالغ الضخمة تلك هي متطلبات سياسة البنك المركزي.

exchange صرافة. فرق عملة. بورصة. مبادلة. مقايضة.
1. تحويل النقد ، الملكية ، الخدمات بقصد تحقيق ربح ما او التحويل بوساطة المقايضة "barter"
2. التحويل الأجنبي (الخارجي).
تحويل مال محلي أو عملات متداولة أخرى في النسب المصرح بها بوساطة القوة الشرائية للعملة الذهبية sovereign أو الدخول عرضياً في سوق النقد المالي. راجع rate of exchange.

exchange controls

3 - الدخول في سوق الاسهم أو البورصة أي:

أ- بورصة الأسهم والسندات المالية.

ب- بورصة القطن في لندن.

4- تسديد الديون الخارجية بصورة غير مباشرة أي تسديدها بالسلع أو أوراق تجارية قابلة للتداول.

5 - كمبيو، صرف، فرق عملة، (أي الحوالات المتبادلة في دار المفاوضة أو المقاصة). غالبا تستعمل exchange في التجارة الخارجية.

قارن مع change.

exchange controls **رقابة التحويل**

الاجراءات الحكومية المأخوذة لحصر مسؤولية تحويل العملة المتداولة الى عملة أجنبية.

exchange depreciation **إنخفاض التحويل**

exchange exposure **كشف التحويل، راجع كشف التحويل الخارجي**

exchange rate **سعر الصرف**

وهو سعر تحويل العملة الوطنية مقدراً بوحدات العملة الأجنبية. أو هو ثمن وحدات العملة الأجنبية مقدراً بوحدات من العملة الوطنية.

exchequer **خزينة الدولة. مالية الدولة**

1. الخزانة الرسمية للدولة أو بيت المال.

2. الموارد المالية (التحصيل، المحافظة، الانفاق).

3. وزير المالية في بريطانيا.

excise duties **رسوم الانتاج**

وسوم مالية رسمية اجبارية تفرض على السلع الانتاجية داخل البلاد، والتي تباع أو تستخدم بشكل عام، وتكون قيمتها محدودة.

والغرض من هذه الرسوم تحديد استهلاك تلك السلع لصالح المنفعة العامة، مثل (المشروبات الروحية).

excise tax **ضريبة الانتاج**

ضريبة اجبارية تفرض على السلع الانتاجية داخل البلاد، والتي تباع أو تستخدم بشكل خاص لنوعيات انتاجية معينة فقط.

والغرض من هذه الضريبة تشجيع وتصدير تلك السلع لصالح المنفعة العامة، أو بقصد زيادة مداخيل الدولة من الايرادات.

exempt organizations

exclusion **استبعاد**

تعمد شركات التأمين عند تحرير عقود التأمين لزبائنها الى استبعاد بعض الأخطار والأمراض معتبرة اياها غير مشمولة بالعقد.

ex-dividend **بدون ربحية**

أي إن الشراء في سوق الأوراق المالية يتم بدون أرباح معلن عنها وغير مدفوعة، حيث أن البائع هو الذي يستلم الأرباح عند استحقاقها ومثال ذلك: قيمة سهم دون حصة الأرباح.

execution **تفيذ**

الاجراء المتخذ من قبل سلطة مالية او جمركية أو قضائية بموجب قرار إرغام المدين على تسديد دينه الى الدولة أو الى دائنه. ومثال ذلك:

يتم الحجز على البضائع الشخصية للمسافر وتباع بالمزاد العلني، ويتم الحصول على الدين الرسمي من مبالغ البضاعة المباعة استيفاءا للدين المترتب بذمة الشخص المسافر.

executor **منفذ الوصية**

شخص أو شخصان أو أكثر يعينون مشرفين على الأموال المتروكة من قبل المتوفى لتنفيذ شروط وصية هذا الأخير وفقاً لأحكام القانون.

executory contract **عقد قابل للتنفيذ**

exemplary damages **أضرار نموذجية**

أضرار مقصود بها العبرة لمن اعتبر، وتعتبر تحذيرية بالنسبة لشركات التأمين، وتعتبر عقابية بالنسبة للاشخاص الذين يقدرون مثل هذه الأخطاء.

esempt income **دخل معفى منه**

الدخل المستثنى من دفع الضريبة الرسمية الى الخزينة العامة، مثل الدخل الشخصي دون المعدل السنوي المقرر، أو دخل المؤسسات المقررة في القانون غير ربحية مثل الضمان الاجتماعي والمؤسسات الخيرية وغيرها.

exemption **إعفاء**

الاستثناء من ضرائب المدخولات لبعض الواردات المخصصة لإعانة دافع الضريبة أو من يعيلهم.

exempt organizations **مؤسسات معفاة من . . .**

الشركات المساهمة وشركات الائتمان المعفية من قانون

ضريبة الدخل. فإما أن يكون ذلك مقرراً في قانون المنفعة العامة أو أن يكون نتيجة تعرض هذه الشركات لخسائر متوالية الأمر الذي جعل السلطات المسؤولة تعمد الى اعفاء هذه الشركات من الضريبة تشجيعاً لها للاستمرار في العمل.

exhibit   مستند قانوني

هو المستند الثبوتي كالتصريح المالي أو أية مادة ايضاحية مؤيدة صادرة عن المدقق يعرض فيها وجهات النظر المالية والمحاسبية المدعومة إضافة للتصريح.

existence   كائن، وجود

اتخاذ القرارات يعزى الى شرطين مساعدين لعملية التدقيق:

1. ذلك ان المبالغ المسجلة في التصريح المالي للشركة تكون صحيحة قانوناً ووجودها حقيقي.

2. ان جميع النشاطات والبنود تكون قد أخذت مكانها وتبقى لكونها ستسجل في التصريح المالي ضمن الحوادث المقررة لها.

exit value   قيمة مرحلة

السعر أو كمية المبالغ في اي موجودات يمكن ان تكون مباعة او ان تكون المطلوبات المقابلة لها قد سدد دينها وربما تأخذ نموذج القيمة المتقابلة الجارية.

exordium   تصدير

expectancy   قيمة

expected value   متوقعة = قيمة مرتقبة

expected actual capacity   طاقة فعلية مرتقبة

1. مستوى الانتاج المتوازي للوحدة الانتاجية ليلتقي بطلب العميل المتوازن لأجل فاصل محدود من الوقت، عادة سنة واحدة.

2. مستوى الانتاج الذي يزيد عن الحد الاعلى للأرباح المتوازن للوحدة الانتاجية لأجل اقتراب الفترة الزمنية، عادة سنة واحدة.

expected exit value   قيمة متقابلة متوقعة

1. مبالغ النقد (أو المتكافئة) في اي موجود (أصل) تكون متوقعة في فصل الاستحقاق للأعمال التجارية وتطرح منها الكلف المباشرة الضرورية لخلق تحويل (القيمة القابلة لتحويل العقارات الى نقد صاف).

2- كمية المبالغ للنقد (أو المتكافئة) المتوقعة لتكون مدفوعة لإزالة التزام في فصل الاستحقاق للأعمال التجارية المتضمنة الكلف المباشرة الضرورية لخلق تلك المدفوعات.

expected life   حياة متوقعة

القيمة المتوقعة لإمتداد حياة الأصل أو سنوات الخدمة التي يقضيها الأصل أو جماعته في فترة زمنية مستقلة.

expected value   قيمة متوقعة

الوسط الحسابي أو الوسيط للتوزيع الإحصائي.

expected value of perfect   قيمة متوقعة
infomation, EVPI   للمعلومات الكاملة

expected value of sample   قيمة
information,EVI   متوقعة لنموذج المعلومات

expendable fund   أموال قابلة للإنفاق أوالاستهلاك

أمـوال الموجـودات لأي تطبيـق بوسـاطة عمـل الادارة للتحديد أو للأهداف العمومية

expended appropriation   مخصص مالي قابل للإنفاق

(محاسبةحكومية) تلك الحصة للمخصص المالي المعادل للنفقـات المتراكمـة المتضمـنة: (الرصيـد للمخصـص الأساسي أو غير الاساسي)

expenditure   نفقة مالية

1. عملية التدخل الداخلي للالتزام الدفع النقدي أو تحويل الملكية لتسديد دين الخسارة. قاعدة التراكم المحاسبية تكون مفروضة مالم توجد طريقة أخرى بالأوراق التجارية.

2. المبالغ النقدية المدفوعة أو التي ستكون مدفوعة لأجل الخدمة أو لدفع الضريبة أو لشراء الأصل.

3. أي كلفة أرباحها ربما مخمنة وراء الفترة المحاسبية الجارية.

expenditure rate   معدل النفقة

لأي منظمة أو مؤسسة يحدد فيها معدل الصرف النقدي لفترة مستقبلية معينة، فهو مؤشر مهم في عملية النشاط الاقتصادي.

ضريبة النفقة expenditure tax
ضرائب استهلاك السلع التجارية.

مصاريف expenses
ولاتحتاج العبارة الى تعريف فهي تعني الاعباء والتكاليف المصروفة في جميع حقول التجارة والصناعة وغيرها.

حساب المصاريف expense acconnt
1. حساب مدين للمحافظة على الموجودات والتجهيزات بصورة مستقلة. وتسمى حساب مصاريف الصيانة.
2. المدفوعات النقدية لمجموع كلفة البضاعة المباعة او خدمات منقطعة أو خسائر متعذر استردادها.
3. الحسابات الدورية لتصفية السلع غير المرغوب بها باسعار منخفضة خلال فترة الارباح والخسائر.

موازنة المصاريف expense budget
اي التقدير المسبق للمصاريف في اي حقل من حقول التجارة او الصناعة.

مراقبة المصاريف expense control
وهي طريقة مصممة في المحافظة على الكلف المستقبلية في حدود معدلات أو كميات محددة مسبقاً. وتتضمن تلك الأدوات مثل تحميل مسؤولية المشرفين لمساحات كلفة التشغيل المحددة وتقليص التكاليف وتحديدها في اصناف معينة مع تحديد الكمية الحاصلة لفترة صغيرة نسبياً من الزمن واستنساخ وحدة كلفة معيارية من المتوقع ان تخضع لها الكلفة الحقيقية.

توزيع المصاريف expense distribution
وبمعنى آخر توزيع الاعباء على الابواب المختلفة في الانتاج او على الهواء في الاعمال التجارية خصوصا الإعباء غير المباشرة.

تحديد expense rating, insurance
رسوم التأمين بالتجربة
تكوين سعر عادي بسيط لخطر نوعي اتخذ اساساً على قاعدة مقارنة الكلف للخطر مع معدل الكلف لجميع الأخطار مع التصنيف. وسعر التصفية ربما كان مرتفعاً أو منخفضاً.

تجربة . اختبار experiment
1. عملية اعداد بيانات للحوادث الواقعة تحت حالات شرطية، أي التكرار أو التردد على الحالات بدون التعرض الى السلبيات.
2. أي شيء مجرب أو ناجح سابقاً.

كلفة هالكة expired cost
كلفة البضائع والخدمات المتسربة من قبل وحدة تجارية أو عمل تجاري بصورة إضافية خلال ارباح كانت مربوطة سابقاً أو تضمنت الخسارة حالياً أو أنها نفقة من دون أرباح مستقبلية تكون مدفوعة قبل استحقاقها.

منفعة هالكة expired utility
1. الحصة لأي منفعة متوقعة أو خدمة مثمرة للاصل الثابت غير الطويل ليكون هناك اصل ثابت جديد بمتناول المالك مهما تكن الأسباب.
2. الاستهلاك المتراكم.

كلفة الاكتشاف exploration cost
وهي كلفة التفتيش عن النفط والغاز بما فيها كلفة التدريب الاستكشافي للأبار.

تسوية أسية أو شارحة exponential smoothing
تعبير احصائي لنوع من أنواع المعدل المرجح المتحرك ميزته ان التقدير الجديد للمعدل يجري تحديثه بصورة دورية كالمجموع المرجح كما يلي:
1. الطلب في الفترة الممتدة منذ المراجعة الأخيرة.
2. المعدل القديم: ويمكن استخدامه للتكهن بحجم المبيعات وغير ذلك.

تمويل الصادرات export financing
التسهيلات المصرفية التي تعطى الى المصدرين لتمكينهم من تصريف بضائعهم وبيعها الى المستوردين الأجانب، دون اللجوء الى الدفع النقدي وانما بافساح المجال لأولئك المستوردين للدفع الاجل.

وقد يكون بعد الشحن كما أنه من حيث استحقاقه قد يكون قصيراً أو متوسطاً أو طويل الأجل. وقد يمنح الائتمان أيضاً الى المشترين من قبل المؤسسات المالية في البلد المصدر وهو الذي يطلق عليه (ائتمان مشتري) والغرض منه تمكين المشتري من تسديد قيم استيراداتهم بأجال طويلة او قصيرة مما يعمل في النهاية لمصلحة المصدرين ويوسع قدرتهم التنافسية في الاسواق الخارجية.

شركة تجارية للتصدير export trade corporation ETC
وهي شركة أجنبية خاضعة للسيطرة. اذ يكون لديها ما لا يقل عن 90% من دخلها الكلي للسنوات الثلاث السابقة ذات مصدر خارج الولايات المتحدة الأمريكية وما لايقل عن 75% من دخلها الكلي لنفس تلك الفترة ناجم عن التصدير الى بلدان غير الولايات المتحدة الأمريكية. ان خدمات الايراد الداخلي تسمح لمالكي أسهم شركة تجارية تصديرية امريكية بتقليص كمية الدخل الخاضع للضريبة.

الذي تكون قيمته أقل مما يمكن للإعتراف قانوناً إذ تكون (ETC) في هذه الحالة مجرد شركة أجنبية خاضعة للسيطرة الرسمية.

ex post **بعد الحادث**

الأختصار لكلمة ex post facto الخطة للعمل. الفكرة العامة. أو توضيح فصل الحكم على قاعدة الحوادث أو المعطيات التي تملك توقعاً آنياً.

exposure **كشف الأخطار، تأمين**

التخمينات للخطر بموجب القياس في البنود للأجور المدفوعة. للمقبوضات، للمساحة، أو النطاق الطبيعي للملكيات الشخصية أو العناصر الأخرى.

exposue draft **مخطط الكشف**

البيان المقترح لمعايير المحاسبة المالية أو الفكرة الواضحة والصادرة لأجل الانتقاد العمومي بوساطة مجلس معايير المحاسبة المالية للاخذ بها كعمل جيد.

express trust **أمانه سريعة**

ائتمان دائن بوساطة عمل نوعي في الموت، أو في اتفاقية محررة.

ex- rights **بدون حقوق**

الحقوق المنتهية في شراء الأسهم.

extended coverage **أمتداد التأمين**

توسيع غطاء البوليصة في التأمين ضد الأخطار ليشمل حالات إضافية غير مذكورة في البوليصة الأساسية. مثل إضافة ساحة وقوف السيارات الى مساحة العمارة المشيدة المؤمن عليها ضد الحريق.

extension of time for filling **تمديد زمني لغرض الأملاء**

extent of test **حدود الأختبارات**

(التـدقيق) وهـو عـدد المفـردات أو نسـبة كـل المفـردات المحتملة التي تطبق عليها الأساليب التدقيقية. ويمكن ان يرمز هذا الى مجموعة من مفردات في اختبار واحد مثل: كما في تدقيق 50% من ميزانيات الزبائن غير المدفوعة. وأنها ترمز الى مفردات مختلفة في مجموعة مشتركة تخضع لأختبارات متعددة مثل القيام بزيارة خمسة من عشرين من مواقع فروع الشركة لأختبار مطابقة أرصدة حسـاباتها المخزنيـة مـع حسـابات الفـروع مـع اختبار الصفقات المنعقدة.

external audit **تدقيق خارجي**

((المستقبل)) ويتم من قبل شخص مهني خارجي غير موظف في المشروع وفي هذه الحالة يجري ابداء الرأي العادل لتدقيق النظام المالي للشركة ويتم ذلك بوساطة المحاسب العمومي.

external auditor **محاسب خارجي**
Public accountant

المحاسب العمومي أو المحاسبون العموميون للشركات التجارية. قارن مع: internal audition.

external document **وثيقة خارجية**

وهي وثائق في نظام محاسبي معين كانت تديره سابقاً أياد خارجة عن المنظمة بمعنى أنها كانت جهة من الجهات المتعاقدة للصفقات التي تم تدوينها في تلك الوثائق. وفي حالات أخرى فأن الوثائق الخارجية تنشأ من خارج المنظمة وتنتهي في حوزتها. أمثلة على ذلك هي: قوائم البيع، الأوراق المدفوعة الملغاة، بوالص التأمين. وفي حالات أخرى مثل الشيكات و الملفات، فان الوثائق تنشأ من داخل المنظمة ولكنها تذهب الى جهة خارجية تقوم بارجاعها فيما بعد. وسبب احتواء الوثائق الخارجية على مؤشرات لاتفاقيات خارجية فانها تعتبر بصورة عامة دليلاً تدقيقياً أكثر قوة من الوثائق الداخلية.

externialities **(1) مؤثرات خارجية**
(2) مظاهر خارجية او سطحية

((ويقصد بها البنود غير المقررة في نظام الشركة)) وهي مؤثرات تابعة لوجود صفقة تجارية معينة بحيث تؤثر على جهات أخرى، بالاضافة الى تاثيرها على الشركاء المتعاقدين، وخصوصاً عندما تكون تلك المؤثرات غير ناشئة عن الأسعار او عندما ترافقها شروط دفع كفرصة من الفرص التجارية لايجاد التفاوض الذي يسمح لجهة ثالثة يمكنها التأثير على تلك الصفقة. أمثلة على ذلك:-

1. الخارجية السلبية: مثل تنفيذ عقد تعدين الصلب الذي يؤدي بدوره الى قذف دخان وعناصر ملوثة أخرى تؤثر على البيئة (الصحة العامة) وقيمة الممتلكات الشخصية للأفراد القاطنين قرب المعمل.

2. الخارجية الموجبة: أن تنفيذ مثل هذه الصفقة ينتج عنه وجود مجموعة من العمال المهرة الممكن تشغيلهم في مشاريع أخرى اذ أنه يوفر كلفة تدريبهم. مع ملاحظة ان ارباب الأعمال اللاحقين

سيدفعون سعراً أعلى لمثل تلك القوة العاملة. وان شراء الممتلكات الذي يتبع ذلك سوف يتوجه ويستفيد من السعر المخفض للممتلكات المحيطة بالعمل.

ان الخارجيات في هذه الحالة يقال عنها بأنها مصلحة داخلية بوساطة الصفقات السوقية الناتجة.

external transactions صفقات تجارية خارجية

هي صفقة تجارية غير محتملة مع شخص خارجي. ودوماً تسمى أعمال تجارية. قارن مع:transaction Internal

extinguishment of debt,early عملية إطفاء الدين الإبتدائية

وهي خاصة بسندات الخزينة المالية.

extortion ابتزاز

او اغتصاب الاموال، أو حمل شخص ما، عن طريق التهديد باستعمال القوة أو بفضح أمر سري يتعلق به على تسليم الأموال أو على التوقيع على بياض. ويطلق على هذه الحالة blackmail، أي تحصيل الاموال العائدة بدون وجه حق.

extractive industries صناعات إستخراجية:

وهي الصناعات المهتمة بالنشاطات التالية:-
أ- الاستثمار والأ ستكشاف للموارد الطبيعية غير المتولدة بصورة مستمرة: (الضائعة).
ب- عملية اقتناء هذه الموارد.
جـ - عملية إعادة استكشاف تلك الموارد.
د - عملية تطويرها.
هـ- عملية استخراجها من الأرض.

extra dividend ربح اضافي للسهم

ربح يدفع بالاضافة الى الربح العادي للسهم في الوقت المخصص لدفع الأرباح عادة. وقد يدفع هذا الربح مثلاً: متى ما كانت أرباح الشركة كبيرة وبصورة اسثنائية.

extraordinary depreciation استهلاك غير عادي (استثنائي)

الاستهلاك الناتج عن الانحلال غير المتوقع والالغاء للموجودات أو عدم الكفاءة خارج الحدود العائدة الى

فقدان عمر الخدمة الاقتصادي لحياة الماكنة أو عمرها الطبيعي (الفيزيائي). والاجراءات المضادة لهذا الاستهلاك تغطي عامة كلاً من الانحلال العادي وفوق العادي. راجع depreciation. والانحلال فوق العادي لا يعتبر كنوع من الانحلال المعجل.

extraordinary expenses مصاريف استثنائية

صنف من المصاريف غير الإعتيادية، أو كمية المبالغ التي تكون مطابقة لمعالجة خصوصية في الحسابات أو كشف فجوة (فرق) في التقرير المالي.

extraordinary ganis مكاسب فوق العادة

وهي المكاسب المستحقة عادة، والنادرة الحدوث للصفقات التجارية. مثل: بيع معدات وتجهيزات التصنيع.

exteaordinary items بنود إستثنائية

الحوادث والصفقات التجارية غير الأعتيادية في الأحوال الطبيعية وتحدث بصورة غير نظامية. الحوادث لبنود المواد الأولية الاستثنائية مفصولة عن غيرها في التصريح المالي للارباح والخسائر من الدخل والتشغيلات المستمرة.

exteaordinary loss خسارة فوق العادة

أو خسائر تزيد عن توقعات المشروع. وهي خسارة مستحقة عادة والنادرة الحدوث للصفقات التجارية مثل حدوث الزلازل في الأرض.

exteaordinary repair تصليح إستثنائي

عملية التجديد التي تتم بدقة وعناية للمعدات والتجهيزات التي انتهت وتجاوزت الفترة المقدرة لحياتها. (موجودات النفع العام للمشروع) وان هذه العملية اعادة جزء من النفع العام الاصلي فيما يصرف عليها يضاف للموجودات أما إذا كانت حياتها سليمة بعد الفترة المقررة فما يصرف عليها يضاف الى الاستهلاك المتراكم.

extraordinary revenue إيرادات استثنائية

ايرادات غير متوقعة للمشروع، ولم يكن مخططاً لها.

extrapolation (1) تجاوز نطاق التجربة
(2) تقدير استقرائي وأستنتاج تطورات محتملة

استنتاج أحوال معينة وتطورات محتملة بعد استقراء سلسلة من الملاحظات والوقائع، كتقدير عدد سكان بلد ما لسنتين قادمتين.

105

cdefghijkmnop

face amont or value **قيمة إسمية**

هي القيمة الاسمية المثبتة على وجه السندات المالية، والاوراق المالية وسندات العقار المرهون والاسهم مع تثبيت المدة المستثمرة. ونسبة الفائدة أو الارباح على مقدار المبلغ.

face – amount certificate **تعهد بالقيمة الاسمية**

وهي صيغة عقد بين بعض الشركات الاستثمارية والمستثمرين، يوافق بموجبها المستثمرون على تسديد جميع اقساط المطلوبة الى الشركة.

facility **تسهيلات**

1. المجموعـــة المتناســـقة (أو المتكاملـــة) مـــن الموجـودات الثابتـة كـالأرض - والمبـاني والماكينـات والمعدات.

2. أي بند من التجهيزات الطبيعية الذي يساهم في عملية الانتاج في المصنع.

fact **واقعة، حقيقة**

factor **(1) وكيل**

(2) وسيط مشترك او عامل من العوامل

1. (تجارة). وكيل تجاري. شخص يقرض مالاً بفائدة تحتسب بنسبة مئوية او قد يشتري ديون الحسابات المدينة دفعة واحدة.

ب - بائع جملة أو وكيل مبيعات لديه تفويض بيع بضاعة لحساب موكله ويتعامل بالبضائع فعلياً دون القيام عملياً بمناولتها مناولة مادية.

2. (اقتصاد) مساهم. وهو واحد أو أكثر من المساهمين في انتاج البضائع والخدمات.

3. (صناعة) عنصر أي عامل يساهم او يعدل أو يؤثر في المنتوج النهائي.

4. (رياضيات) عامل، وهو احد الأ رقام أو الرموز عند ضربها تعطي ناتجاً معينا.

factoring **بيت لخصم الفواتير**

بيع تجاري لشراء أوراق القبض بخصم معين وفق مبلغ الكمبيالات.

factor of production **عامل الانتاج**

عنصر أو أحد مصادر الثروة الطبيعية في المصانع مثل الأرض، رأس المال، العمل، التنظيم. وهي المساهمة في الانتاج والتجهيزات للسلع والخدمات..

factory cost **كلفة المصنع، كلفة التصنيع**

manufacturing cost

أي ثمن السلعة عند مغادرتها حدود المصنع.

factory expenses **مصاريف صناعية**

بنود الكلف الصناعية على المواد الاولية والعمل المباشر.

factory ledger **سجل الاستاذ الصناعي**

سجل الاستاذ الثانوي المستمر لكلف التشغيل، مثلاً: التشييد الصناعي، المواد، العمل، النفقة العامة. وأن أجمالي المصاريف يكون كلفة البضاعة في التشغيل، أو يتضمن الأستاذ حاسبات المخزون للمواد الأولية للتجهيزات أو للبضاعة المنتهية، كأن يكون كلفة العمل في التشغيل.

factory overhead **نفقة المصنع غير المباشرة**

ويقصد بها جميع الكلف الصناعية في المعمل بعد طرح الكلف المباشرة أي المصروفات غير المباشرة.

FAF, Financial **قاعدة المحاسبة المالية**

Acconting Foundation **قانون المعايير**

Fair Labor Standards Act **العادلة للعمل**

وهو تشريع أصبح قانوناً في الولايات المتحدة الأميركية في 1938 لتحديد أدنى حد للرواتب والساعات الرئيسية.

للعمل وظروف أخرى للعمال في حقل المتاجرة بالملكية.
وقد أجريت تعديلات عليه في عدة فترات متعاقبة لتوسيع
مجاله وشموليته ولزيادة الحد الادنى للرواتب.

سعر السوق العادل   fair market value
1. تحديد القيمة بوساطة البائعين والمشترين للسلع
المعدة للبيع في ظروف اعتيادية تحفّ بها المخاطر
وتكون في حالة زيادة الطلب وتسمى ثمن السوق
الاعتيادي.
2. التسعيرة.

عدالة . نزاهة . إستقامة   fairness
الكفاية والموافقة. وهي حالة شرعية. التصريحات المالية
التي يصدرها المدقق في تقريره عن طريق استخدام
اسلوب لغوي مشابه الى تصريح من مايلي: (في رأينا أن
ورقة الميزانية العمومية المرفقة بالتصريح المالي للارباح
والخسائر معاً، تعبر بصورة صادقة عن الوضع المالي
للشركة . اما نتيجة عملياتها لتلك السنة فقد انتهت وكانت
متوافقة مع المبادئ المحاسبية المقبولة عموماً والمطبقة
على قاعدة مماثلة للقاعدة المستخدمة للسنة التي سبقتها).
ان هذا الاقرار يؤشر الى أن الممارسات المحاسبية
التقليدية والثابتة هي المستخدمة، وتعتبر جزءاً من تكوين
هيئة التصاريح المالية، كما يؤشر الى ان أسلوب الكتابة
والعرض الذي يلمح أحياناً الى حقائق وظروف خاصة
ولم تشمله هذه الممارسات، هوخاضع للاختبارات العامة
للحقيقة والعدالة والمساواة والأمانة

قانون (التجارة المشروعة)   fari trade law
ويقصـد بهـذا القـانون التجـارة التـي لا يشـوبها الغـش
والاحتيـال أو الأعمـال غير الشـريفة وتحـدد هـذه التجـارة
اسعارها على البضائع المنتجة ويكون التحديد اما رسمياً
أو اتفاقياً بين المنتج والبائع وفقاً للقانون، حيث توجد رقابة
دائمة على هذه السلع مثل سلع المواد الغذائية.

سعر تجاري عادل   fari trade price
هـو السـعر الـذي يتـم تحديده بموجـب قـانون
(التجارة المشروعة).

قيمة عادلة ،   fari value, current value
سعر جار
القيمة المحددة بوساطة مساومة النية وحن اطلاع البائعين
والمشترين.
تعتبر سعراً لاي موجودات يمكن ان تباع أو تشتري في
نظام التعامل الحر Arm's-length
للصفقات التجارية تحت رابطة الاسعار.

2ـ التثمين لمثل القيمة في شرود المبيعات و التسعيرة.

3ـ القيمـة المعتدلـة أي غير غاليـة السـعر أو تسمى القيمة
المتكافئة.

شراكة عائلية   family partnership
ويقصد بها الشـركة التضامنيـة مـن عائلـة واحـدة فقـط
(عائلة مفردة) لغرض اكتساب ضريبة الدخل.

فصل   fanout
عمليـة تحليـل الحسـاب الواحـد الـى اثنـين أو أكثـر مـن
الحسابات الأساسية.

سعر المزرعة   farm- price method
التقييم للمخزون الزراعي. أو هو:
سعر السوق المستخدم ـ الكلفة المباشرة المخمنة ومجازاً
بوساطة ضريبة الدخل النظامية.

تسليم بضاعة المشتري الى جانب السفينة   FAS,
(على رصيف الميناء)   Free alongside ship
ويسـمى سعر التصدير (فـاس) فـي التجارة الخارجيـة
الدولية.

مجلس المعايير   FASB Financial
Accounting
المحاسبي المالي   Standards Board
سعر التصدير (فاس)   FAC price
السعر المتراكم بموجب المراحل لسير البضاعة من المنتج
لحين وصولها الى رصيف ميناء البائع الى جانب السفينة
أو سعر المصدر داخل البلاد بحيث تكون بضاعة المشتري
الأجنبي قابلة للتحميل والشحن على ظهر السفينة ويتضمن:
1. النقل داخل حدود البلد.
2. التخزين.
3. النقل بوساطة المركبات الشاحنة.
4. أجرة النقل بالصندل (مركب مسطح القاع صغير
يستعمل لتحميل وتفريغ البضاعة من الميناء العميق الى
الساحل والعكس صحيح).
5. التأمين مع مرحلة التحميل بالحبال للمركب. الى هذه
النقطة يحتفظ البائع بالمخاطر للمالك.

فارق في صالح البلد   favorable difference
(إختلاف أو تباين)   or variance
الفروقات الظاهرة في الميزانية العمومية (الواردات).

وتشمل أيضاً فروقات الكلف بغض النظر اذا كان الفرق مفيداً أو غير مفيد أو متحكم أو غير متحكم.

feasibility study **دراسة امكانية التنفيذ**

وهو تحليل للخطط المقترحة لاكتشاف مدى فائدتها في المستقبل وتتضمن دراسات كهذه تحليل الطرق البديلة للطرق المقترحة، ومحاولة معرفة النتائج فيما لو كانت التخطيطات بشكل أخر راجع: futurology

feasible **يمكن تطبيقه أو العمل فيه (المعقول)**

وهو ما يمكن تطبيقه والعمل به بحيث يستوفي كل الشروط التي تحددها المشكلة المعينة كما في الحل الذي يستوفي كل القيود في نموذج البرمجة الرياضية. ملاحظة: ان حلاً كهذا ليس بالضرورة الحل الأفضل.

Federal insurance contri-bution Act **قانون المساهمة التأمينية الفدرالية**

Federal Reserve bank **بنك الأحتياط الفيدرالي**

وهو واحد من 12 بنك مركزي تأسس تحت القانون الفدرالي وهو يمتلك صلاحيات استشارية واسعة فوق البنوك التجارية الأعضاء.

Federal Trede Commission **الهيئة الادارية الفدرالية للتجارة**

وهي منظمة ادارية شبه قانونية في الحكومة الفدرالية الاميركية والمكلفة بالمسؤوليات العامة للحفاظ على حرية اعمال الاستثمار وهي تقوم بالقضاء على التحكم غير العادل وممارسات الأعمال غير المنصفة وتقوم بتعزيز التنافس الحر والعادل. ان الصلاحيات القانونية الرئيسية المخولة لها هي قانون الهيئة الادارية الفدرالية الأمريكية للتجارة لسنة 1914. وقانون كلايتون المقرر في نفس السنة Clayton وقانون روبنس باتمن Robinsonلسنة 1936 والتعديلات التي تلته. ان أول هذه القوانين يصنف عدداً من الممارسات التجارية ويصفها بأنها غير عادلة كما في وضع العلامات التجارية الخاطئة والاعلانات المضللة والتسعير الكاذب والتهديدات باقامة الشكاوى القانونية وسرقة الاسرار التجارية واعمال متعددة أخرى المقصود منها التأثير على المتنافسين بطريقة سلبية. وهناك رغبة عامة في فرض روح التنافس العادل عن طريقة الاجراءات الوقائية أو التسويات الطوعية من

دون الرجوع الى المحاكم الا عند فشل كل الاجراءات الأخرى

fee **أجوراستشارات لشخص مهني**

أي مصاريف لأجل الوظيفة، أو خدمات آخرى كالعمولة. وهي مبالغ تكون محددة بموجب القانون آوالعرف التجاري أو بوساطة التخمين وغير مرتبطة بالكلفة أو الثروة للخدمات.

feed back **تغذية عكسية أو مرتدة**

معلومات مستخلصة من عملية أو حالة تستخدم في مراقبة المعلومات التي تلقن مباشرة أو في المستقبل (القرارات) أو التخطيط لها أو تعديلها بشكل يتلاءم مع العملية أوالحالة.

fidelity bond **سند الأمان**

وهي بوليصة تأمين لتغطية الخسائر الناتجة عن سوء الائتمان أو الخدع أو الغش في الوظيفة.

fiduciary **(1) وكيل مؤتمن : (الأمين)**
(2) موثوق به لا يحتاج الى رهن

الشخص المسؤول عن تنفيذ الوصايا أو المشرف على ادارة ما أو كليهما، أو هو شخص يعهد اليه الأشراف على ممتلكات شخص آخر أو رعايتها ويستطيع التحكم بها كوصي.

fiduciary accounting **محاسبة أئتمانية**

1. الاستعداد والحفظ لحسابات الملكية الشخصية في امتلاك الوصي، سواء كان ذلك تحت اللسطان القضائي المباشر للمحكمة أوالوصايا.
2. المحاسبة العقارية

fiduciary funds **موارد مالية ائتمانية ائتمان موثوق**

اي صندوق مملوك بوساطة الوحدة الحكومية في الطاقة الأئتمانية. وتدعى دائما الوصية أو مالية الدولة.

field auditor **مدقق ميداني**

المدقق الذي يكون عمله في تدقيق المصانع خارج المقر الرئيسي للتدقيق (المدقق التنقل).

FIFO ,first in first out **1. ما يدخل أولاً يصرف أولاً . (تخمين الجرد)**

راجع. inventoy valuation

المهنـة والتجـارة، وتتعلـق بالعائـدات الماليـة والمصـاريف والموجودات والمطلوبات.

Financial Accounting Foundation, FAF **المؤسسة العامة للمحاسبة المالية**

التي تكونت في سنة 1927 لادارة ومساعدة مجلس معايير المحاسبة المالية.

وهي تكفل الرعاية المالية للمنظمات كالمعهد الأمريكي للمحاسبين القانونيين، وهيئة المحاسبة الامريكية، والهيئة الوطنية للمحاسبين ومعهد التنفيذ المالى.

Financial Accounting Standards, Board FASB **مجلس معايير المحاسبة المالية**

ان هـذه المنظمـة فـي القطـاع الخـاص تأسسـت فـي سـنة 1973 لوضـع معـايير المحاسـبة الماليـة وعمليـة اصـدار التقارير المتعلقة بها. ان (FASB) مستقلة وغير معتمدة علـى منظمـات الأعمـال والمنظمـات المهنيـة الأخـرى. ان هيئـة الاوراق الماليـة والتحويـل الخـارجي (SEC) لهـا الصـلاحية التشـريعية لوضـع معـايير اصـدار التقـارير والمحاسـبة الماليـة. وأن معـايير (FASB) معتـرف بهـا رسمياً وذات صلاحيات فعالة بواسطة (SEC) والمؤسسة الأميركية للمحاسبين العموميين القانونيين.

financial accounts **حسابات مالية**

financial statements **تصاريح مالية**

Financiel Analysts Journal **سجل التحليل المالي**

financial concept of CAPITAL **مبدأ مالي لرأس المال**

وهـي نظـرة تعتبـر رأس المـال كميـة ضـابطة للممتلكـات الكلية (وتكون في وحدات من النقود أو وحدات من القوة الشرائية). وحسـب هذا المبدأ لـرأس المـال فإن المصـادر الماليـة تستمر بتوقـع إن هذا الاستثمار سوف يولد المزيد من المصـادر الماليـة وبكميـة أكبر ممـا استثمر اساسـاً. ان استرجاع المصادر المالية المستثمرة هو رجوع في رأس المـال وان المصـادر الماليـة المتولـدة زيـادة عـن الكميـة المستثمرة تكون عائدة رأس المال (المكتسبات).

financial condition **شرط مالي**

لاحظ الحالة المالية financial position

2- الأول دخولاً الأول خروجاً: (حاسبات).

figure of merit **رقم الكفاءة**

وهو اسلوب يستخدم لتعيين درجة الانجاز كما في ميزانية المبيعات أو ميزانية الكلف المعيارية. ويتكون معيار كهذا عـادة مـن عـدة عنـاص، مثـل العمـل والمـواد الأوليـة والمصـاريف غيـر المباشـرة... الـخ التـي تنطبـق عليهـا الاختبارات المبدئية.

ان الكميات غير القابلة للقياس مثل ساعات العمل وأساليب استخدام المواد تحول عادة الى وحدات مقارنـة عن طريق أستخدام هذه المقاييس المبدئية وتجمع كلها في رقم كفاءة واحد. ان رقم الكفاءة يمكن ان يقارن بأهداف مرسومة مماثلة كقاعدة لتقييم الانجازات الواقعية.

file structure **بنية الملفات**

إن أكثـر الأسـاليب الشـائعة فـي تنظـيم بنيـة الملفـات هـي الولـوج التتـابعي والولـوج المباشـر والفهرسـت التتـابعي راجع index sequential fiel.

filing status **حالة حفظ الملفات**

(الضرائب الفدرالية للدخل) الجدول الضريبي المتضمن المرجع في الاحتساب للدخل والمسؤولية الضريبية.

final dividends **أرباح نهائية**

1. النهائي السنوي للأرباح.
2. الأخير في التسلسل هو الأرباح السائلة.

finance **تمويل . يموّل**

1. وهـو تزويـد المؤسسـة بـالأموال خـلال بيـع السـندات والاسـهم والقـروض وتمديـد صـلاحيات الاسـتخدام مـن الحسابات المفتوحة أو التمويل أو الاستحواذ على الأموال من مصادر داخلية.
2. علم المالية: وهو النظرية والممارسة لعملية التبادل المالي ، ومن ضمنها التخمينات واستثمار الأموال.
3. الموارد المالية (لدولة أو شركة أو فرد) finances

financial **مالي**

وهو كل ما يتعلق بالأموال وادارتها وحركتها أو الأهداف المستخدمة بها كما في الصفقات المالية والسياسات المالية.

financial accounting **محاسبة المالية**

نظام يقوم على اسس وقواعد محاسبية متعارف عليها في

محسوبة رياضيا بوساطة عملية تقيم المكاسب قبل الفائدة والضرائب ناقصاً الفائدة .

financiel position, or condition **وضع مالي**

عرض الموجودات والمطلوبات لمؤسسة معينة على الميزانية العمومية، يتبع ذلك ممارسات عرفية في تكوين أرقامها. والأجل أو المدة الزمنية في بعض الأحيان تطبق على الميزانية العمومية. أو عرض عدد العملاء مع اسمائهم أولئك الذين يتعاملون مع المشروع والبيان في تصاريح عن مراكزهم المالية.

financial projection **تدبير مالي**

عملية تخمين الحالة المالية في المستقبل، مع نتائج تشغيل العمليات المالية ومصاحبة التحويلات في الحالة المالية، ودوماً تحصر العملية فقط بالعناصر الفعالة أو المختارة مثل: انسياب النقد، وثروات الدخل. أو تخطيط خطة لدورة كبيرة في دراسة تقديرية لتحليل المخاطر المتنوعة.

financial ratio **نسبة مالية**

العلاقة بين بندين مختارين من المعطيات المالية كنسبة تكاليف التسويق الى المبيعات ونسبة تكاليف الانتاج الى مجموع التكاليف.

financial reporting **تدوين التقرير المالي**

وسيلة المعلومات المالية الانتقالية المربوطة بمعلومات شرطية بوساطة النظام المحاسبي، فتعتبر التصاريح المالية هيئة مركزية لتدوين التقرير المالي. والمعلومات المالية الانتقالية ربما تأخذ شكل نماذج أخرى، فمثلاً قد تتضمن التقارير السنوية المشتركة أو النشرة التي تصف مشروعاً تجارياً ما، ويتم توزيعها على من تتوسم فيهم الرغبة في الشراء أو إختيار العرض والبيع في موعد محدد، أو الخطط أو التكهنات.

financial statement **تصريح مالي. بيان مالي**

البيان المالي الذي يقيم مركز الشركة الحالي، أمام القانون والجمهور والضريبة، كتصريح الدخل، وتصريح خزن الأموال أو أي تصاريح مالية معلنة الحقائق عن طريق التسجيلات المحاسبية.

financial statement audit **تدقيق الميزانية العمومية**

لحالة التصاريح المالية كمواصفات التاريخ لفتره زمنية محددة. التصاريح عاده تتضمن (أفاده عن الحالة

Financial Executive **مأمور التنفيذ المالي**

لاحظ يوميات المحاسبة. accuntin journals

Financial Executive Institute **مؤسسة التنفيذ المالي**

تأسست في سنة 1931 كالمؤسسة الأميركية المسيطرة. وهي متكونة بصورة رئيسية من المسيطرين الاداريين المتعاونين ورؤساء ادارة ماليين. وقد أصبحت معتمداً قوياً للصناعة من خلال اللجنة الأدارية لاصدار التقارير فيها. وكان ذلك بأشراف مؤسسات مثل هيئة الأوراق المالية والتحويل الخارجي ومجلس معايير المحاسبة المالية. إن (FEI) لديها أكثر من 75 من الفصول العضوية في الولايات المتحدة الأميركية كما انها تصدر منشوراً شهرياً هو المعاون المالي. ان مؤسسة أبحاث المعاونين الماليين ترعى البحوث والكتب التي تنشرها FEI.

financial expenses **مصاريف مالية**

الكلفة العرضية لعملية تدفق الاموال من المشروع كالتمييز من شيء واحد قابل للتطبيق مباشرة. مثل: الفائدة على المديونية كخصم السند المستهلك.

financial forecasts **تنبؤات مالية**

تنبؤات الأحوال المالية مثل التحويلات في الحالات المالية، النتائج لعمليات التشغيل المالي لواحد أو أكثر للفترات المستقبلية مثل: الخطة المتضمنة الميزانيات العمومية والتدفق النقدي وتصريحات التشغيل.

financial highlight **تركيز مالي**

1. وذلك على التقارير المشتركة السنوية التي تشتمل على الفصول المهمة لبنود الفائدة المستقلة لمالكي الأسهم وتوقعات بين المستثمرين والجمهور. مثال (المكاسب) وهي الاسباب الرئيسية لأجل النمو المالي أو التخلف في الاعمال التجارية كالمقارنة مع واحد أو أكثر للسنوات السابقة، مجاميع المبيعات لاكبر وأحدث الانتاجيات أو النشاطات، تحويل رأس المال العامل الاضافات والاعتزالات للاوراق المالية العامية (المتساوية)، المكتسبات وانتقالات الملكية للموجودات الثابتة والأستثمرات وغيرها.

2. أي خلاصة للصفقات التجارية المالية.

financial leverage **نفوذ مالي**

راجع leverage. الفعالية المالية في الا ستثمار: هي درجة الجزء من المجموع الكلي للفعالية المالية وعادة تكون

المالية، التصريح حول صافي المكاسب، وحقوق مالكي الأسهم وتصريح التحويلات المالية فى الحالة المالية.

financier خبير مالي
1. أخصائي بالامور المالية.
2. يدير عمليات مالية (بطرق متهورة غالبة).

financing lease تأجير التمويل
راجع: capital lease

finder خبير مالي
شخص مهني محترف يتقاضى أجورا استشارية تعود عليه بالمنفعة من البائع والمشتري في حقول نشاطات الضمان المالي: (اسواق الاوراق المالية).

finished goods ,or stock بضاعة تامة الصنع
1. الانتاج الصناعي المتكامل والجاهز للبيع أو أي تحويل آخر للملكية (الهبة أو الوصية) أو الأجزاء المنتهية لأي تجميع صناعي.
2. أي حساب محول من بضائع تحت التصنيع الى حساب الانتاج الكامل أو من حساب الأخير الى المبيعات.

firm مؤسمة تجارية
1. أي هيئة جماعية أو شركة أو مؤسسة تدير عملا صناعيا او تجاريا.
2. الارتباط التوثيقي (الالتزام القانوني).

firm contract عقد تجاري ثابت
هو الالتزام الشرعي للبائع لتسليم البضاعة وكذلك التزام المشتري قبول تسليم النقد في وقت محدد. او هو تطلب الضمان لتسليم النقدي من بائع الاوراق المالية مع فترة محدودة من الوقت.

firm policy سند التأمين التجاري
1. وثيقة نموذجية مختارة نافذة المفعول قابلة التنفيذ.
2. الوثيقة المعتمدة من قبل أي شخص أو مؤسسة معينة.

firm price سعر تجاري ملزم
راجع: contact price

firm cost كلفة اولى
1. الكلفة المستهدفه object cost
2. الكلفة الاصلية original cost

first in first out ,FIFO ما يشترى أولا يباع اولا
طريقة من طرق المطابقة في الجرد والتخمين لايجاد قيمة البضاعة المتبقية في المخازن آخر المدة، أي رصيد البضاعة المتبقية في المخزن هي المشراة أخيرا.

fiscal agent وكيل مالي رسمي
هو البنك أو أي خبير مالي أو شركة ائتمانية تقدم خدماتها لشراء الفائدة على الدين المستحق أو رأس المال المدين بالنيابة عن وحدة حكومية أو أي مدين آخر.

fiscal period فترة مالية
1. الفترة المحاسبية.
2. الفترة الجزئية من السنة المالية الناتجة عن التشكيل أو التصفية النهائية لمشروع ما أو التحويل في السنة المالية.

fiscal year سنة مالية
الفترة المحاسبية التي تختارها الدولة أو الشركة لإجراء حساباتها في نهايتها واستخراج ميزانية عمومية وحساب الارباح والخسائر.

fit مناسب (متطابق)
1. (احصاء) راجع تطبيق المنحنى وتحليل الميل curve Fitting, trend analysis
2. وهي علاقة مابين الفترة الزمنية التي تستهلكها أو تستفيد منها الصفقة التجارية والفترة الزمنية اللازمة لتسجيلها واصدارها.

fixed asset أصل ثابت
1. الأصل المادي المملوك لأجل الخدمات لحصاد الانتاج السلعي والخدمات اوأي بند في المصنع.
2. الأصل الرأسمالي أو الأصل غير السائل.
3. تصنيف الميزانية العمومية للأصول الرأسمالية المادية أيضا. راجع assets

fixed – asset schedule كشف بالموجودات الثابتة
وهي خلاصة إحدى طرق التبويب، والموجودات الثابتة، كما يظهر أحيانا في التقارير السنوية المرسلة لحاملي الاسهم.

faxed - asset - to equity - cepital ratio نسبة الممتلكات الثابتة الى تسوية رأس المال
وهي نسبة تقيس العلاقة بين الممتلكات الطويلة الأمد.

وهيكل رأس المال لمؤسسة معينة، ويحسب هذا عن طريق قسمة صافي الممتلكات الثابتة، على تسوية حاملي الأسهم، ويعتبر هذا مؤشراً الى قابلية المؤسسة للايفاء بالتزاماتها الطويلة الأمد. راجع: equity ratio.

fixed –asset turnover دوره عائد الموجودات الثابتة

وهي نسبة محسوبة عن طريق قسمة المبيعات على الموجودات الثابتة وهو مقياس الكفاءة التي تدير بها مؤسسة معينة موجوداتها الثابتة.

fixed-asset unit وحدة الأصل الثابت

وهي مجموعة من مفردات تقوم من خلال الفعاليات المحاسبية بالسيطرة على الموجودات الثابتة لمؤسسة تجارية معينة. هناك خمسة أنواع من الوحدات التي لا يمكن التمييز بينها في معظم الأحيان. وهذه الأنوع مع تصنيفاتها هي كما يلي:

1. وحدة رأس المال: وهي خاصية المفردات الجديدة الممكن اضافتها الى الموجودات الثابتة، وهي أيضا الحد الأدنى للمصروفات الممكن تثبيتها والاختبارات المطبقة لتمديد الصلاحيات الاستخدامية لكمية رأس المال.

2. الوحدة المحاسبية.
أ - وهي الحسابات المستخدمة للسيطرة المسجلة عند الأستاذ العام.
ب - تفصيل الحسابات المدونة في سجل استاذ المصنع.

3. وحدة الاعتزال: وهي خاصية وحد ادنى لما يميز به من مفردات متنقلة من الحسابات عند انتهاء مدة خدمتها.

4. وحدة التعويض: وهي الخاصية للحد الادنى لما يميز به من مفردات برأس المال التي تحل محل المفردات المحالة الى الاعتزال وتكون عادة مساوية الى وحدة الاعتزال.

5. وحدة الاستهلاك: وهي مفردة ومجموعة من المفردات تكون القاعدة في حساب معدلات الاستهلاك لفترات زمنية محددة. راجع: fixed asset. ويضاف احياناً الى هذه الوحدات وحدة محاسبية. وهي الوحدة المخصصة والمستخدمة كقاعدة لتسجيل الملاحظات واصدار التقارير عن طريق شخص مكلف بوضع محاسبية الممتلكات.

fixed budget موازنة ثابتة

موازنة تقديرية توضع في بداية كل سنة مالية وتثبت بنودها وعناصرها على اساس مستوى نشاط محدد وهي لا تتغير بتغير حجم المشروع، كميزانية الدولة مثلاً.

fixed capital رأس مال ثابت

الأموال المستثمرة في الموجودات الرأسمالية. وتمثل وسائل الانتاج مثل الأبنية والمنشات والآلات والأجهزة والتجهيزات والماكنات (الطاقة المحركة) والمواد الأولية المساعدة.

fixed charge coverage ratio نسبة تغطية المصاريف الثابتة

وهي نسبة تغطية قياس قابلية مؤسسة معينة لتغطية المصاريف السنوية الثابتة كما في الفوائد والأيجارات ومدفوعات التحويل المتناقص، وهي تستوفي كل ذلك من مكتسباتها الاعتيادية. ويمكن حساب هذه النسبة عن طريق تقسيم مجموع صافي الدخل قبل الضرائب والفوائد والايجارات على مجموع الفوائد والايجارات ومدفوعات التحويل المطروحة منها الضرائب.

fixed charges مصاريف ثابتة

وهي المصروفات التي تتكبدها الشركة، أو التي تستحق عليها بمبالغ معينة وفي أوقات معينة كبدلات الايجار والفوائد والضرائب والمبالغ التي تنقل لحساب الاحتياطي وما شابه ذلك مثل (المبالغ التي يجب دفعها قبل احتساب أرباح الشركة الاجمالية): نفقة عامة لامفر منها.

fixed cost ,or expense كلفة ثابتة، مصاريف

وهي تمثل العناصر التي تؤلف تكاليف التشغيل الطاقة الانتاجية في المصنع أو أي موجودات طويلة الأمد أو التزامات)، وهذه كلها ترتبط بعامل الزمن بحيث لا تتغير بتغير حجم الانتاج أو المبيعات أو النشاط التجاري كالايجارات وفوائد القروض وضرائب العقار ورواتب الأدارة وما الى ذلك.

fixed liabilities التزام ثابت ، مطلوبات
long term liabilities طويلة الأجل
fixed resale price سعر ثابت لاعادة البيع

وهو السعر الأدنى الذي يطلبه المصنع من الموزعين وبائعي الجملة حسب العقد المبرم معهم، وذلك لفرض تحديد كلف مبيعات البضائع المطلوب شراؤها. أن قوانين

التجارة العادلة التي تم اعتبار جزءاً منها من مكونات الدستور القومي والجزء الآخر الفعال في عديد من الولايات تعطي هذا النوع من تثبيت السعر الذي يقوم به المصنفون لمنتوجاتهم بعلاماتهم المسجلة أمراً قانونياً. ولكن المحاكم رفضت تنفيذ مثل هذه القوانين بالنسبة لبائعي الجملة الذين لم يبرموا عقداً معيناً مع المصنفين. إن العديد من المصنفين يزودون الأن بسعر مقترح إذ تتعرض الجهة التي تهمل هذا السعر الى قرارات يفرضها المصنفون أو المجهزون. راجع السعر وادامة السعر: price, price maintenance

fixed trust **إئتمان ثابت**

ان المنظمة المخصصة للاستثمار المشترك للأموال تستخدم الاعتماد الثابت عن طريق تصدير العقود للسندات الطويلة الأجل بين مديري الشركة المساهمة أو المؤتمنة وبين المستثمرين اذ يكون عدد معين من الوحدات المخصصة للاستثمار مودعاً عند المؤتمن فيقوم هذا الأخير ببيع واحدة أو اكثر من وثائق الفوائد الى المستثمر بسعر مساو الى الفائدة النسبية المخصصة له بسعر السوق الحالي لتلك المجموعة من الوحدات مضافاً اليها نسبة العلاوة لتغطية التكاليف للربح الذي يكسبه مدير الشركة.

fixtures **ملحقات ثابتة .**

ويقصد بها التجهيزات الثابتة المضافة الى المباني بحيث لا يمكن تغييرها أو نقلها مرة ثانية لتكون ملائمة لطبيعة عمل المشروع حيث يؤدي نقلها الى الاضرار بنفسها كلياً أو الإضرار بالعقار، مثل الرفوف الخشبية المتبقة، وفرش الأرضيات: الانارة، الخزائن، الجدران المضافة أو الفاصلة بين المكاتب وما شابه ذلك. وتعتبر كلها موجودات ثابتة خاضعة للاستهلاك.

flash report **تقرير اضطراري**

تقرير مالي قصير موجز بحيث يغطي جميع العناصر المالية المضافة. أو حصة التشغيل للفترة المحاسبية. وذلك ليجهز المشروع قبل جميع الصفقات المالية بالمعرفة اللازمة أو قبل اقفال الدفاتر التجارية. وهدفه تجهيز المعلومات التي يحتاجها المشروع بوساطة الادارة لأجل الفحص السريع أو اعادة النظر الفورية، او للحكم في قضية مالية مستعجلة.

flat **مبلغ منبسط**

أي مبلغ من غير فائدة تؤخذ منه أو تعطى إليه. ويطلق هذا التعبير على بعض السندات عند البيع.

flexible budget **موازنة مرنة**

عملية التساوي في الموازنة تبنى على تموينات اختيارية على قاعدة تغيير المعدلات الانتاجية، أو أي مقياس آخر للنشاط.

2- خضوع الموازنة للتحويلات المالية، وذلك حسب الظروف العامة والخاصة للمشروع

flexible,floating exchang rates **اسعار الصرف المرنة، الحرة**

تسهيلات التعامل للتبادل المالي في السوق العالمية وهي نسبة وحدات العملات بين بلدين معينين. وهذه الوحدات من العملة غير المدعومة لتحتل مستويات ثابتة، لذلك تقوم القوى المالية للسوق الخارجية بتحديد هذه المستويات.

راجع: fixed exchange rates

flexible standerd **معيار مرن**

هي كلفة معيارية محددة لطبقة معينة من المصاريف تعرف بالمعادلة التي تهيىء عدداً مسجلاً من الدولارات لعدد أدنى من الحصص أو عدداً ثابتاً لمثل تلك التكاليف مضافاً اليه معدل لكل وحدة من الحجم بالنسبة الى الجزء الدائم التغير من التكاليف.

flexitime **وقت العمل الحر**

وهو برنامج عمل يسمح بطريقة منظمة لموظفين مختلفين بالحضور للعمل في اوقات مختلفة أو لفترات من الزمن المتباين.

flight capital **رأس المال الهارب**

الأموال التي تغادر القطر بصورة مشروعة أو غير مشروعة، هاربة من الخطر أو لأي سبب أخر ومنها:

1. البحث عن مكان أمين لا تخضع فيه الأموال الى رقابة التحويل الخارجي.
2. انخفاض قوة العملة الشرائية (تضخم).
3. تجنب المصادرة أو الحجز من قبل السلطات الحكومية في ذلك القطر.
4. انتقال صاحب الأموال الى بلد غير بلده الأصلي للاقامة الدائمة.

floatation money **(عائم):مال جاهز للإقراض**

1. مستوى الالتقاء في سوق التحويل المالي العالمي استجابة لقانون العرض والطلب مع عدم اعتبار أي حادثة محصورة بالدعم الاصطناعي أو السيطرة

أرصـدة الـدفع أو التحويـل النقـدي أو الثـروات السـائلة المتشابهة على أي فائدة ربما مكاسب (وبهذه الحالة تسمى تداول التحصيل) (collectio float) ربما خسـائر (وتسـمى الدفع المعلـق payment float) كنتيجـة لكـل تأجيل. راجع lock box.

3ـ شيكات أو أسهم مستحقة قيد التحصيل لدى البنك وتمر عليهـا فتـرة زمنيـة يكـون خلالهـا استحقاق الأمـوال معلقـاً لحين تأكد البنك من محرر الشيك ورصيده ليتمكن من صرفها.

floating   (1) عائم غير ثابت. (2) تعويم العملة
حريـة التعامـل وفـق التسـهيلات المبذولـة فـي سـوق النقـد الدولي أو البورصة.

floating asset   أصل سائر، جار
current asset   أصل حر، تحت الطلب
الأصـل القابـل للسـيولة بسـرعة مثـل الأوراق الماليـة القصيرة الأجل والبضاعة التامة الصنع.

floating capital   رأس مال حر
وهـو يمثـل الحصـة مـن رأس المـال المشـروع غيـر المستثمر في الأصـول الرأسـمالية، ولكنهـا موجـودة فـي التداول ورأس المال العامل.

floating debt   دين متداول
ويقصـد بـه الجـاري او الالتـزام القصيـر الامـد راجـع.
current liabilities

floating,flexible,   اسعار الصرفه الحرة، المرنة
exchange rates
نظام سعر السوق الذي يحدد سعر العملة في أي بلد من البلدان لعدم استقرارها مع العملة في البلدان الأخرى.

floating liabilities   مطلوبات حرة غير ثابتة
current liabilities   مطلوبات متداولة.
floating debt   وكذلك دين سائر.
floating lien   (1) حجز حر إستيفاء لدين
(2) رهان متداول
قانون التجارة الثابت في الولايات المتحدة قسم (9- 204) وهو أتفاق يرمي لخدمة أغراض الضمان. وفيه يوافق الضمان الجهة المضمونة (الممولة) على أن الممتلكات التي ستكتسب في المستقبل من الممكن

الاستعاضة عنها بالضمان الأصلي الذي يمكن تصريفه بالطريقة العادية والأعمال والتجارة. وهذا يعني ان الفائدة مضمونة بالممتلكات الحاضرة والمستقبلية.

floating - point number   رقم نقطة الطوفان
وهو تمثيل في الآلة الحاسبة بقيمة تقريبية يكون فيها الكسر العشري من الرقم هو دائماً كسراً بين قيمتين هي صفر وواحد (0- 1). وهو اس أو قوة تدفع فيها قاعدة محددة وتذكر مع الرقم الأصلي.

flotsam   حطام. بضائع طافية بعد غرق السفينة
حمولة (بضاعة) السفينة الطافية على سطح الماء أو أجزاء (معدات) السفينة الغارقة. وتعتبر ملكاً لمن يجدها في القوانين البحرية مالم تكن تحمل اشارة أو علامة تدل على اسم صاحبها الشرعي.

flow chart   رسم بياني لسير الاعمال
1. رسم تخطيطي للسلسة عمليات متعاقبة حسب حدوث الوقائع وذلك للوصول الى الهدف المطلوب أو المنطقي بين نقطتين معززاً ذلك كله بالكلام الواضح والصريح للاعلان بصورة موجزة، وبسيطة عن تراكم الكلف أو حوادث التشغيل، ودخول المواد الأولية وخروج المواد كسلعة اقتصادية.

2. رسم هندسي مكون من اشكال عدة تظهر تسلسل الأحداث في البرنامج بحيث يرمز كل شكل الى حدث أو عملية معينة (حاسبات).

flow statement   بيان التدفق المالي
1. وهو تصوير للانجاز العلمي في عملة الدولة ويرفق عادة بتعليقات خاصة عن طريق تلخيص الحركة المالية ابتداء بالمدخلات وانتهاء بالمخرجات وتكون تلك الحركة عـادة دوريـة، اي أنهـا تبتـدأ مـن المراحـل الأو ليـة الـى الأوضـاع الثانوية ثم الى الأو ضاع النهائية في الحسابات.

2. وفي العمليات الصناعية يعرف هذا المصطلح بالتتبع الجدولي والهيكلي لمشتريات المواد والخدمات من خلال العمل الانجازي والبضائع النهائية.

3. كما يعرف عموماً بأنه الجدولة المحددة لبداية ونهاية فروقات الميزانية العمومية لسنة واحدة. وهو اسلوب راسخ لفترة طويلة وعرف سابقاً بالتصريح عن الأموال المستلمة والمستخدمة.

بالبيانات المالية يعتقد انها ضرورية ولازمة ليتفهمها القارىء كما انها تستعمل لتوجيه الإنتباه الى وجوب التركيز على تنفيذ مهمات معينة.

forced account **حساب الزامي**

المدة الزمنية التي يستخدمها المشروع في بلوغ هدف المقاولة المخططة من قبل المهندسين فهي مبنية على حسابات افتراضية معقولة وخبرة سابقة ومعطيات حالية واحتياجات الموارد المالية والتجهيزات والتمديدات والأيدي العاملة وخطة العمل، ومكافأة الأشراف لصالح المهندسين.

forced - sale **بيع جبري**

forecasting **تنبؤ . توقع**

وهو تخمين لمستقبل الظروف المالية أو النتائج التشغيلية والتي توجه عادة حسب تقاليد الادارة الى حاملي الأسهم إذ تتغير خواصها من تخمينات كمية الى تخمينات نوعية ويلاحظ الميل العام لاستخدام التخمينات النوعية في السنوات الأخيرة إذ تتراوح مجالات استخدامها من تخمينات لزيادات أو نواقص في المبيعات بنسب مئوية الى خلاصات لميزانيات التشغيل. وفي كثير من الأحيان يؤدي وجود الأحداث والظروف غير المتوقعة الى افساد وابطال دقة هذه التوقعات. إن المعهد الامريكي للمحاسبين العموميين القانونيين قد عدل من قواعدها لتسمح لتدقيقات على (التخمينات المالية) المعروفة بأنها تخمين للوضع المالي أكثر احتمالاً لوحدة مستقبلية مع تخمين نتائج عملياتها والتغييرات في وضعيتها المالية لواحد أو أكثر من الفترات الزمنية المستقبلية. ان (الاكثر احتمالاً) يميز عن التخمينات المالية وانواع أخرى من المحاسبة المتقدمة على اساس ان الفرضيات للتخمين تتوافق مع تقدير الادارة للظروف المتغلبة في أكثر الأحيان ولما ستقرره من عمل أستجابة لذلك. أن المدقق الخارجي يصدر تقريراً عن الفرضيات المستخدمة كقاعدة للتخمينات الإدارية فيما أذا كانت معقولة أم غير معقولة ويعتبر هذا خطوة أولية مع أحتمال تتابع خطوات أخرى متشابهه في المستقبل. وبالتمعن، فإن كل المعلومات المجمعة والطرائق المستخدمة المتضمنة نماذج مطبقة تتعرض عادة للفحص الدقيق والتقييم باعتبارها فرضيات تتبناها الادارة العامة ومن المتوقع بأن كل هذا سيعتبر جزءاً من وحدة متكاملة. ان الرجوع الى الخبراء هو أمر

4- من الممكن استخراج خلاصات أكثر توضيحاً للانحرافات المالية من تصريحات تدفق النقد وتصريحات تدفق التحويل. ان هذين التصريحين مع تصريح التغيرات بالهيئة المالية متعلقة مع بعضها البعض، ومن الممكن اشتقاق الواحد من الآخر بالاستعانة بملحق المعلومات العامة.

ورجوعاً الى التعاريف الثلاثة المذكورة سابقاً **في** (3) (4) فان استخدام التدفق النقدي هو اكثرها انسجاماً مع حقيقة الفعاليات الإدارية المالية. وهو اسلوب من المتوقع أن تميل باتجاهه أكثرية تصريحات التغير إذ إنه يتضمن التحركات الإدارية التي تساهم بصورة رئيسية في ايجاد التغيرات في وضعية الأصل والدائن أو الموجودات والمطلوبات.

FOB, free on borad **تسليم بضاعة**

المشتري على ظهر السفينة ويتبعها اسم موقع ميناء المشتري الذي تطرح البضاعة بداخلها. فلذا يتحمل البائع مصاريف الى نقطة سطح السفينة (تجارة خارجية)

FOB price **سعر فوب**

ويتضمن هذا السعر سلسلة مصاريف متتابعة حتى استقرار البضاعة على سطح السفينة، ابتداء من المزرعة أو المعمل أو فتحة المنجم أو مستودع السلع والبضائع المنتجة. وتفصل كالأتي:

سعر FAS.

+ التغليف الخصوصي.

+ رسوم الكمرك واجور الميناء.

+ كلف الحمولة من الرصيف الى السطح.

FOB pricing **تسعيرة فوب**

المهمات البيعية للتسليم مع مصنع البائع الى المكان الذي تنتهي به الرحلة في ميناء المشتري.

folio reference **مراجعة التسلسل الرقمي**

هو رقم الصفحة أو المستند أو أي رقم آخر في سجل أو وثيقة أو قيد يومية مالي أصلي أو شيك أو ترحيل، وقد تستعمل هذه المراجعة للاختصار أو للاختزال.

Foot **قدم اضافة رقمية.**

1. وحدة قياس= 12 انج.

2. اضافة رقمية أخرى في أسفل عامود الأرقام في السجل لجمعها مع اصل مجموع العامود الحسابي.

footing test **اختبار الترحيل العامودي**

الاجراءات التدقيقية لأي تفصيلات تنظيمية للمجموع في السجل الذي يكون واسع الاطلاع كالموارد المالية، وذلك للتأكد من صحة الأرقام النهائية بعد التحقق.

footnote **حاشية او هوامش**

هي ملاحظات الوضوح أو التفسير لمعلومات تتعلق

في الأسعار للعملات الأجنبية ويقوم على اساس الاستناد إلى التاريخ أولاً والى عملتين متداولتين ثانياً. وذلك ضمن معدل معين للتحويل. فالاتفاقية تكون كالأتي: العملتان هما: الدولار الأميركي والين الياباني مثلاً. والمدة الخاضعة للتحويل تسعون يوماً ابتداء من يوم الاتفاق وبمعدل متقدم للتثبيات 0.005 دولار ويكون الأحتساب كما يلي:

(0.005 دولار قيمة لين ياباني واحد أو 200 ين لقيمة دولار أميركي واحد). مثل هذه العقود تكون مستعملة للحيطة مقابل تقلبات السعر.

foreign exchange exposure **كشف التبادل الخارجي**

وهو ايضاً نوع من تعرض العملة وتعرض التبادل المالي وهو مقياس للخطورة الناجمة عن خسارة لاستيفاء العملات الأجنبية (أوالموجودات والمطلوبات المعرفة بعملة اجنبية) الناجم عن التغيرات في معدلات التبادل للعملات الوطنية (سعر الصرف) راجع: exchange rates. وباعطاء طريقة معينة لتحويل العملة الأجنبية فان تعرض التبادل الخارجي لمؤسسة معينة في الموجودات المحولة بأسعار الصرف (الموجودات المتعرضة) على (المطلوبات المتعرضة) أوالمحولة بأسعار الصرف.

foreign exchange risk **خطر التبادل الخارجي**

وهو الخطر للخسارة الناجمة عن التقديرات في معدل التبادل الخارجي للعملات المحلية.

foreign tax credit **عائد الضرائب الأجنبية**

وهو عائد مفروض ضد ديون ضريبة أميركية لمواطن معين أو مؤسسة محلية لضرائب معينة تفرضها حكومات أجنبية أو استملاكات أميركية مدفوعة أو متراكمة خلال سنة الضريبة بحسب قانون العائدات الداخلي (الاقسام 33، 901-905).

foreign taxes **ضرائب خارجية**

foreign taxincentives **حوافز الضريبة الخارجية**

وهي امتيازات ضريبة ممنوحة من قبل دول اجنبية لجذب شركات المشاريع الدولية المشتركة ومؤسسات المشاريع الأخرى. ان دوافع كهذه تأخذ شكل الخصم والحذف أو اهمال لضرائب دخل وضرائب غير مباشرة.

ضروري، ولكن هذا لايعتبر عنصراً رفيعاً في مجال التدقيق. إن الضغط المتزايد يفرض على المدققين مراجعة بيانات الوقائع التي تصدرها الأدارة في مقاطع مختلفة من التقرير السنوي المتعاون ومن المتوقع ان يشمل ذلك التخمينات العامة.

راجع علم التخمين: المستقبل الأداري futurology

Foreign Corrupt Practices Act **قانون الممارسات اللاشرعية الخارجية**

سلسلة التحسينات المختلفة في عام 1977 الى قانون الحمايات المالية وحالات أخرى مكونة من:

1. الجزائيات الخطرة لعمليات الرشوة المالية المختلفة للمسؤولين الخارجيين والأجانب.
2. الشرط الأساسي في الشركات التي يملكها القطاع العام هو وجوب ان يكون لديها سجلات محاسبية كفوءة مع وجود نظام السيطرة المحاسبية الداخلية حسب شروط هيئة الأوراق المالية والتحويل الخارجي (SEC)

foreign currency translation **تحويل العملة الاجنبية**

عملية إرسال مبالغ من أموال مرصودة بسرعة استثنائية أو اموال موزونة باحدى العملات الى عملة اخرى وذلك بوساطة سعر الصرف بين البلدين.

foreign direct investment **إستثمار أجنبي مباشر**

وهي ملكية وحدة محلية لقابليات انتاجية محددة أي قابليات أدارية أخرى في بلدان أجنبية.

foreign exchange **تبادل خارجي**

1. وهي الطريقة التي تتم من خلالها التصفيات المالية للصفقات التجارية الدولية راجع: exchange.
2. اصطلاح تجاري يستخدم في التحويلات المالية الخارجية وفي أدوات السيطرة الادارية والتحويل كما في الذهب والفضة وحوالات المصرف وشيكات المسافرين وطلبيات التحويل المستخدمة في دفع الديون الخارجية والمسجلة بقيم العملة الأجنبية.

foreign exchange contract **إتفاقية التحويل الخارجي**

نظام التحكم في التحويل الحالي والسيطرة على التقلبات

foreign exchange market
سوق التحويل الخارجي

السوق التي يتم فيها تبادل العملات بيعاً وشراء مع بعضها البعض بحرية تامة وبدون قيود.

foreing – trade financing
تمويل التجارة الخارجية

وتتم بوساطة الصفقات التجارية بين الأشخاص في الدول المختلفة، وتحتاج الى أرصدة مطلقة من العملات الأجنبية أو شحنات الذهب أو الاعانات المالية أو المقايضات. وهذه الترتيبات تبسط وتسهل عن طريق المراسلات بين المنتج والمستورد والتسديد بوساطة البنوك الأجنبية أو المركزية او مؤسسات أهلية وشخصية لتجاوز صعوبات التسديد.

forgery
تزوير، جريمة احتيال

ويقصد به تغيير مستند رسمي مكتوب لغرض خدع الآخرين والاحتيال عليهم، أو تغيير أو تقليد التوقيع.
قسيمة. إستمارة.

1. وهي وثيقة منظمة ترمي الى ادخال القراءات القياسية أوأي معلومات أخرى.

2. (حاسبات) وهي وثيقة تحتوي على معلومات مطبوعة كما تحتوي على مكان مخصص لمستخدم الآلة الحاسبة لتسجيل المعلومات التي في حوزته.

formal
رسمي

وهو اصطلاح يرمز الى مشتق من الترتيب والتركيب أو قواعد التنظيم بدلاً من اشتقاقه من محتوى الاتجاه والخبرة والعمليات الاجتماعية.

FORTRAN
فورتران (ترجمة المعادلة)
FORmula TRANslation

هي احدى لغات الحاسب الكتروني المصممة الهادفة لتبويب أو تجهيز المعلومات بصورة رئيسة لحل المعضلات العلمية المعقدة. وتعتبر لغة معالجة عالية المستوى. وانها تنجز بكفاءة كمية من القرارات القياسية (البيانات) التقريبية في المدخلات والمخرجات كما تنجز أيضاً اجابات باستخدام تلك القراءات. وانها ليست فعالة كلغة كوبول cobol لغرض ادخال واخراج أحجام كبيرة من القراءات القياسية (البيانات)؛ وهناك لغة مبسطة مأخوذة عن هذه اللغة تسمى لغة BASIC البيزيك. وتسمية فورتران في اللغة الأنكليزية مركبة من

اختصار الكلمتين بالأنكليزية بأحرف كبيرة من (ترجمة المعادلة)

forward accounting
محاسبة متقدمة
محاسبة مستقبلية(أجلة)

وهي مجالات الأثمان في تحضير الكلف القياسية وعائدات وكلف الميزانية وتخمينات للحاجات النقدية والرسوم البيانية للتعادل وتصريحات مالية التخمين، مع كل الدراسات المتنوعة الضرورية لغرض التخمين. هذه القيم تتضمن ايضاً الضوابط الداخلية التي تحمي وتنظم العمليات المستقبلية. وعلى الرغم من أن كل ذلك مبني على اساس الكلف التاريخية، فإن الكلف المتقدمة ينتظر ان تعكس الحالات الحقيقية المتوقع مجابهتها ولذلك فانها قد تحول النماذج الموجودة للكلف والتشغيل. إن أساليب المحاسبية المتقدمة تختلف عن تلك التي ترافق المحاسبة التاريخية في انها تتعامل فقط مع مجاميع الصفقات، ولا توجد سجلات لمسك الدفاتر وان المفردات الرئيسية تعكس بصورة أساسية توجيهات وتوقعات وأحكام الادارة

forward exchange contract
عقد التحويل المتقدم

الاتفاق لتحويل عملات بلدان مختلفة بسعر معين (سعر متقدم) في تاريخ مستقبلي معين. وهدف العقد المتقدم ربما كان الإحتياط لالتزامات العملة الأجنبية الكاشفة لصافي الأصل أو صافي المطلوبات، ابتفاء توقع المكسب.

forward exchange rate, forward rate
معدل التحويل المتقدم
معدل المتقدم

forward financial statement
تصريح مالي متقدم
مستقبلي

وهو تخمين ظرفي (ميزانية عمومية) وتخمين نتائج التشغيل (تصريح الدخل) وهو تخمين لانسياب التمويل. وهو النتيجة النهائية في عملية تحضير الميزانية لحقبة زمنية خلت (سنة مالية واحدة) راجع: flowstatement
ان التصريحات المالية المتقدمة كما يجري لمدة 12 شهراً مضت يمكن ان يعرف بالإجتماعات السنوية لحاملي الأسهم ويطبع بحقبات رباعية كجزء من المقترحات المتعلقة بالأوراق المالية والمنشورات بخصوص

117

المشاريع المعروفة. إذاً إن كل ذلك يهيئ معايير المقارنة لغرض إصدار التقييمات الانتقادية للمتباينات المتعلقة بالحوادث والظروف.

سعر متقدم، آجل **forward rate**
نسبة تحويل الوحدات النقدية بين بلدين أو أسعار لحصة بضاعتين للتحويل في تاريخ مستقبلي.

أسهم المؤسسين **founders' shares**
أو أسهم المروجين أو أسهم المدراء وهي مضمونة للأشخاص الذين يساعدون في تقديم خدمات خاصة للمشروع وتمنحهم امتيازات اضافية.

كسر أصغر **fractile, quantile**
إطار **frame**
(احصاء) وهو نظام للسجلات أو أي مجاميع أخرى للبيانات المستخدمة لاستخراج النماذج وبصورة نظرية فان تحديد الاطار يجب ان يعرف مجال المسح كما يجب ان يعرف أصناف رئيسية من المواد المطلوب تغطيتها. إن التاريخ والمصدر والتعاريف المرفقة بالأطار هي ذات أهمية مركزية. وفي تصميم المسح الحقيقي وتنفيذه فان الأطارات المستخدمة بصورة اولية تحتاج الى تعديلات وتضخيمات بصورة دورية كما في المعاينة المتعددة المستويات.

امتياز **franchise**
1. ينشأ هذا الامتياز عن منح المواطن من قبل جهة رسمية حقاً من الحقوق المشروعة بعد دفع رسم معين للدولة.

2. وثيقة ادماج شركتين.

3. الأمتياز الممنوح من قبل المصنع الى التاجر ليقوم الأخير ببيع انتاجه (حسب مواصفات وشروط موضوعة سابقاً).

4. يعني المصطلح في التأمين: نسبة التحمل وهي نسبة المخاطر التي تحدد الحد الأعلى للخسارة التي يتحملها المؤمن له، فأن زادت الخسارة عن هذا الحد ، تحمل المؤمن الخسارة كاملة.

سعر محل المشتري **FRANCO**
خالص الاجرة والمصاريف
وهو سعر وصول البضاعة من الدولة المصدرة (البائع) الى الدولة المستوردة (دكان المشتري) واحتساب ذلك

كالآتي:
- سعر سيف .C.I.F
- التفريغ
- مصاريف الارساء
- الجمرك والمكوس.
- م . وكيل الأخراج
- النقل الى محل المشتري.

خداع، جريمة إحتيال **fraud**
استعمال المتعاقد أو نائب عنه الوسائل التضليلية (تحريف أو تشويه الحقائق والوقائع المادية) بقصد ايقاع المتعاقد الآخر في خطأ يدفعه الى التعاقد أو حرمانه من حقوق مستحقة له أو تعريضه لأضرار فعلية علماً أن المتعاقد الأول عالم بعدم صحة العقد فعلياً. والخدع يجعل العقد باطلاً أو قابلاً للأبطال من الناحية القانونية. أضافة للعقوبة بحق المحتال مع غرامات الأضرار.

خدع في تنفيذ الاحكام **fraud in the execution**
بالنظر الى الاجراءات القانونية المتداولة، هناك دفاعات معينة (تعرف بالدفاعات الحقيقية) تمنع عادة الشخص المحول اليه من ان يصبح حاملاًوضعياً. وهناك دفاعات أخرى (دفاعات شخصية) تكون مؤثرة ضد المحول اليه وليس ضد الحامل الوضعي.

ان الغش هنا يرتبط بطبيعة الوثائق الموقعة أو بشروطها الرئيسية وان الدفاع هنا هو قوي ضد كل المتسحوذين بمن فيهم حملة الوضعية راجع: fraud

خداع في **fraud in the inducement**
الاغراء
وهي الحالة التي يغرى فيها الشخص باللجوء الى الخدعة لفرض الموافقة على تنفيذ أجرائي معين. ان الدفاع هو ليس قوياً ضد الحامل الوضعي.

عملة حرة **free currency**
العملة التي تحول الى عملة قطر آخر بدون قيود أو حصر (بحرية تامة).

دون تحيز او محاباة **freedom from bias**
وهو واحد من اربع قواعد أو ضروريات في محاسبة المعلومات تقدمت به في سنة 1966 لجنة ادارية لمؤسسة المحاسبين الأميركيين. إذ يهدف الأستثناء من التصريحات.

المالية، المعلومات المفيدة لواحدة أو أكثر من مجموعات المستخدمين ولكنها مضرة للآخرين. أما القواعد الاخرى الثلاث فهي: وثاقة العلاقة الموضوعية وقابلية القياس الكمي وقابلية إثبات الصحة.

free on board, F.O.B **تسليم البضاعة**

F.O.B **على سطح الباخرة (فوب) راجع**

free on , or alongside **تسليم البضاعة**

rail, loco **على رصيف محطة القطار**

او سعر تصدير محطة البائع واحتسابه كما يلي:

كلفة البضاعة.
+ مصاريف متنوعة.
+ تغليف خاص بالتصدير.
+ رسوم تصدير.

Loco

free on, or alongside **تسليم البضاعة**

ship F.A.S **على رصيف ميناء التصدير**

راجع: F.A.S

free price **سعر حر**

كالأسعار التي تكون اسعار تنافسية حرة او اسعار احتكارية حرة (غير تأمرية)

مختصر توضيح لحركة بيع البضاعة (في التجارة الخارجية) من مصدرها لغاية آخر نقطة مستوردة:

كلفة البضاعة المنتهية في أرض العمل + مصاريف متنوعة + تغليف خاص بالتصدير + رسوم تصدير	Cost
1- free alongside rail F.A.R – Loco + اجرة نقل سكة الحديد او نقل بري الى الميناء. عمولة وكيل الشحن لايصال البضاعة الى ميناء.	Loco
2-free alongside ship – FAS + اجرة الميناء الرسوم، الجمرك، التخزين. + التحميل من الرصيف الى سطح الباخرة ومن ضمنها اجرة مركب الصندل والحبال. + مصاريف شحن البضاعة من ميناء البائع الى ميناء المشتري	Freight
F.O.B ▪ تأمين البضاعة المشحونة وهي في البحر. ▪ تفريغ بوساطة الباخرة.	C & F + insurance
3- free on board F.O.B ((انتهاء دور العملة الاجنبية)) ▪ التفريغ بوساطة الميناء. ▪ مصاريف الارساء. ▪ الجمرك والمكوس.	C.I.F +
▪ مصاريف الاخراج الارضية ووكيل الاخراج. ▪ النقل الى محل المشتري(في الدولة المستوردة)	Franco
4-franco ((انتهاء دور العملة المحلية بضاعة خالصة)).	

free surplus **فائض حر**

.1 هو ذلك الجزء من المكاسب المحفوظة المتوفرة لأغراض ربح الأسهم الاعتيادية أي أنه استقطاع كميات محدودة قانوناً بأسباب مفردات مثل ارباح الأسهم الممتازة المتخلف دفعها أو سعر اعادة ثراء سندات الخزينة أو اتفاقات القروض المحتاجة الى توازن نقدي آدنى أو نسبة أدنى لتعرض الأصل.

.2 أو ذلك الجزء من المكاسب المحفوظة الذي لا يزيد على الموجودات النقدية والذي ترتفع قيمته على رأس المال العامل أو أي متطلبات آنية أخرى.

free trade zone **منطقة التجارة الحرة**

.1 أي منطقة من الأرض في أي تحديد بالحواجز تكون داخل حرم المرافئ أي أن البضاعة الداخلة اليها لا تدفع الرسوم الجمركية باعتبار انها قد تشحن الى بلد آخر وهي تبقى كذلك الى حين اخراجها، ومتى أخرجت يصير دفع الرسوم عليها.

.2 البضاعة المنقولة من سفينة الى سفينة أخرى.

freight **شحن، حمولة، أجرة شحن**

.1 النفقة المدفوعة بوساطة الناقل لانتقال البضائع.

.2 الحمولة الطبيعية (ما تحمله السفينة أو الطائرة أو عربة القطار أو الشاحنة من بضائع).

freight -in **أجور الشحن على البضاعة المشتراة**

أجور النقل المدفوعة على الارسالية الواردة التي تجري معاملتها على انها اضافة مناسبة لثمن البضاعة المشتراة.

freight out أجور الشحن على البضاعة المباعة
أجور النقل المدفوعة على الأرسالية المصدرة من قبل البائع للعملاء. وفي الحسابات تعتبر مصاريف بيعية إذا كانت متداخلة في سعر البيع أو اذا كانت مخصومة من المبيعات وهي لا تدخل في حساب تكلفة المبيعات

frequency تكرار، تردد، تواتر
ذلك الشيء ذو صلة بشيء آخر (نسبي غير مطلق) أو أرقام مطلقة للحوادث غير المتوقعة لتصنيف الحوادث.

frequency chart مدرج تكراري
رسم بياني تكراري ذلك الرسم البياني بأعمدة مستطيلة متسلسلة للتوزيع التكراري. راجع: histogram

frequency curve منحنى تكراري
وهو منحنى خطي ناتج عن أستكمال واستبداد القيم في جدول التكرار بهدف توضيح توزيع احصائي متضمن أو مثالي.

frequency distribution توزيع تكراري
تصنيف المعطيات الأحصائية الى فئات من الأصناف حسب الحجم والمقدار مع ذكر عدد البنود (التكرار) في كل فئة، او هو تكرار لحادث لكل صنف.

frequency polygon مضلع تكراري وهو صورة هندسية للتوزيع التكراري ناتجة عن توصيل النقاط الوسطية لمستطيلات في جدول التكرار.

fresh start بداية جديدة

fringe benefits فوائد هدابية
مزية يحصل عليها الموظفون عيناً أو على شكل خدمة ويتحمل صاحب العمل تكاليفها أو توزيع ما دفع منها على كلف العمل الاخرى أو الصيانة أو البنود الاحتياطية على نظام التشغيل. فهي تشمل على وجه العموم مشاريع المشاركة في الأرباح، أو منحة حكومية أو احتياطاً تقاعدياً أو حصة تقاعدية أو تغطية تأمينية أو أي كلفة معلنة في الحاضر أو عائداً مالياً في المستقبل وهي لا تستقطع من رواتبهم الجارية، ولا تدفع من قبلهم.

front – end loading تحميل النهاية الأمامية

وهو اسلوب تمارسه شركات التمويل المشترك وشركات

الاستثمار أوالائتمان إذ تقوم بخصم الكمية الكلية لاجور الأدارة والبيع والائتمان والأجور الفنية للوساطة (السمسرة) من قيمة الودائع الثابتة أو من قيمة المدفوعات.
1- السنة الاولى لخطة طويلة الأمد. راجع loading

full – costing تكلفة كاملة
1. الحصصية لجميع الكلف الانتاجية بهدف تحديد الأسعار وتأكيد أو إستبعاد امكانية تحقيق ربح للانتاج أو لخدمات الخطوط المقدمة، كنموذج معروف: (full absorption costing -) (تكاليف الاستيعاب التام) أو كلفة الأدماج الكامل. وهي متضمنات كلف أخرى مثل: الحصص المعدة للبيع والكلف الادارية والعمومية مثلما هي في تكاليف الانتاج.
2. في صناعة النفط والغاز تكون التنمية الرأسمالية والأستهلاك (الإطفاء) اللاحق بالكلف الخاصة باستثمار الموارد الطبيعية أي الاثنين: النجاح أم الفشل.

full – cost method طريقة الكلفة الكاملة
طريقة محاسبية مستخدمة في الصناعة أو الصناعات الاستخراجية وغالباً في صناعة النفط والغاز، إذ تكون كل الكلف المتجمعة والناجمة عن التنقيب لموارد المادة الأولية الخام وعن استحصال واكتشاف وتطوير خواص المادة الأولية في حدود مركز كلفة كبيرة نسبياً اويكون غالباً بلداً معيناً اذ تشغل هذه الكلف كرأسمال للكلف التاريخية لموارد في حوزة الشركة المستثمرة في حدود مركز الكلف المعين. وتصرف هذه الأموال كتكاليف (تطفأ) كلما تم الانتاج من موارد المادة الأولية المستثمرة.

full – cost pricing تسعيرة الكلفة الكاملة
حالة السعر بوساطة الكلفة المعدلة، كتحديد عمومي كالكلف القياسية أو الانتاجية + النفقة العامة (تكاليف ثابتة غير مباشرة) + ارتفاع السعر الثابت.

full–faith–and– credit debt دين موثوق ومؤتمن
(حسابات البلدية) التي تقام في المدينة مضمونة التسديد، لان عائد الاستثمار مضمون برهن الملكية.

full –liability مسؤولية كاملة
وهي الالتزام التام لا يشارك به الآخرون.

paid -fully capital stock	رأس مال الأسهم المدفوع بكامله
function	وظيفة . دالة

1. وهي الفائدة أو قابلية الاستخدام النسبية.
2. وهو الهدف العام أو النهاية التي تهدف اليها وحدة تنظيمية معينة. مثل الادارة، البيع، البحث العلمي.
3. وهي مجموعة من الفعاليات المرتبطة الصالحة بأن تكون هدفاً أو نهاية مشتركة.
4. (محاسبة حكومية) النشاط أو النشاط الجماعي المحمل للوكالة العامة بوساطة النظرية الادارية التصنيف المفرد لكل من الميزانية التخطيطية وهدف التشغيل لدخل الوكالة المالي أو النفقات الخاصة بالتحويلات المالية المحتملة.

functional وظيفي، فعال

1. المكيف للفعالية، او مقابل للتغطية الأداء كأي قطعة بديلة فعالة.
2. العمل أو الخدمة المنفذه بوساطة إحدى وحدات المنظمة لوحده أخرى.

functional accounting, activity accounting محاسبة فعالة

functional classification تصنيف فعّال

تصنيف النفقات العامة على قاعدة الأهداف الأساسية لأي صنف مكون من الاصناف مثل: الأمان العمومي، الرخاء العمومي(خدمة اقتصادية) الرفاهية العمومية (خدمة اجتماعية).

functional cost كلفة عملية

أي كلفة متطابقة مع موضوع الكلفة

functional currency عملة فعّالة

وتعرف في تحويل العملة الخارجية بأن العملة الفعالة لوحدة اقتصادية معينة هي العملة المستخدمة في البيئة الأقتصادية الأولية والتي تكون فيها هذه الوحدة مشغلة ومولدة لتدفق النقد الصافي. ومن المحتمل أن تكون هي نفس العملة المستخدمة في البلد الذي تعمل فيه تلك الوحدة كما هو معتاد دائماً أو لعلها تكون العملة الأم في حالة كون عملات أجنبية عضواً مباشراً ومتكاملاً، أو امتداداً لعمليات الشركة الأم.

ان أي مكتسبات تبادل خارجي أو خسارات ناجمة عن تحويل التصريحات المالية الأجنبية بدلالة العملة الفعالة الى العملة المطلوبة والمستخدمة للتصريحات التأسيسية تكون غير محسوبة في الدخل الصافي للوحدة التأسيسية المقصودة، ولكنها تجمع في حساب تحويل الضبط في حصة تسوية حاملي الأسهم في الميزانية العمومية.

fund رأس مال. صندوق مالي اعتمادات مالية

1. الأصل أو جماعة الأصول (الموجودات) مع أي منظمة، الانفصال الطبيعي أو في كلاهما من الموجودات الأخرى والاستعمالات المتضامنة أو النوعية مثل نثرية الصندوق، ورأس المال العامل.

2. الأوراق النقدية المالية (السندات والأسهم) أو أي موجودات في متناول الأيدي أو الائتمان، راس المال أو الدخل أو كلاهما تكون مصروفة في المطابقة مع

121

شروط الاتفاق النموذجي مثل اموال الوصايا الجارية بوساطة الوصية المتروكة مـن قبل المتوفى او امـوال التسديد: sinking fund

3- (محاسبة حكومية) الكيـان المحاسبي والطبيعي مـع وجود توازن ذاتي للحسابات لأجل عمليـة تسجيل النقدية، والثروات الماليـة الأخرى، وتكون سوية مع جميـع المطلوبـات المترابطـة، وتساوي الفـروق والتحويلات المتداخلة.

4 - صـندوق منظمة تتـولى انفـاق اعتمـاد مـالي لغرض اجتماعي أو اقتصادي أو ثقافي أو صحي.

funds موارد مالية

موجودات نقدية سائلة او نقد في الصندوق.

fundamental analysis تحليل اساسي، جوهري

وهواسلوب في تحليل الضمان يفترض بـأن الضمان ذو قيمـة ذاتيـة تحدد باستخدام تقييم صارم لكل المتغيرات المرتبطـة بها. ان المكتسبات المتوقعة تعتبر عـادة أهم متغير في هذا النوع مـن التحليل وممكن ايضاً دراسة متغيـرات اخرى عديدة مثل: أربـاح الاسهم المساهمة وهيكـل رأس المـال ودرجـة نوعيـة الادارة. ان المحلـل يخمـن القيمـة الذاتيـة لضمان معيـن علـى اسـاس تلك المتغيرات الجوهرية ويقارن تلك القيمة مع سعر السوق الحـالي للضمان، وذلـك لغـرض التوصـل الـى قـرار استثماري.

fund asset أصل مـالي

الأصل المنتمي للاستقلال النقـدي او جماعـة الأوراق المالية (السندات والاسهم).

fund balance موازنة التمويل

(محاسبة حكومية ومحلية) وهو فائض الموجودات لتمويل معين على قيمة المطلوبات والاحتياطات المالية، ويستثنى مـن ذلك عنـدما تكون الامـوال خاضعـة الـى محاسبة الميزانية. اذ يعتبر الفائض قبل نهاية السنة المحاسبية فائضا لموجودات التمويل والعائدات المخمنة لتلك الفترة علـى قيمـة المطلوبـات والأحتياطـات والاستملاكات المتوفرة.

fund balance sheet ميزانية الأموال

الميزانيـة العموميـة مقسمة فـي أقسـام الموازنـة الذاتيـة. ويلاحـظ وضوح مقـاطع (الموجودات والمطلوبـات) للأموال الفردية أو جماعة الموجودات المرتبطة بالسيولة النقدية.

funded debt دين مغطى أو موحد

1. سندات رسمية مستحقة أو طويلة الأمد.
2. توحيد الـديون الناشئة مـن عمـل تجـاري أو توحيد الـديون الحكوميـة أو ابدالهـا بـدين واحـد جديد يكفي لتغطيتها كلها.

funded deficit عجز مالي مغطى

العجز المحذرف والمعزول خلال بيع السندات الصادرة لتلك الاهداف.

funded reserve احتياطي مغطى

الاحتياطي المستثمر أو البديل بوساطة الأنعزال النقدي، الأوراق الماليـة أو موجودات أخرى ملموسة فقط لأجل حالة الهدف.

fund group تجمع مالي

وخير مثال له، الموارد المالية الجارية، الموارد المالية للقروض، الموارد المالية للمصنع، الموارد المالية للوكالة الرسمية.

funding agency وكالة التمويل المالي

مثل شركة التأمين على الحياة.

fund bonds سندات التمويل

السندات الصادرة لمديونية للأجل الطويل. أو الى النفقات الجارية المالية.

funding decision قرار التمويل

أي فصل لمالية رأس المال المستثمر أو أي برنامج مالي.

fund liability **التزام مالي**

المسؤولية المالية لأي التقاء خارج تكوين بقاء الثروات.

fund obligation **تعهد مالي**

المسؤولية أو الرهن على العقار للمال المستقل.

fund pool **تجمع مالي**

تجميع الاموال للاستثمار المشترك من قبل الافراد.

fund –flow adequacy ratio **نسبة كفاءة الانسياب المالي**

وهي نسبة تعمل كمؤشر الى امكانية الأرباح الناجمة عن عمليات التشغيل لمؤسسة معينة لتغطيتها بالاستثمار في الموجودات وسياسة أرباح الأسهم، وتحسب عادة بقسمة قيمة الأرباح من العمليات على مجموع تكاليف الحصول على الموجودات الطويلة الأمد، واضافات المخزونات السلعية مع أرباح الأسهم. ان المقام والبسط يمكن أن يحسبا لفترات مثل خمس سنوات بدلاً من سنة واحدة. ان قيمة نسبة أقل من واحد تؤشر الى ان المؤسسة لا تولد تمويلاً داخلياً كافياً للحفاظ على حاجيات الاستثمار وأرباح الاسهم.

funds-flow fixed-charge coverage **تغطية التدفق المالي الثابت**

وهو نسبة تغطية قياس قابلية مؤسسة معينة للايفاء بمصاريفها السنوية الثابتة، مثل الفوائد والايجار ومدفوعات اموال التسديد sinking fund وذلك بالاستفادة من الاموال المتولدة من عملياتها التشغيلية المعتادة. ويمكن حساب هذه النسبة عن طريق تقسيم مجموع الاموال من العمليات التشغيلية مع الفائدة والايجار على مجموع الفائدة والايجار ومدفوعات اموال التسديد المعدلة قيمتها بعد استقطاع الضرائب بمعنى آن مدفوعات اموال التسديد تقسم على واحد ناقص معدل الضريبة راجع: fixed change coverage ratio

funds flow statement **بيان التدفق المالي**

funds flow to long term debt ratio **نسبة التدفق المالي الى ديون طويلة الأجل**

fund flow to total debt ratio **نسبة التدفق المالي الى الدين الكلي**

fund from operations **تمويل ناجم عن عمليات التشغيل**

fund from operations to current debt ratio **نسبة التمويل الناجم تشغيلية عن عمليات التشغيل الى الديون الجارية**

funds provided by operations **تمويل ناجم عن ارباح العمليات التشغيلية**

funds statement **بيان الأموال**

1. التدفق المالي funds flow

2. تصريح التدفق المالي.

funds surplus **فائض المال**

fungible **ذوإستقلالية نوعية قابلة للمبادلة والمقايضة**

وهو ما كان من نفس الصنف أو النوعية بحيث يكون متبادلا فيما بينه مثل الموارد الأولية كالقمح أثناء التداول الفردي. إن المواد المستقلة نوعيا وموجودات أخرى هي تلك التي تفقد هويتها الخاصة في عملية المزج أو الخزن مع مفردات من نفس النوع بحيث تكون غير خاضعة للحقوق التي كانت متصلة ومتعلقة في الموجودات المنعزلة الأصلية. ان الاصطلاح يذكر عادة في حالات مثل القمح المخزون.

furniture and fixtures **أثاث وتجهيزات**

الأثاث: معدات المؤسسة، الدائرة، المخزن أو معدات الفندق وهي متنقلة وتساعد على عمل المنظمة اليومي، كالمناضد والكراسي وغيرها. التجهيزات: الأشياء المضافة الثابتة في المبنى والقواطع في الغرف والفرش الأرضي والتي يصعب أزالتها أو نقلها أو التركيبات الكهربائية.

future price **سعر تعاقدي**

future value **قيمة مستقبلية**

futurology **علم المستقبل الاداري**

وهو اسلوب بحث يعنى بطرق تخمين المستقبل، ويكون عادة في شكل سيناريو (مخطط القصة المعدة للاخراج السينمائي) ويؤكد الطرق التي تكون فيها الاستراتيجيات المختلفة المستخدمة من قبل الإدارة لتحوير ذلك المستقبل

راجع: forecast

cdefghijklmno

gabelle
قبالة

ما يلتزم المرء من عمل ودين (الضرائب العربية).

1. ضريبة الملح (الفرنسية) قبل عام الثورة الفرنسية عام (1790) ميلادية.

gain
كسب

اي ربح ناتج عن اي مصدر كان.

gain contingency
احتمال الكسب

إحتمال حدوث ربح. أو هو القدرة على جني ربح. واحتمال الكسب عادة غير منعكس في الحسابات بل ربما يشار اليه في ملاحظات التصاريح المالية.

gain due
كسب مستحق الدفع

gain or loss
المكاسب أو الخسائر

صافي النتيجة لنهاية الصفقة المالية، أو مجموعة الصفقات التجارية، أو الصفقات المالية لفترة العمليات التجارية. اي ارباح وخسائر.

gains
مكاسب

1. الزيادة في الموجودات أو النقصان في المطلوبات خلال فترة زمنية في حالة خارجية أو حادث عرضي أو اتفاق عن طريق الصدفة أو منظم لمناسبة خاصة بالصفقات المالية في المشاريع كذلك من حوادث وظروف أخرى. كل ذلك يتضمن الزيادة في الموجودات أو نمو حقوق المالكين من العائدات وأسهم رأس المال في المشاريع بوساطة المالكين.

2. أي ربح مالي من استثمار الاوراق المالية، او من جراء الصفقات التجارية أو من أي مصلحة مشتركة أو فائدة.

game
مباراة، منافسة

أي مجموعة من الأموال ضمن القواعد التي تغطي السلوك في اقتسام المنافسة أو المسابقة

مثال: هيكل القانون الاعتيادي common law وحالات أخرى مثل قانون شيرمان sherman act أو أي دليل آخر للمنافسة يغطي العقود في الولايات المتحدة. ولأجل التحليل الرياضي مثل نظرية الألعاب، كذلك القواعد التي يجب أن تكون غير غامضة وتغطي جميع الاحتمالات المتضمنة:

1. عدد اللاعبين.

2. حق الاختبار والمعلومات المتيسرة للاعبين في كل حركة أونقلة.

3. حصول النتائج لتكوين الثقة بالنجاح (مجموح النقاط أو الاصابات المحرزة في مباراة) لأجل جميع الالعاب المحتملة.

game theory
نظرية الألعاب او المباريات

فرع من فروع التحليل الرياضي او ابحاث الاعمال يعني بنماذج النزاع الذي يقوم بين متنافسين او اكثر حسب قواعد معينة وتنطوي النظرية على وضع استراتيجية خاصة بأتخاذ القرارات ويفترض ان يكون هدف اللعبة تحقيق اكبر مردود وتخفيف الخسائر الى ادنى حد. ويمكن تطبيق نظرية اللعاب على مجال من مجالات العمل يلزم فيه التخطيط الاستراتيجية المنافسة مع الاخرين. وخير مثال تطبيق استراتيجية التسويق.

game tree
شجرة اللعب، الاحتمالات

وهي شجرة تكون في اختيارات اللاعبين ممثلة بعقدة الشجرة (نقط اللقاء) ونتائج هذه الاختبارات ممثلة بخطوط الاتصال في العمل الرياضي، ويعبر عن المكافآت (النقاط الممنوحة) والجزاءات (تنزل باللاعب الرياضي لمخالفته قواعد اللعبة) بالعقد النهائية.

Gantt chart
رسم غانت البياني

سمي هذا الرسم على اسم مصممه الأول فردريك غانت. وهو وسيلة تستخدم لقياس التقدم الوظيفي في العمل بالنسبة الى نموذج وجدول زمني موضوع له على شكل رسم بياني كالأتي:

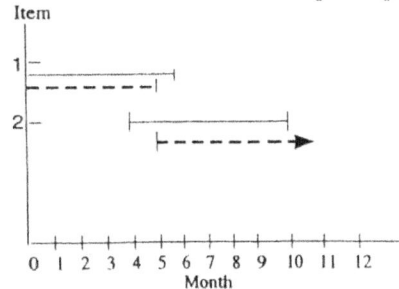

وهذه الوسيلة تعمل عادة على أساس زيادة طول خيط أو شريط ملون كلما تم انجاز جزء من العمل المعين.

garnishee محجوز لديه

أموال محجوزة لدى شخص ثالث حتى تظهر نتيجة الدعوى.

gazette الجريدة الرسمية

وهي صحيفة تنشر جميع الوثائق والقوانين الرسمية، كذلك حالات قضايا الإفلاس الصادر عن المحاكم وتصفيات الشركات التجارية والصكوك العقارية المهمة وتصدر عادة عن الدولة.

gearing جهاز التبديل

المدد الزمنية المحدودة في الأجل المالي البريطاني لأجل الفائدة المالية المكتسبة من فعل التبديل.

general accounting office مكتب المحاسبة العام في الولايات المتحدة

اسم لمصلحة حكومية فدرالية أنشئت عام 1921 وعملها تدقيق ومراجعة الصفقات المالية التي تعقدها الحكومة الفدرالية، ومراجعة اعتمادات ومصروفات الدوائر والمصالح الفدرالية المختلفة. وهي مصلحة تابعة للكونغرس (المجلس التشريعي) أنشئت لمراجعة ومراقبة أعمال السلطة التنفيذية في الحكومة. ورئيسها يعرف باسم المراقب العام لحسابات الولايات المتحدة.

general audit تدقيق عام

general average خسارة عامة في التأمين البحري

أية خسارة أو أضرار من جراء الخطر العام، تلحق بالسفينة، بالشحنة، بالأشخاص على سطح السفينة، وتؤدي الى تناقص الأرباح المتوخاة.

أو أية مصروفات مترتبة على الخسارة العامة تنجم عن تضحية مقصودة يقوم بها قبطان السفينة أو ضباطها للمحافظة على سلامة السفينة وسلامة ركابها أو طاقمها أو البضائع المشحونة عليها من الخطر الذي يهددها. مثال على ذلك القاء حمولة السفينة أو جزء منها من على ظهر السفينة الى البحر بهدف تخفيف وزنها أو لموازنتها، وفي هذه الحالة يساهم الجميع (أصحاب السفينة وأصحاب شركات الشحن) في تحمل الخسارة التي لحقت بصاحب البضاعة الملقاة في البحر.

general balance sheet ميزانية عمومية لهيكل الحسابات الحكومية

او الميزانية العمومية الشاملة في الصيغة التجارية.

general cash نقد عام

النقد المتيسر لعملية التشغيل الاعتيادية او أي نقد قانوني لغراض تقاعد الاصل.

general contingency reserve إدخار طارىء عام

إدخار لحوادث غير مرتبطة في أي مصاريف أو خسارة مستقبلية محتملة.

general expenses, or burdens أعباء عامة أو مصاريف إدارية

general fixed assets موجودات الثابتة وعامة

او الموجودات الثابتة للوحدة الحكومية غير المكتسبة بوساطة صندوق الملكية او الأموال الائتمانية.

general fixed –assets account group حساب جماعي الموجودات الثابتة والعامة

general fund حزينة عامة

المحاسبة الحكومية ومحاسبة المؤسسات الموجودات والمطلوبات القانونية للأغراض العامة.

generalized audit program برنامج تدقيق محاسبي معمّم

البرنامج المستخرج من تفاصيل مختلفة للفكرة العامة

general journal يومية عامة

وهو سجل متميز لكونه قابلاً للتكيف بصورة تتسع لجميع الحالات الحسابية التي تدون في القيود اليومية، وبكلمة أخرى هو السجل الأساسي لجميع حركات العمليات التجارية وتدون فيه المعاملات يوماً بعد يوم، وفي العراق يجب ان يكون مسجلاً لدى كاتب عدل بختم في كل صفحة وبرسم بسيط جداً.

general ledger استاذ عام

وهو السجل المتسع على الدوام للحسابات التي يشملها سجل اليومية المصنفة في أي تعامل أو في نموذج الفصلي. حيث ان لكل حساب صفحة منفردة تظهر فيه تسجيلات الدائن والمدين والرصيد في نهاية كل فترة زمنية. ويعتبر هذا السجل عامل مهم لاستخراج ميزانية المراجعة.

دين عمومي طويل الأجل general long –term debt

الدين الطويل الأجل القانوني المدفوع من العائدات العمومية ومؤيد بوساطة الثقة الكاملة لحساب الدائن للوحدة الحكومية.

مقبول بشكل عام generally accepted

الحصول على اعتراف ايجابي رسمي، أو شهادة عمومية للحسابات لغرض التصريح المالي، حيث انه لا يتضمن أية قيود أو شروط. ونتمكن من القول بأنها مفاهيم محاسبية أو قواعد تدقيقية. وما يتعلق بالقرارات الرسمية تفصيلاً في السنوات الجديدة. تلك تعليمات مجلس قواعد المحاسبة المالية.

مبادىء محاسبية مقبولة بشكل عام general accepted accounting principles, GAAP

الإتفاقيات، التقاليد، القواعد، والإجراءات، ذلك لتحديد الممارسات المحاسبية المقبولة في وقت مستقل وخصوصي، كذلك اتخاذ الإجراءات الوقائية الأساسية بوساطة المدققين من تلك الآراء الوظيفية خلال العروض المالية.

قواعد تدقيقية مقبولة بشكل عام generally accepted auditing standards GAAS

وهي المعايير التي تتحكم في فعاليات التدقيق الخارجي التي يقوم المحاسبون العموميون بها كما تحددها متطلبات عضوية المؤسسة الأمريكية للمحاسبين العموميين القانونيين وجميع المؤسسات في العالم. هناك عشرة معايير تقسم الى ثلاثة مجاميع كما يلي:
أ - المعايير العمومية:
1. ان الفحص يجب ان يقوم به الفرد أو مجموعة الأفراد الحاصلين على تدريب تقني كاف وكفاءة عالية كمدقق.
2. يجب المحافظة على خاصية عدم التحيز من قبل المدقق أو المدققين في كل الأمور المتعلقة بالفحص.
3. يجب توفير العناية المهنية في تأدية الفحص وفي تحضير التقرير.
ب - المعايير لمجال العمل:
1. يجب ان يكون العمل بتخطيط كاف مع جود مساعدين لكي يتوفر الإشراف المناسب.
2. يجب أن تكون دراسة كافية مبنية على قاعدة ان السيطرة الداخلية المتواجدة هي القاعدة التي يجب

الاعتماد عليها لرسم الحدود المعنية للاختيارات التي هي بدورها تحدد طرق التدقيق.
3 - يجب ان توفر أدلة مادية كفوءة خلال التفتيش والمراقبة والإستفسارات وذلك لتوفير أساس معقول لتكوين رأي بخصوص التصريحات المالية تحت الدرس.
جـ - معايير التقرير:
1. يجب أن يوضح التقرير ما إذا كانت التصريحات المالية متوافقة مع مبادىء المحاسبة المقبولة بشكل عام أم لا.
2. يجب ان يوضح التقرير مقدار الإلتزام بالمبادىء بصورة مستدامة من الفترة الجارية مقارنة بالفترة السابقة.
3. ان المعلومات التي تعرضها التصريحات المالية تعتبر وافية بصورة معقولة مالم يذكر خلاف ذلك.
4. يجب ان يحتوي التقرير على تفصيل واف للرأي المتعلق بالتصريحات المالية أو ان يحتوي على تأكيد بأن مثل هذا الرأي لا يمكن إصداره. وعند عدم امكان اصدار الرأي الشامل يجب تبيان أسباب ذلك.

سندات المديونية العامة general - obligation bonds

1. سندات مصدرة مضمون تسديدها برهن الملكية.
2. سندات مدفوعة من ضرائب القيمة الاسمية على جميع الملكية الخاضعة للضريبة بوساطة المجلس البلدي فى الولاية المصدرة ومن العائدات العمومية الاخرى في محاسبة البلدية.

مصاريف التشغيل العامة general operating expenses

المدة الزمنية الآجلة التي تطبق في عملية البيع والمصاريف الإدارية دوماً ولعملية الانتاج وتكاليف أخرى أحياناً كذلك الاستهلاك وضرائب الملكية، الإنجازات والأمتيازات، والصيانة للموجودات، وللاصلاح والترميم او مصاريف العقود الخدمية وبنود اخرى مصنفة عادة في مكان اخر.

أعباء عامة general overhead

نفقات إضافية أو عمومية
المصاريف الإدارية + مصاريف البيع

شركة تضامن general partner, ship

المتضامن هو الشخص المنفرد أو مع آخرين، ويكون ملتزماً بدوره أو مسؤولاً قانوياً عن دفع ديون الشركة بالتضامن، وله حصة في الأرباح المتحققة.

مستوى سعري عام general price level

وهو تعبير يطلق على متوسط جميع الأسعار في اقتصاد ما. والمفترض اعلانه في الرقم القياسي (index number).

عندما يزداد مستوى الاسعار العام في لاقتصاد (تضخم) فأن قيمة العملة الوطنية تتناقص والعكس صحيح (أنكماش)

general price level accounting محاسبة المستوى السعري العام

عملية اعادة التقرير لبيانات المالية في الوحدات لقوة عملية الشراء العمومية.

geometric progression متوالية هندسية

وهي سلسلة متسلسلة تقريبية تزداد قيمتها بمعدل تصاعدي ثابت.

gift هبة

عملية انتقال الملكلية الشخصية من شخص الى اخر بدون مقابل ضمن شروط قانونية بين افراد المجتمع. وفي نظام الضرائب تكون الهبة خارجة عن الاعتبارات الضريبية باعتبارها لا تخضع ضمن تحصيل الواردات للدولة، اي انها تضاف الى الدخل ضمن حدود معينة في كل بلد من البلدان.

givers واهبون

التجار الوسطاء الذين يرغبون الحصول على بضائع اكثر بأقل ثمن ممكن في البورصة مع تأجيل الرسوم ايضا (مد المشتري في البورصة).

giveup حصيلة النشاط التجاري

توزيع حصص العمولة لدلالي الأسهم في كل فصل وتقاسم هذه الحصص مع البورصة. ويتميز هذا النوع من النشاط بالممارسة والتجارة في ان واحد. اصبحت البورصة تحرم عموما مثل هذا النشاط في الوقت الحاضر.

GNP, gross national product أجمالي الناتج القومي

GNP deflator منخفض السعر

السعر القياسي لضبط الانتاج القوي الكلي (GNP) لجعله متوازنا مع جاري العملة لتثبيت هذه الاخيرة

goal congruence انسجام الهدف. تطابق الهدف

الانتساب لنظام السيطرة الأدارية القائمة على التنسيق المتكامل بين الأهداف المدركة حسياً بوساطة الاشخاص الموظفين والمدراء وبين الاهداف المرسومة للمؤسسة.

goal difficulty صعوبة الهدف

goal discrepancy تعارض الهدف

الاختلاط بين المستوى الطموح الشخصي والاداء الشخصي السابق للاضطلاع بأعباء المهمة.

goal out put indicator دليل انتاج الهدف

1- الرقم القياسي او اوزان اخرى للمكسب لأجل جزء اساسي من بعض البرامج في نظام برمجة في نظام ميزانية المخططة.

2- اي مؤشر لبلوغ المكسب.

goal programming برمجة الهدف

going concern منشأة قائمة

مؤسسة تجارية او صناعية تزاول اعمالها العادية بصورة مستمرة في التشغيل حالياً او لمدة كافية من الزمن، بحيث تملك القدرة الكافية لأسترداد تكاليف موجودات عن طريق بيع السلع التي تنتجها او تتأجر بها او الخدمات التي تقدمها، يضاف الى ذلك دفع الديون في موعد استحقاقها. وبهذا يتوقع ان يكون المستقبل في جانب اعمالها. ويعتبر هذا التعبير مبدأ استمرار في العمل التجاري وهو قاعدة حقيقية للمحاسبة.

going concern value قيمة المنشأت القائمة

1. حقوق المالكين في مشروع الاعمال التجارية ، كما هو موضح عنها في التسجيلات المحاسبية والتقارير المالية القيمة الدفترية وما يعبر عنها بصافي الثروة او حقوق مالكي الاسهم.

2. ثروة لاي اصل او مجموعة الاصول.

going public اعلان رسمي

good سلعة واحدة

اي بند من البضاعة، الموارد الاولية، البضاعة الجاهزة: (العنصر المنفرد في الثروة)

goods سلع او بضائع

جميع البنود المحسوبة في المخزن او الموجودات من اي نوع، وتتضمن النقدية، والموجودات الثابتة، والاعتمادات المالية، واي بنود في عمليات التشغيل للانتاج.

goods and services بضاعة وخدمات

الانتاجيات الاخيرة للنفقات: اي التوزيع الابتدائي، او التكاليف الداخلية.

goods in process   **بضاعة في التشغيل**

وهي السلع التي ما تزال قيد عملية التصنيع اي في مرحلة من مراحل الانتاج وتسمى بضاعة في فصل الانتاج (غير تامة الصنع).

goods in transit   **بضاعة في الطريق**

او بضاعة في الترانزيت. وهي البضائع التي تمر عبر البلدان في خط رحلة الشحن تحت اشراف السلطات الجمركية في المناطق الحدودية وهي في طريقها الى محل الوصول النهائي (المشتري) في بلد اخر. ولا تخضع هذه البضائع الى اي رسوم او ضرائب مركبة لكونها عابرة.

goods on hand   **بضاعة جاهزة**

او انتاج قابل لعملية البيع (تام الصنع او التغليف)

goodwill   **شهرة المحل**

1- القيمة المعنوية (غير المادية) التي يكتسبها المحل التجاري على مر الزمن، تعتبر ملكية له فيجعل لها عند الجمهور مزايا خاصة (العلاقة الحسنة مع الزبائن والموقع الجيد للشركة والكفاءة الانتاجية والادارة الممتازة) تنعكس صورتها على القيمة التي تدفع لشراء المحل بجانب ما يدفع ثمناً لصافي الأصول الملموسة للمشروع بحيث ان المشتري اذا استعمل طاقاته الفنية والمالية يكون غير قادر على حصول المناسب في المستقبل بدونها.

2- القيمة الجارية للدخل المستقبلي المتوقع في الزيادة للعائدات الطبيعية على الاستثمار في صافي الموجودات الملموسة.

وبكلمة اخرى هي قيمة المؤسسة التجارية غير المادية ولها طرق معينة لتقدير قيمتها، بحيث يتوقف ذلك على مكان المؤسسة وشبه ارباحها خلال الثلاث او الخمس سنوات السابقة.

goodwill method   **طريقة تسجيل شهرة المحل**

هناك طريقتان في المحاسبة لأدخال شريك جديد الى شراكة سابقة تكون فيها القيمة غير المادية هي شهرة المحل.

وفي احدى الطريقتين يتم الاعتراف بالقيمة غير المادية وغير المسجلة (شهرة المحل) وذلك بزيادة حساب رأس المال لشركاء القدماء. والشريك الجديد يحصل على اضافات لحسابه برأس المال تساوي الممتلكات الملموسة التي يشارك فيها. وفي الطريقة الثانية، وهي اكثر

شيوعاً فإن الشريك يساهم بالقيمة غير المادية (شهرة المحل)، مع الممتلكات المادية ويضاف الى حساب رأس ماله بما يزيد على كمية الممتلكات المادية التي يساهم بها

Government Accountants Journal   **يومية المحاسبين الحكوميين**

governmental accounting   **محاسبة حكومية**

اسلوب حسابي متشابه مع المحاسبة التجارية، من ناحية التسجيل والتنظيم الحسابي المعتمد على نظرية القيد المزدوج، حيث يقدم بدوره البيانات الكافية للنشاطات المالية للدولة لغرض الوقوف على حقيقة المركز المالي ومعرفة مصادر الارادات التي تغذي الخزانة. ويعتمد هذه الاسلوب على علم التشريع ويعير اهتماماً كافيا للصلاحيات المالية. وفي نفس الوقت لا يعير اية اهمية للربح والخسارة بأعتباره خدمة للمصلحة العامة وبهذا يتسنى للرأي العام والمستثمرين فكرة واضحة عن امكانية الدولة المالية، كذلك يسهل للدولة مراقبة الموظفين من الاختلاس والتلاعب في اموال الدولة لتجانس المستندات الحسابية والسجلات الحسابية.

grade   **يصنف**

تعيين مستوى معين لقياس جودة السلعة (الدرجة).

graduated life table   **جدول الحياة المتدرج**

grant, grant in aid   **هبة**

كمية من الاموال متبرع بها عن طريق رسمي، وربما تكون لاهداف معينة غير مشروطة (الهبات الغير المقيدة) او مجموعة اموال بقرار رسمي متصلة باستعمالاتها (الهبات المجمدة) وتمنح بوساطة وحدة حكومية الى دائرة ثقافية او خيرية.

graph   **خط بياني**

اي متسلسلة لنقطة مرسومة مرتبطة بوساطة اتصالات موثوقة بينها. ويستخدم الخط البياني في الرسم ليمثل التغيرات التي تحدث في احدى الظواهر خلال فترة من الزمن.

gray market   **سوق غبراء**

ونقصد بها عمليتي الشراء والبيع للبضائع النادرة جدا التي تتم بوساطة اساليب تعامل تجاري غير مقبولة بشكل عام.

وتسمى بالسوق الرمادية اللون. وقد ظهرت هذه الحالة بعد الحرب العالمية الثانية. وخصوصاً لشراء انتاج الحديد من مصانع الحديد تحت السيطرة الحكومية، واعادة بيعه في اسعار عالية. لاحظ السوق السوداء black market

gross إجمالي

1. ويستعمل في المجالات النهائية للاحتساب. وهو غير متناقض بوساطة ارتباط الاستقطاعات، عدا هبوط الأسعار والنشاط الاقتصادي، ويطبق على المبيعات والأرباح والعائدات والدخل والمصاريف وما شابه ذلك.

2. قياس للكمية =144 وحدة منتجة

gross bonded debt دين السندات الإجمالي

كمية الدين المملوكة قبل استقطاع الدين أو قبل عملي اطفاء الدين.

gross book value إجمالي القيمة الدفترية

المبالغ النقدية المثبتة لأي قيمة موجودات في السجلات التجارية قبل استقطاع الإستهلاك المتراكم أو أي حساب تخميني آخر.

gross cost of merchandise sold إجمالي كلفة البضاعة المباعة

وتؤخذ من قوائم الكلف والمبيعات ومردودات المبيعات والتأمين والنقل.

gross earnings مكاسب إجمالية

gross income دخل إجمالي

1. العائدات قبل استقطاع أي مصاريف منها.

2. العائدات الإجمالية خلال فترة زمنية.

3. العائدات العرضية «بسبب الصدفة للتصنيع أو للمشاريع التجارية.

gross loss خسارة إجمالية

1. عكس الربح الإجمالي في ميزان الأرباح والخسائر.

2. أو علامة (سلبية) أمام الربح الإجمالي.

3. زيادة الكلفة على البضاعة المباعة.

gross margin هامش الربح الاجمالي

المبيعات الصافية ـ الكلفة الصافية لها.

او الربح الاجمالي على المبيعات.

او نسبة مؤية من ثمن البيع الصافي.

---

gross, merchandise margin ربح البضاعة الإجمالي، البيع بالمفرده

صافي المبيعات ـ كلفة البضاعة.

gross - margin ratio نسبة إجمالي الربح

النسبة التي توضح الرابطة القانونية لتغطية ما يراه الشخص مناسباً من مصاريف الإعلان أو البحوث أو التنمية. وهي تختلف من معمل الى معمل آخر.

gross national product إجمالي الناتج القومي

وهو إجمالي القيمة السوقية للسلع والخدمات في بلد معين لسنة تقويمية، قبل حسم تكاليف الإستهلاك وغيرها.

gross – price method, of recording purchase, sale discounts طريقة إجمالي السعر

(لتسجيل المشتريات وخصومات المبيعات).

gross profit ربح إجمالي

الربح غير الصافي الناجم عن الفرق بين المبيعات وكلفة البضاعة المباعة.

gross profit analysis تحليل الربح الاجمالي

1. استخراج مقداري لتقارب داخلي من احدى السنين الى سنة أخرى في عناصر الربح الاجمالي لمشاريع الأعمال التجارية. السنة البكر تبدأ بالقياسات للمقارنة وتستعمل النسبة المئوية للربط بين العناصر أو وحدة الكلف والآرباح.

2. تحديد التشابه للخلافات الحاصلة من دراسة الميزانية والمبيعات القياسية وتكاليف المبيعات مع النتائج الفعلية أو الحقيقية.

gross –profit method طريقة الربح القائم لتقدير تكلفة بضاعة آخر المدة

بموجب هذه الطريقة يستعمل الربح المقدار لمبيعات فترة زمنية معينة للوصول الى التكلفة المقدرة لبضاعة آخر المدة. وتحتاج هذه الطريقة الى اضافة قيمة بضاعة أول المدة الى القيمة الصافية للمشتريات (زائد آجور الشحن) حتى يمكن الوصول الى تكاليف البضاعة الجاهزة للبيع ومن ثم فان تكاليف البضائع المباعة تحسب على أساس أنقاض رقم المبيعات بنسبة الربح القائم المعتاد. والفرق بين سعر البضائع الموجودة والجاهزة للبيع وبين تكلفة البضائع المباعة يعطي التكلفة المقدرة لبضاعة آخر المدة.

gross profit ratio معدل الربح الإجمالي
الربح الاجمالي /صافي المبيعات

gross sales مبيعات إجمالية
مجموع مبالغ قبل استقطاع البضائع المسترجعة وبعد استقطاع التصحيح والخصم التجاري وأحيانا النقدي وضرائب البيع.

group depreciation method اسلوب الاستهلاك بالمجموعة
طريقة لاحتساب الإستهلاك يسجل فيها أصلان أو أكثر في حساب واحد. ووفقاً لهذه الطريقة تطبق نسبة استهلاك واحدة على جميع الأصول التي تنتمي الى مجموعة واحدة بصرف النظر عن اعمارها الحقيقية وهي تعرف أيضاً بطريقة الإستهلاك الجماعي.
(الحياة المؤلفة من عدة أجزاء للموجودات)

growth curve منحنى النمو
guarantee, to يضمن . يكفل
اي تعهد او التزام من شخص ثالث لتنفيذ موجب من شخص آخر او مؤسسة عملية تجارية او سحب او اعتماد او ما شاكل.

guarantor ضامن كفيل
الشخص الذي يكفل الإلتزام أو الموجب تجاه الشخص الثالث.

guaranty ضمانة ، تأمين ، كفالة
التعهد المعطى من الكافل أو الضامن الى الشخص الثالث لقاء تنفيذ موجب.

defghijkmnopq

haggling **مساومة**

المساومة على الأسعار للحصول على أقل سعر للسلعة وتنتفي هذه العملية في حالة التسعير وتثبيت الاسعار على السلع والبضائع.

hallmark **وسم المصوغات**

دمغة المصوغات الذهبية أو الفضية

العلامة الرسمية التي تدمغ بها الأشياء المصوغة من الذهب والفضة في سوق الصاغة منعاً للغش، أو للتأكيد على درجة نقاوتها ونسبة الفضة أو الذهب المصاغ فيها. وهي الآن تعني: أي علامة تشهد بجودة السلعة أو مصدرها أو أصالتها.

handshaking **مصافحة باليد**

ويعرف ذلك أيضاً بالإرتباط الأولى (الدخول الى النظام). وهي عملية يكون الشخص المستخدم فيها متفاعلاً مع الآلة الحاسبة في بداية إتصال بها. فالآلة الحاسبة تطلب معلومات عن هوية المستخدم فيزودها بذلك لغرض الحصول على خدماتها.

hand tool **عدة يدوية**

قطع صلبة مصنعة بشكل خاص تتلائم مع أعمال خاصة لصيانة المحركات في المصنع.

handicraft **حرفة، صنعة يدوية**

handiwork **عمل يدوي، منجز شخصي**

handling instructions **تعليمات لمعالجة البضائع**

وهي العلامات التحذيرية على الصناديق والعبوات المصدرة لخارج القطر المنتج، حيث تشترط شركات النقل أو الشاحنة ذلك لتراعي نوعية البضاعة أثناء التحميل خوفاً من الإتلاف. وهي تتخذ على شكل من الأشكال الآتية:

1- رموز صورية مطبوعة على العبوة.
2- عبارات تنبيهية بعدة لغات.
3- صور كاريكاتورية منبهة.

haphazard selection **إختيار إعتباطي**

وهي طريقة لأخذ عينات الحكم العام، عندما يكون الفاحص راغباً في تحصيل عينة نموذجية عن طريق فحص مجموعة مفردات مختارة من دون إعتبار الحجم أو أي خاصية أخرى مميزة (من دون أي تحيز مقصود).

harbour dues **رسوم الميناء**

مبالغ تدفع من قبل شركات الملاحة عن إستعمال الموانيء لرسو السفن فيها. وتكون مستحقة الدفع للمدة المقررة للرسو.

hard currency **عملة صعبة**

وتمثل عملات الدول الأجنبية التي عملتها تنتقل بسرعة وتتحول الى عملات أخرى بسهولة، الدولار أو الجنيه الإسترليني.

ويعزي ذلك الى قوة تغطيتها وضمان أستقرارها. أن هذا التفوق يعطيها صورة كاملة لقبولها في التأديات الخارجية

hard up **في عسر أو ضيق مالي**

hardware **تجهيزات الكومبيوتر الطبيعية**

(آلات حاسبة) وهي آلات مكونة للحسبة مثل الدوائر الكهربائية والأسلاك والمفاتيح الكهربائية، وتمتاز تلك عن الأدوات الخفيفة (برامج العقل الألكتروني) في هيئة برامج الآلة الحاسبة.

harmonic mean **وسط توافقي**

وسط متناسق. وسط متآلف

أحد متوسطات النزعة المركزية في الإحصاء وهو مقلوب الوسط الحسابي لمقلوبات مجموعة من الأرقام. راجع (arithmetic mean) **وهو نوعان:**

أ- البسيط (غير الموزون). مثلاً:

إذا رمزنا المطلوب إيجاد معدلها برموز: س$_1$، س$_2$،

إن كلاً من الوسط الحسابي والوسط التوافقي كان غير موزون (بمعنى أنهما كانا موزونين بصورة متساوية) وبذلك يتضمنان فرضيات معينة عن تغيرات السوق. إن إستخدام الوسط الحسابي غير الموزون يفترض كميات متساوية من الأموال كانت قد صرفت على سعر، بينما يكون إستخدام الوسط التوافقي غير موزون بفرضية أن أعداداً متساوية من الوحدات للبضاعة قد بيعت لكل سعر. أن هذه الفرضيات معرضة للتعديل عن طريق إستحداث أوزان مبنية عل أساس العدد الكلي للوحدات المباعة لكل سعر.

متسلسلة توافقية، هارمونية   harmonic progression

وهي متوالية تقريبية تنتج مقلوباتها متسلسلات عددية (متوالية).

تنقيب، الآلات الحاسبة   hashing

وهي طريقة تستخدم في إيجاد تسجيل معين داخل سجل (ملف) وتعمل هذه الطريقة عن طريق دالة رياضية تستخدم مجال التسجيل كمتغير داخل ثم تحسب عنواناً تقريبياً لمكان التسجيل في السجل (ملف).

آخر وسيلة لنقل الملكية المنقولة   head – end business

وسيلة نقل الملكية المنقولة عن طريق البريد بوساطة الخطوط الجوية أو البرية (السكك الحديدية).

يحتاط   hedge

الوقاية من الخسارة المالية

الحيطة   hedging

عملية التغطية في المضاربة المالية. وهي نوع من التأمين بسلع الأوراق المالية، لإزالة الأرباح والخسائر الحاصلة عن تقلب الأسعار. (تعاقد عكسي يجرية البائع أو المشتري في سوق العقود لتأمينه ضد تقلبات الأسعار) أو مثلاً: شراء تاجر أسهماً يحتمل إرتفاع أسعارها في ظروف معينة بعد أن يكون إشترى أسهماً كانت أسعارها عرضة للإنخفاض في الظروف نفسها.

شرط الحماية   hedge clause

وهو شرط تحفظي يقدمه تجار الأسهم المالية الى زبائنهم.

صندوق التغطية   hedge fund

(أو صندوق الحماية)

س₃،......سₙ ورمزنا للوسط التوافقي بالرمز (ق) فأن:

$$ق = \dfrac{ن}{مج \dfrac{1}{س}}$$

∴ ق للقيم 4، 7، 10 هو

$$= \dfrac{3}{\dfrac{1}{4} + \dfrac{1}{7} + \dfrac{1}{10}}$$

$$ق = \dfrac{2}{23}\ 6 \quad \text{معدل توافقي بسيط}$$

ويلاحظ أنه يتعذر إيجاد الوسط التوافقي إذا كانت إحدى القيم تساوي صفراً.

ب- المرجح (الموزون) مثلاً:

$$\dfrac{1}{ق} = \dfrac{و_1 \dfrac{1}{س_1} + و_2 \dfrac{1}{س_2} + ...و_ن \left[\dfrac{1}{س_ن}\right]}{و_1 + و_2 + ...و_ن}$$

وكما في حالة الأواسط الهندسية والأواسط الحسابية فإن الأوزان الأكثر تردداً (تكراراً) هي (و) وتردد حدوث كل قيمة مطلوب وزنها.

إن الوسط التوافقي هو مفيد الى معدل وحدة أسعار للبضائع المطلوب تسعيرها بوحدات قياسية كما في وحدات البضاعة لكل دولار. مثال:

إذا كان لفترة زمنية معينة بيع بضاعة معينة 20.5.4 وحدة للدولار. والمطلوب حساب معدل السعر لكل وحدة:
فالوسط الحسابي

$$(5+5+4)/3 = \dfrac{29}{3} = 9\dfrac{2}{3} \quad \text{وحدات}$$

مما يدل أن البضاعة قد بيعت على الأغلب بمعدل $9\dfrac{2}{3}$ وحدات لكل دولار. أو بمعدل سعر لكل وحدة بقيمة تقريبية هي 10.34 سنتات. أن الوسط التوافقي بين أن البضاعة عموماً بيعت بمعدل 6 وحدات لكل دولار

$$\dfrac{1}{ق} = \dfrac{1/20+1/5+1/4}{3} = \dfrac{1}{6}\ ق = 6$$

ان إستخدام نتائج الوسط التوافقي ينتج معدل سعر تقريبي $16\dfrac{2}{3}$ سنتات (= 6 وحدات لكل دولار).

ان نتيجة المضمونة لاستخدام الوسط التوافقي هي أقرب الى المعنى التجاري العادي لعبارة: الوحدات السعرية المعلنة).

hidden assets **موجودات مخفية**
موجودات غير منظورة
وهي عبارة عن الفرق في قيمة الموجودات المقيدة أصلاً في السجلات بأقل من قيمتها الحقيقية في السوق. وبمعنى آخر، ان هذه الموجودات المخفية تمثل الفرق في القيمة الدفترية لتلك الموجودات بالقياس الى قيمتها الواقعية في السوق.

hidden reserve **إحتياطي مالي مخفي**
وهو القيم المالية غير المذكورة في الميزانية بسبب تضخم قيمة المطلوبات أو زيادة معدل الإستهلاك. وقد تنتج الإحتياطات المخفية عن الإفراط في التحفظ.

hierarchical structure **تركيب التسلسل الهرمي**
1- التنظيم الإداري وترتيب السلطة.
2- (الآلات الحاسبة) تسلسل أهمية وثبوت المعلومات المستخدمة في مخزون الآلة الحاسبة.

highlights **خلاصة مالية**
1- حقائق العمليات المالية المقدمة.
2- التقارير السنوية المشتركة لمالكي الأسهم.

high – low method **طريقة الأعلى والأدنى**
هي عبارة عن طريقة مستعملة لفصل عناصر التكلفة الثابتة والعناصر المتغيرة للتكلفة شبه الثابتة أو المتغيرة. وتستعمل لهذا الغرض تكاليف مستويين من مستويات الإنتاج وتؤخذ بعين الإعتبار الزيادة في الإنتاج والزيادة الموازنة في تكاليف.

histogram **مخطط توزيع التواتر، مدرج تكراري**
هو مخطط يبين العلاقة القائمة بين مقدار قياس ما وتكرار حدوثة.

historical cost **كلفة تاريخية، كلفة فعلية أو إبتدائية**
وتسمى الكلفة الفعلية أو الإبتدائية.
وهي المبالغ النقدية المدفوعة لإمتلاك الأصل. وتعتبر كلفة لا يمكن تجنبها. ويمكن إطفاؤها بوساطة الأقساط أو الإستهلاك، اي القيمة الدفترية لدى الشراء.

historical proceeds **عائدات تاريخية، إبتدائية**
وهي المبالغ النقدية (المتكافئة) المستلمة عندما تكون المديونية (الإلتزامات) متضمنة بوساطة الإستعارة المالية. وهذه المبالغ يمكن تسويتها بالإطفاء (أستهلاك الدين).

hold **عنبر أو مستودع الشحن في السفينة أو الطائرة**

holder **مالك أو مستأجر أو حامل السند أو الشيك أو المستفيد منه**

holder in due course **مالك سند متداول، أو حامل كمبيالة محررها سليم النية**
الشخص الذي يعطي شيئاً ذا قيمة مقابل سند قابل للتداول قبل ميعاد إستحقاقه دون عيب. أو الشخص الحامل للكمبيالة القابلة للتداول بنية حسنة من حررها حسب الأصول ولم يسبق أن رفضت.

holding **حياز ملكية. ملكية**
1- أرض مستأجرة وبخاصة من شخص أعلى مقاماً.
2- ممتلكات (كالسند وأسهم الشركات).

holding company **شركة قابضة**
((الشركة المسيطرة أو الأم))
تلك الشركة تمتلك الشركات الفرعية (بفضل إمتلاك أكثر الأسهم) والمحتجزة ويقتصر نشاطها على إمتلاك الأسهم في شركات أخرى دون التجارة (نشاط أداري).

holding out **شركة محاصّة**
شركة مستترة ليس لها وجود ظاهر أو معنوي أمام الغير (غير معلنة رسمياً). أو إتفاق مشاركة بين شخص وآخر بهدف الإستثمار. وأحدهما يتحمل مسؤولية توفير رأس المال والآخر المسؤولية القانونية.

holding period **فترة حيازة الشخص من أوراق مالية**
وهي الفترة التي يتم خلالها إمتلاك الموجودات وتستخدم هذه الفترة في نظام الضرائب.

Hollerith code **نظام هولرث**
تدوين برنامج الآلة الحاسبة على البطاقات المخصصة لها. وهذا النظام يتألف من إثني عشر حقلاً في البطاقة. فالحقول 12، 11، صفر، متخصصة بتعين مجال البطاقة والحقول من 1-9 خاصة بالمعلومات التي تختزنها البطاقة.

home comfort buying **شراء يتم في المنزل**
شراء السلع دون مغادرة عتبة الدار، حيث يقوم عدد من الباعة المتجولين بعرض بضائعهم على المشترين وهم في

منازلهم . أو شراء السلع والبضائع عن طريق المراسلة بإستخدام المنشورات الدعائية أو الرد على الإعلانات.

home office cost,expense كلفة الدائرة الرئيسية

المصاريف الإدارية والكلف الأخرى التي تتضمن إعالة مركز القيادة أو الدائرة الرئيسية للمستودع ذلك لإمتلاكه التشغيل في إحتلاف المواقع.

home office and محاسبة المكتب
branch accounting الأصلي والفروع

تقوم شركات البيع بالمفرق بأعمال تجارية في أكثر من جهة واحدة وذلك بفتح فروع لها. ويطلق على محاسبة المكتب الأصلي والفروع إسم نظام محاسبة الفروع. وهو نظام المحاسبة الذي يقدم المعلومات اللازمة لقياس الأرباح الخاصة بهذه الفروع ويضمن مراقبة شديدة وإشرافاً تاماً على الأصول والموجودات التابعة للفروع.

homogeneous كلفة متجانسة أو متوازنة
costs

وهي كلف متشابهة أو معتمدة على بعضها الآخر، أو متعلقة بها كما في الكلف التي تخصص أموالاً يقدمها عدة أشخاص لغرض مشترك وتنتشر بالتالي الى الوظائف والوحدات التنظيمية والمنتوجات، إستناداً الى قاعدة توجيه الجهود وقاعدة الأرباح المتوقعة أو أي قاعدة أخرى.

honour 1- سمعة حسنة
2- دفع أو قبول تجاري لأي حوالة أو مستند قابل للتداول يستحق في وقت لاحق عند تقديمها.

horizontal analysis تحليل أفقي مقارن

يطلق هذا التعبير أحياناً على النسبة المئوية لتحليل الزيادة والنقص في بنود البيانات المالية لسنة ما مقارنة بسنة أخرى.

horizontal audit تدقيق أفقي

نظام يستعمل في تدقيق العمليات الحسابية بوساطة المحاسب العمومي للسيطرة الداخلية (للأختبار).

horizontal combination اتحاد شركات
تمارس نفس النشاط

الأعمال التجارية الموحدة للشركات مع تشابه المهن أو الوظائف في الإنتاج أو البيع للمنتج القابل للمقارنة.

host country بلد مضيف

البلد الذي يضيف شركات من بلدان متعددة القوميات للعمل في أرضه.

hotchpot or hotchpotch ملكية خليط
أو مزيج

مزج مختلف الممتلكات لقسمتها بالتساوي بين إثنين أو أكثر من الأشخاص، وبخاصة بين أولاد شخص متوفي لم يترك وصية.

house style سمة الشركة التجارية

التصميم أو الرمز اللذان يستعملان حيثما يظهر إسم الشركة. مثلاً: على القرطاسية، أو على شحانات البضائع أو في الاعلانات أو غير ذلك.

human capital رأسمال بشري

وهو القيمة الرأسمالية لخدمات الإنتاج التي يملكها الأفراد في المجتمع حاضراً ومستقبلاً.

human information محاسبة توظيف
processing accounting المعلومات البشرية

وهي محاسبة لردود الفعل المسلكية الموجهة للمبادئ المتعلقة بإصدار القرارات.

human resources محاسبة الموارد البشرية
accounting

(إدارة الموارد البشرية) التمييز القاعدي في نظام محاسبة التنظيم لقيمة الإستخدام البشري لمؤسسة أعمال أو أي وحدة إدارية أخرى كمؤسسة حكومية أو منظمة غير مخصصة للربح. وهنالك ثلاثة أسباب تدعو لتكوين هذه المحاسبة:

1- عملية تسجيل التكاليف للموارد البشرية وتستند على قاعدة خلاصة الممارسات السابقة والمؤهلات في التدريب. فمثلاً كلفة مهندس عنده خبرة فنية لمدة ثلاثة سنوات.

2- عملية تسجيل التكاليف للتقييم الشخصي الحاضر المستبدل مع الأشخاص المساوين في الكفاءة.

3- عملية تسجيل تكاليف القيمة الحاضرة المخصومة للخدمات المستقبلية لتكون مفيدة في الخدمات الجارية.

4- وهذه المحاسبة تستعمل في القرارات الداخلية والسيطرة الوظيفية والخطط للمستقبل مثل:

human resources

أ- برامج تدريب الموظفين والبرامج الصحية والترفيهية على أساس إفتراض ان ذلك يزيد من قيمة الممتلكات التابعة للمنظمة المشغلة.

ب- الهوالك مثل الموت أثناء العمل والإصابة الفادحة أثناء العمل أو الإستقالة والإحالة الى التقاعد وغير ذلك من طوارئ العمل.

human resources management **إدارة الموارد البشرية (الفقرة السابقة)**

hurdle rate **متوسط حاجز التعامل**

الحد الأدنى لمتوسط قبول المردود في العقود التي تعود الشركات إليه بموجب التعهدات عند إنتهاء خطة المشروع.

hybrid computer **ضرب من الألات الحاسبة**

وهي آلة حاسبة أو مجموعة من الآلات الحاسبة التي تمتلك خواص كل من الآلة الحسابية القياسية.

أن النظام الهجين يستخدم في معالجة مشاكل أنظمة السيطرة، إذ يكون ضرورياً للقيام بالحسابات الرقمية وإستلام المعلومات المخرجة بشكل قياسي.

hypergeometric distribution **توزيع هندسي عال**

وهو إمتداد للتوزيع الثنائي الخاص بسحب العينات غير المعتمدة، كما في أخذ العينات من مجموعة محدودة من دون التعويض بين السحبات المتتابعة في النموذج. مثال سحب نموذج مكون من عدد (ك) من الكرات من دون تعويض من وعاء محتو عدد (م) أسود و (ن) أبيض من الكرات فأن ذلك يعطي القيمة الآتية:

$$\frac{\text{س}^{\text{م}}_{\text{ر}} \times \text{س}^{\text{ن}}_{\text{ك- ر}}}{\text{س}^{\text{م}+\text{ن}}_{\text{ك}}}$$

كتعبير عن إحتمالية سحب عدد من الكرات السود يساوي (ر) وعدد من الكرات البيض يساوي (ك- ر) في داخل النموذج.

إن التوزيع الأحتمالي للهندسي العالي هو:

$$\sum_{\text{ر}=\text{صفر}}^{\text{ك}} \frac{\text{س}^{\text{م}}_{\text{ر}} \times \text{س}^{\text{ن}}_{\text{ك-ر}}}{\text{س}^{\text{م}+\text{ن}}_{\text{ك}}} = 1$$

hypothesis

علماً إن الوسط

$$\text{ي} = \frac{\text{م ك}}{(\text{م} + \text{ن})}$$

والتباين هو:

$$\text{و}^2 = \frac{\text{م ن ك} \ (\text{م} + \text{ن} - \text{ك})}{(\text{م} + \text{ن})^2 \ (\text{م} + \text{ن} - 1)}$$

hyperinflation **تضخم عال، جامح**

وهو تضخم على مستوى عال يفوق الحدود الطبيعية للتضخم (100% أو أكثر) وترافقه عادةً علل متنوعة أخرى مثل المستوى العالي للبطالة أو إنعدام الرغبة العامة في إيداع الأموال في البنوك مع إرتباك الطرق العادية المستخدمة في إدارة الأعمال بسبب إنعدام القدرة على الإحتفاض بالنقد.

وعموماً هي حالة يكون المال فيها فاقداً وظيفته كخازن للقيمة أو معبر عنها.

hypothecated assets, pledged assets **موجودات مودعة بصفة تأمين**

hypothecation **رهن غير حيازي**

طريقة للحصول على تأمين أو ضمان للمال المقترض وتكون على الشكل الآتي:

1- ايداع السند الرسمي للملكية الشخصية لدى الدائن وأخذ القرض بموجب ورقة الرهن.

2- لا يحق للمرتهن تسجيل الملك بأسمه ولكن يحق له بيعة بعد إنتهاء الفترة المقررة للقرض.

3- توفر مبادرة لتأمين دفع القرض من قبل المدين.

4- يجوز لصاحب الملكية إستثمار ملكيته بصورة طبيعية، كرهن عملية الصيد به أثناء فترة الرهن.

hypothesis **إفتراض. نظرية**

رأي علمي لم يثبت بعد.

defghijkmnopq

lbn Khaldoun — ابن خلدون

العلامة عبد الرحمن بن خلدون (1332 – 1406) اجتماعي اقتصادي عربي في العصور الإسلامية ومن مؤلفاته ((إغاثة الأمة بكشف الغمة)) ((وشذوذ العقود في ذكر النقود)) وأهمها في مجال الحياة البشرية ((المعاش)) الذي تحدث فيه عن التعامل الإنساني في الفلاحة والصناعة والتجارة وعن العمل وتقسيمه وأنواع الكسب (القيمة). وقد كان العلامة موظفاً مالياً في ديوان الخراج ((إدارة الضرائب)).

ideal capacity — الطاقة المثالية

1- المستوى النهائي للوحدة الإنتاجية الإفتراضية 100% لوقت التشغيل. انظر الطاقة النظرية theoretical capacity كمرادف.

2- لأجل إحياء المصنع. المستوى النهائي للإنتاج الذي يقدر لكل كلفة وحدة إنتاجية خارج المعطيات (الأنتاجيات).

3- وعلى الأمد الطويل، هي القياس للمعمل الذي يكون فيه حسن استقبال طلب العملاء في الكلفة الدنيا أو الأرباح التي تزيد لغاية الحد الاعلى.

ideal standard cost — الكلفة القياسية المثلى

عندما يفترض في التكاليف أنه سيتم الحصول على فعالية قدرها 100% للعمال والآلات وعوامل الإنتاج أو البيع الأخرى فإنه يشار الى هذه التكاليف بالقياسية المثلى.

identity — إثبات الحقيقة (التطابق)

1- وهي علاقة بين دالتين رياضيتين أو تعبيرين منطقيين بحيث تحدد بأن الدالتين تأخذان دائماً نفس القيم في مجال محدد أو معرف من كل القيم المحتملة. والمقصود من إثبات الحقيقة هو التمييز ما بين التطابق والمعادلة، إذ ان المعادلة تحدد علاقة ليست بالضرورة موجودة لأي من أو كل قيم المتغيرات التي تحتويها. ولغرض الإشارة الى قوة التطابق، فأن خطأ أفقياً

موازياً يضاف الى علامة التساوي (=) حسب الإصطلاح الرياضي لتحصيل (≡). ان معادلة الميزانية العمومية هي في الحقيقة تطابق اذ يكون ذلك حسب قواعد القيد المزدوج الممتلكات المترابطة= الحقوق= المطلوبات + حق المالك (أو صافي قيمة الثروة = القيمة الحقيقية)، حاصلاً أو متحققاً. وعندما فشل العبارة فان ذلك يعني وجود خطأ في العملية المحاسبية، مع الاشارة الى وجود ظروف كافية لتحقيق العلاقة المعبر عنها في تطابق الميزانية العمومية، ولكن ذلك لا يعتبر شرطاً ضرورياً. وبأختصار إذا كان تنفيذ العملية المحاسبية صحيحاً فإن تطابق الميزانية العمومية سوف يتحقق، ولكن تحقيق تطابق الميزانية العمومية لا يعني ان النتائج المتعلقة والتابعة للعملية المحاسبية هي خالية من الأخطاء.

راجع ميزان المراجعة equation, trial balance

2- وهو وجود استمرارية كافية تبرر استمرار حقوق الإمتلاك خلال فترة معينة من الزمن، ولعل ذلك يكون خيالاً قانونياً كما في حالة الماكنة التي تحفظ على هويتها لغرض تقرير الملكية القانونية على الرغم من احتمال تبديل كل مكوناتها.

idle capacity — طاقة (رأسمال) عاطلة

1- الإختلاف بين الطاقة القانونية والوحدة الإنتاجية وكونها ذات مستوى فعلي نافع.

2- الإختلاف بين مقياس أختيار الطاقة لأهداف تكاليف النفقة العامة وكونها ذات مستوى فعلي نافع.

3- أي إنتاج جهدي (متعلق بالقوة الدافعة الكهربائية) مستخدم لغرض منفعة إقتصادية.

idle capacity cost — كلفة الطاقة العاطلة

مجموع التكاليف التي يتحملها المشروع من جراء إصراره على بقاء طاقته الإنتاجية عاطلة أو شبه عاطلة لأسباب عديدة أهمها قلة الكادر الإداري والإنتاجي وقلة رأس المال وإرتفاع التكاليف...الخ

idle time **وقت ضائع**

الوقت المفقود للعاملين أو الماكينات من جراء غلق الأعمال التجارية أو المادية؛ تعطيل التجهيزات، أو مراقبة معيوبة أو أي قضية مماثلة أخرى من غير الممكن إبطالها في توزيع العمل والكلفة المركزية الإنتاجية، وربما يحتسب في فصل حساب مصاريف التشغيل وبصورة يقظة كبنود النفقة العامة.

if – converted method **طريقة التحويل الشرطي**

أسلوب لعملية الإحتساب لمكاسب إبتدائية لكل سهم بوساطة تسوية الدخل لتعكس مداولة مفروضة للأوراق المالية الإجتماعية. فمثلاً: إذا كانت الأوراق المالية قابلة لتحويل الدين، أو أية شروط أخرى مع مراعاة أنظمة ضريبية الدخل في هذا المجال.

illiquid **غير سائل**

ويقصد به أن ذلك الشيء غير قابل للتحويل بسهولة الى نقد، وبهذه الحالة لا يمكن التسديد للإستحقاقات المالية بالمدفوعات.

illusory promise **وعد وهمي**

قانون العقود. وهو أحد المشروطات. لكنه غير ملزم لمن يعطيه وبذلك يكون غير كاف للثقة المتبادلة بإعطاء وعد آخر.

imaginary number **عدد وهمي**

impact statement **البيان المحتصر**

التحليل الذي يلخص ويقدم التخمينات الخاصة بالملكية الشخصية المنقولة تلبية لطلب هدف معين مع مراجعة خصوصية.

impairment, of capital **تدهور رأس المال**

1- نقصان رأس المال بسبب توزيع حصص الأرباح أو ما شابه ذلك.

2- المبلغ الذي تزيد به المطلوبات على الموجودات بسبب الخسارة الناجمة والتي تدل على عدم وجود قدرة الشركة على تسديد الديون.

impairment of value **تدهور القيمة**

النقص المستمر في المنفعة الإقتصادية للموجودات، نتيجة لأي إستعادة تكوين كلفة آنية أو قيمة دفترية بعيدة

الإحتمال، وعموماً هو التخفيض لتثمين إمكانية الإستعادة للكلفة مع إقرار فوري بالخسارة.

implication **تضمن أو إستنتاج**

الرابطة الفكرية أو الكتابية لموازنة المقترح المعروض في إكتشاف التورط ومعرفة الحقيقة أو معرفة التزيف لدى الآخرين.

implicit cost **كلفة ضمنية**

1- الكلفة المناسبة opportunity cost

2- القوة المالية للسندات، الأوراق النقدية، عقود الإيجار أو إستثمار رأس المال، معدل الفائدة، التي سوف توازن القيمة الحاضرة للنقدية المستلمة أو المدفوعة.

implicit interest method of depreciation **طريقة الفائدة الضمنية للاستهلاك**

طريقة القسط السنوي تحت طرق الاستهلاك.

implied contract **عقد ضمني**

عقد غير مكتوب وغير قائم صراحةً، لكن يمكن استنتاجه من تصرفات الأطراف المعنية في العقد (يقصد في العملية). مثال: ان نطلب الذي يرسله التاجر الى مورد البضاعة يعني ضمناً أن التاجر سيدفع تلك البضاعة إذا قبل المورد طلبه.

implied trust **إحتكار ضمني**

الإئتمان عندما يكون هدف الفرقاء خلق الأمانة التي ينبغي ان تشكل جزءاً من الصفقة التجارية المعقودة بينهم.

import quotas **حصص البضاعة المستوردة**

ويقصد بها نظام حصر الإستيراد في الدولة، اما بقصد حماية الإنتاج الوطني أو لتحقيق التوازن في ميزان المدفوعات، أو لتنفيذ خطة تنمية على مدى عشر سنوات مثلاً، أو المقابلة بالمثل مع دولة أخرى، في مجال التبادل التجاري.

impound **يحجز أو يصادر**

وضع اليد أو الإستيلاء على البضائع بوساطة قوى تأتمر بأوامر السلطة الشرعية، تنفيذاً للحماية الإقتصادية.

imprest fund **صندوق النثرية**

1- imprest cash . هو مقدار صغير من النقد يوضع

في الصندوق، بوساطة القيام بصرف بعض المصروفات البسيطة فوراً.

2ـ الصندوق المؤسس لأجل دفع الرواتب المفردة أو الجزئية، أرباح الأسهم، أو أي مدفوعات لفترة مصنفة أخرى غير مبوبة في ميزان المراجعة.

نظام السلفة المستديمة   imprest system

نظام القرض الذاتي في أمساك دفاتر الصندوق أو الموافقة على قرض مبلغ مقدم من السلطة العليا لأمانة الصندوق لتغطية النفقات الجزئية المختلفة التي تتطلب الدفع الفوري سواءاً في الشركة أو في وحدة حكومية، ومنها الطوابع البريدية والمالية، وشراء المصابيح الكهربائية، وأجور الحمالين، ومصاريف الصيانة، ويحدد مبلغ السلفة على أساس الصرف لمدة شهر واحد مثلاً، وتقفل في نهاية الشهر أو الأسبوع بشرط فتح سلفة أخرى بديلة عنها بنفس المبلغ الذي خصص لها لتكون دائمية بأستمرار النشاط المالي وحاجة المشروع لها.

تحسين   improvement

1-   أصلاح betterment .
2-   مقاصة (تبادل الشيكات وتصفية الحسابات بين البنوك).
3-   تصريف المياه من الأرض وجعلها صالحة زراعياً.
4-   تنمية الأصل (تحسين نسل الحيوانات).
5-   أي أضافة الى ثروة الأرض.

وهذه العمليات خاضعة للتخمين في ضريبة الدخل ويمكن تقسيمها بموجب مايأتي:

أ- في الموجودات المادية: أي تغيير يطرأ على الأملاك بحيث تصبح أكثر نفعاً، أو نافعة لأغراض أخرى أو أكثر إنتاجاً، مما يؤدي هذا التغيير الى زيادة قيمتها الملكية.

ب- في الموجودات غير المادية: إضافة جزء نافع الى الإختراع، ويمكن الحصول على براءة أضافة بعض التحسين.

يعزو أو ينسب الى   impute

لتحديد السببية بين المتغيرات التي تضم الى الإنتاج – النتيجة المشتركة.

كلفة فرضية   imputed cost

1- الكلفة البديلة alternative وتستعمل للقياس في الإحتساب المالي عند تحليل الكلف ولكن لا تذكر في الحسابات الرسمية ولا في التقارير المالية، أو هي تستعمل للمقارنة مثل استثمار رأس المال لدى الغير

بدلاً من إستثمار في المشروع أو الرواتب والأجور التي استغنى عنها المالك مقابل إدارة المشروع بنفسه.

2ـ كلفة تنسب الى أصل من الأصول لعدم توفر الثمن الأصلي.

فائدة مفترضة   imputed interest

التخمين أو الكلفة البديلة للنقد أو أي نموذج آخر للإستثمار. مثلاً:

1- عائد رأس المال الذي يشكل جزءاً من صافي الدخل للمشروع.

2- فائدة الإستثمار.

عدم الكفاية   inadequacy

حالة سببية لظهور الحاجة للتبديل، مما يؤدي الى المصاريف والخسائر. فمثلاً: عنصر مهم ذو طاقة فعالة أصابه التلف بسبب التداول والإستعمال، أو هو في طريقه الى الزوال أو الى التقاعد.

موجودات غير مصرح   inadmissible assets
بها لأغراض الضرائب

كالسندات الحكومية غير الخاضعة للضريبة.

موجودات   inadmitted assets

لا تدخل ضمن التصفية. (محاسبة التأمين)
موجودات تملك تخمينات قليلة بحيث لا يمكن بيعها أثناء المزاد.

قرار   incentive stock option,
إختياري للأسهم التشجيعية   ISO

محاسب إداري،   in - charge accountant
محاسبة عمومية

مدير شركة تجارية أو محاسبة من درجة عالية يعني ويشرف على عمل مجموعة من مساعديه في حقل نشاط الشركة.

تكليف مالي   incidence

وهو تحمل مسؤولية حدوث تكاليف إقتصادية معينة أو خسارة واضحة بحيث لا يكون للشخص المتضرر أي سيطرة عليها مهما كانت قليلة والتي يمكن ان يعوض عنها عن طريق الآخرين. مثال:

ضريبة أنتاج يدفعها المنتج على السلع المنتجة وتضاف على سعر البيع الذي يدفعه المشتري لهذه السلعة.

incidental authority **سلطة عرضية**

وهي سلطة الوكيل التي تبرز كنتيجة معقولة لتفيذ صلاحيات مطلقة ممنوحة، وهي القرارات التي تكون ضرورية بطريقة عرضية لتنفيذ صلاحية مطلقة ومعينة معطاة الى وكيل تجاري معين.

incidental beneficiary **مستفيد عرضي**

وهو الفرد المستفيد من تنفيذ عقد معين ذو علاقة عرضية بالفوائد الممنوحة للأفراد المستفيدين من هذه الفقرة. أي انه الفرد الذي لم يكن مقصوداً في الإستفادة من هذا العقد. ان المستفيد العرضي لا يملك أي حقوق في العقد، وبالتالي لا يمكنه طلب التعويض عن أي اختراق للعقد المقصود.

income **دخل**

ما يدخل للفرد من ناتج نقدي أو قابل للتقديم النقدي خلال الفترة المحاسبية من أي مصدر كان. ويقاس بمقدار الزيادة المتحققة في تلك الفترة. ومصادره ثلاثة:

1- المصدر الأول: دخل غير مكتسب.

ما يملكه الشخص من النقد المعادل للمكاسب أو الإستحقاق أو الزيادة النقدية لمجموع صافي الموجودات المحتفظة سابقاً أو الناتج من البيع والإيجار لأي نوع من البضاعة، الفائدة، الهبات، الإسترداد من قيم الأنقاض، ما يطرح من الثروات الخارجية بوساطة الصرف.

2- المصدر الثاني: دخل مكتسب.

ما يبذله الشخص من جهد أو نشاط عملي كبيع وإيجار الخدمة، كالرواتب والأجور والعمولة earned income

3- المصدر الثالث: دخل الخليط.

العائدات الخليطة من استثمار رأس المال والعمل، والدخل على العموم، أما ان يكون إجمالياً أو أن يكون صافياً. والصافي الذي تفرض عليه الضريبة الإجمالية – تكاليف الدخل = الدخل الصافي.

income account **حساب الدخل**

1- أي حساب يساعد على الأستمرارية لاجل بند مستقل للعائدات أو الدخل.

2- أستخراج المصاريف كافة من أجمالي الدخل للسنة الجارية ويرحل أرباح وخسائر.

income and expenditure budget **موزانة المدخولات والمصروفات**

اعتمادات مخصصة على شكل موازنة لغرض صرفها خلال مدة معينة من قبل محاسبي الدوائر الرسمية حسب تعليمات معينة. ولا يجوز التجاوز على هذه الإعتمادات إلا بموافقة مسبقة وأصولية.

income and expenses, **دخل ومصاريف،**
revenue and expenses **إيراد ومصاريف**

income basis **أساس الدخل**

طريقة لحساب نسبة الدخل المتحقق من سهم أو سند وتبليغ السلطات الضريبية عنه في بيان خاص على أساس مقدار حصة الربح والسعر الذي دفع عن السهم أو السند لا على أساس قيمته الاسمية أو الأصلية. فمثلاً إذا كان لديك سند قيمته الأصلية 100 دولار ويغل فائدة نسبتها 6% ولكنك اشتريته في البورصة 120 دولار أي 100 × 6= 5% الفائدة الخاضعة للضريبة.
120

income bond **سند الدخل**

السند الذي بموجبه تدفع الفوائد السنوية من الشركة المصدرة للسند في حالة الحصول على الأرباح فقط. وعادة الدفع من الواردات الجارية السنوية. وقد لا تدفع الفوائد لكل سنة لأن الإعتماد الرئيسي هي السنة ((المدة القانونية)) وإنما تدفع الفوائد السنوية المتراكمة مجتمعة مع السند في نهاية المدة المقررة.

income deduction **حسومات الدخل، إستنتاج الواردات**

صنف واحد من الوحدات المستخرجة لنهائي الفصول الذي يعد للتصريح المالي (الواردات) لأعمال المؤسسة وإعتيادياً يتضمن المصاريف العامة وما يتبعها من حسومات الفصل لإستنتاج الوارد.

income earned **دخل مكتسب**

1- دخل محقق من الإستثمار الشخصي.

2- تحقيق الدخل من الخدمة المقدمة. والعرض الذي يقدمه المستأجر الى صاحب الإقطاعة على شكل خدمات.

income per share, **دخل كل سهم،**
earnings per share **مكاسب كل سهم**

income realization **تحقّق من الدخل**

إختيار مالي شخصي عن انتقال سند الملكية من شخص الى آخر أو إستلام البضائع أو تنفيذ الخدمات لمصلحة الضرائب.

income sheet, **ميزانية الدخل، بيان**
Income statement

income splitting تفصيل الدخل
عملية جعل الدخل الخاضع للضريبة الى حصص وجعلها مكاسب ضريبية لتخفيض الحوادث لمعدلات الحدية العالية للضريبة التي سوف تكون محملة على حصة واحدة.

income policy سياسة مالية
قرار رسمي لتوحيد الأجر المتزايد لأصل التصنيف المحدد للأعمال والأسعار المتصاعدة لأنواع معينة للبضائع والخدمات في الدولة.

income statement بيان الدخل
التقرير الفصلي المرفوع لإدارة الشركة حول العائدات والمصاريف. ويتضمن الأرباح والخسائر. وهو مفصل بالأرقام والتحاليل، مع توضيح أسباب حدوث الخسارة إن وجدت.

income tax ضريبة الدخل
فريضة مالية رسمية تتخذ من دخل الشخص المعنوي أو الطبيعي السنوي وعاءً لها سواء كان هذا الدخل دورياً أو عرضياً للفرد. وتفرض بطبيعتها على نسبة مئوية من قيمة الدخل الشخصي أو دخل الشركة بعد حسم الإعفاءات الرسمية والنفقات المقررة للسماح بها. وما يميز الدخل: هو أن مجموع المنافع والخدمات النقدية التي تمثل الفرق بين ملكية الفرد في نهاية فترة زمنية (عادة سنة) وبين قيمة ملكية في بداية تلك الفترة. وتعتبر هذه الضريبة من الضرائب المباشرة التي تغذي الخزينة العامة للدولة.

income – tax allocation حصة ضريبة الدخل
الإجراءات المحاسبية المالية حول إحتساب حصة ضريبة الدخل من الميزانية العمومية التي سوف تدفع بعد إنتهاء كل سنة مالية، حيث تراجع مصلحة الضرائب الميزانية والتعليمات الرسمية التي تنطبق عليها وكذلك مطلوبات هذه الشركة في السنوات السابقة، أو ان مطلوباتها غير محولة الى مطلوبات ضريبة دخل حقيقية مع تقديم الدفوع القانونية لاختلاف وقت الدفع وعند ذلك يتم إستحصال الدين بكامله.

incompatible functions أعمال فردية متضاربة
النشاطات في القطاعات التنظيمية تكون مشروطة بالمسؤولية الملقاة على الشخص العامل، والتي سوف

تكون عرضة لأرتكاب أخطاء غير مقصودة أو أرتكاب الشذوذية (اللاقياسية) المقصودة مع خطر عال يؤثر على المنظمة وتدعى هذه الحالة تمزيق غير مكتشف.

incomplete transaction صفقة تجارية غير كاملة
صفقة تجارية ناقصة التسديد أو مخفضة السعر بالنسبة للمشتري أو على الحساب ويتبع تسديدها في تاريخ لاحق بموجب سلسلة العمليات المتبادلة أو يمكن تسويتها بتقديم خدمات أو عقد بموجب حصة التخفيض في السلع. وهذه العملية تملك تميزاً كالمكاسب.

incontestable clause نص قانوني لا يقبل النقاش، التأمين
تتمكن شركة التأمين من حماية معينة نتيجة بعد مضى فترة زمنية محدودة في بوليصة التأمين على الحياة، حيث تمنع هذه البوليصة بدورها تشويه الحقيقة والإحتيال.

increased exposures، زيادة التعويضات، التأمين
ويقصد بها الزيادة في مسؤوليات شركات التأمين وإعادة التأمين في حالة الخسارة الكلية الناتجة عن كارثة. وهذه التعويضات قد تزيد عن حدود تسهيلاتها وإتفاقياتها المتواجدة لإعادة التأمين وإعادة إعادة التأمين.

increment زيادة أو إضافة
وتعني الكلمة كسباً أو زيادة في قيمة الشيء الجديد عن القيمة القاعدية له. وتمثل الزيادة الفرق بينهما كالأرض وغيرها من الممتلكات.
ويرمز للزيادة بالرمز Δ الدلتا اليونانية.

incremental anlysis تحليل الزيادة
incremental approach اقتراب الزيادة
incremental benefits أرباح الزيادة
incremental budgeting ميزانية الزيادة
incremental cost كلفة تزايدية تصاعدية
التغيرات التي تحدث على كلفة الإنتاج بشكل تصاعدي ودوري وباستمرار.

incremental net benefits صافي أرباح الزيادة
الفرق بين أرباح الزيادة والكلفة التزايدية.

140

عائدات الزيادة incremental revenue

يتكبد incur

للـدعم، أو الإسناد عنـد التعرض لحالـة معينة، كالكلفة، المصاريف، الخسائر، والدين.

كلفة متكبدة incurred cost

الكلفة الناتجـة مـن الـدفع النقدي الخـارجي، أو التعهد أو الإلتـزام بالـدفع النقـدي لأجل الموجودات المستحقة أو الخدمات، كما يقصد بها الخسارة التي تملك دعماً معيناً ويجب أن تدفع.

عمل في الوقت المقرر in – cycle work

تأدية عمل مـا في مشغل أو مصنع أو غيرهما في الوقت المقرر لذلك.

قارن مع out- cycle work

مديونية indebtedness

كون الشخص مـديناً للغير، وتعنـي أيضـاً مجمـوع مبالـغ المديونية.

فاتورة، تجارة خارجية indent

1- طلب شراء يرسل من قبل المستورد الى المصدر أو الى وسيط التجهيز لغرض قيام الأخير بإملاء القائمة بأفضل الأسعار الممكنة أو الأسعار ضمن مدة زمنية محدودة. وهي نوعان:

أ- الطلبية المفتوحة A- open indent

ب- الطلبية المغلقة. B- closed indent

2- طلـب تجـاري لتصـدير البضـاعة الـى خـارج. (إستعمال بريطاني).

مصدر العقد indenture

1- صاحب العقد أو الحجة الذي يكتب التزام التعاقد بين إثنين من المتعاقدين المتكافئين مثلاً: بين مصدر السندات (الشركة أو الدولة) والمشترين (المقرضين).

2- العقد الذي يلزم شخصاً معيناً بالعمل لدى شخص آخر خلال مدة محدودة من الزمن.

تعامل حر (أستقلال) independence

1- (منطق) العلاقـة بين نظريتين، بحيث تكون حقيقيـة واحدة منهما لا تحمل تبعات على حقيقة بطلان النظرية الأخرى.

2- (احصاء) وهي خاصية إثنتين أو أكثر من المصادفات

أو الحوادث العشوائية والتي تكون احتمال توافق حدوثهما مساوياً الى حاصل ضرب الإحتمالات المنفردة لحدوث كل منهما.

3- (محاسبة) وهي خاصيـة علاقـة بـين المحاسب و (المحامي، وكيل الإدارة، أو من يعلوهما درجة) بحيـث أن ما يتوصل اليه المحاسب من نتائج التحقيق أو ما يسجله مـن تقاريـر مقدمـة، سـيكون متـأثراً بالـدليل المكتشـف والمجمع طبقـاً للقواعـد والمبادئ التي يحكم ممارسـته المهنية بها.

محاسب مستقل = محاسب عمومي independent accountamt

محاسب ملتزم بتنفيذ المحاسبة العمومية للزبائن والـذي يسندهم في أيضـاح المعلومـات الماليـة الصحيحة المدعمـة في التقرير المالي السنوي.

التدقيق المستقل للحسابات independent audit

تدقيق يقوم به شخص محترف حسابياً لا علاقة له بالشركة إطلاقـاً، ويعين لهـذا الغرض وحـده. وتنص على ذلك القوانين الماليـة الأساسـية لمعظم الشركات التي تدعو إلى وجوب أجراء تدقيق كهذا في أوقات منتظمة ودورية.

مقاول مستقل independent contract

شخص يتعاقد مع آخرين للقيام بعمل أو لأداء خدمة معينة، مستخدمـاً في ذلك وسـائله وأسـاليبه الخاصة ولا يكون تحت سـيطرة أو إشـراف الأشـخاص الـذين يـؤدون العمـل أو الخدمة له. ويختلف المقاول المستقل عن الموظف بصورة أساسية بمقدار السيطرة والإشراف اللذين يمارسـهما صاحب العمل على طريقة تأدية العمل أو الخدمة، وليس فقط على النتائج المتحققة من ذلك.

تخصيص مالي غير محدود indeterminate appropriation

المبين، المؤشر، الدليل، الفهرست index

كلمة لاتينية الأصل وتعني السبابة. وتستعمل في:

1- (حاسبات) مؤشر الأرقام الصحيحة لموقع المعطيات المخزونة في ذاكرة الحاسبة الألكترونية.

2- (محاسبة) جـدول المحتويـات مـع توافـق الصفحـة أو مراجعة الموقع كما هو في مثل المفاتيح المحاسبية.

3- (إحصاء) للإشارة الى الأرقام الدالة.

4- (إقتصاد) كما في الرقم القياسي الذي يصف الظواهر الإقتصادية المعقدة.

تسوية سعرية indexation

أي تنظيـم لتسـوية القيمـة العقديـة لتـوازن التحـويلات السعرية.

indexing and cross – referring التبويب والمراجعة بالمقارنة، تدقيق

وهو أسلوب في المنظمات يستخدمه المدققون في تحضير أوراق العمل وتعطي لكل منها إشارة ترتيب خاص (حرفية أو رقمية) وعند مقارنة ومطابقة أرقام إثنين أو أكثر من السجلات فإن أرقام التأشيرة لتلك السجلات سوف تسجل لغرض الإشارة الى هذه العملية.

index number trend series مسلسلى بيان رقم التعرفة، الرقم القياسي

index of correlation معامل الإرتباط

index sequential file ملف تسلسلي للتعرفة، حسابات

طريقة في تنظيم الملف يتم بأخذ المعلومات منه بصورة ترتيبية (متسلسلة) أو مباشرة بإستخدام قيمة مفتاح الملف. ويكون هذا التنظيم مؤثراً بالنسبة للملفات التي تحتاج الولوج المباشر بإستلام المعلومات ((كما في تحديث الملف)) والولوج التتابعي ((لغرض توليد التقارير)).

indexing the price تأشير السعر

وتعني ربط قيمة السلعة المعينة بأسعار أخرى حماية لقيمة تلك السلعة من التضخم ومن تقلبات الأسعار لبعض العملات. وهي فكرة طرحتها مؤخراً الدول المنتجة للنفط بهدف المحافظة على القيمة الحقيقية لدخول البلدان المنتجة للنفط من أرصدتها النقدية.

indirect business tax ضرائب الأعمال التجارية غير المباشرة

رسوم على المبيعات وفرض الضرائب المدفوعة بوساطة الأعمال التجارية على البضائع والخدمات والمشتريات.

indirect cost تكاليف غير مباشرة

جميع عناصر التكاليف التي لا تساهم في العملية الإنتاجية بصورة مباشرة لوحدة معينة. ولا يمكن تحميل الوحدة الإنتاجية بها مباشرة. وإنما تنفق على النشاط الإقتصادي في المشروع. اليك مجموع الكلف الصناعية: المراقبة والإشراف – استهلاك البنايات العقارية – صيانة الممتلكات والتجهيزات – التدفئة والتبريد والإنارة – العموميات والإداريات ومصاريف البيع، قارن ذلك مع التكاليف المباشرة. indirect cost.

---

indirect – cost pool مجموعة بنود الكلفة غير المباشرة

indirect damage ضرر غير مباشر

الضرر الحاصل بسبب غير مباشر، يكون ناشئاً عن حادث مضمون.

indirect expenses مصاريف غير مباشرة

وهي المصروفات التي لا يمكن تحديدها بسهولة أو تخصيصها للأقسام أو المنتوجات أو النشاطات مثل مصاريف الإيجارات والتدفئة والإنارة واللوازم...الخ.

indirect labor عمل غير مباشر

وهو العمل الذي لا يرتبط بالإنتاج مباشرةً. أو لا يستخدم مباشرة في إنتاج سلعة من السلع أو يتعلق بها. مثل عمل المراقبين والتفتيش وعمل الصيانة.

indirect liabilities مطلوبات غير مباشرة

1- الإلتزام المالي غير الحالي المستهدف للتسديد ويفرض على صاحب المسؤولية المعنية – مثل قروض طويلة الأجل في العقود.

2- دين لآخر. كأي نتيجة لالتزام الدفع المالي، وربما التنمية.

indirect material مواد غير مباشرة

المواد التي تدخل بالمنتوج والتوزيع. ولكنها لا تصبح جزءاً من السلعة. مثلاً كالخيوط في صناعة الألبسة الجاهزة، أو الزيوت في تصليح الماكينات أثناء عملية الصيانة.

indirect tax ضريبة غير مباشرة

فريضة مالية رسمية تفرضها الدولة على السلعة أو الخدمة مقابل إستهلاكها أو إستخدامها. ويدفعها المستهلك بسهولة وبصورة غير مباشرة الى خزينة الدولة باعتبارها غير منظورة وجزءاً من قيمة السلعة أو الخدمة. وهي في نفس الوقت تضايق حركة الإنتاج والتداول، وأنواعها:

1- الضريبة المفروضة على قيمة السلعة بنسبة مئوية معينة (مكس) كالسجاير والتبغ.

2- الضريبة المفروضة على نوعية السلعة كإعطاء جزء من السلعة الخاضعة للضريبة تسديداً لها.

3- الضريبة المفروضة على السلعة في مرحلة الإنتاج، كالمشروبات الروحية: ((لا يدفعها المنتج)).

4- الطوابع هي أهم الضرائب غير المباشرة ويستثنى منها:

أ- الترانزيت.

وذلك بنسبة الأجور الصناعية. وتدفع الى المتضرر بالحوادث الصناعية من العمال.

industrial development bond **سند التنمية الصناعية**

سندات صادرة عن دوائر حكومية، وهي غير موضوعة لأغراض ضريبية الدخل. وتعتبر عائدات لأي إستعمال يكون تسهيلات لإنشاء وتشييد المعامل الخاصة بالمؤسسات الصناعية.

industry guide **دليل التدقيق الصناعي**

industry ratios **نسب صناعية**

وهي نسب مالية للصناعات بقيم الوسط والوسيط. ويستفاد من هذه النسب كقاعدة للمقارنة بهدف التحليل الذي تستفيد منه المؤسسات الفردية. ان الناشرين الرئيسيين للنسب الصناعية Robert morris Bradstreet و Dun &

industry segment **شريحة صناعية**

وهي جزء من مؤسسة أو مشروع مخصص لتهيئة خدمات جيدة أو مجموعة من البضائع والخدمات المتعلقة بالزبائن، ويمكن ان تكون التجزئة ناجمه عن أسباب جغرافية وتصبح الشريحة الادارية جزءاً معتمداً إذا استوفت أحد الشروط الموجودة في خط الأعمال.

inequality **عدم المساواة**

علاقة بين عبارتين رياضيتين بمعنى أن الوحدة ليست أقل من الأخرى. العلاقة (أكبر من) اصطلاح يرمز اليه بالرمز (الساقين بدون قاعدة في رسم المثلث) ويمكن توجيهه الى الجانبين الميمنة والميسرة حسب طبيعة المعنى، فالجهة المفتوحة لمواجهة العبارة هي الكمية الكبيرة، والجهة المتصلة التي تشير على شكل سهم لمواجهة العبارة الأخرى هي الكمية الصغيرة، فعلية يكون المثال:

أ > ب ويعني أ اكبر من ب.

أو يعني اللامتساوية.

inference **إستدلال أو استنتاج**

وهو حكم استنتاج منطقي من فرضيات معطاة أو حقائق أو معلومات أخرى. ان المحاسب العمومي يعطي أهمية لاحتمالات الإستدلال عند الآخرين من التقارير التي يكتبها أو التي فحصها أو حضرها.

ت- الدورباك.

ث- الاعفاء المؤقت.

ج- المناطق الحرة.

انظر الضريبة المباشرة direct cost

individual **وحدة فردية قائمة بذاتها**

1- الشخص الطبيعي (الانسان).

2- وحدة أو عنصر غير قابل للإنقسام.

مثل: الناس، عالم كوني، أو العينة.

الشركة، المستند، العقد الشخصي.

individual level premium method **طريقة علاوة المستوى الفردي**

وهي طريقة لتقدير الكلفة الكلية لفوائد تقاعد موظف معين وذلك عن طريق تحديد كلفة فوائد التقاعد بكميات من الدولار بمستوى سعر الدولار القياسي بالذهب أو كنسبة مئوية من هذا المستوى التعويضات واقعة على فترات زمنية سابقة للدخول في خطة التقاعد. وبإستخدام هذه الطريقة لا يوجد هناك قياس منعزل لكلفة الخدمات السابقة أو الخدمات الماضية إذ انها محسوبة ضمنياً كجزء من الكلفة العادية.

Individual Retirement Account, IRA **حساب التقاعد الفردي**

indorsement without recourse **تظهير بإنعدام المسؤولية الثانوية**

تظهير الورقة التجارية مع عدم حق حاملها الرجوع على الساحب والمظهرين أي مطالبتهم بدفع قيمتها (الكمبيالة).

inductive method **طريقة إستقرائية**

تسلسل منطقي يبدأ من الخاص وينتهي بالعام، فهو يعتمد على ملاحظة حالات خاصة، ثم يستقرئ الباحث من هذه الملاحظات بعض القواعد العامة التي تفسر سلوك هذه الحالات. أي ان الباحث يجمع البيانات والوقائع المتعلقة بموضوع معين، ثم يبدأ بدراستها دراسه موضوعية من أجل الوصول الى قوانين عامة للمقارنة.

لاحظ deductions

industrial – accident reserve **إحتياطي الحوادث الصناعية**

وهو الاحتياطي المخصص للأيدي العاملة في المصنع

inflation تضخم

1- تضخم مالي: إنخفاض قيمة العملة الحقيقية عن قيمتها الاسمية في بلد ما بسبب عملية إصدار النقود الورقية من غير غطاء ذهبي أو فضي.

2- التضخم:

أ- الزيادة في مستوى الأسعار العمومية للسلع والخدمات في الأسواق التجارية بصورة مفاجئة.

ب- نقص في عرض البضائع المطلوبة لمواجهة الطلب المتزايد عليها كما يحدث في حالة الحرب.

ج- واي زيادة مالية في القيمة الدفترية للموجودات (في حالة انتعاش الأصول).

inflation gains or losses مكاسب التضخم أو خسائره

informal record تسجيل غير رسمي

أي غير مسجل في الدفاتر التجارية للشركة مثل أوامر الشراء المعلقة التي لم يبت النظر فيها، أو لحين إكمال الكمية المشتراة.

information معلومات. حقائق، بينة أو دليل

information economics اقتصاديات المعلومات

دراسة المعلومات حول أسعار السوق، والتي يمكنها إظهار السلوك الإقتصادي الحادث. يعود الفضل في إعداد هذه المعلومات المهمة الى هيئة البحوث التضمينية التي قامت بتجهيز المعلومات عن طريق الوكالات الرسمية، أو عن طريق المحاسبين أو غيرهم، لإيجاد القيمة المحتملة في التعامل بعلاقات الخطر والمجهول.

information induction استقرار المعلومات

المحاسبة السلوكية للفرضية الظنية التي تؤكد تطوير إستجابات لمرسلي التقارير الذين يحاولون التكهن بردود فعل المستلمين المحتملين. وتفيد استجاباتهم بالتأثير على استجابات المستلمين في الاتجاة المطلوب. ان النظرية هذه لا تهتم بتوجيه التقارير والتحكم بها، وإنما بالتمييز بين الجزء من تعديل الإستجابة المتعلق بها وبين الجزء الحاصل عندما يحصل المرسل على معلومات تتسبب في تعديل إستجابته عن طريق شريك المرسل حتى ولو كان غير موجه الى مستلم آخر.

information retrieval استقاء المعلومات (حاسبات)

عملية اختيار المعلومات حسب الحاجة من المحفظة أو من وسط الخزنة في الكمبيوتر.

information returns عائدات المعلومات

المعلومات المتطلبة تحت قانون العائدات الداخلي في ضرائب الدخل الأمريكية والتنظيمات القانونية لتكون مجهزة بوساطة الأشخاص الذين يدفعون الضريبية للآخرين.

inheritance tax رسم الإنتقال أو ضريبة الإرث

تفرض هذه الضريبة على ورثة الملكية المنقولة وغير المنقولة (الثابتة) المنتقلة اليهم بعد وفاة صاحبها الأصلي. وتعتبر هذه الضريبة من الضرائب المباشرة وغير المباشرة إذا فرضت على دخل تعتبر مباشرة وأذا فرضت على أنتقال الملكية تتغير ضريبة غير مباشرة.

information theory نظرية المعلومات

وهو فرع من هندسة الاتصالات يتعامل مع اضافة الشيفرات وحلها بالنسبة للإشارات المستخدمة في نقل المعلومات.

inheritance tax رسم الانتقال او ضريبة الإرث

تفرض هذه الضريبة على ورثة الملكية المنقولة وغير المنقولة (الثابتة) المنتقلة اليهم بعد وفاة صاحبها الأصلي. وتعتبر هذه الضريبة من الضرائب المباشرة وغير المباشرة اذا فرضت على دخل تعتبر مباشرة وأذا فرضت على انتقال الملكية تعتبر ضريبة غير مباشرة.

initial
أولي، بدائي، تأسيسي

injunction
أمر قضائي

أي أمـر يحـول دون انتهـاك حقـوق التـأليف أو العلامـة التجاريـة أو شهرة المحل أو براءة الإختراع أو الوصيـة، وغيرها.

injury
غبن

يعرف الغبن بأنـه حالـة الضرر المـادي الذي يصيب أحـد المتعاقدين نتيجـة عدم التعـادل بين مـا يفرضه العقد من التزامات.

in kind
عيني، من نفس النوع أو الفئة

inlieu
في مكان، أو بدلاً من

input
المدخلات أو المستخدمات

أي ما يدخل في الإنتاج من المواد الأولية.

input cost
كلفة المدخلات

المباشر والتحديد الصوري غير المباشر والمتغير (وفي بعض الأحيان يكون ثابتاً) الكلف للنشاطات، والمهن والأعمـال، والمـوارد المكرسة لإنتاج السلع والخدمات، مـع استثناء الإدارة، والبيع، وأي مـن المصـاريف الاخرى المربوطة لإدارة الأعمال العمومية.

input / output device
جهاز الإدخال والإخراج، حاسبات

وهـي أجهـزة ومكونـات الآلـة الحـاسبة، تستخدم لإدخال معلومـات الكمبيـوتر، ولاستـرجاع وعـرض المعلومـات المخزونة. إن أجهزة I/O التقليديـة تتضمـن قارئـات البطاقة، وثاقبات البطاقة وقارئات الشريط الورقي وثاقبات الشريط الورقي والطابعات الخطية مع CRT الطرفيـة الكاثودية (الطابعة مع الشاشة).

inquiry
إستعلام

الإجراءات التدقيقية في عملية التحقق الإدارية عند وجود بينة للإحتجاج.

in rem
ضد شئ

inscribed stock
أسهم مسجلة

وهـي أسهـم مستلمة مـن المـالكين بـدون شهـادة إصدار. وتكون الأسماء داخله في السجلات المصرفية أو المؤسسة المصدره لها. وعندما تكون الأسهم مصدرة فهي قابلـة للنقل والتحويل عند التوقيع في سجل بيعها. والتسجيل

عبارة عن تأييد ممتلكات شخصية منقولة، ويمكن تحويلها الى أسهم أخرى.

in short
في العمود القصير

العامـود الثانوي المجاور، العامودي المخطط في السـجلات الحسـابية أو المسـتندات. ويتواجـد لـدعم التفصـيلات أو التحليلات لأي ظواهر في أي حساب أو جدول إحصائي.

insider
المطلع

(قانون التحويل والأوراق المالية لسنة 1934). هو المدير المشترك أو المالك لـ 10% من الأوراق المالية المسجلة أو أكثر، والذي لـه معرفة عاليـة فـي الإكتسابات المالية للأعمـال التجاريـة خـلال وظيفتـه الإداريـة. أو هـو ذلك الإطلاع على بواطن الأمور.

insolvency
إعسار. عجز مالي

عدم توفير الأموال الكافية لتسديد الديون المستحقة على المشروع. أي ان الأصول أقل مـن التزاماتـه الـى الدائنين. وهي ظاهرة الإفلاس.

inspection
تفتيش

دليل التدقيق الطبيعي، أو نظـام فحص العينـة أو القطعة. والهـدف منهـا إيجـاد الأخطـاء والنـواقص لتلافيهـا فـي المستقبل وتحسين الجودة بموجب كشف النتائج.

inspection certificate
شهادة تقدير مدى الصلاحية

وثيقـة رسمية في البيـوع الدولية صـادرة مـن جهـة ذات اختصاص موثوق بها دولياً للشروط والمواصفات الدولية.

Inspector General
مراقب عام، مفتش عام

Installment
قسط

1- أي جزء مدفوع على حساب الدين.

2- واحد من المتسلسلات المتفق عليها للدفع الجزئي على حساب الدين. المبالغ المستحقة ودوماً والمتظمنة الفائدة.

installment method of accounting
طريقة التقسيط بالمحاسبة

وهي طريقة في تسجيل الإيرادات من بيع التقسيط، إذ

145

يكون الربح الصافي فيه مميزاً في أي سنة حسابياً بنسبة معينة الى الجزء من سعر البيع الكامل المجموع نقداً خلال تلك السنة.

installment sale بيع بالتقسيط

نوع من أنواع البيع المشروط. وهو بيع الممتلكات الحقيقية والشخصية بالتقسيط على ان يوافق المشتري على تسديد كامل ثمن السلعة في فترة زمنية محدودة وبأقساط معينة، وتنتقل الملكية بأسم المشتري في آخر قسط يسدد.

instantaneous depreciation إستهلاك فوري

ويقصد به استهلاك الأصل بالكامل في نفس اللحظة التي يتم فيها الإستثمار.

Institude of accounders & laws in England and waler معهد المحاسبين القانونين في انكلترة وويلز.

المؤسس في سنة 1880م من هيكل الأعضاء للمهن المحاسبية المتعددة في 1870م وما بعدها. يصدر مجلتين الأولى الحرف المحاسبية، والثانية بحوث الأعمال التجارية أضافة الى مهامة.

Institutute of financial & Comercial science معهد العلوم المالية والتجارية

فتح هذا المعهد في بغداد وقبل الخمسينات (كلية الحقوق) على غرار نفس المعهد في مصر وأعيد فتحه مدة ثانية في بغداد 1966 لمدة دراسة سنتان يمنح المتخرج - شهادة الدبلوم أي ما يعادل في الولايات المتحدة AAdegree وقد تخرج المؤلف من هذا المعهد سنة 1969.

وأهم أساتذته/ صادق العبيدي، نديم الصالحي، مجيد الطيار، جواد خليل، سعد الله العاني، سنان الشبيبي، جواد البلداوي، صفاء الربيعي، فاضل عباس الحسني، أسعد العمر، عبد الصاحب المستوفي.

institute of Internal Auditors معهد المدققين الداخليين

منظمة دولية تكرس جهودها لرفع مستوى مهنة التدقيق الداخلي. تأسست في سنة 1941 ولها إصدارات منشورات على نطاق واسع، ومنها الجريدة الملقبة بأسم المدقق الداخلي المتضمنة نشرات البحوث، ولها أكثر من 100 قسم موجود في الولايات المتحدة وأقطار أخرى. والبرنامج الإداري لها تحت كيان المدقق القانوني (زميل).

institutional advertising صناعة إعلانية ثقافية

أي كلفة ترويجية، القصد منها المحافظة على صورة الشركة أمام الجمهور بتكوين الإنطباع الحسن لديهم، أو دعم الثقة المتبادلة بين الشركة والجمهور.

institutional buyer شار متمكن

أي مشروع لديه مبالغ طائلة مخصصة للإستثمار، مثل شركات التأمين على الحياة والمؤسسات الخيرية والتعليمية، وبنوك التوفير والتجارة، والبنوك التجارية التي تملك الودائع الشخصية والعقارات وأموال الوقف المالي، وسندات الشركات، والشراء والأيجار المالي.

institutional investor مستثمر ضامن

أي مؤسسة تنظيمية مثل شركة التأمين وصندوق التقاعدللموظفين، أو أي صندوق تعاوني أي متعلق بالطريقة التي شارك أعضاء المؤسسة بموجبها في الأرباح والنفقات كمثل حاملي السندات الذين هم الأعضاء (السندات المستقلة أو الخاصة)

instrument وسيلة

أي عقد يعتمد على صحة البينة، مثل أسهم مصدق عليها قانوناً، أو أوراق الكربون في الشركة.

insurable interst فائدة قابلة للتأمين

ويقصد بها الفائدة الشخصية أو جماعة القرابة الشرعية مع ملكية أفرادها وأشياء أخرى والتي يؤدي استهلاكها أو اندثارها الى خسارة نقدية في المستقبل. كما هي حالة المستأجر من العقار الذي يستأجره.

insurable value قيمة قابلة للتأمين الكلفة الاستبدالية الجارية.

insurance تأمين

نظام تجاري يحفظ الأموال والاشخاص من الضياع في صندوق مالي مشترك، عند وقوع المخاطر التي تؤدي الى الخسائر الفعلية القابلة للتعويض. ويتم ذلك بموجب عقد مبرم بين طرفين مقابل تسديد أقساط معينة (أقساط التأمين) من جهة، ودفع الضرر النقدي عند حدوث الخطر الفعلي من جهة أخرى (التعويض). والبوليصة هي عبارة عن العقد بين شركة التأمين والمؤمن له.

insurance of credit تأمين على الإعتماد

قيام المدين بالتأمين لصالح نفسه من خطر إعساره أو عدم قدرته على الوفاء في مواجهة الدئن.

insurance fund صندوق التأمين

كمية النقد التأميني لدى شركة التأمين، والذي تدفع على أساسه قيمة الخسائر التي تحدث للأشخاص الذين دفعوا للشركة الأقساط المستحقة والذين تحملوا المخاطر.

insurance premium قسط التأمين

المبلغ المدفوع لتغطية التأمين. أو المبلغ الذي يستحق الدفع مقدماً من قبل المؤمن له الى المؤمن (شركة التأمين) مرة واحدة سنوياً أو كل نصف سنة أو ربعها، أو كل شهر أو اسبوع، حسب العقد المبرم لتسديد البوليصة.

insurance resrve إحتياطي التأمين

insure يؤمن

يتفق مع الآخرين على عقد يتكفل به ان يقوم بالتعويض عليهم عند وقوع الخطر أو الخسارة المالية.

intangible غير ملموس، رمزي

شيء روحي غير جسدي مطلق النهايات غير مادي،

أصل غير مادي intangible asset

أي موجودات تمتلك صفة وجود غير طبيعية (غير منظورة) وتعتبر من الناحية المحاسبية موجودات غير جارية لأنها ليست مادية أو مالية بل تعتبر مؤهلات تشجيعية وإعلامية للإستثمار في المشاريع. وقد ينتج من وجودها مبالغ كبيرة من المال عند بيع الشركة مثلاً: براءة الإختراع، شهرة المحل، الماركة التجارية، حقوق التأليف. أو هي مقدار الزيادة في القيم الحقيقية للمشروع كوحدة متكاملة، ومجموع الموجودات الثابتة التي تم جردها كلاً على إنفراد.

تكاليف الحفر غير الملموس intangible drilling costs,IDC

وهو مصطلح يستخدم في تكاليف معينة ومرتبطة بالنفط والغاز وإستكشافات منابع الحرارة الأرضية، ولا تتضمن التكاليف قيمة الإنقاذ ةإنما تتضمن كلفة الرواتب والوقود والتصفية الأرضية والمسح وإنشاء الأعمدة وألأنابيب المد المرتبطة بإستكشاف النفط والغاز وآبار الحرارة الأرضية. ولأغراض فرض الضريبة الفدرالية للدخل فإن كلف الحفر غير الملموسة يمكن أن تستثمر كرأسمال أو أن تصرف بصورة جارية إذا أريد ذلك. إن استقطاع تكاليف (IDC) يمكن أن تعتبر مفردة تفضيل ضريبي خاضع الى الحد الأدنى للضريبة ويمكن أن يخضع الى عملية الإسترداد.

(راجع استرداد الإندثار) وذلك إذا كانت الممتلكات قد صرفت أو بيعت بربح.

إن ضريبة IDC الحالة المستقطعة هي خاضعة لتعليمات خسارة الحدود من القانون.

عدد صحيح integer

أي عدد رقمي كامل لا يحتوي على كسور، فارزة عشرية أو فاصلة عشرية.

مثلاً، أو +3،أو - 24 أو1،أو 63، أو 762، وليس مثل، 54،25 أو $\frac{62}{7}$

برنامج العدد الصحيح integer program

وهي مسألة في البرمجة الرياضية ذات حلول بأعداد صحيحة ولا يصح أي لها غير ذلك. يمكن أن تستخدم للتعبير عن مجموعة واسعة من المسائل غير الخطية. كما تعبر عن المسائل في المنطق الرياضي:

((برامج الأعداد الصحيحية المختلطة)). ويشمل ذلك حالات يكون فيها بعض المتغيرات اعداد صحيحة بالضرورة.

دائرة متكاملة، حاسبات integrated circuit

وهي مكونات الآلة الحاسبة الألكترونية المحتوية على دوائر كهربائية عديدة في شريحة واحدة. وتسمى كمبيوترات الجيل الثالث. وهي تقوم مقم المكونات الكهربائية المستقلة مثل الترانزيستور (وتسمى كمبيوترات الجيل الثاني)، كما إنها تستطيع ان تقوم مقام الصمامات الثنائية والمتسعات ((الأنابيب المفرغة من الهواء)) والمقاومات الكهربائية الجيل الأول)). ان الدوائر المتكاملة تنتج بكلفة أقل وهي تؤدي الى تكوين آلات حاسبة بحجم أصغر أذ تستطيع هذه الحاسبات ان تعمل بسرعة أكبر وتستهلك قدرة أقل بكثير من السابق. ان نقصان الكلفة إنتاجية للدورة المتكاملة تمثل السبب الرئيسي لهبوط الكلفة الحالية لإنتاج المكونات الرئيسيةللآلة الحاسبة.

محاسبة متكاملة integral or integrated Accounting

أسلوب في المحاسبة تندمج فيه دفتر محاسبة التكاليف والدفاتر المالية في نظام واحد. وبهذا يتم التغلب على مشاكل مطابقة السجلات المالية لسجلات محاسبة التكاليف.

تكامل integration

1- التكامل هو الجمع تحت مؤسسة واحدة بين صناعات مختلفة بعضها البعض. كشركات الصيد التي تملك البواخر ومصانع التعليب وصناعة العلب ومخازن التبريد. أو هو الاندماج أو التوحيد بين وحدات منفصلة أو مستقلة كتوحيد الأعمال التجارية.

2- توحيد مصادر الدخل المختلفة وجعلها في مصدر واحد خاضع للضريبة.

هيئة محاسبة Inter – American Accounting العلاقات الأمريكية Association

تأسست سنة 1949 ومتكونة من مجلس لمدة ثلاث سنوات لآدراتها بين الأقطار الأمريكية المختلفة.

قطعة قابلة للتبديل interchangeable part

(السيطرة النوعية الاحصائية) قطعة في آلة أو جهاز

ميكانيكي مصممة ومصنوعة بحيث يمكن تبديلها في الحال بقطعة تقوم بنفس الوظيفة مركبة في آلة مماثلة أخرى. وذلك لتقليل كلفة التشغيل ومساعدة التصنيع لتغطية المشاكل بنسخة طبق الأصل وللمحافظة على مستوى نوعية الانتاج.

intercompany علاقة داخلية بين الشركات المتحدة

أي بين الشركة الأم المالكة والشركات المرتبطة بها. فعند أستعمال كلمة- intercompany لوصف كلمة المبيعات مثلاً، فانها تعني المبيعات التي تتم بين شركة منتسبة الى مجموعة من الشركات وشركة أخرى في المجموعة، كأن تقوم شركة منتجة لقطع السيارات.

intercompany accounts حسابات الشركات المرتبطة

وتتم في تسجيلات الأستاذ العام عن طريقة الترحيلات الفصلية لكل شركة والرابطة بينهما.

intercompany profit أرباح قابلة

للأشتراك بين الشركات المرتبطة

intercompany transacitions صفقات تجارية بين الشركات المرتبطة

ويقصد بها التحويلات الاقتصادية للسلع والخدمات بين الشركات المرتبطة معاً.

interdepartmental profit ربح الإدارة الداخلية

وهو الزيادة على كلف البضائع والخدمات الواجب دفعها من قبل هيئة أدارية معينة الى هيئة أخرى أذ يكون الاثنان في نفس الوحدة الإقتصادية وتحت الظروف القياسية ذاتها، وهذه الكمية تحذف في الحسابات النهائية إذ لا يعترف بالربح إلا من خلال المبيعات الى الجهات الخارجية.

interes 1- فائدة، ربح

أ- عبارة عن أجر أستعمال النقد في الإستثمار لفترة زمنية محدودة بنسبة معينة خالصاً من المخاطر. (الفوائد البسيطة والمركبة).

ب- أو حقوق مالكي الأسهم في الشركات في المخاطر أو في الوسيلة.

2- منفعة، مصلحة

أ- استثمار ملكية المتوفي من قبل الوصي طول فترة حياته ولكنه لا يتمكن من تسجيلها بأسمه بناءً على ما تقتضيه الوصية.

ب- مجموعة من الأشخاص أو الشركات لهم أهداف مشتركة وفي الغالب مجموعة بارزة في نشاط مثل المصالح البترولية.

3- حصة، سهم، نصيب

4- عائد الرأسمال المستثمر.

interest, imputed ايرادات رأس المال

interest charged to construction فوائد محملة على كلفة عقد الانشاء أو التعمير

interest coverage ratio نسبة غطاء الفائدة

وهي العائدات قبل استقطاع الفائدة والضرائب بالنسبة الى فترة معينة من الزمن مقسومة على مدفوعات الفائدة لتلك الفترة، وهي مقياس لقابلية مؤسسة تجارية معينة لتسديد كلف القرض السنوي من عملياتها المالية الجارية ويسمى أيضاً نسبة فائدة الفترات الزمنية المكتسبة.

interest equalization tax,IET ضريبة توحيد الفوائد

وجدت هذه الضريبة في اميركا عام 1963 وهي تفرض على الأفراد والمؤسسات عند شراء الأصول المالية الأجنبية. وكان الغرض منها تقييد تدفق رأس المال من الولايات المتحدة الى الخارج وحماية العجز في ميزان الأجانب من الأقتراض من سوق نيويورك وقد ترتب على هذا الاجراء أن اضطر المقترضون الأجانب الى اقتراض الدولار من خارج الولايات المتحدة الأمريكية وخلق (سوق البورد دولار).

للمقارنة يلاحظ Euro – market

interest formulas حالات وصفية للفائدة

interest on capital فائدة رأس المال

ثمن المبالغ المسترجعة بواسطة الاعمال التجارية لرأس المال المستخدم قبل عملية توزيع الأرباح.

interest on construction فائدة على عقد

الإنشاء أو التعمير أو الفائدة على الإستثمار.

interest on investment فائدة على أستثمار

1- عائد المكسب على الاستثمار.

2- العائد الذي سوف يكون على الإستثمار مثل الكلفة المناسبة.

3- تعاقد صناديق القرو ض بدفعات سنوية لمساعدة المالية في الإستثمار.

interest rate سعر الفائدة

السعر المدفوع لكل وحدة من النقد المقرض لكل سنة.

interest rate risk خطر سعر الفائدة

الخطر بسبب التحويل المالي في القيمة السوقية للورقة المالية. وعادة يقصد به السندات المستحقة الى تحويل أسعار الفائدة. انظر تقييم السند bond valuation

interference تداخل

تصادم أو تداخل. ((السيطرة النوعية الإحصائية))
انظر التفاوت المسموح به tolerance

interfund accounts حسابات صناديق

interfund transfer تحويل المبالغ بين صناديق الأموال

intergovernmental revenue عائدات الدولة الداخلية

العائدات الحاصلة من حكومات أخرى لقاء محفوظات داخلية، مثل الملكية المحولة أو عائدات القطع الأثرية، أو برنامج حكومي على شرط الأرباح الى جماعة من الأعضاء.

interim فترة، فاصلة، مرحلة

عملية الحدوث في الزمن الحاضر بين الراشد والثابت. أو الأزمنة البارزة.

interim audit تدقيق مرحلي

1- تلك الحصة (الفترة المفصولة من الطرفين) الخاضعة للتدقيق، أو الفترة الزمنية المحاسبية.

2- تدقيق الفترة المفصولة الجزئية من السنة الطبيعية.

interim closing غلق مرحلي

أي غلق للسجلات الأخرى في نهاية السنة الطبيعية التي لا تتضمن الدخل أو المصاريف.

interim dividend أرباح الأسهم المرحلية

حساب التوزيع المعمول في التقديم المالي لتوزيع الأرباح، أي دفع أرباح الأسهم قبل إعداد البيانات المالية النهائية الخاصة بالفترة الحسابية.

أو الشركة التي بدأت تحقق أرباحاً بعد ان كانت قد توقفت عن دفع الأرباح للمساهمين فترة من الزمن.

interim financial information معلومات مالية مؤقتة

المعلومات الصادرة في فترات أقل من سنة.

interim financial Statements البيانات المالية المرحلية

interim report تقرير مؤقت

التقرير الذي في نهاية كل فصل سنوي ليكون البيان المالي في نهاية السنة.

interim statement بيان مرحلي

هو ذلك البيان المحضر في أي وقت كان.

internal accounting محاسبة داخلية، أو محاسبة إدارية

internal accounting control ضبط حسابي داخلي

internal audit (- ing) عملية داخلية لتدقيق الحسابات

التدقيق الداخلي هو نوع من النشاط المستقل، لتقييم الأعمال في مؤسسة ما ويتعلق بمراجعة الحسابات والعمليات الحسابية والعمليات الأخرى. ويعتبر ذلك أساساً لخدمة إدارة المؤسسة. وهذا العمل يعتبر مراقبة وضبطاً إدارياً، عن طريق قياس وتقدير مدى فاعلية الوسائل الاخرى لمراقبة وضبط الأعمال.

internal auditor مدقق داخلي

شخص واحد يتحمل المسؤولية الملقاة على عاتقه اتجاه الإرشاد المهني والتأكد من صحة الحسابات المتمارس عليها.

internal check, internal control رقابة داخلية

الأنظمة المفروضة وخطط العمل لسياسة هذه الرقابة، وأهدافها هي:

149

1- منع وقوع حوداث الغش والخداع.

2- تقليل الأخطاء ورفع فعالية التشغيل في المؤسسة.

3- الإنجاز التام لخطط العمل وبدقة عالية.

4- الاجـراءات فـي تنفيـذ الأعمـال وخطـط الأعمال المرسومة.

internal documents   وثائق داخلية

الوثائق المترابطـة مع نظام المحاسبة التي تكون مجهزة ومحفوظـة فـي المنظمـة التجارية. مثال: الوثائق الداخلية المتضـمنة قـوائم المبيعات المستنسـخة، وتقـارير وقـت الأعمـال التشغيلية العاملة، وتقارير الإستلام والمخزنية. وهذه الوثائق لا تؤخذ عمومًا بعين الإعتبار.

internal rate of return, IRR   معدل
داخلي للمردود

راجع discounted cash flow

internal reporting   تقرير داخلي

عملية تجهيز لعمليـات المعطيـات أو الحقـائق والمعلومـات الأخرى بوسـاطة شخص لآخر أو وحدة لوحدة أخرى مـع هيئة الإدارة في منظمة. مثل التصاريح المالية الشهرية المعدة من مراقب الحسابات المالي.

Internal Revenue Code   قانون الإيراد الداخلي

العبارة في أميركـا اسم لمجموعـة قوانين الحكومـة الفدرالية الخاصة بالضـرائب بما في ذلك الضرائب علـى الدخل وضـرائب الطوابـع وضرائب الإنتـاج ومـا شـابهها. وقـد نقحت هـذه المجموعـة عـام 1954 علـى أسـاس انظمـة القوانين السابقة لسنة 1939 وهي خاضعة للتعديل بصورة مستمرة.

Internal Revenue Service   خدمة الإيراد
الداخلي

وكالة تنفيذيـة لدائرة الخزينة الأمريكيـة المسؤولة عـن ادارة قانون الإيراد الداخلي.

internal storage   إختزان داخلي، حاسبات

وهو مـن مكونـات الآلة الحاسبة المستخدمة في خزن المعلومـات والبرامج خـلال تنفيذ البرنامج كما في الذاكر المغناطيسـي للآلـة الحاسبة ويتميـز هـذا عـن الخـزن الخارجي الذي يتكون من آلات وحدة دفع شريط الخزن ووحدة دفع الأسطوانات.

internal transaction   قيد محاسبي داخلي

وهو قيد في مسلك الدفاتر التجارية يعكس الضبط الزمني للمصاريف المدفوعة مقدمًا ولمتراكم العائدات المكتسبة أو المصـاريف الواقعة آنيـاً. ولتسجيل المطلوبـات والتعـويض عـند الإستهلاك ولرصد تغطيـة المصاريف ولتصـحيح الأخطاء أو شابه ذلك. ويعرف أيضاً ((للصفقة التجارية)) مما يميزهـا عن الصفقـات المالية الخارجية أو الصفقات مـع جهة خارجية. راجع الصفقات التجارية:

Transaction adjusting journal entry, closing entry.

internal verification   تحقق داخلي

وهي الأسـاليب التي يتبعهـا الأفراد المستقلون ضمن وحدة إدارية معينة لتقرير صحة تسجيل ومعالجة الصفقات التجارية. وهو جزء من السيطرة الداخلية.

international accounting,   محاسبة
also multinational accounting   دولية

وهي المحاسبة بالنسبة للمنظمـات التـي تمـارس فعاليـات عبر الحدود الدولية، أو تقوم بعمليات في بلدان غير البلد الأم. اذ ان المحاسبة الدولية تتضمن بالضرورة الاقرار لكـل الممارسـات المختلفـة بيـن بلـد وآخر والممارسـات للمنظمات المتوافقة في البلدان المختلفة.

International Accounting   الهيئة الدولية
Standerd Committee,   للمعايير الحسابية
IASC (IASC)

تأسست في سنة 1973 وهي لجنة تكونـت مـن تعـاون مشترك بين ممثلين من مختلف الهيئات المحاسبية الرئيسية في الو لايات المتحدة الأمريكية والمملكة المتحدة إيرلندة والمانيا الغربيـة ونيوزيلنـده وفرنسـا وكنـدا والمكسيك واليابـان وأسـترالية، وذلـك لغـرض إقتـراح المعـايير المحاسبية التي تقيم القبول والتوثيق الاجمـالي، ولهـا سـكرتارية فـي لنـدن، وكـان تأثيرهـا الكـامن قـد أمتـدت مجالاتـه وذلـك تبعـاً للقرارات الصـادرة مـن الهيئـات المحاسبية الرئيسية التابعة الى أربعين بلداً آخر في طريق انضمامها كأعضاء مشتركين لهذه المنظمة (IASC). ان هـذه المنظمة تصدر أوراق مناقشـة وثـائق كشـف مـع تصـريحات رسمية والتي تكون غير ملزمـة قانونـاً للشركات في أي بلد كان. ولكن على الرغم من ذلك فقد أكتسبت وزنًا متصاعداً في عدد متزايد من الدول.

البنك الدولي للإنشاء **International Bank for**
والتعمير **Reconstruction and Development**
انظر البنك الدولي world Bank

international corporation الشركة الدولية

International Monetary صندوق النقد الدولي
Fund,IMF

إحدى مؤسستين ماليتين عالميتين. ((الثانية هي البنك الدولي (world Bank) المؤسس سنة 1946 بعد الحرب العالمية الثانية وأهدافه هي:

1- تسهيل التجارة الخارجية بين الدول.

2- توفير النقد الأجنبي للدول التي تعاني عجزاً في ميزان مدفوعاتها عن طريق البيع والشراء.

3- تقديم المساعدة في ترسيخ قاعدة سعر الصرف وتثبيتها في التحويلات الخارجية بين الدول.

4- تقديم المساعدات المالية والإستشارات لدعم الأقطار والاعضاء في الصندوق وخصوصاً النامية منها.

interpolation حشر، تحريف

تعني الكلمة عموماً اقحام شيء معين بين شيئين أو إخراجه من بينهما. في المحاسبة تقدير قيم مشتركة من بيانات مالية متوفرة في الإحصاء، وهذا التقدير يجري لمبالغ أو قيم تقع بين مبالغ أو قيم معروفة ومحدودة.

interpretation تفسير أو ترجمة

عملية نقل من بيئة الى أخرى لغرض علمي. ودوماً تتضمن التجهيزات للمعلومات المتعلقة بأهداف تجارية، المحيط، التضمين للتصريح المالي أو القرار المعقول أو غير غالي السعر مثلاً.

interpreter مترجم داخلي، حاسبات

جهاز أو برنامج لترجمة التعليمات الى رموز النظام الرقمي الثنائي لأجل معالجتها وتنفيذها.

interrecord gap فجوة بين التسجيلات

(حاسبات) الحصة غير المسجلة على الشريط المغناطيسي بين التسجيلات الطبيعية. وهذه الحصة تعتبر فاصلة تسجيلتين مسجلة على الشريط، وتكون بدورها فجوة بين التسجيلات. تلك هي قضايا الشريط لمتوسط مخزون أكثر تطلباً عندما تكون التسجيلات متكتلة، وكل كتلة تكون متبوعة بفجوة بين التسجيل سعتها تقريباً نصف إنش على طباعة الشريط.

interval measure سعة فاصلة

وتسمى بالفاصلة الدفاعية.

inter – vivos trust ثقة بين الأحياء

الائتمان المختلق بين الأفراد الأحياء في نقل الملكية.

intestate اللاموصي

ذلك المتوفي الذي لم يترك وصية أثناء حياته حول التصرف بتوزيع التركة المالية.

intrinsic value قيمة ذاتية

قيمة البند بحد ذاته المأخوذ بعين الإعتبار على قاعدة التخمين للحوادث القانونية لتجعل منه سعراً حقيقياً أو واقعياً. وعادة تكون كسعر السندات المطروحة المتكافئة.

intrusion sale بيع فضولي

بيع ملك الغير وكالة رسمية أو وصية. أو بيع شيء معين بالذات كالبضاعة المملوكة من الغير بدون وجه حق أو كبيع الأمانة.

inventory جرد

وهي عملية العد الحسابي لكل فقرة من الفقرات الموجودة في مخازن الشركة أو الموجودات الثابتة ومطابقتها بالسجلات الحسابية لتوثيق الضمان والحسابات العمومية والكلف. وتكون هذه العملية على شكل دوري فصلية أو سنوية. وتدرج هذه العملية في قائمة المحتويات تحريرياً التي تفصل: الموجودات – كميتها – قيمتها، التلف الحاصل. والجرد انواع:

أ- جرد الموجودات الثابتة: المباني، الماكنات والعدد والأدوات ويحتسب عليها الإستهلاك.

ب- جرد الموجودات الجارية: البضائع الجاهزة والبضائع تحت التشغيل، المواد الأولية ويحتسب عليها التلف الجزئي أو الكلي. والغرض منه الوصول الى بضاعة آخر مدة.

ت- جرد الموجودات السائلة: الصندوق، الأوراق المالية:

inventory certificate شهادة الجرد

الوثيقة التي تصدر من هيئة المدققين بعد نهاية العملية الى المالكين لتبين لهم مطابقة المخزون من السجلات الحسابية في الشركة والفروقات التي ظهرت وأسبابها، وملاحظة البضاعة الخزينية والبضاعة الموجودة في الإنتاج، والبضاعة الجاهزة، كما يتم التأشير على البضاعة السريعة الحركة والبطيئة التصريف، وكذلك ملاحظة التلف الحاصل وأسبابه.

inventory control مراقبة البضائع المخزونة

ويقصد بها الطرق والأساليب المستعملة للسيطرة على نشاط الحركة المخزنية ويتم بموجب القوائم المفصلة والجداول المبرمجة كما هو أدناه:

أ- المواد الأولية.

ب- البضاعة الجاهزة.

وقد تتجزأ هذه الرقابة نحو أهداف ثلاثة وهي:

1- محاسبية:

أ- مطابقة الكميات والمبالغ خلال الفترة المقررة لها في أستاذ المخازن مع أستاذ الحسابات العامة للشركة.

ب- تحضير الجداول للتكاليف والأسعار للبضاعة التامة الصنع (الجاهزة).

2- أمنية: الحرص على البضاعة ومدى سلامتها عند التحميل والنقل والاحتفاظ بها من ناحية المناخ: ((الحيطة من الضرر)).

3- اقتصادية: الدقة في كمية الطلب لتمكين المؤسسة من تأمين هذه البضائع على مدار السنة وتوفيرها بتحديد المستويات القياسية والفعلية من كل صنف من البضائع وتحديد نسب بيعها بموجب القوائم المفصلة لهذا الغرض.

inventory equation معادلة الجرد

• بداية الجرد (الإفتتاح).

+

• الاضافة الكلية خلال فترة (المشتريات الكلية)

-

• المسحوبات (كلفة البضاعة المباعة)

_____

= (الرصيد) نهاية الجرد أو الغلق

ان هذه المعادلة تصور خلاصة طريقة الجرد المستديم، ولغرض تحصيل طريقة الجرد الدورية، فان نهاية الجرد يجب ان تقرر عادة بوساطة العدد أو الوزن أو القياس، ثم بعد ذلك تطرح لتحديد كلفة المبيعات (المسحوبات). راجع الجرد المستمر. وعند استخدام طريقة سعر الجملة، فإن المعادلة تطبق أولاً على قيم الجملة لتحديد قيمة الجملة لنهاية الجرد ثم يحول الى كلفة.

inventory holding gain,loss جرد يحتوي مكاسب وخسائر

1- تحت محاسبة قاعدة الكلفة التاريخية (الأصلية) فانه

مصطلح مستخدم عادة لإيجاد الوسط للفرق في قيمة الجرد الناتجة عن استخدام طريقة جرد مقارنة بطرق جرد أخرى.

2- تحت محاسبة قاعدة الكلفة الإستبدالية، فانه الفرق بين كلفة الاستبدال للجرد وبين قيمته التاريخية. واذا كانت كلفة الإستبدال هي القيمة الأعلى، فبهذه الحالة يعني وجود مكسب.

inventory layer طبقة الجرد

وهي اي جزء من جرد كامل لبضائع متجانسة تكون ذات قيمة مختلفة عن أقسام أخرى من نفس الجرد. راجع طبقة الجرد LIFO وتقييم الجرد.Inventrory valuation

inventory loss خسارة حاصلة في

قيمة المخزون اثناء الجرد

inventory pricing تسعير البضاعة المخزونة

أنظر inventory valuation

inventory eserve إحتياطي تغيير قيمة المخزون

حساب تقييمي يغطي التخفيض في كلفة البضاعة أو البضائع المخزونة الى قيمتها السوقية أو الى أقل من قيمة الكلفة بسبب أستعمال طريقة الداخل أولاً خارج أولاً في تقيم الموجودات أو نزول الأسعار أو بطلان الاستعمال.

inventory turnover سرعة دوران البضاعة المخزونة

(معدل دوران البضاعة) ويقصد بالدوران عدد المرات التي تجد فيها كميات البضاعة المخزونة في المتاجر خلال السنة المالية. أو هو معدل حركة المخزون من بدء دخول البضاعة الى المخازن حتى خروجها منها.

وتحتسب بتقسيم كلفة المبيعات على معدل ما يحفظ من البضاعة لدى المؤسسة: وتعتبر سرعة دوران البضاعة على نشاط المؤسسة وفعاليتها. إلا ان هذه السرعة تتفاوت بين مختلف أنواع المؤسسات. فأنواع البضاعة التي تكون سرعة دورانها ضئيلة، نجد ان اجمالي ربحها مضاف كبير، وعكسها بالنسبة للبضاعة التي سرعة دورانها كبيراً نجد أن المؤسسة تقتنع بربح ضئيل، وذلك لأن تكرار دوران البضاعة خلال السنة المالية يعوض عن انخفاض اجمالي الربح، وهذا هو السر في وجود مؤسسات ذات فروع عديدة تتبع سياسة البيع بأسعار منخفضة. ومن كشف الأرباح والخسائر يحتسب معدل دوران البضاعة،

فمثلا بضاعة أول المدة 4000 دولار
+
بضاعة آخر المدة <u>13500</u> دولار.
17500
17500 ÷ 2= 8750 دولار معدل البضاعة
كلفة المبيعات = 15000 دولار
معدل دوران البضاعة = <u>15000</u> = 2 تقريباً
8750

تخمين جردي، inventory valuation
تقييم البضاعة
1- عملية تحديد الكلفة أو جزء الكلفة المعينة للمواد الأولية الجاهزة (تحت اليد)، والسلع تحت التصنيع، والكاملة الصنع، والبضاعة المنجزة والمحجوزة لغرض اعادة البيع والتموين.
2- وهو تحديد سعر السوق للأوراق المالية في حالة وجود تاجر أو تمويل استثماري أو تسعير سلع أخرى جاهزة (تحت اليد) إذ تكون الكلفة أو أجزاء الكلفة غير مستخدمة كقاعدة للتقييم.

انحراف قيمة المخزون inventory variation
الاختلاف في قيم البضائع بين أول مدة وآخر مدة يغطيها بيان الأرباح والخسائر لتلك الفترة، وإنعكاس ذلك على كلفة المبيعات.

ملف معكوس، حاسبات inverted file
وهي طريقة لتنظيم ملف يكون فيه مفتاح قيمي واحد يستخدم لإيجاد مواقع كل التسجيلات المحتوية على تلك القيمة.

رأس المال المستثمر invested capital
1- الأموال التي يتبرع بها المالكون للأعمال التجارية.
2- الأموال المخصصة لغرض امتلاك وسائل الإنتاج.
3- الجماع المالي لصافي الثروة والمطلوبات الطويلة الأجل.
4- كمية الأموال كالمساهم بها+ المكاسب المحتفظة (أو مطروحاً منها الخسائر المتراكمة)+ فائض المخصص.

يبحث، يحقق في investigate
(التدقيق) البحث بسبب الإرتباط أو الصلة في موضع بنود الميزانية العمومية التي تحتها خط (للدلالة على الإشكاك بها) للتعرف عن حقيقتها الأصلية.

تحقق investigation
الإختيار للسجلات والتسجيلات التمهيدية للمالية أو لأهداف نوعية أخرى. وبعض الأحيان هناك عملية أختلاف أو فقدان في الوضوح من التدقيق الاعتيادي.

إستثمار investment
1- عملية توظيف الأموال في النشاطات الإقتصادية والإستفادة منها خلال فترة زمنية معينة.
2- النفقات المبذولة من أجل اكتساب الملكية الحقيقية والشخصية الملموسة. دخل العائدات المالية والخدمات.
3- الإستثمار = المال الوفير.
4- الإستثمار= صافي الثروة ((في الإقتصاد)) وفي بعض الأحيان موصوف بالدين الطويل الأجل.
5- السندات المالية الصادرة في التداول التجاري.
6- كيان الميزانية العمومية في الأستثمار الدائم والمؤقت.

مستشار الإستثمار investment adviser, or counselor
الشخص على صعيد المستوى المهني والحرفي الذي يعطي المشورة الى الآخرين لمعالجة مشاكل الإستثمار.

مصرفي مستثمر، investment banker
صاحب البنك
الشخص المنظم الذي يشتري السندات والأسهم الصادرة في التمام من الشركة المصدرة، أو المشاركات مع الآخرين في المشتريات، اذا كانت التسويقات المصدرة الى التجارة سواء بائعين بالجملة أو بالمفرق.

شهادة الإستثمار investment certificate
السند الذي يمثل حقاً في مبلغ معين مودع في البنك وديعة خاضعة لأحكام القرض وحقوقه ضمن القواعد التي تقررها الأنظمة والقوانين الرسمية الخاصة بشهادة الإستثمار. وهي تعتبر بحكم الوديعة الإدخارية. وغالباً ما يكون الغرض من أصدارها هو تأمين السيولة النقدية الكافية لمواجهة احتياطي خطط التنمية. وأهم ما تميز به شهادات الإستثمار هو ارتفاع الفائدة وسيولتها الكاملة وطابع الضمان والأمان والاعفاء الضريبي وعدم جواز الحجز عليه وأهم أنواعها.
1- الشهادات ذات القيمة المتزايدة، أي تضاف فيها الفائدة الى أصل قيمة الشهادة (فائدة مركبة).

2ـ الشهادات ذات العائد الجاري أي التي يحصل فيها المدخر على الفائدة المستحقة في كل فترة معينة.

3ـ الشهادات ذات الجوائز.

شركة الإستثمار
investment company, or trust

مؤسسة مالية هدفها تمكين المستثمرين من ضم الأموال التي لديهم الى أموال الغير لاستثمارها في أنواع مختلفة من أسهم الإستثمار. وتقوم هذه الشركة بدعاية وإدارة الأموال المستثمرة واختيار الأسهم التي ترى صواباً في بيعها أو شرائها وإعادة توظيف الدخل والأرباح المتبقية مع الشركة وما شابه ذلك من نشاطات تجارية، وفي العادة تصدر شركة الإستثمار أسهماً برأسمال وتبيعها الى جمهور المستثمرين وهي بدورها توظف الأموال المتحققة في مختلف الأسهم.

تسليف استثماري
investment credit

إئتمان طويل الأجل يمنح لأغراض استثمارية وقد يصدر هذا الإئتمان بضمانات معينة أو قد يصدر بدون ضمانات. إعتماداً على الثقة والسمعة التجارية التي يتمتع بها الأشخاص أو المشاريع الطالبة للتسليف.

دخل الاستثمار
investment income

ويقصد به الدخل الناجم عن ملكية الموجودات المالية والأنواع الشائعة من دخل الإستثمار وهي:

1ـ أرباح التحويل الخارجي بكافة أشكاله كأرباح الأسهم والسندات والدخل على القروض والأوراق المالية والسندات.

2ـ فوائد الودائع النقدية لدى مصارف أجنبية.

3ـ القروض التجارية.

4ـ عائدات الفروع والمؤسسات غير المندمجة في استثمار مباشر.

investment in general fixed assets
إستثمار في الموجودات الثابتة

investment reserve
إحتياطي الاستثمار

الاحتياطي المؤجل الذي تحتفظ به شركات التأمين في أي سنة.

investment tax credit
تخفيض الضريبة بسبب الاستثمار

هو تخفيض خاص في الضريبة تستعمله الحكومة لغرض تنشيط الاقتصاد مثل تخفيض ضريبة الدخل على

الأعمال التجارية بنسبة مئوية محددة من بعض الممتلكات القابلة للإستهلاك والمشتراة خلال السنة.

دوران الإستثمار
investment turnover

أنظر: capital turnover

فاتورة، قائمة تجارية
invoice

وثيقة توضح في أسلوبها الكتابي، الكمية، السعر التسليم الطبيعي، وأي إجراءات للسلع المباعة، أو تقديم حسابات للخدمات التي تم تقديمها، أو المطالبة بالعوض المالي لقاء البضاعة المسلمة أو الخدمة المنجزة.

كلفة الطلبية
invoice cost

1ـ الكلفة المستهدفة بوساطة المشتري والتي تعكسها قائمة الطلبية والتي تعتبر كاملة بعد إجراء الخصم التجاري والنقدي. وذلك في حالة عدم وجود قيود أخرى.

2ـ (الكلفة المرسلة ـ الخصم التجاري). من دون طرح الخصم النقدي (بيع التجزئة).

إفلاس إلزامي
involuntary bankruptcy

يحكم المدين بأنه قد أفلس على أساس أدعاء الممولين له وليس بناء على دعائه. إن أي شخص يقوم بعملية الافلاس فإنه يعتبر مفلساً مرغماً ماعدى أصحاب الرواتب والمزارعين.

تحول مرغم
involuntary conversion

وهو التعويض عن مفردة من الممتلكات بمفردة أخرى نتيجة لحادث طارئ أو لعدم الحاجة اليها أو لأي سبب آخر لا يكون للمالك أي سيطرة عليه. إن الخسارة الناجمة من عقد هذا القبيل معترف بها قانوناً، ولكن الربح محدد فقط الى الحد الذي لا تستثمر فيه المفردات الملغاة لمدة ثانية في ممتلكات متشابهة في خلال إثنتين الى ثلاث سنوات بعد الإلغاء. (قانون الولايات المتحدة العائدات الداخلي القسم 1033)

إني مدين لك
I.O.U. "l owe you"

وثيقة تعهدية مختصرة غير رسمية بدين شخصي. وهي صحيحة قانوناً ولكنها قابلة للتداول، وكذلك لا تشكل وعداً بالدفع في أي وقت كان، حيث يستنتج منها بأنها غير مشمولة بالفائدة.

اللامتناهي
irrational number

وهو عدد تكون نهايته ذات امتداد لا متناه وبدون تكرار. مثل:

النسبة الثابتة $\frac{22}{7} = 3.1415926536$

قاعدة اللوغاريتم $= 2.7182818285$

$\sqrt{2} = 1.41421356237$

راجع: rational number

irregularity   شذوذ

أي خطأ في مسك الدفاتر التجارية مسجلاً. ومن الممكن ان يكون خطأ في المبدأ، أو لعدم الدقة الكتابية أو تسويه متعمد.

irrevocable trust   وصية غير قابلة للإلغاء

ISO, International Standards Organization   منظمة المقاييس العالمية

تأسست رسمياً عام 1946 كمركز ذي مسؤولية جرى تنسيقها على نطاق دولي لتطوير ونشر المقاييس المشتركة للخاصيات الفنية والطبيعية. ويؤيد هذه المنظمة أكثر من خمسين دولة ويديرها مجلس عالمي. ويقوم بتوجيه العمل المفصل فيها 120 لجنة فنية ذات اختصاصات محددة. وقد سبقت منظمة المقاييس العالمية هذه هيئة أخرى كانت تعمل منذ 1926 وهي الرابطة العالمية لتوحيد المقاييس.

issue   إصدار

1- للتحرير كأي سحب من المخزون.

2- ربح، عائدات.

3- لترويج السند أو تحرير السهم كما في رأس مال الأسهم المصدرة.

issued capital, stock   رأس المال المصدر، أسهم مصدرة

الأسهم التي تحرر لأمر المساهمين مقابل نقدية سائلة تدفع، أو مقابل ممتلكات أخرى أو خدمات. وعدد الأسهم المطروحة أو المصدرة لا يتغير في حال قامت الشركة باستعادة بعض الأسهم أو شرائها من المساهمين ولكن العدد الذي يتغير هو عدد الأسهم المعلقة والتي في حوزة المساهمين.

issuing houses   بيوت الإصدار

عبارة عن منظمات مالية (مؤسسات) متخصصة في الحصول على رأس مال دائم للشركات المحتاجة الى هذا النوع من التحويل.

item   بند من بنود الميزانية العمومية

itemize   بعض البنود، المفردات

itemized deductions

إعداد قائمة مفصلة ببنود المصروفات مثلاً أو التكاليف.

itemized deductions   تسجيل بالتفصيل والإستنتاج

efghijklmnopq

jettison — يتخلص من بضاعة

القاء جزء من حمولة السفينة في البحر لتدارك الخطر ((وللصالح العام)) لتخفيف حمولة السفينة وتمكينها من مواجهة العاصفة أو الى تقويمها بعد ارتطامها أو تعلقها بصخور قريبة من سطح الماء.

jobber — وسيط تجاري

وهو تأجر الجملة، أو الوسيط بين المستورد والمستهلك، أي بين البائع والمشتري، أو سمسار الأوراق المالية في البورصة.

job control language, jcl — لغة أوامر

السيطرة، حاسبة الكترونية

وهي لغة برمجية لتحديد الجمل الخاصة بأوامر السيطرة. هذه الجمل تستخدم لطلب تحديد عطاءات الآلة الحاسبة كما تستخدم لتوجيه تنفيذ نظام البرامج كما في المترجمات، ومحلات المعلومات، وأدوات نقل المعلومات.

job costing, job-order costing — كلفة طلبية العمل

job lot — مقدار قطعي للعمل والبضاعة

1- ان العقد المتعارف عليه سابقاً في الإستخدام هو 5.000 بوشل (8= غالون= 35.230لتر) وهو مصطلح يستخدم في تبادلات الحبوب وقد أصبح الآن 1.000 أو 2.000 بوشل وحدة قياس للقمح أيضاً.

2- وهو مجموعة متنوعة من البضائع تم تحصيلها أو بيعها بسعر إجمالي دفعة واحدة.

job – lot costing — كلفة رزمة العمل

وهي الطريقة في محاسبة التكاليف تقوم بجمع الكلف بصورة منعزلة لكل مرحلة إنتاجية مميزة بالنسبة الى بضاعة متجانسة كما في عملية إنتاج 200 زوج من حجم واحد وطراز واحد من الأحذية. ان الإنتاج في

هذه الحالة قد يكون لتلبية طلبية مستهلك معين أو قد يكون للخزن الإحتياطي توقعاً لطلبيات المستهلكين أن الكلفة الكلية للرزمة تتضمن الكلفة المخصصة مباشرة لها مع حصة بين الكلف الإنتاجية غير المباشرة المنسوبة الى عوامل متفرقة.

job order — أمر عمل، أمر أنتاج

أمر رسمي مباشر لإنتاج أرقام محددة من الوحدات الإنتاجية، أو لإجراء التشييد أو الترميم لتجهيزات معينة، أو التنازل عن خدمات معينة.

job – order costing — كلفة طلبية العمل

وهي طريقة في محاسبة التكاليف تقوم بجمع الكلف بصورة منعزلة لكل مرحلة عمل طلبية متطابقة. ودوماً تستعمل بوساطة عمال المطابع، أو محلات الإصلاح والترميم، أو بناء السفن، بناء المصانع. إن التصنيف للإنتاج يكون متكرراً أو في فترات قصيرة بوساطة العمل، والإنتاجية لا تتم عند عدم طلبها من قبل العميل.

إن الكلفة الكلية للعمل تتضمن المواد الأولية، العمل، وتكاليف أخرى مخصصة مباشرة لذلك العمل، مع حصة بين الكلف الإنتاجية غير مباشرة المنسوبة الى عوامل متفرقة.

joint account — حساب مشترك

1- تسجيل الصفقات التجارية بأسم إثنين أو أكثر، أو وحدات الأعمال التجارية المربوطة في مصلحة واحدة مشتركة.

2- حسابات البنك المشترك الذي يحرر الصك بموجبه في توقيعين أو أكثر للحقوق المشتركة أو يجمع بين شخصين أو أكثر في حساب واحد لدى البنك.

joint adventure — عملية تجارية مشتركة

أو المشروع المشترك = joint venture

156

كلفة مشتركة joint cost

المصاريف المنفوقة لإثنين أو أكثر من الإنتاج، أو بطريقة أخرى لفعاليات تجارية مربوطة بأحكام البضائع الخدمات.

التزام مشترك joint liability

المسؤولية المشتركة للشركاء في الشركات التضامنية غير المحدودة. أي أن دائني الشركة لهم الحق في تحصيل ديونهم من أي شريك تسمح موارده الخاصة بالدفع إذا لم تكن أصول الشركة نفسها كافية لتسديد ديونهم.

ملكية مشتركة joint ownership

الملكية الشخصية الفعلية لشخصين أو أكثر.

إحتمال مشترك joint probability
إنتاج تضامني joint product, or services
أو خدمة مشتركة

ويقصد بها الإنتاج أو الخدمة المشتركة. أو إنتاج واحد أو أكثر من المنتوجات التي يتم إنتاجها بنفس العملية الإنتاجية الواحدة التي يحصل عليها من نفس المواد الأولية، سواء كانت العملية سهلة أو صعبة.

ملكية مشتركة بحرية joint property

هو اشتراك أكثر من شخص في ملكية سفينة ومن ثم يرد حق كل منهم على جزء منها. وتكون حصة من ناتج إستغلالها ما يعادل مساهمته فيها. وقد جرى العرف على تقسيم السفينة في حالة الشيوع الى أربعة وعشرين حصة تسمى كل حصة قيراطاً. ويمتلك كل شريك عدداً معيناً من القراريط حسب مساهمته.

عائدات مشتركة joint returns

بيان مالي يقدمه الزوج والزوجة مشتركين الى دائرة ضريبة الدخل، ويذكران فيه مجموع دخل كل منهما ويحاولان الإستفادة من أية علاوة أو حسميات تمنح من قبل قانون الضريبة، ربما يكون أحد الزوجين لم يحصل على دخل في تلك الفترة.

شركة التوصية بالاسهم joint – stockcompany

شركة من الشركات المساهمة ذات المسؤولية المحدودة. تؤسس لغرض معين أو تجاري وتستثمر رأس مالها عن طريق الإكتتاب بالأسهم. ويعهد المالكون قيادة مثل هذه الشركة الى مجلس إدارتها المنتخب، وتتمتع بإمكانية نقل أسهمها أو تحويلها الى الغير.

مستأجر مشترك join tenant

الإرتباط في منفعة الملكية الشخصية الفعلية لإثنين أو أكثر من الأشخاص لاحتمال الحوادث الشخصية، بحيث إذا توفي أحدهم تنتقل الفائدة بموجب الوثيقة المصدقة الى الآخرين مع عدم إحلال بقطعة بديلة للمتلكات. وتثبت على هذه الوثيقة ((بقاء بعد الزوال)) بمعنى إذا زال أحدهم استحقه الثاني مع عدم دخول مؤهل في الإشتراك. وغالباً تكثر هذه الحالة بين الزوج والزوجة.

مشروع مشترك joint venture

مشروع تجاري لإثنين أو أكثر من الأشخاص برأسمال تضامني مختلف بين الشركاء حسب القدرة الشخصية المقدمة من الأموال أو البضائع. وتنتهي بعد بيع الصفقة التجارية أو انتهاء الهدف الذي تأسس من أجله هذا المشروع وهو عادة المشروع واحد أو صفقة واحدة.

دفتر اليومية journal

وهو الدفتر الأساسي لحركة أي تجاري أو صناعي أو زراعي أو غيره بمعنى ان هذا السجل يحتوي على حركة النهار ومنه ينقل الى دفتر الأستاذ في المحاسبة المزدوجة. وفي العراق يجب أن يكون هذا السجل ممهوراً من كاتب العدل.

قيد اليومية journal entry

قيد الإدخال الأولي الى سجل اليومية وتحرر فيه ترجمة الصفقة التجارية الى عمليات حسابية حسب نظام القيد المزدوج، أي ((المدين = الدائن)) بالتساوي للمبالغ في الطرفين، مع شرح واف للعملية بالإثباتات المرفقة ويوم التحرير.

تدوين يومي حسابي journalize

مسك سجل اليومية بالتسجيل لحوادث الصفقات التجارية بتثبيت القيود الصحيحة.

سند قيد يومي journal voucher

هذا السند الذي تقيد فيه العملية الحسابية ومنه ينقل القيد الى السجل اليومي وعادة تربط به المستندات المؤيدة للعملية.

قضاء. تحكيم قانوني judgment

1- الحكم الصريح بالحق بدون تحفظ.

2- كمية من المبالغ تكون مستحقة الدفع لأمر المحكمةعند صدور قرار الحكم لصالح الملكية الخاصة التي تم مصادرتها من قبل الوحدات الحكومية لغرض المنفعة العامة.

3- تسجيل هذه المبالغ المستحصلة في السجلات التجارية مرفوع بوساطة المدقق بتقرير مالي قصير.

judgment bonds
سندات قضائية

سندات صادرة بوساطة وحدة حكومية لشراء أوامر القضاء مقابلها.

judgment creditor
دائن القضاء

دائن أقرت المحكمة بالدين المستحق له على مدينة المتخلف أو المقصر عن الدفع وأصدرت حكماً قضائياً يطالب المدين بالدفع له.

judgment debtor
مدين القضاء

مدين أقرت المحكمة بالدين المستحق عليه من دائنه المقرض، وأصدرت حكماً قضائياً تطالبه بالدفع المقصر عنه. وسجل الدين والمصاريف القضائية والرسوم في سجلات المحكمة الرسمية.

judhment sample
عينة اختيارية

وهي عينة يتم إختيارها بصورة غير رسمية استناداً إلى قرار شخصي، لتهيئتها الى الإمتحان بوساطة التمارين. ومن نتائج المعطيات تتم الإختيارات بصورة مستمرة لتكون مهيأة للمقارنة.

judgment payable
دفع مبالغ قرارات التحكيم

المبالغ المستحقة للدفع بوساطة الوحدة الحكومية نتيجة إستملاكها أو مصادرتها للملكية الخاصة.

junior security
سند مالي ثانوي

سند أو عقد رهن مضمون بوساطة ملكية متقدمة في الإصدار.

justification
تبرئة أو تبرير

تحليل مسرد لإحتياج مبلغ معين من المال.

158

efghij**k**lmnopqr

كاردكس **Kardex**
نظام مبني على بطاقات لكل نوع من أنواع البضاعة لتسهيل السيطرة على الحركة المخزنية ويساعد على إستخراج بضاعة آخر مدة في نهاية السنة المالية. ويسمى نظام البطاقات cardex حيث يتمثل كل نوع من المواد المخزونة في بطاقة معينة بموجب المعلومات العائدة لها.

كارتل **Karte**
وهو اتفاق بين مجموعة من الشركات المنتجة لضبط أسعار معينة.
انظر حلف احتكاري: cartel

رسوم إرساء السفن **keelage**
الرسم الذي يستوفى من المركب أو السفينة في الميناء مقابل فترة الإرساء.

أدنى الأسعار **keen prices**
حسابات محفوظة **keep accounts**
منع ارتفاع الأسعار **keen down**
منع هبوط الأسعار **keep up**
دلال خارج البورصة **kerb – stone broker**
مفتاح نسب الأعمال **key business ratios**
سلسلة نسب صناعية ابتكرت منذ بداية 1930 بوساطة دان وبرد ستريت، ومكونة من 14 نسبة وسطية ورباعية تقدم سنوياً لمجموعة مختلفة من الصناعات.

ماكنة ترقيم الكارتات **key punch**
آلة تثقيب لتسجيل تاريخ يوم معين أو يوم العمل عليها، كذلك ساعات العمل للعامل في اليوم.

نوعية، صنف، أصل **kind**
الأصل أو الموجودات وغيرها من النقدية والمقبوضات.

دفع عيني **kind payment**
دفع القيم إما بضاعة أو بأداء خدمة معينة بدلاً من الدفع نقداً، كالمقايضة مثلاً.

آلة حركية في تسجيل الصكوك **kit**
وتستعمل هذه الآلة من قبل موظفي البنك ويسمى الموظف الذي يستخدمها kiter.

كمبيالة مجاملة ((بوليصة صورية)) **kite**
عملية تحقيق مصرفي **kiting**
1. نظام التحرير والتداول النقدي للصكوك غير المسجلة في بنك واحد.
2. عملية كشف الصك المتقدم للإيداع في البنك بصورة مكررة. ويستعملها البنك خوفاً من التزوير أو السرقة أو الإقتراض غير المضمون.

إرساء البيع **knocked down, KD**
نظام في تطبيق المبيعات، عن طريق المزايدة العلنية. ويقصد بها إرساء البيع بأعلى سعر للبضاعة المباعة على أحد الأشخاص أو انتهاء المزايدة.

ينقص **knocked off**
عقدة بحرية **knot**
وحدة مسافة بحرية بزمن معين تقطعها السفينة. وتعادل ميلاً بحرياً واحداً في الساعة الواحدة = 6080 قدم. أو تعني حسابياً سعر وحدة ميل بحري واحد في الساعة.

كارتوزز **kurtosis**
وحدة قياس إحصائية، لتحديد درجة التسطح لقمة الخط البياني في مدرج، والمنحنى التكراري للتوزيع الطبيعي. أو تركيز الفكر حول إظهار القيمة المركزية بوساطة التوزيع الإحصائي.

159

labor cost **كلفة اليد العاملة**

ذلك الجزء المهم في تكوين البضائع والخدمات ويعبر عنه بالأجور والرواتب والمكافأت، والعلاوات، نظير الأداء بالعمل الذي يقدمه العمال، ويجوز ان تكون اليد العاملة مباشرة أو غير مباشرة.

labor – cost ratio **نسبة كلفة العمل**

الكلفة الثابتة للعمل المباشر ÷ الكلفة الفعلية.

labor laws **قوانين العمل**

القوانين المشرعة بوساطة الحكومة لشروط العمل ولحقوق العمال، وللفصل في النزاعات التي قد تنشب بين العامل ورب العمل، ولتنظيم شؤون العمل والعمال. في الولايات المتحدة الأميركية هناك جمعية روابط العمل الوطني (قانون وكنر 1935) وجمعية روابط العمل الإداري (قانون تافت هارتلي 1948).

labor quantity variance **انحراف كمية العمل**

ويرجع الاختلاف بين القاعدة الأساسية (عدد ساعات العمل المعيارية للأنتاج الفعلي) وعدد ساعات العمل المباشر الفعلي. ودوماً يراعى انحراف كفاءة العمل :

Labor efficiency variance

labor rate variance **انحراف متوسط العمل**

الإختلاف بين معدلات أجور العمل المباشر الثابتة ومعدلات أجور العمل المباشر الفعلية. لتعطي صنف العمل الداخل في التشغيل الإنتاجي (عادة) الساعات الفعلية المستعملة.

حساب الانحراف معدل العمل في الاستاذ العام يصنف ضمن الانحرافات لجميع أصناف العمل المباشر.

labor – saving innovation **فكرة انقاذ العمل**

أي تغيير التقنية المنتجة تغطي كمية الإنتاج، وذلك بتكوين انتاجية مع نفقات عمل حقيقية أقل.

laddered portfolios **سندات وأوراق تجارية متحركة تصاعدياً**

السندات مع الإستثمارات الزمنية التي تكون موزعة توزيعاً بالتساوي في جميع الأصناف من الأجل القصير الى الأجل الطويل في الاستحقاق.

lag **فاصل زمني**

الوقت الفاصل بين التعاقب والحوادث أو المتوالية المتصلة والحوادث، مثل استلام النقود وايداعها.

lagan or lagend **مطروحات**

سلع تطرح في البحر، مشدودة الى طافية أو عوامة لكي يستطاع انتشالها بعد زوال الخطر .

lagging indicators **مؤشرات التغطية**

مسلسلة زمنية اقتصادية تملك نقاطاً دائرية تتبعها عموماً نقاط دائرية في مستوى النشاط الاقتصادي.

laity **سواد العاملين**

طبقة من المحاسبين تختلف عن إصحاب مهنة المحاسبة. ويعتبر أفراد هذه الطبقة غير ماهرين في المحاسبة، ولكنهم يستخدمون للمساعدة في إعداد تقارير المدققين.

land **أرض**

الإستثمار في العقار الحقيقي (ويقصد بها التربة الياسبة أو سطح الأرض وما هو عليها بفعل الطبيعة كالأشجار والأعشاب والمياه والجداول والينابيع... الخ) وعادة تتضمن إصلاحات الأرض وتحسينها قبل الشراء، ولكنها لا تتضمن العمارات أو الموجودات ذات العمر الاقتصادي المحدود. ويشمل حساب الأرض جميع التكاليف الأخرى المتصلة بالحصول على الأرض بما في ذلك عمولات الوسطاء والرسوم القانونية ورسوم التمليك والتسجيل ورسوم مسح الأرض.

land charges مصاريف الأرضية
مصاريف تفريغ حمولة البضائع من المراكب أو المركبة على الأرض.

land improvements تحسينات الأرض
ويقصد بها: التبليط وأرصفة المشاة، السواقي، المياه، خطوط أنابيب الغاز، التنظيف البستنة، الحيطان (سياج)، الخط الفرعي لشاحنات السك الحديدية، وأي بنود محسنة أخرى.

landed price سعر تسليم رصيف الميناء
التسعيرة، أو القائمة السعرية للبضاعة المتضمنة تكاليف التحميل والشحن والتفريغ على رصيف الميناء في أرض المشتري.

lapping عملية السرقة
عدم تسجيل النقد المستلم في الصفحة المقررة للعميل.

lapse زوال الحق
1- سقوط الحق بمرور الزمن القانوني (بالتقادم).
2- الإنحراف عن التعاقد (نكران العقد).

lapse factor عامل الفتور، الإهمال
وهو تخفيض الميزانية الناتج عن الشواغر المتوقعة في أي وحدة تنظيمية معينة، وبالخصوص في حساب الميزانية الحكومية، فإن عوامل الفتور تساهم في تخطيط المواقع غير المشغولة الناجمة عن العائد الطبيعي وعن دورة التعويض التي تحصل خلال مدة الميزانية المقررة. إن المبيعات والأرباح لهذه الشواغر التي تؤخذ بعين الإعتبار في ميزانية كاملة التموين سوف تهمل في عملية المراجعة.

lapsing schedule لوحة عمل مبرمجة
لإدخال كلفة الموجودات الثابتة وذلك من عدة نواحي:
1- ناحية الشراء والرسوم، والضرائب والتأمين والنقل، والتلف قبل التشغيل وتسمى 1. value asset
2- أ- من ناحية الفترة الزمنية المقررة لاسقاط حياة الماكنة أو الموجود الثابت، ما يصرف عليه أثناء العمر الإنتاجي المحدد من صيانة، أو ادخال آلات مساعدة.
ب- من ناحية عمر الاشتغال الفعلي بالأشهر.
ج- من ناحية الاستهلاكات السنوية لجميع السنوات.
وتسمى: 2. depreciation base

3-التسوية القيدية لنهاية الإستهلاكات.
4- التقرير النهائي.

Last In First Out, LIFO ما يشترى أخيراً يباع أولاً
طريقة من طرق المطابقة الجردية والتخمين لايجاد قيمة البضاعة المتبقية في المخازن آخر مدة. أي أن البضاعة المتبقية في المخزن هي المشتراة أولاً.

latency time وقت الظهور، حاسبات
وهي كمية الوقت الضروري لمفردة معلومات مطلوبة واللازم لظهورها تحت الرأس المغناطيسي في نظام تدوير القرص بعد احلال الرأس فوق الخط المطلوب. وعموماً فإن هذا الوقت مساو الى الوقت اللازم لنصف دورة القرص، وغير ذلك من وقت البحث وهو الوقت اللازم لوضع الرأس المغناطيسي على المسار المحتوي للمعلومات المطلوبة.

law merchant قانون تجاري

lay days أيام الاعفاء
تطابق عدد أيام رسو السفينة في الميناء لتحميل أو تفريغ البضائع مع الأيام المقررة قانوناً، لذلك تعفى من أية غرامة.

lead time وقت متقدم، مهلة
ويعني المصطلح، الفترة الزمنية المسموح بها، أي الواقعة بين يوم تثبيت الطلب ويوم التسليم المتوقع.

leader merchandising عملية تجارية مخفضة
أو الاغراء بالسعر المخفض، وذلك عن طريق اجتذاب المستهلكين بالإعلان عن سلعة تباع بأسعار مخفضة، ثم إقناعهم بشراء سلعة أعلى، وهو أيضاً يعرف بالبيع المحول.

leading indicators مؤشرات التقادم
المسلسلة الزمنية الاقتصادية التي تملك نقاطاً دائرية (نقاط الانقضاء) تتقدم عليها من حيث الزمان عموماً نقاط دائرية في مستوى الفعالية الإقتصادية.
راجع: lagging indicators

learning curve منحنى التعلم
رسم بياني يظهر القدرة الانتاجية والأوقات التي استغرقها العمل عل كل وحدة لدى الفرد أو المجموعة. معبراً عنها.

161

lease

legal capital

كدالة وقت أو دخل كل وحدة زمنية صرفت على وحدة عمل. ان المنحنى الخاص بالمردود النموذجي مقابل خط الوقت يتقوس من مصدره صعداً أو الى الجهة اليمنى، ثم يتغير معدل التعليم بزيادة الممارسة، وهي تستعمل في التنبؤ بمدى إنتاجية العمال.

lease **إيجار**

منح حق إستثمار الملكية (الأرض- المعمل – التجهيزات – الماكنات) لشخص آخر للإنتفاع منها لفترة محددة من الزمن (وعادة تحتسب على أساس السنة) مثبت تاريخها في العقد مقابل تعويض مالي يدفع للمالك كبدل إيجار. والفترة الزمنية للعقد قد تكون سنة حسب الأساس أو من سنة الى أخرى أو لمدة سنوات أو لحياة كاملة (نظام العرصات)، فبهذه الحالة إمان أن تكون القيم المالية مدفوعة بالكامل بشكل أقساط محددة أو متساوية في العقد، دون اللجوء الى رأس المال.

leaseback **عقد الإيجار المرتجع**

عقد إيجار طويل الأمد لممتلكات حقيقية أو معدات بيعت الى شخص مستقل أو شبه مستقل مقابل نقد معين. أي زيادة لأي اضافة نقدية على صافي القيمة الدفترية، تكون عادة ديناً له ودوماً تساوي دفعات الإيجار التالية تحت شروط العقد المختلفة. ومن الممكن استرجاع الممتلكات عند نهاية مدة العقد.

leasehold **عقار مستأجر**

حقوق العقار الممنوحة تحت تصرف غير المالك بموجب عقد الإيجار. مثل فائدة الأرض في الإستئجار، واعتيادياً مصنفة (الملموسة) في الموجودات الثابتة.

leasehold improvemement **تحسينات في عقار مستأجر**

التكاليف التي تكبدها المستأجر لعمل تغيرات أو تحسينات في التنمية لإطالة عمر الحياة الإقتصادية للملكية المؤجرة.

lease – squares method **أسلوب مربعات الأعداد الصغرى**

وهو عبارة عن أسلوب احصائي مستعمل لحساب متوسط ما عن طريق أقل مربعات الأعداد. وهذا الأسلوب قد يكون من أدق الأساليب المستعملة لفصل عناصر التكلفة شبة المتغيرة أو شبه الثابتة الى عناصرها الثابتة والمتغيرة.

ledger **سجل الأستاذ العام**

أو سجل الحسابات الجارية الذي يستعمل لانتقال العمليات الحسابية من اليومية العامة اليه كمرحلة ثانية تصنيفية وتوحيدية، ولتبيان رصيد كل نوع على حدة من انواع الحسابات المرحلة اليه بموجب الصفقات التجارية، ويعتبر أساساً لتحضير ميزانية المراجعة.

ledger asset **أستاذ الأصل**

(محاسبة التأمين) الأجل المستعمل في التقارير للإشارة الى أي أصل توضيحي للأستاذ، والمعلن عنه في الميزانية العمومية.

ledger control **ضبط حسابات الأستاذ**

أو الرقيب الأستاذي، وهو سجل مساعد الى سجل الأستاذ لضبط الحسابات وهو يعتبر كسقف موحد لجميع البنود المسجلة.

ledger journal **سجل متعدد الأعمدة**

يستعمل في التسجيل الحسابي كدفتر يومية وأستاذ في آن واحد.

ledger transfer **ترحيل الأستاذ**

تعتبر هذه الطريقة في الوقت الحاضر مهجورة، (من الطراز القديم في الحسابات). وهي عملية لنقل البنود والأرصدة من أحد حسابات الأستاذ الى الآخر مع عدم وجود اليومية المتوسطة.

legacy **ميراث**

تركة من الأموال (المنقولة والثابتة) يتركها المتوفى، وتمنح بموجب وصية مكتوبة الى الوصي المعين بنفس الوثيقة والتي تعتبر من الدرجة الأولى في شرعيتها، وبموجب قرار المحكمة، ليتم توزيعها حسب القوانين أو الشرائع المرعية مالم يذكر التوزيع في الوصية، وذلك بعد دفع الديون المترتبة على المتوفى وكلفة الدفن والمصاريف الأخرى.

legal **قانوني**

1- كل ما يتعلق بالقانون أو يسند اليه أو ينفذ بموجبه.

2- عملة قانونية يتوجب قبولها عند الدفع.

legal capital **رأس المال القانوني**

الجزء المدفوع في رأسمال الشركة بموجب القانون عند المصادقة على عقد التأسيس. وهو القيمة الإسمية: (السعر المحدد لقيمة السهم الواحد عند الإصدار) ويسمى أيضاً رأس المال المصرح به وهذه الأقيام هي مساوية لقيمة صافي الموجودات المحصورة لحماية دائني الشركة.

legal debt margin **هامش الدين المسموح به قانوناً**

الزيادة لسلطة الدين المضافة للديون المستحقة المطبقة لحظة التوحيد.

legal entity **كيان قانونية**

ويقصد به الأهلية القانونية لمن حاز عليها، كالشخصية الاعتبارية، للشركة التضامنية، الشركة التعاونية ، أو أي تنظيم يحق له بموجب القانون امتلاك الملكية أو مزولة الأعمال التجارية.

legal liability **التزام قانوني**

1- أ- المسؤولية المترتبة على الفرد لإنجاز عمل معين يتم الاتفاق عليه بموجب عقد أو قانون أو ما شابه ذلك.

ب- قدرة الشركة على دفع السندات المصدرة من قبلها.

ج- قدرة التنفيذ في القانون.

3- العقد المبرم لاستخدام المحاسب مع ممثل الشركة أو المحامي والذي يتضمن تأدية الخدمات المحاسبية مع الأمانة والاخلاص والبراعة الفنية والمعرفة لعمليات التدقيق بأعتباره الشخصية الثانية في الشركة.

legal reserve **احتياطي قانوني**

1- الحد الأدنى من الودائع المصرفية التي يفترض الاحتفاظ بها كاحتياطي لمواجهة الصعوبات المالية المستقبلية التي تواجهها المؤسسة المصرفية (من المبالغ المودعة).

2- أي احتياطي مطلوب قانوناً مثل احتياطي شركة التأمين على الحياة.

حصة من الأرباح تتخذ مكاناً تحت سيادة القوانين الخاصة بالشركة الأجنبية.

legal tender **عملة قانونية**

العملية التي يفرض القانون على الدائن أن يقبلها وفاءً لالتزام ما. أو هي عبارة عن العطاء القانوني لمقدار النقد المتداول بين الأفراد عن طريق توسيط الثقة الرسمية في التمويل.

legal value **قيمة قانونية**

راجع: legal capita

legend **نقشة أو تعليق تفسيري**

1- رقم المستند أو مصدر مرجع آخر، وهو دوماً تكملة بوساطة الكلمات. أسلوب للشركات في قيود اليومية أو ترحيل الى الأستاذ العام.

2- موجز تصويري للتقرير الفصلي للشركة سواء كان على شكل جدول أو رسم بياني.

less developed countries, LDC **أقطار نامية**

أو الأوطان النامية (دول العالم الثالث). ويقصد بها

1- أي قطر في العالم لايملك تنمية للإقتصاد الحديث مع القاعدة التصنيفية المتكاملة. (أقطار مختلفة).

2- أي قطر في العالم خارج مجموعة الأقطار المتقدمة الاتية: اوربا الغربية - استراليا - كندا – اليابان- نيوزيلاندة - منطقة جنوب افريقيا - الكتلة السوفيتية - الصين- الولايات المتحدة الأمريكية.

less develoed country corporation, LDCC **شركة الأقطار النامية**

الشركة الأجنبية المربوطة في عقد الأعمال التجارية التي مشتقاتها أدنى من 80% لمجموعة الدخل من مصادر الثروة داخل بلدان العالم الثالث، والتي تملك أدنى من 80% للموجودات المقيمة في مثل هذه الأقطار، وذلك لتشجيع الإستثمار في العالم الثالث. أما الأرباح والفوائد الممتلكة من (LDCC) تكون معفية من ضرائب الدخل الشركة الأجنبية، إذا أوظفت أرباحها في هذه الأقطار.

lessee **مستأجر**

كل من طلب استثمار ملكية معينة للغير ضمن فترة زمنية معينة سواء أن اتفق أو تعاقد عليها مع صاحب عرض الملكية الخاصة لقاء اشغالها، مقابل دفع مبلغ معين ((الأجر)). ولا يعتبر مالكاً لها.

lessor **مؤجر (المالك)**

كل من عرض استثمار ملكية خاصة للغير ضمن فترة زمنية معينة سواء أن اتفق أو تعاقد عليها مع صاحب الطلب لقاء اشغالها، مقابل قبض مبلغ معين ((الأجر)).

less – than – carload lot **أقل من حمولة الشاحنة المسموح بها**

الأوان الطبيعي للحكم على المساحة الكاملة لشحن حجم البضاعة (مقدار ما تستطيع الشاحنة حمله) في السفن وقابلية التغير لسد متطلبات أصغر فراغ متروك في شحن

العربـة المفـردة، أو لتطبيـق معـدل الشـحن بالعربـات، كالشحن بالبواخر.

letter for underwriters **رسالة للمؤمنين**

الرسائل المساعدة التي تحتوي على تبادل المعلومات في الأفكاروالآراء من المدقق المستقل الى ضامني السندات المصدرة في وقت تسجيل السندات تحت سيادة القانون المصرح بها. راجع (1) underwriter

letter of attorney **كتاب توكيل**

وثيقـة قانونيـة بوسـاطة أي شـخص يوكـل آخـرين بقـرار صـادر عنـه فـي أمـور الملكيـة أو أمـور متنوعـة. (رسالة وكيل القضاء).

letter of credit **كتاب الإعتماد**

رسالة يوجهها البنك الى بنك آخر يفيده بموجبها انه حجز أموالاً معينـة لحسابه مـن المستورد أو المصدر تـدفع لـه تحت تسليم بوالص الشحن أو ما شابه ذلك حسب شروط الإعتماد.

letter of regret **مذكرة اعتذار**

الملاحظات المرسلة بموجب تقرير من المدراء العاملين في الشركة الى طالبي توظيف الأسهم لاعلامهم بأنهم غير قادرين على تخصيص حصة لهم.

letter of representation **رسالة تحصيل، التدقيق**

رسالة نموذجية يقتضي بموجبها الفات نظر المدقق حول فحص دقيق تحت قياسات التدقيق المقبولة عموماً. وهي موجهـة مـن وكيـل الإدارة الـى المـدقق توضـح فيهـا: أن التقرير المالي الذي يحتوي على مسؤولية عاليه، وحالات القضـايا المهمـة والمعلقـة للمـدقق لمعرفـة أفضـل حـالات التحقـق فـي الوقـائع والحقـائق مقرونـة بالتصـديق الأداري خلال فصل التعاقد معه.

level of effort **مستوى المحاولة**

مقيـاس للثـروة المتطلبـة لتأديـة عمـل مهـام شـاقة (أو مهنة أو وظيفة).

leverage **فائدة الفعالية المكتسبة**

أو (مبدأ الاستفادة) وهو اطلاح يطلق على مزاولة

استعارة أو استلاف مبالغ بسعر متفق عليه للقيام بأستثمار تـدر أرباحـاً بنسـبة أعلـى مـن سـعر المـال المسـتعار أو المقترض.

leveraged lease **إيجار مفيد**

levy **دعوة اجبارية**

1- الطلب الموجه الي الأعضـاء من قبل الشركة يدعوهم للاسـهام فـي إضـافة رأس العامـل أو لتكميـل البضـائع أو خسراتها.

2- عملية التخمين للضرائب عند دعوة المكلف.

lex mercatorio **قانون تجاري**

قـانون يتنـاول فـي مضـامينة مختلـف المواضـيع المتعلقـة بالتجارة، كالشحن والتأمين والأوراق التجاريـة والسجلات والتسـجيلات وعقـود البيـع أو عمليـات الشـراء، ومـا شـابه ذلـك يفصل الأحكـام التجاريـة للمخالفـات التـي تحـدث مـن جراء هذه العمليات وعقوباتها.

liability **مسؤولية**

وتعنـي المطلوبـات: أي الأرصـدة الدائنـة فـي الميزانيـة وتفصل:

أ- الخصوم: ويقصد بها المالكون والدائنون الذين دفعوا مالاً نقدياً أو بضاعة أو خدمة مستحقة الأداء.

ب- الإلتزامـات: المسـؤولية القانونيـة تجـاه الـدائنين والمساهمين وحقوق الشركاء.

liability for endorsement **التزام ناتج عن التظهير**

التـزام احتمـالي أو ثـانوي نـاتج عـن تظهيـر سـند بوسـاطة الغير، ويبقى سارياً الى ان يقوم المدين الأصلي بتسديده، انما هناك مهل معينة قانوناً لبقاء هذا الإلتزام.

liability reserve, accrued liability **مطلوبات مستحقة**

تـدعى هكـذا لأنهـا كميـات ماليـة غيـر متداولـة وغامضـة، كالبنود المالية لضرائب الدخل (قبل الدفع).

liability to an outsider **مسؤولية تجاه الطرف الخارجي**

licensed public accountant **محاسب عمومي مرخص**

شخص يملك القدرة على التسجيل، وحائز على إجازة

رسمية لممارسة مهنتـه تحـت سيادة القانون كالمحاسب
العمومي.

lien   **استيفاء الدين**

1- حق الحجز على ممتلكات شخص لالتزام قانوني.

2- رهن عقاري.

life annuity   **قسط الحياة**

معاش تعاقدي يدفع للشخص المستمر في بوليصة التأمين
ما دام حياً أو حتى الوفاة.

life cycle costs   **دورة التكاليف الكاملة**

life income funds   **موارد دخل الحياة**

(محاسـبة تأسيسـية) وهـي صـندوق تأسيسـي لحسـاب
الموجودات التي تعطي تنظيماً معيناً. مثل تأسيس كلية أو
جامعة دراسية.

life table   **جدول الحياة**

جدول توضـح فيـه مجموعـة الموجـودات والأضافات
الجديدة لها والمسقط منها والمعتزلة في أعداد بيانية.

life tenant   **مستفيد مدى الحياة**

المنتفع من ملكية بموجب وصية لغاية وفاته.

LIFO, last in first out   **مايشترى أخيراً يباع أولاً**

1- وهـي طريقـة مـن طـرق تخمـين البضاعة
(جرد البضاعة).

2- مايرد أخيراً يصرف أولاً (حاسبات).

الجدولة التكنيكية في بنود الحقائق الأخيرة المخزونة في
محفظة المعطيات الداخلة أولاً.

limited company   **شركة ذات مسؤولية محدودة**

وهي شركة من الشركات التجارية حسب النظام البريطاني
ويرمـز لهـا (LTD)، وتكون فيها مسؤولية المساهم أو
الشريك الغير محدودة بمقدار مايملكه من أسهم أو حصص
في رأس مال الشركة، وفي العراق يرمز لها (ذ.م.م) .

limited liability   **مسؤولية محدودة**

ويقصد بها تلك المسؤولية المحصورة بموجب القانون أو
العقد التأسيسي مثل المسؤولية في الشركة التضامنية ، أو
مسؤولية مالكي الأسهم في الشركة التجارية راجع الفقرة
السابقة.

limited – life asset   **حياة الأصل المحدود**

أي أصل رأسمالي. مثل العمارات والماكنات والمصانع

وحياة العمر الاقتصـادي لأي ملكية محصورة بوسـاطة
الحياة الطبيعية أو بوساطة الفترة المتخللة لأي تشغيلات.

limited partnership   **شركة توصية بسيطة**

وتتكـون مـن شـركاء متضامنين وشركاء موصين.
والشـركاء الموصـون تكـون مسؤوليتهم محـدودة بقـدر
حصتهم في رأس المال، فهم لايفلسون اذا أفلست الشركة،
لأن القانون لا يعتبرهم تجاراً، لذلك حدد نشاطهم فحرم
عليهم:

1- ظهور أسم أحدهم في عنوان الشركة.

2- الأشتراك في الادارة.

line   **1- حقل من حقول النشاط أو العمل**

2- صنف من المنتجات أو البضائع التي يتعامل بها تاجر الجملة أو المفرد.

3- خط من خطوط السكك الحديدية.

4- تسلسـل السلطـات المباشـرة عـن أعمـال التشغيل: ((الموظفون التنفيذيون)).

linear   **خطي**

أمتلاك الصفات المميزة الرياضية للخط المستقيم أو الخطة
السطحية مثل: رسم على شكل خط ذي بعد واحد.

linear programming   **برمجة خطية**

صنف للبرمجـة الرياضية (النظرية الرياضية التي تبحث
في إيجاد أصغر قيمـة وأكبر قيمـة للاقتران الخطي تحت
شـروط خطيـة) لإيجـاد الخطط للتشـغيل، ويتضمن انشاء
التصميم (model) للمحطة الحقيقية القابلة لقسمة العوامل
الآتية:

أ- المتغيرات المتمثلة بالإختبارات القانونية.

ب- المقدار الرياضي:

1- المربوط بالمتغيرات الى حالة السيطرة.

2- انعكاسية الموازين لتكون مستعملة في تقييس الأرباح
القابلة للإستنتاج من كل الاختبارات المحتملة.

3- تأسيس هدف.

linear trend   **إتجاه خطي**

الاتجاه المصور بالرسم في الرسم البياني بوساطة الخط
المستقيم.

line item   **بند خط معين**

واردات نوعيـة أو نفقـات مميـزة تفصيلاً فـي الميزانية
التخطيطيةِ.

line item budget — توازن البنود

الميزانية التخطيطية التي تركز اهتمامها على:
أ- تكاليف الهدف.
ب- النفقات المبوبة في الميزانية عموماً.
ج- انسجام الهدف مع النفقات.
وخاصة على مشتريات الحكومة من السلع والخدمات حيث يجري تبويب الإنفاق حسب الوحدة الحكومية كالوزارة والمؤسسة والمديرية والمصلحة، كما أن النفقات تبوب حسب بنود المصاريف كخدمات الموظفين ومصاريف السفر الخ. أما الأعمال التي تقوم بها الوحدة الحكومية في صورة البرامج والأنشطة المكونة لهذه البرامج فإن الميزانية لاتظهرها.

line of credit — تسهيلات معتمدة

التسهيلات الممنوحة من قبل المصرف وفقاً للشروط المعينة وبعبارة أخرى فإن المصطلح يشير الى المبلغ الذي يعينه المصرف لكل عميل كائتمان يمنحه له إعتماداً على علاقته وثقته به والمعلومات التي تقدم عنه.

link printer — طابعة سطرية، حاسبات

وهو جهاز من مكونات الإتصال للآلة الحاسبة يقوم بتوصيل المعلومات الخارجة من الآلة الحاسبة وبطبعها على الورق.
إن طول الخط الاعتيادي للمعلومات في أوقات الطبعة السطرية هو 132 محل رمز.
ان الطابعات السطرية الحديثة لها قابلية طبع الخطوط البيانية بالإضافة الى وظائفها الأخرى.

link — موصل (للربط بينهما)

وهو إيجاد الاتصال كما في المخططات الإنسيابية وهو ربط مجموعة من المفردات والصفقات كما يحدث في متابعة audit trail أو عند القيام بحساب chain index

link list — قائمة الإتصال، حاسبات

وهو اسلوب تكون فيه المجموعات المختلفة من المعلومات متصلة مع بعضها عن طريق استخدام الوصلات أو المؤشرات. من الممكن ايجاد مفردة معينة في قائمة الاتصال بالإبتداء بأول مفردة معلومات واحدة الى التي تليها الى ان نصل الى المفردة المطلوبة وليس من الضروري خزن المعلومات تباعاً.

liquid — سائل نقدي

الأصول التي تملك امكانية التحويل الى نقد بسهولة .

liquid asset — أصل سائل

نقد مضمون يكون البنك غير مشترك في حساباته. أي نقد العملاء في البنوك، النقد تحت التصرف الشخصي الفوري. وأي موجودات نقدية أخرى لها أمكانية عالية في التحويل الى بضاعة أو استثمار سوقي في فترة قصيرة جداً.

liquid asset ratios, liquidity ratios — نسبة السيولة

liquidating dividend — ارباح التصفية

1- توزع بالتناسب لمالكي الأسهم في الشركات بوساطة منظمة لتصفية النقد والموجودات الأخرى.
2- توزيع الأرباح بالتناسب لمالكي الأسهم في الشركات ذات الأصول المستنفذة (الهالكة) مثل آبار النفط أو المناجم.
3- توزيع الموجودات بالتناسب الى مالكين للأسهم.

liquidation — تصفية

الإجراء القانوني الذي ينهي بموجبه مدة الشركة ونشاطها الاقتصادي.
أو الإغلاق النهائي للشركة بناءً على الافلاس أو لاي سبب آخر، ويتم بوساطة المصفي القانوني:
1- الإستيلاء النقدي على المقبوضات في البنك والصندوق والأموال المستثمرة والبضائع المخزنية.
2- بيع الموجودات من أصول وبضائع.
3- دفع الدين.

liquidation value — قيمة التصفية

1- السعر الذي يمكن الحصول عليه من عملية بيع الموجودات في عملية التصفية ((قيمة المبيعات الإجبارية)).
2- قيمة السعر المتفق عليه لكل سهم ليكون مدفوعاً لأصحاب الأسهم الممتازة على التصفية المختارة أو الاضطرارية للشركة.

liquidity — سيولة

الدرجة النسبية التي يستطيع معها الشخص ان يسدد التزاماته وديونه دون تحويل الأصول الثابتة التي لديه الى نقد.

liquidity ratio — نسبة السيولة

تحسب هذه النسبة بوساطة قسمة مجموع النقد والأوراق المالية الحكومية المملوكة على مجموع المطلوبات المتداولة التي هي قيدت أو تحت التسوية.

list price **سعر معلن عنه**

أو السعر حسب قائمة الأسعار المعلنة أو المرسلة.

listed **مجدول**

عملية ادراج الحقوق في قائمة معتمدة، أو الإعتراف بامتيازات تجارية في قائمة معينة مثل:

1- السهم المقيد في سجل الأسهم المالية المقبولة للاتجار بها في البورصة، بعد ان تكون مثل هذه الأسهم قد استوفت جميع الشروط القانونية.

2- العقد المسجل أو المقيد لدى وكيل معين لبيعه أو تأجيره.

Lloyd's **لويدز، سنة 1819**

جاءت التسمية من جمعية لوكلاء التأمين المستقلين ومقرها الدائم لندن. وهم يملكون ممثلين عنهم لجميع التغطيات العالمية لأجل اعداد التقارير لحركة تنقلات السفن والنقل التجاري والاستخبارات البحرية وهناك ((سجلات لويدز لتصنيف السفن)) التي تحتوي أسماء السفن وتصنيفها حسب مقدار الحمولة ونوعية استخدام النقل "Lloyds Register of shipping" وهذا التسجيل عمل مستقل عن التأمين.

Lloyd's bonds **سندات لويدز**

تصدر هذه السندات في بعض الأحيان عن شركات نقل السكك الحديدية أو عن هيئة أعمال النقل الى المتعهدين أو الى اية جهة أخرى. وقد جاءت هذه التسمية عن المستشار الذي اقترحها أولاً.

loader **برنامج التحميل، حاسبات**

وهو برنامج يستلم تعليمات تنفيذية من مصنف وحدة المعلومات المخزون في القرص، وذلك لغرض خزنها فيما بعد في الذاكرة الرئيسية للآلة الحاسبة قبل القيام بتنفيذها.

load – factor pricing **تسعيرة متأثرة بعامل التحميل**

السعر التخالفي المعمول بإختلاف الفترة الزمنية لأجل أهداف دفع الفعاليات الى الحد الأقصى لتحويلها لغرض نافع لتسهيلات الإنتاج.

والمقصود هنا الفكر التطبيقي في محاولة للتغلب على المصاعب في الوقت الموسمي ليوم الإنخفاض على الطلب، وذلك لجذب الناس من جماعة الدخل المنخفض لشراء السلعة.

loading **تحميل**

1- تحميل البضاعة على سطح السفينة.

2- مبلغ يضاف الى قسط التأمين لتغطية النفقات الإدارية والخطر والطوارئ الأخرى.

3- الرسم الذي يضاف الى سعر السهم لتغطية تكاليف البيع وإدارة الأموال المتجمعة في صندوق الاستثمار.

4- الأضافة المالية من توزيع التكاليف الثابتة غير المباشرة في المصنع على كلفة مختلف الوحدات المنتجة.

5- اضافة تكميلية تستعمل في الصياغة الاحصائية أو الفهارس في أمر لتسوية مسألة موضوع معين لقاعدة مناسبة للاسهام.

loan **قرض**

أتفاقية لمدة معينة مقابل فائدة معينة بين المقرض والمستفيد يتعهد بها الطرف الثاني بتسديد مبلغ القرض للأول.

وتصنيف القروض هو: الإستحقاق ونوع الضمان، ووضع المدين المالي.

loan authority **سلطة القرض**

وهي صلاحية رأس الدولة لتحميل ديون متعلقة ببرامج مخصصة، يكون فيها تسديد الدين في مراحل زمنية معينة متعاقبة ومطابقة لفترات استلام وتخصيص لتلك المشاريع ((محاسبة حكومية)).

loan capital **رأسمال القرض**

وهي مسؤوليات طويلة وقصيرة الأمد تقع على حاملي الأسهم وممتلكي السندات وسندات القرض وممتلكي البنوك وغيرها. وتثبيت أحقيقة بوساطة أجراءات مرتبطة بتحديد وقت استحقاق هذه المسؤوليات ويكون ذلك مع حساب الفائدة.

ويستثنى من ذلك، المدفوعات الناجمة من العقود المتكررة في البضائع والخدمات ومتراكمات الفائدة وكلف التشغيل الجارية والضرائب المهملة والدخل واحتياطيات التخمين والدخل المنقطع المعزول الفائض المكتسب وعوائد مصنفة كتسوية حاملي الأسهم ((القيمة الأصلية الصافية)).

loan value **قيمة القرض**

(التأمين على الحياة) الأقصى للمبالغ الممكن إقراضها من المؤمن على بوليصة التأمين على الحياة.

local currency **عملة متداولة محلياً**

العملة المحلية المتداولة في دولة مستقلة تتقبلها المشاريع الأجنبية والوطنية في ذلك البلد.

local – improvement fund, special assessment fund **صندوق الاصلاح المحلي صندوق الضريبة المحلي الخاص بالمتلكات والدخل**

lock box **الصندوق المغلق**

عنوان يدرج في المراسلات كأي صندوق بريدي لزبائن الشركة لتحويل المدفوعات النقدية، بأعتبار هذه الصناديق إتحاداً ترابطياً مع الحساب، مجاورة للبنك.

وهناك سلطة مخولة تفتح مايرد من الصندوق والصكوك الودائعية لحساب الشركات في الطلبية لاختصار عملية تداول التحصيل. أو هو صندوق توضع فيه رؤوس أموال مع عدم التأكد من سهولة تحويلها بعد ذلك الى نقد، فتتطلب العملية متابعة ولو هاتفية.

log (n.) **1-** سجل الأداء البحري

2- سجل رسمي لتدوين الأحداث والأوزان والخبرات اليومية البحرية في السفينة (يوماً بعد يوم أثناء سفرها) أو سجل لسير الأعمال.

3- جهاز لتسجيل سرعة السفينة والمسافة التي تقطعها. وفيه مؤشر يدل على سرعة ابحار السفينة. (اللوك)

logarithm **اللوغاريتم**

لوغارتم العدد م هو أس القوة التي يرفع اليها عدد ما مثل: أ (يسمى الأساس) لينتج العدد م. ففي العلاقة الآتية:

$م=أ^{س}$

تسمى س لوغارتم العدد م

للأساس أ ويكتب ذلك $لو_{أ}^{م} = س$

وهذه العبارة تكافئ $أ^{س} = م$

logging in **دخول الى النظام**

(حاسبات) المصافحة. راجع handshaking

logical description **وصف منطقي، حاسبات**

وهو وصف لقاعدة المعلومات كما يراها المستخدم في الآلة الحاسبة. ويمتاز ذلك عن الوصف الفيزيائي الذي يبين كيفية خزن المعلومات بصورة حقيقية بداخل الآلة الحاسبة.

logical file **ملف منطقي، حاسبات**

وهو مجموعة معلومات أو جمع تسجيلات متشابهه يتم التعامل معها على اساس أنها وحدة واحدة من وجهة نظر المستخدم للآلة الحاسبة.

logical record **سجل منطقي**

(حاسبات) وهي مجموعة من مفردات المعلومات كما يراها المستخدم في الالة الحاسبة وتكون عادة متعلقة بمشكلة المطلوب حلها. ويمتاز ذلك عن (التسجيلات الفيزيائية) التي تتعلق بالخزن الحقيقي لهذه المجموعة من مفردات المعلومات.

long **أجل الطول**

1- متوجب الدفع لمدة طويلة.

مثل سندات الدولة لمدة عشرة سنوات.

2- التمايز بين الشاري والبائع في سعر الشراء والبيع للأسهم والبضائع.

long account **حساب طويل**

(محاسبة السمسرة) سجلات حسابية للسماسرة تتضمن الأوراق المالية والبضائع للزبائن وتسجيلاتها.

long – form report **تقرير نموذجي**

طويل، تقرير المدققين بضمنه التقرير المالي للمشروع وتقارير المدققين القصيرة، وفكرة موجزة عن رأي كل مدقق.

long – life asset **أصل طويل الأجل**

الأصل غير المتداول الذي يتوقع احتياطيات للأرباح لعدة سنوات. أو الأصل الذي دورة حياته التشغيلية في الإنتاج طويلة الأمد.

long – range planning **مدى قطري للتخطيط**

راجع التخطيط المستقيم strategic planning

long run **الأجل المسعف**

المسافة الزمنية الطويلة الأضطرارية للمؤسسة الأقتصادية لتغير جميع عناصر الأنتاج وبضمنها تلك التي أخذت بالأرتفاع لتكون كلفة ثابتة.

long – term **طويل الأمد**

الأجل الإستثنائي عن الأجل الحاضر أو التقييم وراء الفترة الأولى الواحدة.

long – term contract **عقود البضاعة والخدمات الطويلة الأجل**

العقود التي يتم ابرامها لمدة زمنية طويلة الأجل، أي أكثر من السنة الطبيعية، وذلك لتغطية الكميات المنتجة أو الخدمات، كالتجهيزات الكهربائية وأهداف الانشاء، والسفن.

long – term debt **دين طويل الأجل**

(الميزانية العمومية) الديون المستحقة بعد سنة واحدة

طبيعية، كالسندات المرهونة، أو إطفاء الديون السندية لعدة سنوات، أو قروض البنوك، وقروض شركات التأمين.

long – term holding period   فترة مؤخرة للأمد الطويل

وتستعمل في نظام فرض الضرائب في الولايات المتحدة. تلك الفترة المحفوظة للأصل الرأسمالي لعدة سنوات أي بعد سنة واحدة طبيعية. وتشمل الأرباح والخسائر للأصل الرأسمالي.

long – term lease   ايجار طويل الأجل

اتفاق لايجار الملكية الشخصية طويل الأمد (أي بعد سنة طبيعية).

وأن هذا النظام حالياً يشمل المبيعات وعقود الأيجار المرجعة leaseback. وعقود الايجار المتشابهة. لكنها في الممتلكات الشخصية المنقولة تعتبر جزءاً مقسطاً من دين المشتريات، لأنها بالغة الأهمية وتتضمن أسلوباً لتصنيف حديث في المالية. في التصريح المالي هذه البنود تظهر اضافة تكميلية بوساطة ملاحظات مفصلة.

long – term liability   مطلوبات طويلة الأجل ثابتة

مطلوبات يستحق أوانها لفترات طويلة نسبياً (تتجاوز السنة عادة) وتكون واجبة التسديد بعد انقضاء الفترة المقررة.

loss   خسارة

1- أي بند للمصاريف مثل الأرباح والخسائر الأجلة.
2- أي حدث مالي مفاجئ، غير متوقع، مصاريف إلزامية (غير ارادية) أو كلفة من المتعذر استردادها، مثل نشوء حديقة في بناية غير مؤمنة.
3- التناقص في الموجودات أو التزايد في المطلوبات خلال الفترة المحيطة في الداخل، والصفقة المالية العرضية للمشاريع ومن حوادث أخرى.
4- صافي الخسارة في ميزان الأرباح والخسائر.

loss and gain, profit and loss   أرباح وخسائر

loss carry back and carry forward   الخسارة المرتجعة والخسارة المنقولة مقدماً

نظام من حق الموزع المالي تطبيقه في حقوق دافع الضريبة

للتسوية في استحصال الضريبة الواجبة الأداء. وهو عرض لصافي الخسارة الجارية لسنوات التشغيل مقابل أرباح ثلاث سنوات سابقة وأرباح للفترات الاضافية لبعض السنوات أو مقابل خمس سنوات آتية. وفي مطلق الأحوال تكون النتيجة منخفضة.

loss function   دالة الخسارة

وتعرف نظرية القرار كدالة تقوم بتسجيل الخسارة عن طريق انتقاء فعالية ليست بأفضل اختيار ممكن بالنسبة للظروف وللحالة المقصودة. ان الخسارة تقاس بالنسبة الى أفضل فعالية بديلة بحيث تمثل متغيرات لكلفة الفرصة الضائعة بقيمة كلفة (الخسارة) الى صفر عند القيام بإختيار أكفا الفعاليات.

loss ratio   نسبة الخسارة، التأمين

نسبة الخسائر المدفوعة من قبل شركة التأمين أو المتراكمة منها الى الأقساط المكتسبة بوساطة البواليص التي قبضتها من الزبائن.

loss reserve   احتياطي الخسارة

الاحتياطي الذي تحتفظ به شركات التأمين عادة لمواجهة إحتمالات الخسارة، والذي يمثل القيمة المحسوبة من دفعات تستحق في المستقبل لتغطية خسائر حدثت في الماضي.

loss standards   قياسات الخسارة

التوقعات الوظيفية التي يكون موقعها تحت مستوى فعالية اعتيادية لتعطي مهمة أو مهمات، مثل القياسات التي تحدث تحت الأستخدام النفعي للطاقة الانتاجية.

lost discount   خصم ضائع

وهو الحسم على الشراء الذي لم ينتفع به لعدم التسديد خلال الفترة المحددة.

lost units   وحدات مفقودة

مخرجات الوحدات المفقودة من خلال التقلص أو التضاؤل لمدخلات المواد الأولية خلال عملية الإنتاج أو خلال افسادها أثناء الانتاج.

lost usefulness   ملكية نافعة مفقودة

تشتت الملكية تدريجياً لأي سبب، كالخدمات الاحتمالية أو تشتت الثروة في التحويل.

169

Arabic dictionary page.

lot

كومة بضائع أو خدمات، مجموعة   **lot**

أي جمع للبضائع أو الخدمات على اثر صفقة تجارية مفردة. فمعرفة اسعارها تكون:

1- اذا كانت البنود متشابهة فاحتسابها للسعر يكون مجموع القيم مقسوماً على عدد البنود.

2- اذا كانت البنود غير متشابهة، فاحتسابها للسعر يكون مستقلاً، أي سعر كل بند على حدة.

3- اذا كانت البنود فردية أو شخصية فالكلفة لكل بند قابلة للتحديد بوساطة أساليب احتمالات متعددة للمنسوبية.

معاينة القبول   **lot – acceptance sampling, Acceptance sampling**

نسبة تحمل الكومة العاطلة   **lot tolerance percent defective**

سيطرة النوعية تمثل عادة بدلالة رقم نسبة للمفردات التالفة في رزمة أو كومة من البضاعة والتي تعتبر عامة محتملة أو في درجة أدنى قبول ويرمز ذلك

lump - sum purchase

الى أن اي نوعية ذات درجة أدنى من ذلك فأنها تكون غير مقبولة. ويرمز الى هـا المصطلح (LTPD) وهو المستوى من النوعية الذي يكون مادونه غير مقبول بالنسبة الى كومة البضاعة والخدمات.

التكلفة أو سعر السوق أيهما أقل   **lower cost or market**

طريقة تستعمل لتقدير قيمة مخزونات البضاعة أو استثمارات الأسهم والسندات وتقارن التكلفة بسعر السوق (الثمن الاستبدالي أو تكلفة الاستبدال) ويكون السعر الأقل هو السعر الذي يدرج في قسم الأصول الثابتة في البيانات المالية. وهذه الطريقة تقرر الخسارة التي تحدث نتيجة انحطاط السعر في الفترة التي حدث فيها ذلك الإنحطاط أو التخفيض.

مشتريات إجمالية   **lump – sum purchase**

المشتريات التي تشمل شراء مواد متنوعة دفعة واحدة لقاء قيمة واحدة، وعدم تخصيص سعر لكل مادة.

170

efghijklmnopqr

machine **آلة. ماكنة**
أي ابتكار أو جهاز يستعمل لزيادة أو تنظيم القوة أو الحركة، أو أية مجموعة من الأجهزة الميكانيكية والطاقة المحركة تركب معاً للقيام بعمل معين.

machine hour rate **معدل أجرة الماكنة في ساعة تشغيل واحدة**
المعدل الفعلي أو المحدد مقدماً لتوزيع التكاليف الإضافية على ساعات تشغيل الماكنة: أي

$$= \frac{\text{التكاليف المخصصة}}{\text{عدد ساعات التشغيل}}$$

machine too **عدة آلية**
أي جهاز يشغل ميكانيكياً للتحوير أو التغيير المعدني كالمثاقب والمقاشط والمخارط الكهربائية. (موجودات)).

maintenance **صيانة، إدامة الماكنة**
عملية المحافظة على الممتلكات أو المعدات، وإبقائها في حالة تشغيل سليمة وآمنة، وتعتبر مصاريف الصيانة من المصروفات الجارية.

maintenance reserve **احتياطي الصيانة**

majority **سن الرشد (البلوغ)**
شرط من شروط الأهلية التجارية التي سنها القانون التجاري (أي البيع والشراء وأقامة الدعوى التجارية ضد الغير). وتختلف الدول في قرارها بين فترة عمر الفرد (16- 18سنة) حيث يعتبر الإنسان في هذه الفترة قد اكتمل نموه الجسمي والعقلي، أي بلوغة السن القانونية التي أصبح بها قادراً على تدبير أمور حياته المعيشية (الإجتماعية والإقتصادية) دون مساعدة الغير.

make out **يحرر شيكاً، أو يعد قائمة**

make up **يتصالح بعد نزاع**

make – up **تركيب**
التسمية مأخوذة من عملية التسوية التي تقوم بها الوسيط حلاً للمشاكل وإنقاذاً للوقت كمثل حصة ثلاثة أشخاص في سهم واحد.

making a market **معاملات زائفة في**
الأوراق المالية المطروحة في السوق بقصد إثارة اهتمام الجمهور.

making a price **التسمية للتسعيرة المزدوجة بوساطة الدلال أو بائع الجملة**
ليتسنى له ان يشتري بأسعار منخفضة، أو بيع بأسعار عالية. وتكون بين البائع أو المشتري من وسطاء بيع الأسهم.

making up **تعويض أو تسديد**

making up price **سعر التصفية**
وهو سعر رسمي في أي عملية تجارية تتصف بطابع المضاربة، وتكون مؤجلة وتتمثل بالسعر المتوسط المحكوم في الظهيرة (ساعة 12) على تحميله لليوم الثاني.

management accounting **محاسبة إدارية**
تحليل وتقديم البيانات المالية والبيانات بالتشغيل التي تساعد الإدارة على القيام بواجباتها في ما يتعلق بالتخطيط والمراقبة والتنفيذ بصورة فعالة. وهذه المحاسبة تنطوي على استخدام طرق عديدة، كتحديد التكاليف ومراقبة الميزانية وتعيين التكاليف وإعداد النسب المالية والنسب الخاصة بالإدارة.

management audit **تدقيق إداري**
1- فحص وتقييم شاملان ومنتظمان للمشروع ككل من حيث تكوين رأس المال وسياسات الإدارة وطرق التطبيق والمنتجات والخدمات والتكاليف وغير ذلك. والهدف من هذا التدقيق، إبراز المجالات التي يمكن

الحقل الأيمن (marginal produce)

3- استهلاك الماكنات.
4- الصيانة.
5- الوقود والمحروقات والزيوت.
6- مواد التنظيف والتعقيم للعمل والماكنات.
7- إيجار المعمل.

margin   هامش
1- احتياطي للطوارئ ((من المال والوقت))، أو المبالغ الإحتياطية لتغطية الصفقة التجارية.
2- هامش الربحية أو الفرق بين أسعار الشراء التي يدفعها الوسيط أو بائع المفرق وبين الأسعار التي يبيع بها.
3- الزيادة في قيمة الضمان بالمقارنة مع القرض المقدم لقاءه.
4- مصطلح للدلالة على شراء الأسهم والسندات والبضائع على أساس دفع جزء من قيمتها نقداً: ((حرية التصرف بالأموال)).

marginal analysis   تحليل حدودي
طريقة لفحص العلاقات بين الوارد من المبيعات والتكاليف الثابتة، والتكاليف المتغيرة لتقدير الحد الأدنى لحجم الإنتاج للتعادل ((أي عدم تحقيق ربح أو خسارة)).

marginal balance   رصيد حدودي
أي زيادة الإيراد على الكلفة المتغيرة.

marginal cost   كلفة حدودية
كل وحدة في الكمية المنتجة ترتبط بخط معين يحدد القسمة في المجموع فتنتج التكاليف المصروفة على تلك الوحدة.
أنظر: variable cost
أو هي مجموع التكاليف المتغيرة التي يتحملها المشروع في سبيل إنتاج الوحدة من السلعة أو الخدمة، وهذه الكلفة مؤشر يساعد الإدارة في اتخاذ القرارات.

marginal costing   حسابات التكاليف الحدودية
نفقة الإنتاجية الحدّية
أسلوب لحساب التكاليف العملية أو السلعة بعد استبعاد جميع التكاليف التي لا يمكن أن تتأثر بالتغيرات التي تطرأ على حجم الإنتاج ((التكاليف الثابتة)) أثناء قيد المراجعة.

marginal produce   منتج حدي
هو الذي لا يكسب ولا يخسر ويحصل على دخل يكفي للإستمرار في الإنتاج فحسب. بعبارة أخرى المنتوج الذي يحد بين الإنتاج وعدم الإنتاج.

الحقل الأيسر (management by exception)

إجراء التحسينات فيها، وتحسين الوظائف والأعمال.
2- يستخدم المصطلح أحياناً بمعناه الضيق للدلالة على مدى أداء فريق من هيئة الإدارة وأعضائه مهامهم.

management by exception   تعبير عام
يستخدم في وصف عملية تزويد الإدارة بالمعلومات التي لا تراجع منها سوى الإنحرافات الهامة عن الميزانيات والخطط كأساس لاتخاذ الإجراءات الإصلاحية بشأنها. والهدف من ذلك هو إختصار لحجم التفاصيل التي تحتويها تقارير الإدارة وإحصائياتها الى بيانات مقتضبة يمكن اتخاذ الإجراءات اللازمة على أساسها.

management Information system   نظام المعلومات الإدارية

managerial accounting   محاسبة إدارية

management investment company   شركة إدارة الإستثمار

mandamus   أمر امتثال
كتاب صادر عن محكمة العدالة العليا تأمر فيه محكمة دنيا بالقيام بعمل معين أو الإمتناع عن القيام به. كذلك يشمل الأمر للفرد أو الموظف العام أو الشركة.

manifest   بيان الشحن
وثيقة يوقعها الربان أو الشاحن بما تحمله السفينة التجارية أو الشاحنة والجهة التي تقصدها إضافة الى معلومات أخرى لإطلاع موظفي الجمارك في الجهة المقصودة.

manual   يدوي، ما يصنع باليد، أو قائمة أسعار

manufacturing cost   كلفة التصنيع
وتستند في حساباتها على الإنتاج الحاصل وفق المراحل التالية:
1- المواد المباشرة (استعمال المواد الخام).
2- العمل المباشر.
3- النفقة العامة للمصنع.

manufacturing expenses   مصاريف صناعية
نفقة عامة للتشغيل. مثل:
1- الماء والكهرباء والهاتف
2- العمال: أجورهم، غذاؤهم، وكسوتهم، والطبابة.

marginal productivity إنتاجية حدية
هو الإنتاج الإضافي الذي يحصل عليه من إضافة وحدة واحدة من العمل مع بقاء المستلزمات الأخرى ثابتة بدون تغيير.

margin unit cost كلفة الوحدة الحدية

marginal revenue إيراد حدي
وهو الايراد المربوط مع المبيعات لكل وحدة مضافة واحدة.

margin of safety حد السلامة
1- النسبة المئوية من مبيعات المؤسسة التي تزيد عن مبيعات نقطة التعادل في الرسم البياني ((أو أي نقطة أعلى من نقطة التعادل)) وهي تحقق نسباً جديدة من الأرباح.

2- إحتياطي الأمان (من المال أو الوقت) للطوارئ في تجنب المخاطر. أو استعماله للسلامة.

mark down يخفض السعر
عملية تخفيض سعر سلعة معينة عن طريق عرضها بأسعار زهيدة لتسهيل عملية رواجها، أي سعر بيع السلعة بالسعر المخفض.

marked cheque شيك موسوم
شيك يؤشر عليه البنك بضمان الدفع
الشيك المؤشر بعلامة سرية لمنع تقليد الشيكات أو تزويدها، أو بعلامة ضمان الدفع من قبل البنك، وهو عادة يوضع في الحساب ولا يدفع فوراً لحامله.

market سوق
1- المكان الذي تجري فيه عملية المتاجرة بالسلع، أو هو المكان الذي يلتقي فيه عارضوا السلعة وطالبوها للقيام بعملية التبادل بوسيلة النقد.

2- توزيع البضائع بهدف بيعها.

market price, or value سعر السوق
السعر الذي يتقابل عنده الطلب الحدي بالعرض الحدي أي أقل ثمن يرغب به أكثر المشترين.

market rate of discount سعر الخصم في السوق
القيم المصروفة من قبل الصيارفة وغيرهم لعملية الخصم ((البوالص)). عادة أقل من معدل سعر البنك.

marketable قابل للتسويق. رائج
ما كانت طبيعته تسمح له بأن يباع في سوق علنية مفتوحة. أو ما كان صالحاً لعرضه للبيع.

markup إضافة
1- المبلغ المضاف لسعر البيع بقصد تحديد أعلى جديد ((أو السعر كان دون المستوى)).

2- ربح السلعة.
الفرق بين تكاليف الشراء والإنتاج وبين أسعار البيع. أي الربح الإجمالي المتحقق من سلعة واحدة.

marshal يرتب. يصف. ينظم. يرشد
يصنف الموجودات والمصروفات طبقاً لمبدأ السيولة والاستحقاق.

marshalling assets تصنيف الموجودات
عملية ترتيب مختلف ممتلكات المدين تيسيراً لتسديد ديونه بحيث يكفل الوفاء بأكبر قدر ممكن من الديون.

master budget موازنة شاملة
الموازنة التقديرية لكافة أوجه النشاط في المشروع.

master - key cheque شيك سائد
وهو الشيك الذي يلجأ اليه عميل البنك عندما لا يكون لديه دفتر شيكات يحملها. فيأخذ شيكاً من دفتر شيكات تعود للبنك ذاته، ويدون عليها البيانات المطلوبة ويجب أن يكون تحديد هذا النوع من الشيكات تحت رقابة موظف البنك المسؤول ويسمى أيضاً cheque omnibus

matching عملية المنافسة التجارية

material مادة خام لصناعة إنتاج ما
مادة أولية. أو ما كان متعلقاً بالشيء ذاته.

material control سيطرة مادية
عملية التحقق من تجهيز المواد اللازمة بكفاءة وباقل التكاليف وذلك وفق خطة عمل محدودة.

material price variance اختلافات سعر المواد الأولية
في نظام الكلفة الأساسية، القسم المختلف بين الكلفة الحقيقية والكلفة القياسية، ينسب الى السعر الحقيقي المدفوع الى المواد الأولية بغض النظر عن كثرته أو قلته.

173

فاختلافات أسعار المواد الأولية تكون مخططة كمثل الإختلاف بين الكلفة الحقيقية والكلفة القياسية لسعر كل وحدة واحدة للمواد الأولية المتضاعفة بواسطة الأرقام الحقيقية للوحدات المستعملة. ((أو المشتريات)).

(السعر الفعلي – السعر المعياري) للمواد × الكمية الفعلية.

إختلافات material quantity variance كمية المواد الأولية

في نظام الكلفة الأساسية، القسم المختلف بين الكلفة الحقيقية والكلفة القياسية، ينسب الى استعمال الكثير أو القليل من المواد الأولية. لذا الكمية القياسية حصة منفردة للمنحى المتوسط للإنتاج المتحقق. ان اختلافات كمية المواد الأولية تخطط كمثل الإختلافات بين الكمية الحقيقية للمواد المستعملة والكمية القياسية المنفردة المتضاعفة بواسطة الكلفة القياسية لكل وحدة. والإستنتاج هو:

$$\left(\begin{array}{c} \text{الكمية الفعلية للمواد} \\ \text{المستعملة في الانتاج} \end{array} - \begin{array}{c} \text{الكمية المعيارية} \\ \text{لذلك الإنتاج} \end{array} \right) \times \text{السعر المعياري للمواد}$$

إيصال مؤقت mate's receipt ايصال وكيل ربان السفينة بتسلم البضاعة على المركب

إيصال يحرره الناقل بعد ان يستلم البضاعة من الشاحن على ظهر السفينة. ويستعمل هذا الإيصال بصورة خاصة في ميناء لندن إذا كانت البضاعة قد سلمت على ظهر السفينة. ولا يعتبر هذا الإيصال أداة الملكية للبضاعة المشحونة ولا حيازتها طالما أنه ليس سنداً نهائياً ولا يقوم مقام سند الشحن. وما يترتب من الناحية القانونية على الإيصال المؤقت:

1- اعتراف صادر من الناقل بتسليم البضاعة كما هي مبينة بالإيصال وأن البضاعة في حيازته وتحت مسؤوليته.
2- ان الشاحن يمكنه استخدام الوصل المؤقت لإثبات ملكية البضاعة.
3- استبدال الإيصال المؤقت الى سند شحن اعتيادي أخيراً.

رياضيات مالية mathematics of finance

هي فرع من الرياضيات الذي يهتم بدراسة وشرح جميع أنواع الفوائد النقدية وطرق أستخدامها ويعمل بهذا النوع من الرياضيات في

حسابات البنوك والشركات والتأمين وغيرها من المؤسسات التي تعني بشؤون النقد وتداوله.

إستحقاق، الدفع maturity
الوقت المحدد لتسديد المبلغ الموضح في سند الدين.

يحقق أعلى نسبة من الأرباح maximize profit

متوسط العدد الحسابي mean
يشير المعدل الى قياس الاتجاه المتوسط في سلسلة الأرقام المعينة.

متوسط الإحتياطي، للتأمين mean reserve
المعدل الحسابي للإحتياطي الأولي والمؤجل لبوليصة التأمين على الحياة.

معنى. مغزى. قصد meaning

مورد مالي، ممتلكات، وسيلة means
1- شخص لدية ثروة مالية كبيرة ((الموجودات)).
2- الأسلوب أو الوساطه والطريقة لإنجاز شيئ ما أو وسيلة لتحقيق الربح.

فئة رقمية متوسطة. متوسط median
مثل الفئات: 17،18،23،35،45
فالفئة المتوسطة هي 23

سجل الأعضاء members' register
سجل لإدخال أسماء مالكي الأسهم وعناوينهم وأرقام الأسهم المملوكة.

نظام memorandum of association أساسي. عقد الشركة
مستند يبين جنسية الشركة والغرض من تأسيسها والشروط والأنظمة التي ترعاها وترعى مجلس ادارتها والمسؤوليات المترتبة عليهم والصلاحيات المعطاة لهم وغيرها من بنود يحتويها عادة نظام الشركة الأساسي، موقعة من قبل الأعضاء الأصليين بتاريخ التأسيس.

مذهب تجاري mercantilism
أو الرأسمالية التجارية التي ظهرت في القرن السادس عشر. ونحصر اهتمام أصحاب هذا المذهب في:
1- السياسة المعدنية: أي الحصول على المعادن النفسية ((كالذهب والفضة)) والإحتفاظ بها وعدم تصديرها ومقايضة السلع بها.

2- الميزان التجاري الموجب: ((أي عندما يكون في صالح الدولة)) ويعتمد عليه كأسلوب لدخول الذهب والفضة للبلاد عن طريق التجارة الخارجية، بأعتبارها أفضل المهن الحرة. لقد كان أثر هذا المذهب وانتشاره نشوء الإستعمار بهدف السيطرة على أسواق البلدان الضعيفة.

merchandise   **بضائع. سلع. تجارة**
ويقصد بها معظم السلع المنقولة وفقاً لتغير ملكيتها بين مقيم وغير مقيم. وهي تقيم بسعر السوق وتسجل في ذلك الوقت الذي يحدث فيه تغير الملكية.

merchandise account   **حساب البضاعة الجاهزة**

merchandise cost   **كلفة البضاعة الجاهزة**

merchandise inventory   **جرد البضاعة الجاهزة**
يعتمد جرد هذه البضاعة على ماهية نظام الجرد الزمني أو نظام الجرد المتكرر.
حيث تعتبر هذه البضاعة موجودات جارية ورصيدها مدين. وتحرر قيودها الحسابية فقط في نهاية الفترة الزمنية.

merchant   **تاجر**
كل شخص تتوفر فيه الأهلية التجارية، واتخذ من عملية البيع والشراء حرفة معتادة له إبتغاء للربح.

merger   **اندماج**
أي اتحاد شركتين أو أكثر بينهما، وذلك بشخصية معنوية جديدة لم تكن قائمة قبلاً. وهناك طريقتان:
1- الإنضمام: ويتكون بشرط النشاط المتماثل أو المتكامل للإستفادة من الخبرة والتطور المختلف، كانضمام شركة بوزنك وفواكس واكن الى شركة مان الألمانية لصناعة السيارات في السنوات الأخيرة.
2- المزاج: ويتكون بشرط النشاط غير المتكامل، أي إن إنتاج الوحدة لا يشكل منفعة إقتصادية إلا بوجود وحدة أخرى تكمله.

metallic currency   **عملة معدنية: ذهب، فضة، وبرونز**

metric system   **نظام متري**
وهو نظام الأوزان والمقاييس العشرية الذي وضع أيام الثورة الفرنسية. وهو مبني على أساس أربع وحدات

رئيسية ومضاعفاتها العشرية. مثل: المتر لقياس الطول، واللتر لقياس السعة، والغرام لقياس الوزن.

minimum wage   **حد أدنى للأجر**
أي الدرجة الدنيا التي تحددها البنود المعينة في القانون والتي يمكن ان يدفعها رب العمل. أو الأجر الذي يكفي لسد حاجة العامل العادية وأسرته.

minority   **حداثة، أقلية**
1- حالة الشخص القاصر. أي الشخص الذي لم يبلغ سن الرشد القانوني.
2- تصويت قاصر. أقل من صف الأصوات التي اشتركت في التصويت.

minority interrst   **حقوق الأقلية**
حقوق مالكي الأسهم الذين هم خارج مجموعة الشركات: ((الأعضاء الآخرين للأسهم غير العائدة ملكيتها الى تنظيم الشركة))، وذلك في الأرباح والخسائر بين رأس المال وفائض رأس المال. وتكون هذه الملكية بوساطة الشركة القابضة أو الشركة التابعة مع جماعة المالكين الأصليين للأسهم.

minute book   **سجل محضر الجلسات**
أحد سجلات الشركة الذي تدون فيه محاضر الجلسات العمومية لمجلس الإدارة والإجراءات ((سجل الوقائع)) التي يقرها المدراء وتوقع من قبل رئيس الجلسة.

misfeasance   **إساءة التصرف**
التقصير عن القيام بعمل أو واجب مشروع يقتضيه القانون. كتقصير موظف حكومي عن تنفيذ أمر موجه اليه، أو القيام بعمل ما دون إشعار الذين يعنيهم ذلك الأمر بذلك مسبقاً.

mixed company   **شركة مختلطة**
إشتراك القطاع العام مع القطاع الخاص في تكوين شركة ذات شخصية معنوية واحدة. فالدولة تعتبر مساهمة بها ولها ممثلون في مجلس الإدارة ولها نسبة في الأرباح، ونوع من الرقابة الداخلية. أما إذا كانت الشركة المختلطة ذات امتياز فالدولة لها الحق في الرقابة الخارجية أيضاً بموجب الإتفاق.

mixed cost   **كلفة مختلطة**
أي = الثابتة + المتغيرة.

175

دخل مختلط mixed income

الدخل الناتج عن العمل ورأس المال مثل أرباح المهن التجارية والصناعية.

moiety, a half. **النصف في الشركة أو أحد الزوجين في الحصة**

نقود money

العملة المسكوكة أو الورقية أو المصرفية. وهي الوسيلة الوحيدة لقياس قيم الأشياء وبوساطتها تتم الصفقة التجارية. وتعتبر الأساس الأول في التحويل الخارجي والداخلي.

تعادل نقدي money equivalent

القيمة المقدرة للأملاك أو الخدمات الحاصلة نتيجة لعملية تجارية أو جزء منها، ولا تتضمن إستلام نقود أو تعهد بالدفع.

سوق المال money market

المكان الذي يتم فيه التعامل بوسائل التأدية القصيرة الأجل. أو المدة التطبيقية للتجارة أو الماليين أو الصيارفة أو الدلالين الين يتعاملون في الأوراق المالية لمحولي العملة.

أسعار العملة money rates

موارد المال money supply

مجموع الموارد أو المبالغ المتوفرة من النقد والدين الذي يمكن استيفاؤه بدون إبطاء.

نظام المعدني النقدي الواحد monometallism

إستعمال معدن واحد فقط للقيمة القياسية للعملة، كاتخاذ الذهب مثلاً أساساً لقياس قيمة العملة البريطانية.

إحتكار monopoly

1- نوع من الممارسات التجارية في السوق، وهي حصر السلع أو الخدمات لدى مالك واحد أو شركة واحدة والسيطرة على الأسعار وتقييد حرية التجارة.

2- نوع من الإمتياز تمنحة الدولة الى المخترع لمدة زمنية أو نوع الامتيازات تمنحه الدولة الى شركة لخدمة الجمهور، كتوزيع الطاقة الكهربائية، مثلاً.

رهن عقاري mortgage

هو وضع ملكية عقارية أو مستندات مالية ضمانة لدى

المستر هن مقابل قرض يمنحه الأخير الى الراهن يحمل أيضاً فائدة معينة.

مرتهن. دائن مرتهن mortgagee

الدائن أو مقرض المال مقابل رهن.

مدين راهن mortgagor

المدين أو مقترض المال الذي يستدينةً مقابل رهن ملك له الى الدائن.

سند الدين المؤمن برهن mortgage debenture

السند الذي يملك حق التحويل أو الرهن بتأييد المالك على ممتلكات الشركة.

شرط الدولة الأكثر رعاية most favored nation clause

شرط يضاف الى معظم المعاهدات التجارية التي تعقد بين الدول وينص على ان جميع الإمتيازات والحقوق والمزايا التي يمنحها الفريق الواحد بموجب المعاهدة التجارية يجب ان تنتقل تلقائياً الى الفريق الآخر بحيث يمكنه التمتع بامتيازات وحقوق ومزايا الدولة الأكثر رعاية.

نظام المعدل المتحرك moving average method

النتيجة التي يتم الحصول عليها بجمع سلسلة من قيمتين أو أكثر وقسمة المجموع على عدد المرات أو الأحداث الواردة في السلسلة. وينتج من هذا ما يسمى عادة بالمعدل أو المتوسط. ويتم الحصول على المعدل المتحرك بأخذ المعلومات المتعلقة بالفترة الأولى الخاصة بمجموع القيم الأصلية وإبدالها بالمعلومات المتعلقة بالفترة التالية. وحينئذ يستعمل هذا المعدل الجديد ((المتحرك)) مدة ثانية لإيجاد معدل آخر. ويكون هذان المعدلان وجميع المعدلات الأخرى التالية سلسلة جديدة من الأرقام تسمى بالمعدل المتحرك.

تحليل التراجع المتعدد multiple regression analysis

وسيلة إحصائية لقياس كمية التغيير في عنصر واحد من عناصر العمل، والتي تنتج عن التغيرات الحاصلة في عنصرين أو أكثر من العناصر الأخرى، وفيها يجري حساب العلاقة الخطية القائمة بين تلك العناصر المتغيرة. وقد تستخدم أيضاً للتنبؤ بالتغيير الذي سيطرأ على أحدها نتيجة تغير يقع في واحد أو أكثر من العناصر الباقية.

municipal bond سند بلدي

سند مجلس بلدي أو بلدية في بلد أو مقاطعة أو مدينة. وهو كالسند الحكومي مضمون بالثقة التي تتمتع بها الجهة التي أصدرته، لا بأملاك معينة. وقد تلجأ هذه الجهة الى رهن جزء من الدخل الذي تحققه لغرض تأمين دفع الفوائد عنه.

municipal corporation مؤسسة بلدية

في أميركا، تعني العبارة: مدينة أو قرية أو مقاطعة أو قضاء أو أية وحدة أو دائرة حكومية أصغر من الولايات ويكون مرخصاً لها بمرسوم، وتكون لها صفة الهيئة العامة.

kmnopqrstuv

narration	بيان توضيحي في قيد اليومية
narrative form	تقرير شكلي
national income	دخل قومي

مجموع المداخيل التي تكتسب من المساهمة في عملية إنتاج السلع والخدمات من قبل سكان بلد ما في سنة ماليه واحدة. أي مجموع إيرادات البلد برمته بما في ذلك صافي الدخل في خارج ذلك البلد أو هو الناتج الصافي لعوامل الإنتاج.

national income accounting
محاسبة الدخل القومي

Y=C+I+G"EXP- lmp"

الدخل القومي= إستهلاك+إستثمار+المشاريع الحكومية + ((تصدير- إستيراد)).

national product	ناتج قومي

مجموع القيمة النقدية للسلع والخدمات بشكلها النهائي التي تم صنعها أو تقديمها من قبل سكان بلد ما في سنة مالية واحدة.

national wealth	ثروة قومية

القيمة المالية لمجموع المخزونات من البضائع المملوكة ملكية خاصة وعامة، بما في ذلك قيمة الأراضي وكل ما له قيمة إقتصادية كالمناجم والآبار النفطية والعيون المعدنية والآثار والسياحة.

nationalize	يؤمم

تحويل الملكية الخاصة سواء كانت وطنية أو أجنبية في بلد ما الى القطاع العام أو الدولة.

natural business year	سنة تجارية طبيعية

وهي الفترة الزمنية القياسية وعادة تعادل 360 يوماً أو إثنى عشر شهراً كاملة في مجموع نشاطات شركات الأعمال التجارية، وتختار دوماً كمثل السنة المالية للدولة، بسبب انخفاض كلفة الجرد عند غلق الدفاتر

التجارية لحسابات تحضير الميزانية العمومية للشركة في ذلك الوقت.

natural interest rate	معدل الفائدة الطبيعي

المعدل الذي يحفظ التوازن الطبيعي بين العرض والطلب.

natural number	رقم طبيعي
natural person	شخص طبيعي

ويقصد به الانسان بحد ذاته، والذي يفي بشروط معينة تجاه القانون ليكون مؤهلاً تجارياً، أي الشخصية الحقيقية ((غير المفتعلة بموجب القانون)).
أنظر: الشخصية المعنوية artificial person

natural price of labour	ثمن طبيعي لعمل، قانون ريكاردو

وهو الثمن اللازم لتمكين العمال من الإستمرار في معيشتهم بحدود الكفاف.

naulage	أجرة شحن، النولون
near - cash asset	أصل شبه نقدي
near monies	شبع عملة
necessary condition	شرط ضروري
negative confirmation	تصديق التثبيت، تثبيت سلبي

رسالة الى العملاء بوساطة الشركة نيابة عن المدققين تبين

فيها ارصدتهم الموقوفة وتنذرهم الارصدة الظاهرة لديهم فيما اذا كانت غير صحيحة. ولا داعي الى اجابة الرسالة اذا كانت الارصد صحيحة.

negative goodwill **شهرة سلبية**

زيادة قيمة الاسهم الدفترية يوم اقتنائها عن الكلفة التي حصل عليها المشروع الام لاسهم بعض الشركات او المشاريع الفرعية مستقطعا منها اقساط شراء الاسهم الاخرى.

negligence **اهمال، انتباه غير كاف**

negotiable **قابل للتحويل**

مثل الملكية والبضاعة والاوراق التجارية وتبديلها بالنقد.

negotiable instrument **ورقة تجارية قابلة للتحويل**

مستند المديونية المضمون واجراء عملية التظهير عليه اوالتسليم الفوري مقابل النقد المستلم، كالبوليصة والشيك و بعض انواع السندات والاسهم.

net **صافي**

1- صافي خال من الشوائب، وهي عكس كلمة اجمالي gross، او مبالغ بعد الاستقطاعات.

2- فعل يحقق ربحا.

net assets **صافي الموجودات**

وهي ناتج مجموع الموجودات مطروحا منها مجموع المطلوبات، اي صافي قيمة ممتلكات الشركة.

net bonded debt **صافي دين السند**

اي القيمة النقدية الاصلية + الفائدة

net book value **صافي القيمة الدفترية**

net cash **صافي الدفع نقدا**

net current assets **صافي الاصول المتداولة**

net cycle time **الدورة الزمنية الصافية**

net earnings **مكاسب صافية**

والدخل الصافي من التشغيل، وهي المكاسب المتحققة من التشغيل بعد حسم مصروفات تشغيل المشروع، ويجوز القياس قبل حسم ضرائب الدخل او بعده.

net income **صافي الدخل**

1- صافي دخل الفرد بعد استقطاع ضريبة الدخل والالتزامات الاخرى.

2- الجزء المتبقي من الدخل الاجمالي بعد دفع نفقات الانتاج والصيانة والاستهلاك (الربح الحقيقي).

net income ratio **نسبة صافي الدخل**

net loss **خسارة صافية**

عندما تكون المصاريف المستمرة للفترة الزمنية الواحدة اكثر من الواردات.

net loss from operations **خسارة صافية من التشغيلات**

net national product **صافي الانتاج القومي**

net operations profit **صافي ارباح لتشغيل**

net price **سعر صاف**

السعر الوارد في قائمة اسعار البائع ناقصا جميع الحسميات والعلاوات الممنوحة للمشتري (السعر الذي لا يخضع الى اي خصم).

net pricing **تسعير صاف**

عرض المصنع بضاعة على موزعي الجملة او الفرق بالاسعار الفعلية التي سيتقاضاها منهم، لا بالاسعار الاسمية التي سيدفعونها بعد منحهم حسميات وعلاوات على المشتريات.

net proceeds **صافي الربح**

المبالغ المستحصلة من بيع البضاعة او بيع الغلة او المنتوج بعد حسم جميع التكاليف من المواد الاولية والعمل وعمليات البيع والمصروفات الاخرى.

net profit, net income **ربح صاف او دخل صاف**

net purchases **مشتريات صافية**

البضائع التي تشتريها الشركة بالاضافة الى تكاليف شحنها ناقصا البضائع المرجعة والعلاوات والحسميات.

net sales **مبيعات صافية**

المبيعات الاجمالية ناقصا العلاوات و الحسميات الممنوحة وقيمة البضائع المرجعة من المشتري الى البائع.

Net working capital صافي رأس المال العامل
اي الفائض الحاصل في قيمة الاصول الجارية على قيمة الالتزامات الجارية.

net worth قيمة صافية
فـائض الموجـودات علـى المطلوبـات. وتمثـل حقـوق المساهمين و اصحاب الشركة، التي تظهر في الميزانية العمومية.

New York Stock Exchange سوق الاموال في **WALL STREET** نيويورك، بورصة
اكبر الاسواق المالية في الولايات المتحدة الامريكية تأسست عام 1792م وعرفت بأسمها الحالي منذ عام 1863م. العضوية في هذه البورصة مقتصرة على عدد محدد من السماسرة والوسطاء، ولهذا فقد وضع رسم عالٍ جدا على كل من يرغب بالانضمام اليها.

nominal account حساب اسمي
هو حساب غيرحسي في مسك الدفاتر التجارية ويشمل المشتريات والمصاريف والمبيعات او ربحا تحصل عليه المؤسسة، او خسارة تتحملها. من امثلتها:
1- الايجار (حسابات اصحاب العقارات المؤقت).
2- الخصم.
3- الديون المعدومة (حسابات يعجز المدينون عنتسديدها).

nominal capital رأس المال الاسمي
مجموع قيمة رأسمال أسهم الشركة حسبما هو مسجل او موافق عليه رسميا في الوقت الحاضر على انه ليس من الضروري ان يكون قد اصدر جميع الاسهم.

nominal damages اضرار اسمية
مبلغ زهيد تحكم به المحكمة للمدعي حينما يكون المدعى عليه اعترف بالفعل باقترافه ذنبا بحق المدعي.

nominal element عنصر اسمي
الجزء من حساب الاصل والالتزام الذي يعكس الكلفة المستحقة، او الايراد المتحقق الذي يمكن ان ينتقل الى حساب الارباح و الخسائر.

nominal wages اجور اسمية
الجزء من حساب الاصل والالتزام الذي يعكس الكلفة المستحقة، او الايراد المتحقق الذي يمكن ان ينتقل الى حساب الارباح و الخسائر.

nominal wages اجور اسمية
مبلغ النقود التي يحصل عليها العامل لقاء عملـه دون اعتبار لقوة النقد الشرائية او التغيرات الطارئة عليها بتأثير اسباب متنوعة.

nominee مرشـح لمنصـب
ما او للانتخابات النيابية او الرئاسية او غيرها.

non controllable cost تكاليف ادارية لايمكن ضبطها
هي التكاليف التي لا يمكن السيطرة عليها وهي لا تتأثر بالاجراءات التي ينجزها المشروع.

non-current assets موجودات غير متداولة
يقصد بها الاستثمارات الطويلة الاجل مثل: الممتلكـات (المصـنع والمعـدات والتجهيـزات واي موجـودات كاملـة بذاتها).

non-current liabilities مطلوبـات غير جارية
ويقصد بها المطلوبات الطويلة الاجل مثل القروض.

nonfeasance تقصير انجاز
غير تـام لعمل شخص مـا، اتفق على القيـام بـه وفق فترة زمنية مثبتة.

non-monetary items مفردات غير نقدية
ويقصد بهـا محاسبيا المبـالغ التـي تتـأثر بتغيـر الطاقـة الشرائية، مثل الموجودات الثابتة واستلاكاتها، البضاعة والاستثمارات... الخ.

non-negotiable غير قابلـة للتحويـل
وهي وصف لاوراق او اسهم مالية لايمكن نقل ملكيتها الى شخص اخر غير صاحبها او حاملها بالتسليم او التظهير.

non-operating expenses مصروفات غير تشغيلية
مصروفات لاتتعلق بأعمال المؤسسة مباشرة تميزا لها عن مصروفات التشغيل.مثلا: الفائدة التي تدفع على قروض المؤسسـة، والاحطيـاتي المخصص للضـرائب ومـا شـابه ذلك. وترد في البيانات تحت اسم مصروفات اخرى.

non-profit corporation شركة لا تستهدف الربح
شركة او مؤسسة تقوم بنشاط انساني او ديني او جمعيات خيرية.

non-profit organization تنظيم غير مربح

وهي تنظيمات خيرية او انسانية يقوم بها الافراد في المجتمع او الدولة، وهي غير هادفة الى الربح بحد ذاتها، مثل الجوامع والكنائس او المياتم او المستشفيات أو مدارس المعوقين، خدمة للصالح العام.

non-stock corporation شركة غير مساهمة

شركة مؤسسة بموجب قانون الشركات او بموجب قانون خاص ولا تكون مملوكة عن طريق شراء الاسهم فيها. مثال: (المؤسسات البلدية او العامة).

non-resident accounts حسابات غير مقيمة

الحسابات المملوكة في المشروع من قبل اشخاص غير مقيمين في البلد الذي يتواجد فيه الحساب. وقد يكون الحساب قابلا للتحويل بصورة حرة او قد يكون مقيدا بترتيبات معينة من قبل المشروع او الدولة، او قد يكون مجمدا وفقا لنظام التحويل الخارجي المعمول به في البلد الذي يوجد فيه الحساب.

no-par stock بضاعة غير ثابتة

البضاعة التي لا تحمل قيمة اسمية، والتي تسجل في الدفاتر التجارية بمبالغ مشترياتها.

no-par value stock اسهم بدون قيمة اسمية

اسهم في رأس مال الشركة لم تكتب قيمتها على المستند او الشهادة الخاصة بها عند الاصدار. وتحدد القيمة الفعلية للاسهم بقسمة مجموع قيمة الاصول و الموجودات للشركة على عدد الاسهم المتداولة في اي وقت من الاوقات. و تلجأ الشركات في بعض البلدان الى اصدار مثل هذه الاسهم تهربا من الضرائب.

norm نموذج او قياس

مقياس او حد معين او معيار مطلوب للانتاج او الانجاز اي عمل اخر.

normal balance رصيد اعتيادي

ويكون في حالتين دائنـا مـرة و مدين مـرة اخـرى. فمـثلا الصـندوق يكون في حالتـه الاعتياديـة دومـا مدينا، امـا في حالـة دفـع الرصيـد الـى البنـك يكون في هذه الحالة دائنا اي الـى جانب الدائن عند دفعه.

normal return عائد عادي

المستوى العام للمكاسب المتوقع من الاستثمار. وحالة الهدف تعني تكرارا في النشاط الصناعي والعائد العادي عمومـا، وبذلك يكون متوسطاً حسابياً للنشاط الصناعي (بفائدة عادية).

normal standard cost كلفة اساسية قياسية

normal tax ضرائب عادية، مثل ضريبة الدخل

normal value ثمن عادي

note ورقة مضمونة بالدفع المالي

اصطلاح عام يطلق على مختلف اشكال العملات الورقية التي هي في الواقع كمبيالات او وعود بالدفع تتكفل بها الجهة التي اصدرتها.

notary public كاتب عدل

شخص له اختصاص في القانون، يعين رسميا من قبل وزارة العدل، ليعطي شهادة على صحة التوقيع على الاشياء(الديون والحقوق الخاصة والعامة) وتزويد الحجج او اي سند تجاري. كذلك يصادق على سجلات اليومية العامة في بعض البلدان، وذلك بالتوثيق والختم والتوقيع مقابل رسم رمزي قانوني ورسم طابع مالي. وهذا التوثيق يكون حجة ومرجع امام المحاكم المدنية والتجارية.

notes payable اوراق دفع

تعهد شخصي خطي بدفع مبلغ معين من المال بتاريخ معين الى شخص اخر، ويشمل هذا التعيين نسبة الفائدة ايضا. وتعتبر هذه الاوراق مطلوبات جارية في حساباتها مع كونها اعتياديا رصيد دائن.

notes receivable اوراق قبض

المبلغ المعين لتسديد دين من شخص اخر. وهو دليل ثبوتي بوساطة المحرر المتعهد بالدفع. و حساب اوراق القبض موجودات جارية مع كونها اعتيايا رصيد مدين.

notes receivable discounted خصم اوراق القبض

noting a bill تبليغ الكمبيالة

عندما ترفض الكمبيالة من قبل المحسوب عليه في تاريخ.

181

الإستحقاق، فـأن الخطـوة الأولـى للـدائن تبليـغ الكميالـة بالقبول من قبل المدين. وإذا رفضها تكون الخطوة الثانية للدائن بسحب الإحتجاج عليه ((بروتستو)) بوساطة كاتب العدل.

"Not Negotiable"   غير قابل للتحويل

no sufficient funds,   شيك بدون رصيد

NSF check

أي شـيك رديء أو مسـموح أو فيـه حـك أو شـطب. يقـوم البنك بإرجاع الشيك الى محرره وذكر إشارة مميزة عليه NSF أي لا يكفي المـال المخصـص للسـحب في الشيك. إنما في معظم الأحيان يكتب على الاشعار المرتجع للشيك عبارة ((راجعوا الساحب)).

noration   استبدال سند الدين بغيره

قيمة صعبة   **nuisance value**

((مغلقة أو مزعجة))

والتي تدفع للحصـول على تعويض أو أصل أو حصـة في مشروع معين.

نظرية الأعداد   **number theory**

وهي فرع من فروع الرياضيات يبحث في خواص الأعداد الصـحيحة، مـن حيث كونهـا أوليـة، أو غير أوليـة، ومـن حيث قابلية قسمتها بعضها على بعض.

أرقام   **numerals**

وهي الرموز الهندية 3،2،1

الرموز العربية 1,2,3

والرموز الرومانية I , II , III

182

lmnopqrstuvw

O.A.P.E.C. **اوبك،**
organization of Arab Petroleum Exporting Countries **منظمة البلدان العربية المصدرة للنفط**

OASI **تأمين كبر**
Old Age and Survivors, Insurance **السن وطول العمر**
وهو جزء من نظام التأمين الاجتماعي في الولايات المتحدة ويهدف الى اعطاء منافع الى اطفال العمال المتوفين، وان اعطاء تقاعد الى العمال المتقاعدين كبار السن. وان النظام ممول من قبل الموظف ورب العمل من خلال مساهماتهما المالية.

object classification **تصنيف هادف**
اي تصنيف التكاليف للسلع والخدمات المكتبية في اي استلام فوري في التحويل مثل: خدمات فردية، مواد اولية. تجهيزات ومعدات.

object program **برنامج الهدف، حاسبات**
1- البرنامج المترجم الى لغة الالة ويمكن معالجته بجهاز الكومبيوتر مباشرة.
2- البرنامج المكتوب بلغة الهدف.

object cost **كلفة هادفة**

obligated balance **مخصصات ملزمة الانفاق**
اي ارصدة متبقية في الحسابات، وهي واجبة الانفاق خلال مدة من الزمن مقررة في الموازنة العمومية، ويعتبر المشروع مجبرا بأية طريقة على انفاقها لمصلحة واهداف المشروع.

obligation **التزام**
اي التزام من الالتزامات ذو قوة ابرائية، او دين واجب التنفيذ. او اي نوع من المديونية.

obligation outstanding **دين معلق، او التزامات موقوفة**

oblige **دائن**
الشخص الذي يمتلك التزاما على الغير وواجب له الاداء.

obligor **مدين**
الشخص المكلف بتنفيذ الالتزام للغير.

observed deprecation **استهلاك منظور**
ذلك الاستهلاك الذي يمكن احتسابه حسابيا.

obsolescence **بطلان الاستعمال**
1- استهلاك معنوي او قدم الشيء او ان يصبح الشيء في طريقه الى الهلاك.
2- بطلان استعمال الطراز بسبب التقدم التكنولوجي والفني او بسبب الذوق و الموديل.
3- التلف الحاصل نتيجة الاستعمال والتداول العادي.

occupancy **اشغال، احتلال**
حيازة الملك او اشغاله بوضع اليد عليه او عن طريق استعماله المتواصل والانتفاع به.

occupancy cost **كلفة اشغال**
الكلفة المستهلكة التي لم يتم اكمال كفايتها.

odd jobs **اعمال متنوعة يقوم بها الشخص**

offer **عرض، عطاء، ايجاب**
او العروض الدولية.

office equipment **معدات مكتبية**

officer **موظف اداري قائم بالاعمال التجارية**
موظف حكومي.

official receiver مأمور التفليسة
(سند يك) الشخص الرسمي الذي ينفذ عملية الافلاس وحكمها الصادر عن المحكمة.

offset 1- يوازن، يعادل، يعوض
يقابل قيدا حسابيا بقيد اخر، بحيث يعادل الواحد منهما الاخر، او يبطل مفعوله، او يلغيه، وتكون النتيجة توازنا بين القيدين المذكورين.
2- مقاصة.
3- طباعة الاوفست.

offset account حساب متعادل
offsetting error خطأ معوض
ogive منحى تكراري، الاحصاء
وهو احد طرق التوزيعات التكرارية.
ويستخرج من مجموعة مرتبة من المعطيات (الفئات) ومن تواتر (تكرار) التوزيع.
وهو يصف برسمه البياني اي عنصر او عامل ينمو او يتزايد بنسبة متسارعة حتى يصل الى مرحلة معينة من النمو يستمر بعدها في الزيادة، ولكن بنسبة منحني نظرا لشكله الذي يشبه الحرف متناقصا تناقصا متواصلا.

oil-and-gas payment نشاط صناعي بترولي
وهو المردود الحاصل عن التنقيب عن النفط والغاز من بئر نفطي معين.

oligopoly احتكار القلة
حالة يقوم بها عدد قليل من الشركات او المصادر ترويد البضائع بالتسلط او السيطرة على سوق صنف معين من المنتجات والخدمات.

oligopoly and oligopsony احتكار
prices الندرة و احتكار الاسعار
oligopsony احتكار القلة في حالة الشراء
ombudsman محقق في الشكاوي، ضد موظفي الدولة
on account دفعة نقدية على الحساب

اي دفع مبلغ من المال كجزء من دين منقول.

on cost دفعة نقدية على حساب التكاليف
(تكاليف إضافية)، أو كلفة مباشرة.

on demand عند الطلب
تحرير كمبيالة بنص يتطلب دفعها عند طلب الدائن مبلغ الدين.

open افتتاحي
يبدأ او ينشئ، كأن يقوم المصرف بفتح حساب توفير او تسليف لاحد الزبائن. او سعر السهم الذي بيع او اشترى في اول صفقة تجارية في ذلك اليوم في البورصة.

open account حساب مفتوح
شكل من اشكال التعامل التجاري بالدين لا يطلب فيه من الزبون ان يرسل الى البائع كمبيالة عن البضائع التي اشتراها دينا. او ان يدفع فائدة عنها، بل كل ما عليه ان يفعله هو، ان يسدد المبلغ المطلوب منه بصورة مستمرة، او في اوقات، او خلال مدة محددة بعد كل فترة يشتري فيها البضائع.

open credit اعتماد مفتوح
اعتماد يفتحه مصرف لتمكين العميل من ان يسحب منه دون تقديم ضمان او كفالة ضامنة او تأمين في حدود مبلغ معين دون ان يضطر العميل الى الدف الفوري.

open indent طلبية مفتوحة
وتستعمل هذه الطلبية في التجارة الخارجية. وهي معلومات مفتوحة وغير محددة بالتركيز بالنسبة للبضائع، كذلك غير مرغوبة. وهي عكس الطلبية المغلقة closed indent.

open market سوق مفتوحة، حكومية
1. سوق حرة مفتوحة امام الجميع اي المشترين و الباعة يتعاملون بدون قيود او تمايز.
2. عملية تدخل المصرف المركزي للتأثير على سعر فائدة الاسهم و السندات عن طريق البيع والشراء الفوري وبكميات كبيرة.

open market rate سعر فائدة السوق الحرة
سعر الفائدة والخصم الذي يدفع عن القروض او مقابل اعادة بيع الاوراق المالية التجارية في السوق المالية المفتوحة الحرة.

open price agreement اتفاقية السوق المفتوحة

رصيد افتتاحي في بداية السنة **opening balance**

قيد افتتاحي **opening entry**

1. القيد الاول بدخول رأس المال الى الصندوق في بداية تكوين الشركة.

2. القيد المستخرج من الميزانية العمومية المنتهية من السنة المالية السابقة ليكون اساسا في الدفاتر للسنة التي تليها، في استمرارية حياة الشركة.

سعر الفتح **opening price**

السعر المعلن الذي يفتح به البيع في سوق منظم ليوم معين.

تشغيل **operating**

ما له علاقة باجراءات عملية صنع البضاعة وتنفيذها في المصنع بأستمرار.

موازنة التشغيل **operating budget**

الخطة المالية للواردات والصادرات، اي الميزانية التقديرية للعمليات الجارية الممثلة للنشاط الاعتيادي للمشروع.

دورة التشغيل **operating cycle**

الخطوات المتسلسلة وفق متوسط فترة من الزمن للحصول على المواد الاولية وجعلها بضاعة قابلة للتحويل الى نقد ومنها:

1- ما يتضمن من مشتريات المواد الاولية الخام.

2- المتغيرات في تكملة الانتاج.

3- بيع تكملة الانتاج.

4- النقود المجموعة من المبيعات.

مصاريف التشغيل، **operating expenses**
كلفة التشغيل

مصاريف البيع + المصاريف الادارية.

وارات التشغيل، الربح **operating income,**
or profit

استاذ التشغيل **operating ledger**

سجل حسابات مصاريف التشغيل والايرادات.

تزايد نسبي للتشغيل **operating leverage**

هي مقارنة بين شركتين تنتجان نفس النوعية من الانتاج ونفس الكمية ويتبع بنفس السعر، الا ان نشاط الخبرة لاحدى هاتين الشركتين هو اكثر من الاخرى، وبهذا تكون ثمرة الفائدة بنسبة الارباح اكثر من الاخرى، لامتلاك الاولى امكانية في تخفيض الكلف المتغيرة والسيطرة على الكلف الثابتة. فهي تمتلك الموهبة في التزايد النسبي للتشغيل.

خسارة من التشغيل **operating loss**

الخسارة المتكبدة في اعمال البيع فقط التي تتقرر بعد حساب الدخل المتحقق من المبيعات وتكاليفها فقط، على ان تستبعد المداخيل والمصروفات الاخرى، كالفوائد وما شابهها.

فترة التشغيل **operating period**

معدل الفترة الزمنية لمرور الوقت ابتداء من المشتريات او المواد الاولية الخام خلال مرحلة الصناعة الى انتهائها كبضاعة في(شركة صناعية) وبيع الانتاج.

ربح التشغيل **operating profit**

الربح الناشئ عن اعمال الشركة الاعتيادية فقط، اي الربح الذي لايشمل الدخل والرسوم الناجمة عن الفوائد واعمال بيع وشراء العقارات والاعمال الاخرى التي لا علاقة لها بالتشغيل.

نسب العمليات **operating ratio**

$$= \frac{\text{كلفة البضاعة المباعة + المصاريف التشغيلية}}{\text{العائدات (صافي المبيعات)}}$$

احتياطي التشغيل **operating reserve**

1. الاحتياطي المختلق بوساطة المصاريف التشغيلات المالية والمستقطعة على حساب الميزانية العمومية من الاصل المرتبط.

2. احتياطي التسوية.

نتائج التشغيل **operating results**

1. صافي الربح او صافي الخسارة الناتجة عن التشغيل فقط.

2- دخل التشغيل.

عائد التشغيل **operating revenue**

1. اجمالي المبيعات للسلع والخدمات مع طرح المسترجعات والحصص والخصم النقدي في ما بينها مع اجمالي المبالغ المستلمة من اي ثروة دخل دائمة.

2- صافي العائد من المبيعات والخدمات.

operating statement **بيان التشغيل**
بيان حساب الدخل او الخسائر والارباح.

operating system **نظام التشغيل**
(حاسبات) مجموعة البرامج التي تتحكم بعمليات نظام الكومبيوتر وهي التنفيذ والادخال والاخراج والمعالجة.

operation **عملية**
1. اي نظام او طريقة للعمل الفعلي.
2. اي انجاز لاي خطة عمل.

operational accountability **مسؤولية التشغيل الحسابية**

operational audit **تدقيق اداري**
operational control, **ضبط التشغيل المهمات**
operational gaming **لعبة التشغيل الاحتمالية**
operations **نشاطات**
1. النشاطات لاي مشاريع تتضمن الصفقة التجارية.
2. حسابات العائدات والمصاريف عموما.

operations research **عمليات الابحاث**
(العلوم الادارية لحل المشاكل عن طريق النماذج الرياضية والاحصائية). ونظام المحاسبة يعتبر مصدرا لمعظم المعلومات التي تحتاج اليها اساليب عمليات الابحاث.

opinion (1) **رأي (الحل المرضي)**
الأجتهاد عند فقدان القياس في جلسة عامة أو التحكيم أثناء التحقق في القضايا للوصول الى حل سليم في اواسط الحلول.

opinion(2) **رأي في التدقيق، وجهة نظر**
الرأي الذي يقدمه مدقق الحسابات عن نتائج فحص السجلات والمستندات والميزانية العمومية.

option **خيار**
الحقوق القانونية لشراء او بيع بعض الاشياء في سعر محدد او معين. عادة تصاحبه فترة مرضية من الوقت.

optional dividend **ارباح الاسهم الاختيارية**
حصة ارباح تكون قابلة للدفع عند التوزيع اما نقدا او لقاء اسهم اخرى حسب اختيار المساهم او حاملها.

order cost **كلفة الطلب**
order quantity **كمية الطلب**

order size **حجم الطلب**
order number **رقم ترتيبي**
ordinary depreciation **استهلاك اعتيادي**
organization cost, or expense **كلفة التنظيم**
حساب كلفة التنظيم شيء كامل بذاته ورصيد مدين. وهو كحالات اندماج الشركة او تأسيس الشركة او الاستشارات القانونية، او الاجور والضرائب التي تترتب في حالة الاندماج.

original capital **رأس المال الاصلي**
المدفوع في الشركة او في المؤسسة لدى ابتداء عملها

original cost, or expense **كلفة اصلية او كلفة اولية**
الثمن الفعلي للاصل الذي دفعته الشركة عند شراء ذلك الاصل او الحصول عليه.

original entry **قيد اصلي**
قيد في صيغة صحيحة للادخال الحسابي ومصدق من قبل المدير ليتمكن المحاسب من ترحيله الى الاستاذ.

out-cycle work **خارج دورة العمل**
العمل المنجز بوساطة مشغل العجلة الميكانية في وقت الاستراحة. قارن مع (in-cycle work)

outges **نفقة**
كلمة دارجة وتستعمل للانفاق الجماعي التعاوني.

outlay **نفقة عامة**
اية مصروفات وخصوصا ما يصرف منها نقدا.

out of order **غير صالح للاستعمال**
out of pocketexpenses **مصاريف غير مألوفة**
أية مصروفات مباشرة منفقة فعلاً، وغير مخصص لها اي حساب في الميزانية المنفذة. لذلك يفتح لها حساب جديد، وإذا ثبت استمرارها فيخصص لها حساب في الميزانية التخطيطية كالمصاريف المألوفة أو تدمج معها.

output **محصول، انتاج**
الكمية التي انتجها المصنع بالفعل في اي فترة زمنية او القدرة الانتاجية لآلة ما.

output cost **كلفة الانتاج**

outsider **دخيل، شخص خارجي**

الشخص الذي لا ينتسب الى..... الشركة مثلا، ولا هو عضو في مجلس ادارتها ولا موظف فيها ولكنه مساهم فقط. او هو الشخص الذي يرتبط في الظروف اخرى كشخص اوكلته المحكمة للحضور في مجلس ادارة شركة ما عدة جلسات.

outstanding **موقوفات**

1. مبالغ او التزامات اخرى مالية مستحقة الدفع لم يبت بها.
2. اسهم مصدرة.
3. امور معلقة لم يبت الامر فيها: مثل: (المشكلات الادارية او الفنية - العمل- الرواتب).

outstanding capital stock **رأس المال المتداول**

او رأس المال الاسهم المصدرة، او الاسهم المعلنة امام الجمهور.

outstanding check **شيك معلق**

هو الشيك الذي تم سحبه من قبل المودع وطرح من حساب البنك في دفاتره، ولكنه لم يصل الى البنك للدفع ولطره من حسابه لدى البنك.

outstanding debt **دين مستحق**

اي الالتزامات غير المسدودة او التي مضت فترة من الزمن على تاريخ استحقاقها. (الدفعات على الحساب ولم تدفع).

outstanding expenses **مصاريف مستحقة**

outstanding stock **اسهم متداولة**

وهي الاسهم التي اصدرتها الشركة نفسها واصبحت بين ايدي المساهمين، وهي اسهم جيجة غير مستردة من قبل. ولم تكن مملوكة من قبل مساهم سابقا.

over capitalisation **زيادة الرأسمالية**

زيادة رأس المال المصدر عن القيمة الحقيقية للموجودات.

over draft **سحب على المكشوف**

1. المبلغ الذي يوافق المصرف على تحديده ووضعه تحت تصرف تاجر او العميل للتصرف به خلال فترة معينة بفائدة معينة لصالح المصرف، تدفع بعد انتهاء الفترة بعد كفالته بكفالة ضامنة او رهن عقار (مطلوبات متداولة).
2. الحوالة المسحوبة بمبلغ يزيد على مبلغ مودع لدى البنك من قبل العميل.

وقد يكون ذلك العميل مقيما لدى البنك ومعروفا من قبله وبهذه الحالة تدفع قيمة الحوالة ويكون الفرق قرضا بفائدة لصالح المصرف تستحصل بعد التسديد.

over due bill **بويصلة او فاتورة مستحقة**

overhead **نفقة عامة ثابتة**

هي التكاليف التي تستمر الشركة في تكبدها، بصرف النظر عن حجم الانتاج او مستواه. (تكاليف ثابتة غير مباشرة) اي التكاليف التي لايمكن قيدها مباشرة على حساب اي مرحلة او وحدة انتاجية. مثلا الايجار، اقساط التأمين، الصيانة، الاستهلاك وما شابه ذلك.

overhead costs **تكاليف عبء المصنع**

overtime **وقت اضافي**

يقصد به الوقت المضاف لوقت العمل المقرر، اي الوقت بعد انتهاء فترة العمل اليومي او الوقت الذي عمله العامل في الاسبوع اكثر من اربعين ساعة عمل.

owe **التزام الدين**

owing **مستحق الدفع(مطلوب)**

(حقوق صاحب رأس المال) حقوق المالك في منشأة تجارية تمثل الموارد المستثمرة من قبل المالك، والتي تساوي مجموع الاصول كلها مطروحا منها مجموع المطلوبات.

ownership **ملكية**

حق تملك الموجودات بصورة قانونية. وهي لاتعتمد بالضرورة على الحيازة، فقد يكون الشخص مالكا لشيء ما دون ان يكون ذلك الشيء في حيازته حيازة فعلية.

mnopqrstuvwxy

pacioli   فريتر لوقا برلومس باسيولي
Frater Luca Barolomes Pacioli

اسـم عـالـم ريـاضـايت ولـد فـي فينيسيا سنة 1445م. وكـان يفصـل فـي القضـايا التي تـأتـي اليـه مـن المصـادر العـامـة والخـاصـة. فهو يعتبـر ابا للمحـاسبة لانه اعلن في سنة 1494 تركيب وتـأليف رسالته الاولى في تطبيق نظرية القيد المزدوج في مسك الدفاتر التجارية وسميت طريقة البندقية اضافة للتفسيـر والتعليـل. وهنـاك خلافات ونقاشات كثيرة في لفظ اسمه، وتاريخ ولادته ووفاته.

packaging   تعبئة

عملية توضيب المادة المنتجـة بالقيـاس:(الوزن والعدد) في عبوة تحمل قيـاس التوضيب للوحدة المنتجـة. اوهي كافة الاسـاليب التـي تعـرف وعـائيا بالسلع لتـأمين قبولهـا مـن المستهلك:(المحافظة على المادة من التسرب الى الخارج)، وهي مرحلة اساسية في انتاج السلعة.

packing   تغليف

المكـان او المحل الـذي توضـع فيه العبـوة الواحدة بحالة التجزئة بحيث يسهل نقل السلعة من مركـز الانتاج الـى محل البيع.(غطاء المادة لوقايتها من الصدمات الخارجية او مـن تسـرب مـواد خـارجيـة الـى الـداخل) وهي مرحلة اساسية في تسويق السلعة.

packing list   قائمة الرزم

قائمة يزودها البائع الى المشتري بنـاءً علـى طلب الاخير ونفقتـه، وتشـمل بيانـات بمحتـوى البضـاعة المشـحونة واوزانها الصـافية وبقائمة حسب المفردات لكل طرد من الطرود.

paging   تصفيح، حاسبات

1. طريقـة لزيـادة قـدرة الـذاكـرة الداخليـة لجهـاز الالـة الحـاسبـة على التخزين. وذلك بتقسيم البرامج لاجزاء ثابتة الحجم(صفحة) والاجزاء التي لا حاجة لها في تلك الفترة يتم تخزينها خارجياً.

2. عمليـة تحريـك الصـفحات بـين الـذاكـرة الرئيسية والثانوية.

paid-up capital   رأس المـال المدفوع

مجموع المبالغ التي دفعها المساهمون عن اسهم رأس مـال التي اكتتبوا بها والتي لم تسدد قيمتها بالكامل.

عملـة ورقية   **paper currency**

او اية وثيقة مالية تقوم مقام النقود. وقد ظهرت هذه العملة في اعقاب الحرب العالمية الاولى، عندما اضطرت الـدول الى سحب رصيدها الذهبي بعد ان دمرت الحرب كثيرا مـن اقتصـادياتها، وتكـون هـذه العملـة وسيلة التبـادل ومضمونة القيمة عند الاصدار من قبل الدولة، ومحدودة الكميـة. امـا تحويلهـا الـى عملـة اجنبية فيكون علـى اساس سعر صرف ثابت ويتم تحديده في ضوء جملة اعتبـارات منها:
1- الاصل التاريخي للعملة.
2- القوة الشرائية في الداخل.
3- التعريف الذهبي المفترض لوحدة النقد.

أرباح وهمية   **paper profits**

هي أرباح محتملة الوقوع قبل عملية الصفقة التجارية. او هي الزيـادة الحاصلة في القيمة السـوقية المتداولة مضافة الى الكلفة الاصلية للموجودات: (العقار، الاوراق المالية، الاسهم). فـاذا تـدهورت القيمـة السـوقية تختفي الارباح الوهمية؛ ومادام سعر السوق مستقرا فوق الكلفة يتحتم بيع الموجودات حينذاك.

سعر الاصدار   **par "par value"**

هو سعر تحمله الورقة المالية على وجهها عند الاصدار. اي مـا يعـادل او يسـاوي العملة مـن محتوى ذهبي او اي عملـة اخـرى. ويقصد بـه المقيـاس المناسب للعملـة، او (القيمة الاسمية للاوراق المالية) او القيمة الثابتة للعملة.

الشركة الام
parent company

او الشركة القابضة (المالكة) التي تمتلك التنظيم و الرغبة في ادارة الشركة الفرعية او التابعة لها، وتملك فيها حصة من اسهم ورأسمالها.

قانون باريتو
pareto's law

هو قانون ابتكره الاقتصادي الايطالي الشهير فلفريدو باريتو (1848-1923) مفاده ان جزءاً صغيراً من مجموعة الاجزاء وفي معظم اعمال المشروع، يتسبب في القسم الرئيسي من العمل والتكاليف والربح والمعايير الهامة الاخرى. وكثيراً ما يعبر عنه بطريقة تصويرية (منحني باريتو) ويعرف كذلك (بقانون الكثرة التافهة والقلة الهامة) و(بقاعدة الثمانين العشرين).

بالتساوي
pari passu

وتعني بصورة متساوية جنباً الى جنب.

تكافؤ
parity

التعادل في السعر او القيمة او النوع او الاجرة او في ناحية اخرى. اي الامكانية على المبادلة في الصفقة التجارية.

خانة التطابق، حاسبات
parity bit

سعر التكافؤ
parity price

هو سعر الصرف بين عملتين، او القيمة التعادلية للعملة (قيمة العملة الوطنية وقياسها بالدولار وثم بالذهب)، كما هي متبعة رسميا بموجب انظمة صندوق النقد الدولي.

سعر الاصدار لتحويل العملة
par of exchange

او تكافؤ اسعار العملات او التساوي بين عملة معينة وعملة اخرى بالنسبة الى عملة رئيسية عالمية، او بالنسبة الى مادة لها قيمة ذاتية كالذهب.

خسارة جزئية
partial loss

خسارة تلحق بجزء من الملك المؤمن عليه فقط وهي بالتالي اقل من الخسارة الاجمالية (فعلية كانت ام حكمية).

رأسمال الاسهم الممتازة
participating capital stock

ارباح ممتازة
participating dividend

سندات مشاركة متميزة
participating preferred stock

إدارة مشتركة
participative management

خسارة معينة، تأمين بحري
particular average

اية خسائر او اضرار جزئية، اية مصروفات تنشأ عن اية مثل هذه الخسائر او الاضرار الناجمة عن حادث، او عن اخطار البحر العادية التي لحقت بالسفينة او بجزء من حمولتها. مثلا: الضرر الذي يلحق بالحمولة بسبب غمرها او تبللها بماء البحر والنفقات الناجمة عن هذه الخسائر لا توزع نسبيا بين اصحاب السفينة واصحاب شركات الشحن بل يتحملها كليا صاحب البضائع التي تضررت على هذا النحو او الشركة التي امن بضائعه لديها وذلك حسب الاتفاق بينهما.

شركة تضامنية
partnership

شركة بسيطة من شركات الاشخاص، وهي المشاركة بين شخصين او اكثر، وكل شخص فيها مسؤول عن ديون الشركة مسؤولية تامة.

عقد مشاركة تضامني
partnership deed of

قيمة اسمية
par value

اسهم ذات قيمة اسمية
par value stock

القيمة الاسمية هي القيمة التحكيمية المقدرة للسهم الواحد والمذكورة في مرسوم تأسيس الشركة وتطبع هذه القيمة على وجه السهم نفسه عادة، هي قيمة لها اهمية من الناحية القانونية.

شركة محاصة
passive trust

شركة من شركات الاشخاص غير معلنة او معلومة وليس لها رأس مال وهدفها القيام بالاعمال التجارية. وتوزع الارباح حسب الاتفاق بين الشركاء.

براءة الاختراع، الاختراع المسجل
patent

امتياز صريح تمنحه الدولة لشخص معين (المخترع) بعد الموافقة على الاكتشاف (النموذج المقدم) من قبل دائرة خاصة لبراءة الاختراع، تضمن فيه مقابل ذلك حقوق المخترع في الاستفادة من اختراعه. ومن جهة اخرى، تمنع الدولة على الاخرين تقليد هذا الاختراع واستغلاله اقتصاديا. وبذلك، تعتبر هذه البراءة موجودات شخصية غير ملموسة. انظر. Assets.

اسهم مرهونة
pawned stock

اسهم مأخوذة من السوق، مدفوع لها بواسطة الموارد المالية من قبل الصيرفي المذكور اسمه في الاوراق المالية المسجلة.

189

payroll
قابل للدفع

اي استحقاق دفع الدين او الالتزام في الوقت الحاضر.

payables
دائنون، ذمة دائنة

pay as you earn
ادفع عندما تكسب

ويعني ذلك أستقطاع الضرائب المالية من العاملين في الخدمة عند حصولهم على الرواتب.

pay as you go
ادفع عندما تنفق

(1) ويعني ذلك استقطاع الضرائب المالية من المنتج في الوقت الذي يتحقق فيه الدخل بدلا من دفعها في السنة التالية.

(2) ادفع الكمبيالات عند استحقاقها.

pay back method
طريقة الاسترداد

(استرجاع رأس المال): استعمال البراعة الفنية على فترات متباعدة في التثمين للاستثمارات طويلة الاجل. (نفقة رأس المال). وفي استرداد المبلغ المستثمر تراعى الفترة حسب مبلغ الارباح او المدخرات. فمثلا: كلفة الاستثمار 10.000 دولار حققت استثمارا سنويا 2.000 دولار. فمعنى ذلك انه يتم استرداد المبلغ بخمس سنوات.

pay back period
فترة الاسترداد

وهي الفترة المطلوبة لاسترجاع المبلغ المستثمر في مشروع ما (رأس المال) وعادة تقاس الفترة بالسنوات.

pay-in slip
قسيمة الايداع او الدفع

نموذج مطبوع يستعمل عند عملية دفع النقد في البنك.

payment
دفع، سداد، وفاء

عملية انتقال المال من المدين الى الدائن بموجب شروط سند الدين.

payroll
كشف الرواتب

مجموعة المبالغ المستحقة على الشركة او المؤسسة للموظفين او العمال لقاء العمل الذي قاموا به خلال مدة معينة.

payroll cost
كلفة الرواتب العامة

الاجور اليومية للعمال+الرواتب المستمرة للموظفي+ ضرائب الاجور والرواتب.

payroll register
سجل الرواتب العامة

يشمل اسماء العاملين في المشروع، وساعات العمل والعلاوات، وكذلك يشمل الخصومات من الاجور المستمرة لساعات الغياب والعقوبات والضرائب والتقاعد والضمان واستلام الاجر الصافي المستحق من قبل العاملين.

payroll taxes
ضرائب الرواتب

هي الضرائب التي تفرض على دخل الموظف. وتطرح من راتب الموظف السنوي وتحول الى مصلحة الضرائب الحكومية. بالاضافة الى ذلك فأن هناك رواتب تفرض على رب العمل الذي يحتسبها من نفقات ضرائب الرواتب.

pecuniary loss
خسارة نقدية

peer review
اعادة فحص بنظر مركز

peg
يثبت الاسعار

يتم بأصدار التشريعات المالية اللازمة على سلع مستوردة او انتاج السلع في ذلك البلد. كأن تقوم الحكومة بتثبيت سعر الذهب عن طريق شرائها كميات متوفرة وطرحها في الاسواق بالسعر الذي تعلنه هي.

pegged rates
اسعار مثبتة للتحويل

pegging
عملية تثبيت الاسعار

1. قرار تثبيت سعر عند مستوى معين بوساطة موزع المال او التاجر او جهة رسمية.

2. تثبيت سعر صرف لعملة متداولة مع عملة اخرى وعادة يتم ذلك رسميا بوساطة الدولة رسميا للعمل على استقرار العملة ضمانا للتبادل التجاري والمالي.

pension benefits
ارباح التقاعد، شهرية

pension cost
كلفة التقاعد:

1. المبلغ الاساسي للراتب وما يدفعه العاملون بموجبه من الدفعات لصندوق التقاعد.

2. المبلغ الاساسي للراتب وما يدفعه المشروع بموجبه من الدفعات لصندوق التقاعد او التأمين، اذا تولت شركة التأمين التقاعد.

3. الفترة الجارية التي يقضيها العاملون في الخدمة.

4. نظام التقاعد وما ينقص عليه من تعليمات لدى القطاع الخاص او العام او شركة التأمين.

pension fund

pension fund **صندوق التقاعد**

المخصص المالي المضمون لمعاش المتقاعدين ويدفع بعد انتهاء الخدمة المقررة للتشغيل او بعد الموت على ان يكون المتقاعد مشتركا في هذا الصندوق.

pension plan **خطة التقاعد**

نظام التقاعد وماينص عليه من تعليمات حول صرف المعاش التقاعدي ويتم ذلك عن طريق اشتراك الموظف في صندوق التقاعد بأستقطاع جزء من مرتبه اثناء سنوات الخدمة مقابل دفع مبلغا مماثلاً.

percent **نسبة مئوية**

percentage depletion **استهلاك نسبة مئوية**

percentile **مئوي**

per contra **له مقابل**

performance **الانجاز، التنفيذ، الاداء**

performance audit **تدقيق كفؤ**

performance bond **سند لصحة التنفيذ**

وهو تعهد يعطى من ملتزم عمل ما للفريق الاخر او من قبل مصرف معتمد يؤكد ان الفريق الملتزم سيقوم بتعهداته كاملة والا يتحمل الاضرار الناشئة عن تخلفه.

performance budget **موازنة منجزة**

performance measurement **نظام مقاييس الاداء والكفاءة**

perils of the sea **اخطار البحر**

(التأمين البحري) ويقصد بها الحوادث العرضية او الخطر الطبيعي الذي لا يذكر في عقد التأمين، والتي تقع خلال ابحار السفينة في عرض البحر، وتقع هذه الحوادث بفعل الرياح والامطار والامواج والصندوق والاصدامات ومصادر الخسائر الاخرى في ظروف استثنائية، سواء كانت هذه الخسائر مباشرة او غير مباشرة، طالما لم يتدخل عامل مستقل خارجي (غير طبيعي) في احداثها.

period cost **كلفة المدة**

او النفقة الجارية or change or expense وهي التي تحمل على المصروفات خلال مدة معينة يكون الانفاق قد حدث خلالها كاقساط التأمين والايجار والرواتب واي نفقة تتعلق بالمدة والانتاج. وهي اصطلاح امريكي للتكلفة الثابتة.

permanent investments

periodic audit **تدقيق دوري**

اي غطاء للتدقيق وفق فترة زمنية محددة.

periodic charges **مصاريف دورية**

periodic income **دخل دوري**

periodic inventory method **طريقة الجرد الدوري**

اي المحدد بفترة زمنية (شهرية) او (فصليا) اي على عدد فصول السنة. وتكون بداية جرد البضاعة على اساس تثبيت الارصدة في الجرد الطبيعي السنوي.

periodicity concept **مفهوم الدورة الزمنية، في المحاسبة**

يطلق هذا التعبير على تقسيم مدة حياة المؤسسة التجارية الى فترات قصيرة نسبيا يمكن بها قياس التغيرات في ثورتها خلال هذه الفترات القصيرة.

peripheral device perks **جهاز ملحق، حاسبات علاوات مالية اضافية، بخشيش**

permanent asset **اصل دائم، الارض، الاصل الرأسمالي**

permanent difference **اختلاف، فرق، ثابت**

permanent file **ملف دائم**

ويستعمل لحفظ الاوراق الاساسية. مثل:

1- تقارير مجلس الادارة والملاحظات.
2- تقارير المدققين السنوية.
3- خطوط مجلس الادارة والتنمية للمشروع.
4- استنساخ التصاريح المالية الموثوقة.
5- تقارير مالكي الاسهم.

permanent investments **استثمارات دائمة**

تصف العبارة اموالا مستثمرة بصورة دائمة ومستمرة لمدة طويلة من الزمن، ولكن ضمن حدود في الاجل التي تعتبر فيها اساسا للتوظيف وكذلك في حقل معين. وقد يغير هذا الاستثمار بأنتهاء الحقل الى حقل اخر بعد اعادة التوظيف.

permit يجيز، يسمح، رخصة
تـرخيص مضمون تمنحـه الجمـارك بعـد دفـع رسـوم
المسـتندات لترحيـل البضـائع مـن ارضيـات المخـازن
الحكومية او اي ترخيص اخر بمعنى السماح بأمر معين.

permutation تبديل ترتيبي
1. وتعنـي ابـدال شـيء بـأخر وخصوصـا بشـيء مـن
الممتلكات المنقولة.
2. نظرية الاتمالات(الاحصاء).

perpetual bond, perpetuity راتب
سنوي يدفع بشكل دائم

perpetual budget, موازنة مستمرة
continuous budget

perpetual inventory method طريقة
الجرد المستمر، المتكرر
وهي عمليـة لتدقيق المخزون بصـورة مستمرة، بحيث
تكون ارصدة كميات البضائع من كل صنف معروفة في
جميـع الاوقـات. وهـذه الطريقـة تسـهل عمليـة التحقـق مـن
الكميـات الموجـودة فعـلا فـي المخـازن لتفـادي الـنقص
والخسائر غير المنظورة.

perquisite علاوة اضافية، بقشيش

person شخص
الانسان او الكائن، سواء كان طبيعيا او معنويا.

personal account حساب شخصي
حسـاب يفتـح مباشـرة مـن قبـل شـخص معـين مـع احـد
المصارف التجارية او الاشخاص.

personal financial statement تقرير
مالي شخصي

personal income دخل شخصي
في الاحصـاءات الحكوميـة، تعنـي العبـارة: مجمـوع الدخل
الذي يحققه الافراد من جميع المصادر، بما في ذلك المبالغ
التـي يتقاضونها مـن الحكومـة ومـن الاعمـال التجاريـة التـي
يقومـون بهـا، ولكـن تسـتثنى منهـا المبالغ المتداولـة فيمـا
بينهم. دخـل المـواطنين الشخصـي وهـو مجمـوع الاجـور
والرواتب، ومبـالغ الايجار وحصص الارباح والفوائد التـي
يحققونها.

personal liability insurance تأمين ضد
المسؤولية الشخصية
تـأمين لحمايـة الاشخـاص مـن المسـؤوليات المترتبـة علـى
اعمالهم ونشاطاتهم وتملكهم وما شابه ذلك.

personal property املاك شخصية

petty cash صندوق النثرية
مخصصـات نقديـة فـي الصـندوق لمواجهـة المصـاريف
النثرية الصغيرة. وتعتبر موجودات هذا الصندوق كسلفة
من حساب الصندوق الرئيسي.

physical inventory جرد طبيعي فعلي
عمليـة تحقـق مـن البضـاعة الموجـودة فعـلا فـي المخـازن
ومطابقتهـا بالسـجلات الفعليـة للمخـزون فـي الحسـابات
السنوية وتتم الطريقة بالعد والتأشير لكل صنف.

physical life حياة طبيعية
ويقصد بها الحيـاة الاقتصادية للموجـودات مثل الماكنـات
وما شاكلها.

plant موجودات ثابتة عموما، مصنع
الارض، العمـارات، الماكنـات، الاثـاث، او اي معـدات
وتجهيـزات عاملـة بأستمرار (مصنع)، او فـي عمليـات
التشغيل الانتاجية.

plant and equipment مصنع وجهيزاته

plant capacity طاقة المصنع الانتاجية
القدرة الانتاجية للعمل خلال سنة.

plant fund مالية المصنع
(محاسـبة التأسـيس) ويقصـد بهـا الامـوال المخصصـة
للحصـول علـى الارض والابنيـة والمعـدات والتجهيـزات
والمواد الاولية.

plant ledger استاذ الملكية الثابتة
وهو سجل مصنف بشكل ملائم للمعلومـات الكافية للملكية
ومدى استثمارها لحين انتهاء حياتها، يوضح فيه مايلي:

-1 نوع الملكية الثابتة : أرض ،أبنية، ماكنات

-2 نوع الملكية الثابتة: كاملة، مشاركة، أسهم.

-3 المقدار الأصلي للكلفة لحين تثبيتها في المصنع.

-4 العمر الإنتاجي للملكية الثابتة.

-5 نوعية الإستهلاك ونسبته المؤوية.

-6 إحتياطي الإستهلاك.

-7 الصيانات والتحسينات.

-8 الأرباح السنوية التي يحققها الموجود بموجب الطاقة الإنتاجية أو الإستخدامية.

pledge **رهن ضمان**

pledged assets **موجودات مودعة برسم التأمين**

policy **1. بوليصة تأمين.**

2. سياسة لخطة عمل، أو القاعدة التنظيمية لإدارة المشروع نحو هدف معين في فترة معينة.

-2pool **-1 صندوق عام مشترك**

بيت التجار والمنتجين

-3 إتحاد تجاري إحتكاري مؤقت لفرض اقتسام الأسواق.

-4 تجمع المؤمنين بقصد توزيع الخطر على أوسع نطاق ممكن.

pooling **تجمع أو إتحاد**

عملية اتفاق بين الشركات المستثمرة على تقاسم الارباح منعا للمنافسة.

pooling-of-interest method **طريقة المشاركة في الفائدة**

pooling of risk **مشاركة في تحمل الخطر**

portion **حصة، جزء، قسم**

position **1. وظيفة إدارية.**

2. المركز المالي او السوق المالي.

3. الشروط المالية.

position bookkeeping **مسك سجلات المركز المالي.**

positive confirmation **تثبيت إيجابي**

تثبيت بموجب رسالة أو نموذج بريدي مطبوع بوساطة الشركة نيابة عن مدققي الحسابات لإخبار العملاء

وإنذارهم بوجود ارصدتهم الموقوفة ،وتشير بالإستجابة فيما إذا كانت الأرصدة غير صحيحة. وذلك لتتمكن الشركة من تثبيت الارصدة.

post **ترحيل**

عملية نقل القيد الحسابي وتسجيله في دفتر اليومية، أو من دفتر اليومية الى الأستاذ العام.

post date **تأريخ لاحق**

يجعل تأريخ الشيك متأخراً عن تأريخ التوقيع لتأخير الإستحقاق، أو لتأمين الرصيد.

post closing balance sheet **ميزانية مستخرجة بعد قيود الإقفال.**

posting **عملية الترحيل**

نقل الأرقام الحسابية من مرحلة الى مرحلة أخرى لغرض التبويب والتفصيل ومعرفة رصيد كل حساب منفرداً.

power of attorney **تفويض، توكيل، وكالة**

حجة مضمونة من شخص الى آخر يعطي الأول بموجبه للثاني الحق في التصرف بكل أعماله أو بجزء محدد منها، خلال فترة زمنية معينة.

PPBS **برمجة تخطيط نظام الميزانية الحكومية**

preaudit **فحص مسبق**

أوالتدقيق، أو الفحص، أي مراجعة قوائم الدائنين والمدفوعات المستثمرة، والمطلوبات، والتحقق منها اثناء فحص عمليات البيع قبل التسليم.

preceding period **فترة سابقة**

précis **خلاصة وقائع، اختصار الرسالة**

predate **يؤرخ بتأريخ سابق**

يضع على الوثيقة تأريخا سابقا للتأريخ الذي ابرمت فيه، أو للتأريخ الذي تصبح فيه سارية المفعول.

أنظر post date

predetermined cost **كلفة مثبتة مقدما، قبل التحديد**

وهي الكلفة التي تتم معرفتها قبل بدء عملية الإنتاج في ضوء العوامل المؤثرة على الكلفة أي انها تحديد كلفة تقديرية.

كلفة متوقعة predicted cost

حق الإمتياز في التملك، preemptive right
أو حق الشفعة

وبموجبه يخول صاحب هذا الإمتياز الحق بإكتساب الأفضلية في الشراء لإرساء صفقة البيع عليه دون غيره. ومثال ذلك: الإمتياز عادة يكون لمالكي الأسهم السابقين، وعند إصدار أسهم جديدة يتمكن هؤلاء من شراء هذه الأسهم لدعم مجموع المالكين ولحمايتهم من الضرر.

دين ممتاز preferential debt
1- الديون الحكومية تعتبر ديونا ممتازة.
2- الرسوم المحلية والرسوم القضائية والإيجار تكتسب الأولوية في التسديد اثناء الإفلاس وبالكامل، قبل توزيع الموجودات على الدائنين.

إمتياز الحقوق preferential participating
الممتاز
حق الأوراق المالية الممتازة في الأرباح الفائضة أو الموجودات المسجلة.

دائن ممتاز preferred creditor
الشخص الذي يمتلك الأفضلية له قبل غيره من الدائنين في تسديد الدين اليه أولا عند الإفلاس بإعتباره أعلى مرتبة من الدائن الإعتيادي، وكذلك عند الوفاة.

أسهم ممتازة preferred stock
أو أسهم من الصف الأول والذي يحملها يمتلك الأفضلية قبل غيره من المساهمين في إستلام الأرباح أولاً.

تدقيق أولي preliminary audit

مصاريف التأسيس preliminary formation
expenses
وهي المصاريف التي يتكبدها المؤسسون قبل تأسيس الشركة، وعادة يصير إستهلاكها على مدى خمس سنوات

قسط premium
1- قسط تأمين لتغطية مبلغ التأمين.
2- علاوة أو فرق السعر.
3- أسهم تباع عند الإصدار بأعلى من سعرها الأساسي.

علاوات premium bonds payable
مدفوعة على السندات
ويقصد بها المبالغ بوساطة اي إيراد من إصدارات السندات التي تجاوزت مبالغها عن قيمتها الإسمية للإصدار وتستهلك هذه العلاوات بنهاية حياة السندات. وقد تضاف هذه العلاوات الى ارصدة السندات المدفوعة في الميزانية العمومية، وإعتيادا هي ارصدة دائنة.

نظام المنح والعلاوات premium bonus
التشجيعية system

علاوة اسهم رأس المال premium on capital
stock

علاوة الاسهم premium on common
الاعتيادية stock

علاوة الذهب premium on gold
المعدل الذي تزيد به قيمة الذهب على العملة الورقية. وهكذا تتواجد علاوة الذهب في الأقطار التي انخفضت فيها قيمة الأوراق النقدية.

علاوة premium on preferred
الأسهم الممتازة stock

الموجودات المدفوعات مقدما prepaid assets

مصاريف مدفوعة مقدما prepaid expenses
النفقات التي تسدد مقدما قبل المدة المنسوبة أو المعينة لها " ويقصد بذلك انها تعود الى سنة لاحقة " ومثال عليه هو دفع الإيجار مقدما، لأن طبيعة هذا العقد الدفع قبل إستغلال العقار للمدة المقررة، وطبيعة حسابات هذه النفقات مدينة.

إيرادات مقبوضة prepaid income, deffered
مقدما revenue
الإيرادات التي تستلم في فترة مالية لاتعود لها وإنما تعود لفترة أو لفترات لاحقة.

دفع مقدم prepayment
تسديد دين أو إلتزام أو أجرة قبل موعد الإستحقاق.

تكاليف قبل الإنتاج preproduction cost
وهي جزء من التكاليف اللازمة لتطوير المنتجات ودراستها وتهيئة المكان اللازم لها. أي تكاليف البحوث

present value, or worth

والتصاميم والإستشارات الفنية والعلمية، وجميع ماينفق على تجارب التشغيل الجديد للمنتوج.

present value, or worth **ثمن حالي**
حاصل الخصم الواحد، أو أكثر، للمبالغ المستلمة أو المدفوعة في المستقبل بوساطة معدل نسبة الخصم. والمبالغ التي يجب إستثمارها حاليا تراعى فيها الفائدة المركبة ونوعية النسبة التصاعدية مثلا: من 1% لغاية 6% وعدد دورات الإستثمار.

pressure in the money market **ضغط في سوق المال**
صعوبة الحصول على قروض ناتجة عن سعر خصم مصرفي عال، وسعر صرف في التحويل غير مؤيد، إضافة الى شروط غير مشجعة أخرى.

price **سعر، مقياس قيم الأشياء**
أو تحديد القيمة التبادلية للسلع والخدمات.

price discrimination **تمييز في استيفاء الأسعار**
إستيفاء أسعار مختلفة ومتفاوتة من الزبائن لنفس البضاعة أو الخدمة المبيعة في أسواق مختلفة. وهذا التمييز عندما يجري بهدف إضعاف التنافس، أو عندما ينجم عنه ضرر للمتنافسين، يعتبر عملاً غير مشروع لايساعد على منع الإحتكار.

price-earnings ratio **نسبة السعر الى الأرباح**
سعر السوق للأسهم يتحدد على ضوء الربح السنوي لكل سهم.

price index **مؤشر السعر**
أحد المقاييس التي تستخدم لبيان التغيرات التي تحدث في متوسط مستويات الأسعار.

price leader **سعر منخفض**
إفتتاح السوق بالسعر المحفز ويستعمل للمنافسة بين المنتجين. ويستعمل السعر المحفز عادة لمنتج المغامر، لأنه عندما يعلن سعراً متدنيا لسلعة ما، فأن عدداً من منافسيه سيسارع الى انتاج وتسويق سلعة اخرى مماثلة، ولكن بسعر أدنى.

price-level-adjusted statements **تقارير مالية تمت فيها تسوية البيانات الأصلية**
لغرض عكس آثار تغير مستويات الأسعار

price-level gains and losses **أرباح وخسائر ناتجة عن مستوى الأسعار**
الأرباح والخسائر الناتجة عن القوة الشرائية للنقود، والمطلوبات للمبالغ النقدية الثابتة، وكذلك تحول مستويات السعر، فمثلا : إقتراض 1000 دولار بمستوى سعر 100 في فترة زمنية معلومة، وبعد تلك الفترة استردت النقود وكان مستوى السعر 110 وبهذه الحالة ربح المقرض وخسر المقترض.

price system **نظام السعر**

price variance **إختلاف السعر**

pricing policy **سياسة الأسعار**

primage **نسبة مئوية أولية، علاوة**
وعادة 10% تضاف على مصاريف الشحن بوساطة مالكي السفينة أو وكلاء الشحن، ويقوم عدد من شركات الشحن بإعادة هذه النسبة دوريا الى الشاحنين، بشرط قيام هؤلاء بشحن بضائعهم الى موانيء " معينة " وعلى خطوط شحن معينة.

prime cost **تكاليف أصلية، أولية**
ويقصد بها الكلفة المتمثلة بالمواد الأولية، وأجور العمل المباشر، والمصاريف الداخلة في الصنع، وهي بالغة الأهمية ومتغيرة.

prime rate **معدل فائدة متميز**
معدل فائدة متميز يعطى عادةً من البنك الى عملائه الذين يقيمون أوثق العلاقات معه.

primitive **بدائي أول مراحل التطور**

principal
1- رأس مال رئيسي.
2- مدير أعمال تجارية.
3- رئيسي.
4- مسؤولية مبدئية واحدة على تعهد موثوق من شخص موَقع أو وكالة.
5- مبلغ مال مقرض خارج الفائدة.

principle **مبدأ أو قاعدة**
العلاقات بين ظاهرتين تتسم بشيئين من الثبات والإستقرار وبالتالي يمكن التوقع بما سيحدث إستناداً إليهما.

private corporation **شركة خاصة مقفلة**

1- شركة للعمل وفق البرنامج الحكومي.

2- شركة خاصة للأعمال الخيرية الإجتماعية أو الدينية.

3- شركة تكرس كل وقتها ونشاطها للتداول بشؤون الفوائد على الأموال المودعة، كما تتعاطى بإدارة شؤون مالكي الأسهم. وهي تتكون من شخصين الى خمسين كأعضاء لها

private ledger **دفتر الأستاذ الخاص**

دفتر تقيد فيه الحسابات الخاصة برب العمل ذات الطابع السري، كرواتب الموظفين التنفيذيين في الشركة، والمبالغ التي يسحبها مالكوا الشركة من المصاريف والأرباح المتحققة على المبالغ المستثمرة وما شابه ذلك.

probability **إحتمال**

1. إعتقاد في حالة المستقبل، أو حادث طبق الأصل (مشابهة).
2. الإحصاء (مقاييس – مكاييل)لإحتمالات وقوع الحوادث

probability, theory of **نظرية الإحتمالات**

وتعني نظرية الإحتمالات بوزن وقياس فرص حدوث أو عدم حدوث ظاهرة معينة، وتحسب القيمة العددية لإحتمال وقوعها.

ففي الحياة الإعتيادية يحتاج الفرد عند كل عمل يقوم به للتنبؤ فيما اذا كانت ظاهرة معينة ستحدث أم لا، وعندما توازن العوامل الدالة على إحتمال حدوث الظاهرة أو عدم حدوثها فإننا نقدر إحتمال حدوثها وهذا الإحتمال يمكن أن يكون مختلفا،فهو يتراوح بين حتمية وقوع الظاهرة وحتمية عدم وقوعها، ويمكن بوساطة النظرية الرياضية للإحتمالات حساب نسبة الظواهر التي يجب أخذها في ظروف الإختيار العفوي أو الإختار النسبي لوحدات المجموعات النموذجية بصورة دقيقة لتعطينا نسبة ذلك الإحتمال.

probability sample **عينة إحتمالية**

procedure **إجراءات في تنفيذ عمل ما**

proceeds **حصيلة المال، ريع**

أي مبلغ من المال يتحقق عن صفقة معينة، كالمبالغ المستحصلة من بيع بضاعة معينة، أو خدمة أو أوراق مالية.

process **طريقة تصنيع**

اية مهارة او طريقة تتبع لتحقيق هدف الإنتاج، مثل طريقة تحويل الحديد الى فولاذ، أو الطريقة الخاصة بتنقية الألمنيوم أوأي مرحلة من مراحل الإنتاج الصناعي.

process costing **كلفة مرحلة الإنتاج**

ويقصد بها إحتساب ثمن التشغيل عن مرحلة انتاج معينة.

produce **محصول، منتوج، زراعي**

طريقة تتبع لتخفيف إنتاج زراعي، مثل طريقة زراعة الخضر والفواكه، ونستعمل ايضا للتعبير عن مصدر الإنتاج (المنشأ).

producers' surplus **فائض المنتج**

هو الفرق بين ثمن السوق ونفقة الإنتاج، أوهو الفرق بين الثمن الذي يبيع به المنتج بالفعل والذي يقبل ان يبيع به.

product **منتوج**

الشيء الحاصل من عملية الإنتاج أو عملية التصنيع.

product cost **كلفة وحدة الإنتاج**

ويقصد بها إحتساب ثمن الزراعة "غلة أو محصول" أو توزيع الأثمان بموجب التكاليف التي تكبدتها الوحدة الواحدة المنتجة من السلع والخدمات.

production **إنتاج**

عملية تكوين شيء ما. وفي الإقتصاد يعرف: بأنه خلق قيمة معينة بإضافة عنصر الفائدة الى الشيء المنتج.

production control **ضبط الإنتاج**

1- الإجراءات والوسائل التي توضع بوساطها خطط أو برامج التصنيع موضع التنفيذ، وتشمل مراقبة إصدار التعليمات الخاصة بالتشغيل لضبط عمليات التصنيع وفقا للخطط.

2- الوظيفة الخاصة بتوجيه وتنظيم وتنسيق حركة المواد الأولية وإستخدام الآلات والايدي العاملة في مايتعلق بالكمية والنوعية والوقت والمكان ومقارنة الناتج المخطط بالناتج المتحقق فعلاً.

3- تستخدم مراقبة الإنتاج أحيانا لتشمل تخطيط الإنتاج مع العلم انها تعتبر عادةً وظيفة متممة للوظائف الأخرى.

production cost **كلفة الإنتاج**
كافة عناصر النفقات التي يتحملها المشروع في سبيل النشاط الصناعي للإنتاج في المصنع، سواء كانت مواد أولية أو اجور خدمية أو مصروفات النشاط الصناعي كالزيت والوقود.

production function **مؤشر الإنتاج**
قائمة تبين العلاقة بين كميات عوامل الإنتاج المستخدمة وبين كميات المنتوجات المعدة للبيع.

production statement **خلاصة الإنتاج**
ملخص العناصر التي تشكل الإنتاج والتكاليف للمشروع أو لقسم منه خلال مدة معينة.

productivity **إنتاجية**
العلاقة بين محصول معين من الإنتاج والجهد المطلوب في إنتاجه، ويعبر عن هذه العلاقة بنسبة مئوية، فإنتاجية العمال تقاس عادةً بعدد أو مقدار البضائع التي انتجوها ،مقسوما على مجموع الساعات التي قضوها في العمل.

profession **مهنة، حرفة**
ليس لكل عمل مهنة، فللمهنة أصولها ومعاييرها وشروطها وضوابطها وصورها. فهي تتطلب إعداداً خاصاً وتدريبا فنيا ومعارف محدودة ومهارات وفلسفة يرتكز عليها المحترف.

professional accountant **محاسب**
محترف، مدقق، أو محاسب عمومي.

profit **ربح منفعة أو مكسب مالي**
الجزء من الدخل الذي يبقى بعد دفع جميع النفقات، أو هو الفرق بين البيع والشراء بعد إحتساب المصاريف.

profit and loss account **حساب الأرباح والخسائر**
1- الحساب الذي يلي حساب المتاجرة trading account وبموجبه يتم نقل حساب إجمالي الربح من (حساب المتاجرة) الى الجهة الدائنة من هذا الحساب (الأرباح والخسائر)
-2

حـ/ أرباح وخسائر			
منه		له	
1610	أجور	2350	اجالي الربح
125	خصم مسموح به	160	خصم مكتسب
75	نقل للخارج	120	عمولة
135	م.بنك	150	فوائد
835	أيجارات	400	أيجار مقبوض
200	ماء وكهرباء		
15	ديون معدومة		
50	ضريبة الدخل		
135	صافي الربح		
3180	المجموع	3180	المجموع

3- وهو الحساب الذي يظهر فيه صافي الربح بعد أحتساب المصاريف، ونقل صافي الربح الى الجهة الدائنة من الميزانية العمومية والعكس إذا كانت الخسارة

profit planning **عملية تخطيط الأرباح**
وتوزيعها، تسوية أو تصفية

proforma **فاتورة شكلية**
بيان أو فاتورة ببضاعة أو خدمة معينة تعطى بصورة تمهيدية لدرسها قبل الإتفاق على تنفيذها وهي لاتمثل أي قيمة بحد ذاتها.

proforma invoice **قائمة اولية**
فاتورة يطلبها المستورد للتعرف على ماهية البضاعة واسعارها، ومقارنة قدرته الشرائية والحالة السوقية "غير قانونية للتعامل بها مع البنوك التجارية، لانها مرسلة لغرض
التوضيح وبيان الكلفة الحالية، وبدون بضاعة ولا توجد معها شهادة المنشأ". وتسمى فاتورة الإرساليات بين الموكل والوكيل "بضاعة الأمانة"، أو بين المصدر والمعارض الدولية، فبهذه الحالة ترسل البضاعة أو تباع أو تسترجع: "فاتورة تشجيع التجارة الخارجية"

proforma balance sheet **ميزانية صورية، ميزانية تحت الدراسة**
وتشمل على مبالغ افتراضية أو بدون مبالغ . يقصد منها إظهار طريقة العرض وحسب.

program **برنامج**
خطة صغيرة ذات جدول زمني تسجل فيه الأعمال والنشاطات المَنوي القيام بها ، مع توقع بعض النتائج لهذه الأعمال والنشاطات.

program budget **موازنة مبرمجة**
تعتبر الموازنة المبرمجة بمثابة ترجمة لقرارات التخطيط وإعداد البرامج في صورة خطط مالية محددة، أي عملية توزيع أو تقييم الموارد المالية العامة بين مختلف الطلبات المتنافسة وهي تختص بالأهداف المقترحة.

program cost **كلفة مبرمجة**

progression **متوالية،أو سلسلة من الأحداث**

progressive ledger, **بوسطن ليجر**
Boston ledger **أستاذ بوسطن**
سجل أستاذ متطور للحاسبات " امريكي "

progressive tax **ضرائب تصاعدية**
وهي التي تفرض على أساس تصاعدي للأرباح، أو متدرج كلما زادت قيمة المبالغ في الوعاء الخاضع للضريبة

projected financial statement **تقرير مالي مخطط**

promise to pay **وعد بالدفع المالي**

promissory **سند لأمر**
وهوسند مكتوب وفق أوضاع شكلية معينة يجيزها القانون، ومعلق على شرط واحد هو تعهد محوله بدفع مبلغ معين من النقود في وقت معين، أو عند الإطلاع لدائنه وبموجبه يكون قابلا للتداول، وبخلافه تطبق عليه أحكام القانون.

promoter **مروج، أو مؤسس**
الشخص الذي يلعب دوراً نشيطا في تأسيس شركة أو مشروع، أو الذي يضع الخطط للحصول على ارباح كبيرة وسريعة في تجارة المشروعات التجارية، ومن ضمنها الأسهم والسندات، وهو شخص امتلك الحيازة القانونية الموثوقة لهذه الأعمال، وأصبح معتمداً عليه من الناحية الرسمية والشخصية

promotion expenses **مصاريف تشجيعية**
نفقة جارية تدفع للموظفين والعمال للترقية والترفيع.

proof of loss **برهان الخسارة**
الدليل المقدم لشركة التأمين لإثبات وقوع خسارة في تاريخ معين ومكان معين، وهو معزز بشهود الإثبات الذين ليس لهم الحق في حصة التعويض.

property **ملك أو ملكية**
وهي الاموال غير المنقولة التي يتعامل بها الناس، ويمكن تقديرها بالنقود، مثل " الأطيان- العقارات- العمارات ...".

property dividend **فائدة الملكية**
عائدات الملكية عند استثمارها لفترة زمنية لصالح شركة ما، وتدفع على شكل غير نقدي، أي بشكل سندات حكومية او سندات على الشركة الأم أو أسهم الشركات التابعة.

property and plant equipment **الارض والعمارات والتجهيزات**
الميزانية العمومية المصنفة للأجل الطويل "الموجودات

الثابتة" المستعملة في الأعمال التجارية والتشغيل. وتعتبر بنوداً طبيعية خاضعة للإستهلاك المتراكم.

property tax **ضريبة الأملاك المبنية**

proportional **متناسب او نسبي**

proprietorship **ملكية، حقوق الشركاء**

prospect **زبون أظهر رغبة في شراء بضاعة**

prospectus **نشرة تمهيدية**
هذه النشرة تعلن ايضاحات عن نظام المؤسسة. أو تعلن عن سندات مصدرة أو أسهم، أو تصف مشروعاً تجاريا لتشجيع الإسهام في المشروع.

protest **إحتجاج أو بروتستو**
كلمة أستعملت في القانون التجاري "بروست" لغرض حفظ حق الدائن. أي عندما يرفض المدين تسديد قيمة الورقة التجارية في موعد استحقاقها أو عدم قبولها، يحق للدائن الاحتجاج عليه بموجب كاتب عدل. وبهذا يكون المدين ملزماً برسوم الاحتجاج والمصاريف هذه، اضافة الى الدين الرئيسي مع الفائدة.

provide **يزود ، يمون**

provided **على شرط**

provision **تخصيص**
بقصد بالتخصيص في المجال المحاسبي أي مبلغ ينزل من الارباح لأجل الاستهلاك أو التجديد أو مقابل نقص في قيمة الاصول، او من أجل مقابلة أية التزامات او خسائر معلومة يتعذر تحديد مبالغها بالدقة التامة.

provision for bad debts **احتياطي للديون المعدومة**
تخصص مالي بأمر مجلس أدارة الشركة يتحمل عبئى الخسارة الحادثة من جراء عملية اعدام الديوم غير قبلة للتحصيل من الذمم في السجلات التجارية بنسب مئوية لمدة خمسة سنوات مثلاً

provision for depreciation **احتياطي للاستهلاك**
ان الحساب المخصص للاستهلاك المتراكم يتضخم سنوياً.

بمقدار الإستهلاك المحول اليه من حساب الإستهلاك،الى أن يصل رصيده الى القيمة القابلة للإستهلاك في نهاية العمر الإنتاجي للعنصر الذي هو موضوع الإستهلاك.

proxy **توكيل، وكالة**
توثيق شخصي من الموكل الى شخص آخر يسمى الوكيل .للقيام بالاعمال التجارية ومراجعة الدوائر الرسمية والبنوك أويمنحه حق التوزيع الأرباح أو التصفية وحتى حق التصويت.

proxy statement **تصريح الوكالة**

public accountant **محاسب عام**
المحاسب الذي يقدم خدماته لفحص سجلات الشركات مقابل رسم معين يستوفيه، او على أساس إتفاق مسبق معها، وتعتبر وظيفة المحاسب العمومي مستقلة عن وظيفة المحاسب القانوني العمومي وأقل منها مرتبة.

public corporation **شركة عامة**
مؤسسة تقوم بوظيفة حكومية معينة، أو بتقديم خدمة حكومية عامة معينة ،مثلا: مصرف حكومي، مكتبة، أو شركة مياه... الخ.

public finance **مالية عامة**
التعمق بدراسة القواعد المنظمة للنشاط المالي في بلد من البلدان، بهدف الحصول على موارد جديدة تسهم في تحقيق المشاريع التنموية والخدماتية وسواها في هذا البلد. ومثل هذا التنظيم يتفق والأهداف الإقتصادية والإجتماعية التي تتبعها دول العالم.

public sector **قطاع عام**
الجزء من النشاط الإقتصادي والإجتماعي الذي يختص بالحكومة المركزية والسلطات المحلية والبلدية لخدمة المصلحة العامة، أي كل نشاط يُنفق عليه من مال الدولة ويخضع لإشرافها ومراقبتها، وهو عكس القطاع الخاص.

punitive damages **أضرار تأديبية**
أضرار تحكم بها المحكمة لابمبلغ يتناسب مع الخسارة التي تكبدها المدعي، ولكن بمعاقبة المدعى عليه من فعل إرتكبه بنية سيئة.

purchase **شراء**
عملية الحصول على بضائع أو ممتلكات عن طريق مبادلتها بالمال.

purchase contract **عقد شرائي**
عملية شراء تتم بموجب اتفاق بين مصدر السندات وضامنها بشراء جميع السندات التي لايشتريها المساهمون "الأوراق المالية".

purchase discount **خصم شرائي**
عملية إستقطاع من قائمة المشتريات لأجل تسهيل الدفع خلال فترة زمنية خصوصية لذلك.

purchase method of combination **طريقة الشراء في التوحيد**

purchase method in consolidation **طريقة الشراء في دمج الشركات**
عندما تسيطر شركة مساهمة على شركة اخرى عن طريق الحصول على عدد من اسهم هذه الشركة (اكثر من 50%) التي لها حق التصويت مقابل مبادلة نقدية أوأصول أخرى، فأن هذه العملية تعامل كعملية شراء وتسجيل في الدفاتر على أساس طريقة الشراء.

purchase-money obligation **مشتريات مرهونة نقدية**
رهن يعطيه المشتري الذي دفع دفعة أولى من ثمن العقار الى المصرف أو البائع كضمان لتسديد الدين المتبقي من ثمن العقار.

purchase order **طلب شراء**
إستمارة ذات صيغة معينة يرسلها المشتري الى البائع ويبين فيها حاجته لنوع معين من البضاعة، ويحدد السلع التي يريد، مع ذكر الكمية والنوعية. وقد تتضمن تحديد السعر من قوائم أسعار البضائع.

purchase tax **ضريبة شراء**
ضريبة غير مباشرة تفرض بنسب مختلفة على أسعار السلع بالجملة. راجع tumover tax

purchasing power **قوة شرائية**
1- قابلية الفرد الشخصية على الشراء " الطاقة المالية لمجموعة من الناس" وتقاس هذه القابلية على أساسين:
أ-كمية الدخل.
ب- الكمية من البضائع القابلة للشراء في نفس الوقت من الزمن.

2- المتبادل لمستوى السعر

خطر القوة الشرائية purchasing power risk

دخل بحت، ربح حر pure profit

صافي الدخل في زيادات العائدات.

بيع مشروط الخيار، بالنسبة للبائع put

تحليل هرمي pyramid analysis

تسلط هرمي pyramiding

أ- في المالية.

ب- في سوق الأسهم.

nopqrstuvwxyz

qualification **أهلية ،كفاءة**

1. كل محاسب إجتاز مرحلة التدريب بوساطة الإمتحان المحدد لعضوية المدققين، وأصبح قادرا على تحمل مسؤولية التوثيق.

2. الإستثناء، أو التحفظ المتعلق بالتقرير المالي أو بأحد بنوده.

3. الإفادة في تقرير المدقق، أو الشهادة المباشرة.

qualified acceptance **قبول مشروط**

قبول يوضع فيه بعض القيود والتحديدات الخاصة بالدفع عند التسديد .

qualified audit report **تقريرالمعتمد القانوني**

شهادة المدقق.

qualified endorsement **تظهير مشروط**

تظير يضع فيه المظهر بعض الشروط، يحدد فيها مسؤليته في المستقبل عن دفع قيمة السند أو الورقة التجارية المظهرة أو يتنازل عنها تماما. كأن يقوم بائع المفرق مثلا بتظهير كمبيالة اعطاه اياها احد زبائنه من التجار لأمر أو لصالح المصرف الذي يتعامل معه " ويثبت عليها عبارة دون حق الرجوع " ويعني ذلك أنه لايجوز للمصرف ان يرجع عليه ويطالبه بدفع قيمة الكمبيالة إذا رفض صاحبها (أي التاجر) دفع قيمتها.

qualified opinion **الرأي الصائب والكفؤ**

وجهة نظر مستندة الى مبررات فعلية، وخير مثال هو: التقرير المعبر عن رأي المدقق حول حسابات الشركة ويتضمن بعض التحفظات والإستثناءات الناتجة عن قصور في مجال تدقيق للدفاتر، أو بسبب طريقة بيان بعض بنود البيانات المالية. وأهمية التحفظ أو الإستثناء تستند الى رأي المدقق المبني على خبرته بمهنته والذي توصل اليه بدقة وحذر.

qualified stock option **إختبار البضاعة المؤهلة، تحت شروط**

1- حق الإختيار في بيع أو شراء أسهم أو سلع معينة. بسعر معين خلال مدة العقد المتفق عليه.

2- حق المؤمن عليه في طريقة دفع الأموال المستحقة له بموجب سند التأمين.

quality control **السيطرة النوعية**

1- يتم تنفيذ الخطط المرسومة بوساطة عدد من "الإجراءات والأساليب " التي تضعها الشركة المنتجة لضبط ومراقبة مقاييس ومستويات الجودة في الإنتاج، وللمحافظة عليها من أجل التنمية وتطوير مجالات التنفيذ والإنجاز، وتوكَل هذه المهام الى عملية التدقيق التي يقوم بها المحاسب العمومي لأجل مطابقتها بالقواعد الأساسية والتحكيم فيها.

2- في بعض الدول تقوم الدولة بنفسها في جهاز متخصص بالقياس والضبط النوعي للمحافظة على مستوى الإنتاج القومي وإصدار قرارات التحكيم.

quality review **تأكد من النوعية**

لتحقيق ذلك،تتولى هيئات رقابية متخصصة بوساطة برنامج تدقيق موضوع لهذه الغاية، مهمات الكشف على الإنتاج وإجراء الفحوصات اللازمة، وفقا لمعايير ومواصفات معينة من شأنها الحفاظ على مستوى عال من النوعية والجودة والإتقان.

quantification **كفاءة**

أي قرار يكون واضحاً ودقيقاً ومعززاً بالأرقام لتحديد مقدار شيء بصورة مفصلة.

quantile **كمية مقسمة ، مفردة**

quantity discount **خصم على الكمية**

حسم يمنح للتاجر على البضائع التي إشتراها بكمية كبيرة، وذلك لحث الزبائن على الشراء وتوفيراً لوقت البائع الذي يضيعه في فتح البضاعة وإعادة توضيبها.

راجع : قانون روبنسن بتمن.

quantity variance **فارق الكمية**

الإختلاف في الكلفة المرتبطة بالفارق بين الكمية المتوقعة

(القياسـية) والكميـة الفعلية(الحقيقيـة) للمـدخلات الإنتاجية (المواد الأولية أو العمل المباشر) ويدعى هذا الفارق فارق الكمية(Q.V.)

quartile **ربع إحصائي، قياس التشتيت**

quasi contract **شبه تعاقد**

عقد ينشأ بين الأطـراف دون أن يكـون هنـاك إتفـاق صريح بينهم، وهو عقد يفرضـه القانون أو يفرض قيامه" تعاقد غير كامل"

quasi endowment fund **صندوق الأموال شبه الموقوفة**

إعتمادات مالية مكونة بوساطة مجلس رسمي لمؤسسة إجتماعية لحساب موجودات أو حساب إستثمار لتكون موقوفة لصالح الأعمال الخيرية الإنسانية.

quasi public company **شركة شبه عمومية**

ويقصد بها هيئة تتمتع بطابع الشركة، ولكن أعمالها خصوصية ترمي الى تحقيق أهداف ذات منفعة عامة، مثل الهيئات والجمعيات الدينية والخيرية.

quasi-random number **أرقام شبه عشوائية**

واحـد مـن التسلسلات الرقميـة المضمونة بوساطة الإجراءات التي تكون عشوائية، أو هي تمثل العشوائية النوعية في المحاسبة والتدقيق.

quasi rent **شبه إيجار**

1- إجمالي حصة عوائد المنتجين نسبة الى بعض الطاقة الإنتاجية الفريدة، أو أي كلفة صناعية متحفظة غير متوفرة لغرض المنافسة.

2- مكافأة الآخرين لأجل إستعمال ملكيتهم كالإيجار.

quasi reorganization **شبه إعادات التنظيم المالي**

ويعني ذلك الإجراءات التي تتبناها هيئة للإشراف على مشروع ما، بسبب عجز مالي أو نقص في الأرباح المحفوظة أو التثمين العالي للموجودات في المصنع "إعادة التقدير" وتتألف الهيئة عادةً من أصحاب المشروع أنفسهم

questionable payments **مدفوعات قابلة للتحقيق**

المدفوعات التي تمثل الرشاوي والإبتزاز، ومدفوعات غير قانونية أو غير شرعية ،مثل التبرعات السياسية لنيل المكاسب المؤيدة لها ولكنها محرمة دوليا.

queue **طابور**

1. الصف الذي يلتزم به المستهلكون للحصول على حصتهم من التموين الغذائي أو الإستهلاكي في الإقتصاد الموجه (غير الحر) أو أثناء الحروب والأزمات الطبيعية أو الإقتصادية.

2. أي قائمة أو ملف يحتوي على بنود الخدمات العامة.

3. (الكومبيوتر) لائحة بالأعمال والمشاريع التي تنتظر الخدمة " الصف الإنضباطي"

quick assets **أصول سريعة الدوران**

الأصول المتداولة الكثيرة السيولة، أو الأصول التي لها قابلية التحويل الى نقد بسهولة سريعة، مثل الذهب، العملة الأجنبية المغطاة، أو الذمم المضمونة المستحقة، أو السندات الممتازة.

quick ratio **نسبة سريعة للدوران**

انظر : acid-test ratio

quid pro quo **الشيء بالشيء**

شيء مقابل شيء آخر . وهما متساويان في القيمة أو القدر.

quorum **نصاب**

عدد الاشخاص الواجب حضورهم جلسة من الجلسات، ليأخذ إجتماعهم صفة التمثيل الرسمي، ولتكون النتائج التي سيسفر عنها شرعية عند إكمال النصاب.

quota **كوتا، نصيب**

حصة متناسبة أو نسبية في الإستيراد.

quotas **حصص سلعية**

1. حصة الحد الأعلى من الإنتاج المطروح في السوق، للبائعين أو للمشترين أو حصة الحد الأدنى.

2. الكمية المحددة لتحقيق الكسب.

quoted price **سعر مخصص للورقة المالية**

في قائمة اسعار الأسهم. سعر سهم واحد معلن بالدولار أو بأثمان أخرى.

quotation **تسعيرة**

تقديم ثمن البضاعة للبائع أو للمشتري.

quote **يسعر، أو يعطي سعرا**

nopqrstuvwxyz

racket   كسب غير مشروع
مشروع يهدف الى الحصول على الأموال بطريقة المخادعة (الإبتزاز).

rack rent   إيجار باهظ ، غالي الثمن
قيمة القسط السنوي لإستثمار الملكية التي تتجاوز الحدود المعقولة أو الأسعار السائدة.

raid   محاولة لتخفيض الأسعار
كأن يقوم أحد تجار البورصة بدفع أحد الناس مثلا، لبيع عدد من الأسهم بيعا وهميا بأسعار أقل بكثير من الأسعار السائدة في البورصة : "تجارة الأسهم المالية".

raise   يرفع الآسعار
1. الزيادة في الأجر أو السعر.
2. (كفعل) يزيد من القيمة الإسمية للورقة التجارية، كأن يلجأ أحدهم الى تغيير مبلغ الشيك للحصول على مبلغ أكبر من المبلغ الحقيقي. "طريقة الخداع على الساحب".

raise money   يجمع المال

random   عشوائي
أي مايحدث بالصدفة. أومايحدث دون أسلوب معين أو محدد.

random access   مدخل عشوائي
ميزة في نظام الكومبيوتر تسمح للحقائق أن تكون مكتوبة مباشرة في المكان المخصص، وتسترجع منه في ذاكرة تكون خارج نطاق الإجراءات المتسلسلة في مكان الذاكرة.

random number generator   مولد الأرقام العشوائية، حاسبات
برنامج كومبيوتر أو جزء من جهاز الآلة الحاسبة نفسها تم تصميمه لإنتاج أرقام عشوائية طبقا لمواصفات محددة.

random sampling   نموذج عشوائي
العينة العشوائية
عينة تسمح لكل مفردة من مفردات المجتمع بفرصة متساوية للظهور.

random variation   إختلاف عشوائي

range   نطاق، مدى
الفرق بين بنود الحد الأعلى والحد الأدنى لمجموعة (البيان العددي) من القيم والأرقام، ابتداءاً من أدنى قيمة أو رقم فيها، الى أعلى قيمة أو رقم فيها، كما تعني مجموعة الأحداث والنتائج الممكن وقوعها في ظروف معينة.

rank correlation   إرتباط مرتبي، إحصاء

rate   معدل،متوسط،نسبة، سعر أو تقرير قياسي

rate of exchange   سعر تحويل العملة
ثمن وحدة العملة الوطنية مقدراً بوحدات من العملة الأجنبية عند التحويل الخارجي.

rate of return pricing   نسبة المردود للأسعار
طريقة لتقدير المشاريع التي تحول بمصروفات رأسمالية تقارن فيها نسبة المردود المتوقعة من توظيف الأموال بهدف محدد سلفاً.

rates   رسم ، ضريبة

rate variance   متوسط الاختلافات
وهو متوسط الفرق بين كلف العمل القياسية وكلف العمل الحقيقية بالأجور، وبين الحد الأعلى والحد الأدنى في القياس مقارنة بساعات العمل.

ratification   تصديق، إقرار، مصادقة
تأييد إيجابي من جهة عليا يكسب به القبول المصدق على تصرف شخص معين عمل توجيها وفق القوانين أو الأصول المرعية لشخص آخر أو فئة أخرى منحت بهذا التصديق الصفة الشرعية وإكتساب الحقوق .

rating   تقدير،تقييم
1- تأمين الأيدي العاملة الكافية لإنجاز خطة الإنشاء

والتعمير في مهلة زمنية مقررة سلفاً
2- أو تقييم مستوى اداء العامل بالنسبة للفكرة التي يحملها المراقب من الإداء القياسي.
3- الأساس الذي تحدد في ضوئه مبالغ أقساط التأمين.

ratio نسبة، مقياس، معدل
1. مقياس لتحديد العلاقة بين كميتين من صنف أو نوع واحد.
2. وتستعمل للسيولة النقدية أيضاً.

ratio estimator مخمن النسبة

rational buying شراء بتعقل أو شراء بتأن
عملية شراءالسلع والبضائع بتعقل، أي التفكير قبل الإقدام على الشراء كالإطلاع على الأسعار ومقارنة افضلها. أو دراسة الحاجة الضرورية للسلعة والتأكد من جودتها ومواصفاتها.

rational numbers أرقام بتعقل
أي الأرقام التي تقدر بموجب المقارنة مع الأرقام الأخرى حسب الحالة الضرورية.

raw materials مواد أولية
ويقصد بها المواد التي لاتزال حتى الآن في حالتها الطبيعية (مواد خام) والتي يمكن إدخالها في الصناعة للحصول على سلع اقتصادية أخرى. أي المواد التي تستعمل في التصنيع ،مثل ،المعادن، الفلزات، الأخشاب، المطاط والقطن .. الخ.

raw materials inventory جرد المواد الخام
عملية جرد للمواد الخام التي تمتلكها الشركة. وتعتبر موجودات جارية، وطبيعية حالتها حسابيا أرصدة مدينة. ويستفاد منها في إحتساب بضاعة اول مدة وبضائع تحت التصنيع (التشغيل) في إعداد الميزانية العمومية.

reacquired stock أسهم مستردة لصاحبها

readjustment إعادة التسوية الحسابية
وهي الإجراءات العملية الحسابية لإعادة تنظيم بعض الحسابات،بسبب عجز مالي، أو نقص في الأرباح، أو فروقات المطابقة، أو إعادة تقدير الموجودات، أو تصحيح وضع الشركة المالي.

ready money أوراق نقدية أو قطع نقدية جاهزة للدفع

ready reckoner كتاب يحتوي على عمليات حسابية للأعمال التجارية

real account حساب حقيقي
حساب في الإستاذ ينقل رصيده الى فترة مالية تالية.(أي كل حساب يظهر في الميزانية التقديرية). مثال: النقد الصندوق، البنك ، السيارات ، الاثاث، اراضي ، عمارات وجميع الموجودات المدينة.

real cost كلفة حقيقية
أو القيمة الطبيعية (الأصلية) أو المبلغ الذي يقدر به الموجود الثابت (أو الحقوق العينيةللموجود)، وعلى ضوء المكان، والإنشاء ،والأسعار السائدة، مع مراعات الإستهلاك أو الوزن أو المسافة، أو المساحة.

real estate أملاك
ويقصد بها المالك المادي، وهو يشمل الارض وما شيد عليها، واية حقوق أخرى. أو تعني دلالية الاملاك لبيع العقارات.

real money نقود حقيقية
وهي النقود التي لها وجود مادي معلن في كيانها، مثل الليرة العثمانية(المجيدية)، والجنيه الإنكليزي الذهبي، والروبية الهندية الفضية، وهي قسمان:
1- النقود القانونية الرئيسية.
2- النقود المساعدة أو الرمزية.

real property أموال ثابتة
أي الأموال غير المنقولة بصورة رئيسية، كالأرض، أو حقوق ملكيتها أو ما يضاف اليها لغرض تحسينها من تشييد أبنية مختلفة.

realization تحقيق الآرباح

realization criterion معيار تحقيق الأرباح

realized revenue, or profit ربح محقق
قابل للتوزيع على المشتركين به.

real number رقم حقيقي

real price, or value سعر حقيقي، الثمن

real time information system نظام المعلومات الآني، حاسبات
وهونظام يعمل على تزويدنا بالمعلومات بصورة مستمرة

وبشكل يمكن المستخدم للالة الحاسبة من السيطرة على الفعالية الخاضعة للتنفيذ.

ان اصطلاح الوقت الحقيقي"الآتي" يرمز الى الاحتياجات الزمنية للفعالية في طور التنفيذ وخصوصا عندما تكون تلك الاحتياجات ملحة كما في بعض العمليات الكيميائية والبيولوجية

real wages اجور حقيقية

الاجور الفعلية. والتي يمكن قياسها بمقدار القيم الاستعمالية، والتي يمكن شراؤها بمبلغ معلوم من النقود في مكان معين.

reappropriation اعادة التخصيص

reasonable possible event حدث

من الممكن منطقيا حدوثه

reasoning عقلانية

نشاط فكري للانسان يتم عن طريق الاستنتاج والاستدلال للحقيقة وفق الهدف المنشود

rebate تخفيض

1-اعادة جزء او حصة من الاجور المدفوعة للسلع والخدمات

2-اما في العمليات المصرفية فهو استقطاع جزء من الحصص للقرض المسدد قبل استحقاقه

rebate on bills discounted اعادة جزء من

خصومات الاوراق التجارية للصيرفي الذي اتم تقديمها قبل نهاية السنة المالية

rebudgeting اعادة موازنة الميزانية

recap خلاصة، يعيد تنظيم احتساب رأس المال

recapitalize يعيد تمويل الرأسمال

تغيير البناء الهيكلي لرأسمال الشركة بزيادة عدد اسهمها. او بتخفيض هذا العدد

recapture of depreciation استرداد الاستهلاك

receipt ايصال، وصل تسليم

اقرار بالاستلام النقدي، او باستلام اي موجودات اخرى. لمعرفة الحقوق الطبيعية للبضائع ولتثبيتها حسابيا بموجب هذه المذكرة

receipts and payments مقبوضات

ومدفوعات نقدية

receivable(s) مستحق القبض

وهي المبالغ المستحقة على المدينين

receivable turnover حركة المبيعات النقدية

في فترة زمنية معينة

receiver

1- امين الصندوق

2- المساهم، مستلم الارباح

3- حارس قضائي (معين من قبل المحكمة لاستحصال اموال الشركة ودفع مبلغ النفقات المترتبة باسمها)

receiver's certificate شهادة المديونية

اثبات تحريري بالاقرار يصدره المستلم للأمانه بشكل موثق بوثيقة يضمن من عائدها الاموال الضرورية لحفظ تشغيل الأملاك المسؤول عنها.

recession ارتداد، ركود تجاري

تستعمل هذه الكلمة للتعبير عن مرحلة من المراحل الاربعة للدورة الاقتصادية، وهي مرحلة الارتداد او الهبوط من قمة الرخاء الاقتصادي الى مرحلة الركودوالكساد الاقتصادي

reciprocal,of number تقابل في الارقام

reckon up يجمع او يصنف

reconciliation مطابقة

تحليل البنودالمتسببة بالاختلاف بين مبلغين او حسابين .او رصيدين، كمثل بيان المطابقة conciliation tatement

reconciliation of surplus تصفية الفائض

نصريح بالمبالغ المصروفة الفائضة خلال فترة محاسبية.

reconstruction تطبيق بناء رأسمال الشركة

من جديد

record

1- تسجيل او خزن المعلومات من جديد

2- ادخال المعلومات في النظام المتبع

recoup يعوض، عن خسارة

يستعيد مبلغا مفقودا. اويعوض عن خسارة عن طريق جني ارباح في وقت لاحق،

recourse **حق العودة ،للمطالبة**

حق الشخص الذي ظُهرت (او جُيرت) الكمبيالة له في ان يستوفي قيمتها من الشخص الذي جيرها، في حالة امتناع المدين الاصلي او تقصيره عن دفع المبلغ المبين فيها.

recovery **انتعاش، استرداد**

1. استعادة النشاط التجاري او الاقتصادي وهي الفترة التي تعقب فترة الكساد الأقتصادي والتي تكون فيها الحياة الاقتصادية قد استعادة نشاطها.
2. في تجارة الاسهم المالية، وتعني: ارتفاع الاسعار بعد فترة الركود في البورصة.
3. استعادة شيء له قيمة، كحق، او ملك او استعادة مايعادله بالمال.

recovery of expenses **استعادة النفقات**

او عملية امتصاص التكاليف غير المباشرة، وذلك في الدوائر او وحدات الانتاج او مراكز التكاليف التي تعمد في هذه الحالة الى تطبيق قاعدة مناسبة لهذا الغرض

recovery value **استعادة الثمن**

عائدات من مردودات المبيعات، او من بيع فضلات (سكراب) الموجودات الثابتة"المتخلفات"

redeemable stock **اسهم قابلة للأسترداد، للأستهلاك**

اسهم يمكن للشركة التي اصدرتها ان تشتريها من اصحابها و تسحبها من التداول وتستهلكها بعد انقضاء فترة من الزمن وفقا لشروط معينة وتسترد هذه الاسهم عادة بقيمتها الاسمية.

redemption **استرداد القيمة**

الحق في استعادة القيمة(الملكية) يُمنح للشخص الذي كان رَهَن عقارا او ارضا من أملاكه، او باع ملكا بيعا مشروطا.
او أعادة شراء الاوراق المالية كالسندات والكمبيالات والعملات وأية ديون اخرى

redemption sinking fund **أموال أستهلاك تسديد الديون**

red – ink **حبر احمر – خسارة**

الحبر الاحمر الذي يستعمل في التدوين يدل على السلبية او التحذير، كما يدل على حادثة أو خطأ، وكثيرا ما يستعمله المدققون لتمييزه عن الحبر الاسود، او للأعلان عن الخسائر في دفاتر الشركة قبل التصريح المالي

red – ink entry **قيد بالحبر الاحمر**

قيد يومي للأدخال الحسابي محرر باللون الاحمر، وذلك للدلالة على طرح القيد من مجموع العمود الذي ظهر به الفرق الحسابي عند المطابقات

rediscount **اعادة الخصم أو الخصم مرة ثانية**

اي ان يحق ان يبيع ورقة تجارية قابلة للتداول كانت قد اكتسبت خصما في السابق الى البنك. وبهذه الحالة يجوز للبنك اخذ كمبيالات مخصومة سابقا من احد التجار على ان يعيد بيعها او خصمها مرة ثانية عند البنك المركزي

rediscount rate **سعر اعادة الخصم**

سعر الفائدة الذي يستوفيه البنك المركزي مقابل اعادة خصم ورقة تجارية من الدرجة الاولى قابلة للتداول وسبق خصمها في احد البنوك

rediscountable commercial papers **اوراق تجارية قابلة لأعادة الخصم**

redistriduted cost **اعادة توزيع الكلفة**

او تدوير الكلفة الى حساب آخر

redraft **سفتجة رجوع**

سحب بوليصةجديدة بدلا من البوليصة القديمة بسبب عدم دفعها.

reducing – balance method **طريقة الرصيد المتناقص.**

او استهلاك الرصيد المتناقص احدى طرق الاستهلاك

reducing installment method **طريقة القسط المتناقص**

وهي طريقة لحساب اقسط الاستهلاك على شكل دفعات دورية زمنية (سنة) تمثل كل منها نسبة ثابتة من القيمة الدفترية التناقصية للأصل الثابت في اوله.

راجع depreciation طريقة الرصد المتدهور

re – evaluation method of depreciation **طريقة اعادة التقرير**

(طرق الاستهلاك) وهي طريقة لحساب الاستهلاك على

اساس الفرق الحاصل بين القيمة المقدرة للاصل الثابت في اول وآخر مدة.

reference **مراجعة، مرجع للاصل**

reflation **مقاومة الانكماش**

1- زيادة قيمة العملة بعد تخفيضها.

2- اعادة الاقتصاد الى سابق حالته.

refund **استرداد المال**

اعادة المال الى صاحبه لأي سبب، كالذي دفع خطأ كرد مبلغ من اجور الشحن، او جزء من الضريبة قدرت باكثر من قيمتها الحقيقية.

refunding **تحويل الدين**

refunding bond **سند تحويل الدين المستحق**

اعادة سندات الدين المتأخرة والموقوفة، وتبديلها بأصدارية جديدة عند استحقاق القديمة او بعد تأريخ استحقاقها. والغرض من هذه العملية هو تمديد فترة نفاذ الدين او تنزيل سعر الفائدة.

register **سجل**

1. اي دفتر من دفاتر المحاسبة يستعمل في الدرجة الاولى لتسجيل معاملات الشركة الداخلية.

2. سجل تحتفظ الشركة فيه باسماء حملة اسهمها ودائنيها

3. قائمة البواخر واصحابها واوصافها العامة، يحتفظ به عادة جباة الرسوم الجمركية في الميناء او شركات التأمين.

registered bond **سند مسجل**

سند مالي مسجل بإسم الشخص، وهذا السند لايدفع رأسماله وفائدته عند الإستحقاق، إلا إلى الشخص المسجل بإسمه في سجل الاسهم.

registered office **مركز رئيسي**

كل شركة لها مقر دائم يتخذ أساسا في التعامل التجاري وهو عنوان معلن يسجل لدى مسجل الشركات.

registered stock **أسهم مسجلة**

الاسهم المسجلة بإسم مالكيها في الشركة المصدرة لها.

registered warrant **سند تحويل**

السند المسجل بأسم مالكه بوساطة مكتب الشراء، لغرض

التسوية في المستقبل بسبب الحاجة المالية الحاضرة والمدفوعات في طلب التسجيل.

registrar **مسجل مالي او تجاري**

ويكون عادة موظف في شركة او وكيل لها كالبنك. مثلا: لغرض توثيق الاسهم والسندات المصدرة وامكانية معرفة الاسهم المباعة والمعلقة، كذلك يقوم بالغاء شهادات الاسهم القديمة واتلافها عند اصدار شهادات جديدة.

register of companies **سجل الشركات الرسمي**

registration **تسجيل الاسهم**

"التدوين" عملية التثبيت التحريرية للأسهم في السجل المخصص لها لدى الشركة، مع ذكر أسم وصاحب السهم والتغيرات التي تحدث فيما يتعلق بأنتقال او نقل ملكية السهم

registration fee **رسم التسجيل**

registration statement **تصريح التدوين**

regressive tax **ضريبة تنازلية**

reinsurance **أعادة التأمين**

اجراء تقوم شركة التأمين بموجبه بأبرام عقد مع شركة تأمين أخرى تتحمل المسؤولية معها في مسؤولية الاخطار المؤمن ضدها في العقد الاول. ويكون هذا الاجراء لتدارك امكانية الشركة الاولى من تغطية مبلغ الخسارة لوحدها بحالة حدوثها.

related company , affiliated Company **شركة مرتبطة** شركة من

شركات الاشخاص التضامنية التي تربط الشركاء فيما بينهم صلة المصلحة المشتركة (الهدف المشترك). وهذه الرابطة تجعل مسؤوليتها مسؤولية تضامنية في الحقوق والديون.

related cost **كلفة مرتبطة**

1. وهي كلفة واقعة بعملية تأمين بيع او عائدات أخرى أي أنها كلفة متغيرة أو شبه متغيرة

2. وهي كلفة حاصلة من كلفة اخرى او مؤدية الى كلفة اخرى .

3- الكلفة العامة common cost أو الكلفة المشتركة.

related party transactions
صفقات تجارية مترابطة

relational data model
تصميم بيانات مترابطة

release
إبراء ذمة

وثيقة يتنازل بموجبها المرتهن (أو صاحب عمل أو مصدر رسمي) الى الراهن(شخص آخر) عن حق أو مطلب لديه أو تسديدا للدين المسجل. "إفراغ الإحالة القضائية " وثيقة تشهد فيها مصلحة الضـرائب بـأن المكلف ليس مدينا حسب سجلاتها أو غير خاضع لأحكامها.

relevance
وثيق الصلة بالموضوع

relevant cost
كلفة مناسبة وثيقة الصلة بالقرار

وهـي كلفة أو مكونـات تـدخل فـي الأختيار مابين الخطوط البديلة لكل قرار.

relevant range
مدى مناسب للأنتاج

إن مدى كمية الإنتاج الذي تنتجه الشركة يشار اليه عادة بتعبير المدى المناسب للإنتاج.كما أن فرضيات سلوك أو تغيير التكلفة والإيراد لهذا الإنتاج تكون عادة ثابتة أو صحيحة عندما تبني على اساس مدى الإنتاج المناسب.

reliability
إعتماد على الغير أو على النفس

كون الشيء جديرا أو موثوقا بأن يُتكل عليه. وتستخدم هذه الكلمة في التدقيق والإدارة والإحصاء.

renegotiation
إعادة التفاوض

أي الرجوع الى التفاوض مـرة ثانية. أو إعادة النظر فـي شروط المقاولة أو التكاليف أوالأرباح الناشئة عنها بهدف تعديل سعر المقاولة

renegotiation reserve
إدخال إعادة ألتفاوض

تخمين الإلتزام الجاري (المطلوبات مثلا) لتكون مبالغ قابلة لإعادةالمال تحت العقود.

renew a bill
يجدد الورقة التجارية

عملية استبدال الورقة التجارية القديمة بأخرى جديدة بهدف جعلها نافذة المفعول لفترة قانونية جديدة لإنقاذها من عامل مرور الزمن القانوني. مثلا ينص القانون التجاري بأن تكون الورقة التجارية نافذة المفعول لمدة

ثلاث سنوات وصك الـدين الممتـاز لمـدة عشـر سـنوات والمصدقة من قبل التنفيذ القانوني.

renewal
تجديد

عملية تجديد اتفاقية، او اصدار سندات او كمبيالات جديدة بدلا مـن اخرى انتهت مـدتها او استحق اجلها. او تحديد الموجودات لإعادتها للحياة الإقتصادية.

renewal allowance
بدل التجديد

طريقة لأحتساب الإستهلاك، والتي بموجبها يتم احتساب على اساس الفرق بين ثمن تكلفة اصل جديد وبين المبالغ المحققة على ألأصل القديم الذي حل محله ألأصل الجديد.

renewal fund
أموال التجديد

امـوال مؤلفة مـن النقدية او مجموعة متسلسلة مـن الاوراق المالية مخصصة للتحسين او التجدد للمصنع أو التجهيزات

rent
إيجار، عائد

1. ألتعويض أو الأجر لقاء استعمال ألأرض والعقارات أو التجهيزات أوأي ملكية شخصية لمدة معينة مـن الـزمن. ويعتبر المبلغ المدفوع لمالك الملكية دخلا، بينما يعتبر المبلغ نفسه مصاريف لمستعمل الملكية.

2. واحد من متسلسلات الدفعات السنوية.

3. سندات الحكومة الفرنسية rentes

rent roll
إيجار دوري ومستمر

reorder
الطلب المكرر

أو إعادة الطلب للسلع نفسها من التاجر او المنتج

reorganization
إعادة التنظيم

1. علاج قانوني لشركة مساهمة تخفف من دفع مطلوبات دائنيها. وقد يكون من المفيد تغيير هيكل (تركيب) رأس مـال الشركة لتخفيض وانقاص أية مصاريف ثابتة ولإحراز رأس مال عامل للشركة. في هذه الحالة قد تضطر الشركة الى ان تندمج أو تتوحد مع شركة اخرى.

2- التغيير بطرق وأساليب التجارة في التعامل.

repair
إصلاح

ترميم العقارات وإصلاح المعدات وإعادتها الى حالة جيدة بعد ان اصابها التلف بسبب كثرة ألإستعمال، او بسبب

التعرض للعوامل الطبيعية أو للخراب، خطوة من هذا النوع ذات منفعة اقتصادية

repair reserve method **طريقة احتياطي الصيانة**

وهي طريقة لحساب قسط ألإستهلاك على دفعات دورية بقسمة مجموع كلفة القيمة المستهلكة للأصل الثابت وتكاليف صيانته المقدرة مقدما على عدد سنوات العمر الإنتاجي للأصل

repayment with penalty **إعادة الدفع**

"وفاء الدين" مع غرامة، كدفع فاتورة التأمين ...مثلا

repeating audit, **التدقيق التكراري،**
periodic audit **التدقيق الزمني**

repetendجزء **كسر متكرر**

من الكسر العشري المتكرر أو الدائري أو ألذي يتردد بإستمرار

replacement **استبدال**

يواجه المشروع القائم " إستمرارية التشغيل " حاجة مستمرة الى عملية تبديل احد الأصول الثابتة بآخر، أو تبديل جزء قديم بجزء جديد، وذلك كله لغرض تطوير المشروع.

replacement cost **كلفة الإستبدال**

يعتبر سعر السوق الجاري تكلفة إستبدال أصول جديدة مماثلة من حيث العمر والمواصفات للأصول الموجودة في المصنع.

replacement cost accounting **محاسبة كلفة الإستبدال.**

replacement – cost method of depreciation **طريقة كلفة الإستبدال**

replacement unit **وحدة الإستبدال**

الأصل، أو جزء ألأصل، الذي تأخذ مكانه وحدة إستبدالية أو وحدة رأسمالية أخرى.

replication **إعادة تجربة في أحوال مطابقة**

أو تكرار تجربة في المكان والزمان نفسيهما

report **تقرير، بيان، تصريح**

1- الهيكل النظامي للمعلومات المطروحة للتنفيذ بوساطة التدوين التحريري.

2- التقرير الصادر عن مدقق الحسابات

(auditor'sreport)

في قضايا التدقيق الخارجي برفقة البيانات المالية والرأي العادل بعد الفحص والاختبارات اللازمة للسجلات وموظفي الحسابات والصفقات التجارية وهو نوعان:

أ - تقرير نموذجي قصير.

ب- تقرير نموذجي طويل.

report form **نموذج التقرير**

ويعد للموجودات وحقوق المالكين في الميزانية العمومية

reporting **تدوين التقارير**

اعطاءالمعلومات للآخرين بوساطة المدققين لفسح المجال للتعرف بوضوح على حركة التشغيل المالي، وكشف المقومات، واقتراح السبل القانونية لإجتياز مراحل التطبيق بنجاح.

report program generator, RPG **لغة البرمجة آر. بي. جي، حاسبات**

representation letter **رسالة موضحة**

ألإقرار المرسل من مدير الشركة الى المدقق الخارجي حسب المعرفة الشخصية يُصور فيه أُموراً موثوقة تتعلق بالفائدة او الربح، وتلقي الضوء على المسؤوليات المالية واجتماعات هيئة مجلس المدراء، بالإضافة الى ألأحداث المالية وفق التأريخ.

reproduction cost **كلفة إعادة الانتاج**

1. تخمين إعادة الإنتاج في صنف معين للسلعة.
2. تخمين ألأجل المستعمل في تخمين الموجودات الثابتة.

repurchased stock **اسهم معاد شرائها**

أي إمكانية الشركة في إسترداد أسهم رأس المال من مالكيها

resale **إعادة بيع**

research and development,cost **تكاليف البحث والتطوير**

المصروفات التي تنفق على البحث عن منتوج جديد وتطويره وتنميته وتعتبر إما مصروفات في السنة التي تنفق

فيها،أو يمكن تقسيمها على العمر المتوقع للمنتوجات الجديدة الحاصلة والتي تم تطويرها.

reserve **إحتياطي مالي**

1. المبالغ المحتجزة من ألأرباح لغير أغراض التخصيص وهي حق من حقوق المالكين ،وتظهر في الميزانية العمومية في جانب المطلوبات "قارن: provision"

2. أوأي مبلغ يحتجز من الأرباح الفائضة للمؤسسة وذلك لحجبها عن التوزيع على المساهمين، والهدف من هذا ألإحتياطي هو:

أ- إيجاد مورد تمويل داخلي يدعم المؤسسة ويمكنها من القيام بالتوسعات في المستقبل وتقوية مركزها المالي.

ب- أو لتغطية النقص أو الإنخفاض الذي يقع في أصول الشركة (الموجودات)

ج- أو لإطفاء الخسائر المتراكمة. وهناك نوعان رئيسيان من الاحتياطيات:

capital reserves **1- الرأسمالية.**

revenue reserves **2- الإيرادية.**

reserve for amortization **إحتياطي ألإستهلاك**

reserve for bad debts **إحتياطي الديون المعدومة**

حساب يفتح لتغطية الديون التي لايمكن تحصيلها عليها كإفلاس المدين أو موته أو هربه لمكان مجهول ...الخ. وأن هذه الديون خسارة فعلية، وهي في الاصل حساب مدين .فالإحتياطي لهذه الديون يكون دائنا وتسدد كما يلي:

1- وفق فترة زمنية تقسم المدد على عدد السنوات.

2- وفق نسبة مئوية.

3- أو وفق عدد من الدفعات إتُفق عليها، أو دفعة واحدة بالكامل.

reserve bank **بنك للأموال الإحتياطية**

reserve for contingencies **إحتياطي للحوادث الطارئة**

reserve for depreciation **إحتياطي لإستهلاك الموجودات الثابتة**

reserve for discounts **إحتياطي الخصومات النقدية**

حساب لتدارك انخفاض إجمالي في الذمم المدينة بسبب

منح الخصومات النقدية للزبائن لتشجيعهم على التسديد.

reserve for encumbrances **إحتياطي للأعباء "مصاريف الآضرار التي تصيب الموجودات في المستقبل "**

reserve for industrial and commercial risks **احتياطي الأخطار الصناعية والتجارية**

reserve for overhead **إحتياطي للنفقة العامة**

أنظر: equalization reserve

reserve liability **إحتياطي للأصلاح**

المبالغ المعزولة بغرض أعمال التصليح والترميم أولتعويض الضرر ، أنظر: equalization reserve

reserve surplus **إحتياطي فائ**

reserve liability **إلتزام إحتياطي**

في قضايا البنوك، توكيل الزبائن للبنك في قضايا الأسهم وفي الإفلاس أو ألتصفية.

reserve requirements **إحتياطي قانون**

النسبة المئوية المفروضة من قبل البنك المركزي على البنوك التجارية لودائعها النقدية.

residue **أموال باقية أو متخلفة**

الفائض الامالي من التركة .أى فائض اموال المتوفي الشخصية بعد وفاء جميع المستحقات.

residual cost, or value **كلفة متخلفة**

وهي القيمة المتبقية ، أي قيمة السوق المقدرة للأصول المستهلكة(سكراب) والتي يمكن إسترداد الكلفة عند سحب الأصول وعزلها عن الخدمة

residual net income, or profit **صافي الواردات او الأرباح المتبقية**

أي صافي المدخولات العائدة من الأسهم الإعتيادية بعد تسديد الإلتزامات الثابتة.

resource **مصدر للثروة أو مورد**

ويقصد به (ألأصل). أو أي مصدر له القابلية الفعلية التامة على تموين الأموال أو المواد ألأولية (آبار النفط أو مناجم الحديد) بصورة مستمرة سواء للفرد أو للمشروع.

موارد مالية resources

مثلا موارد المصرف: هي مجموع الودائع والرأسمال
والأموال الفائضة لديه وأرباحه غير الموزعة =(الموجودات
المصرفية) - المستحق من التزامات او المصادر الطبيعية
ألأنتاجية للدولة.

موارد الخزينة resources of treasury

التحويل المالي للخزينة لسد حاجة النفقات.

قرض بضمان شحنة السفينة respondentia
ومسؤوليات ربانها

مسؤولية responsibility

التزام شخصي بمراعاة الحقوق والأصول أو ألإنصاف في
نشاطالت التحكيم اثناء البت في القرارات

مسؤول responsible

من كان موثوقا به او معتمدا عليه او كفؤاً. على العموم، هو
الشخص القادر على الوفاء بالتزاماتها أو من كان ملزما
قانونا بدفع مبلغ من المال بموجب حكم او قرار صادر ضده

بقية rest

وتحصل هذه عند القروض في الفوائد المركبة او في
المخزون الاحتياطي للبنك عند توزيع الارباح، كمثل
الحساب الذي اغلق رصيده في حالة انتهاء نشاطه في البنك،
وبعد فترة بلغ صاحبه بأن هناك فضلة مالية من الارباح
عائدة له.

نتيجة، ثمرة، عاقبة result

بيع بالمفرق retail

وتعني الكلمة: تقطيع الشيء او تجزئته الى قطع صغيرة او
قسمة كمية من المال الى مبالغ صغيرة، وتعني حاليا: بيع
البضائع بأعداد قليلة بدلا من بيعها بالجملة. ويفهم من هذه
الكلمة حسب استعمالها الدارج ان البضائع تباع بهذه الطريقة
الى المستهلك ألأخير مقابل دخل بقصد ألأستهلاك النهائي،
لابقصد إعادة بيعها مرة اخرى أو إعادة تصنيعها.

محاسبة البيع بالمفرق retail accounting

كلفة البيع بالمفرق retail cost

نظام البيع بالمفرق retail method

يعتمد هذا النظام على نسبة الزيادة ألأصلية: "ربح السلعة في
البيع المفرد" فلو فرضنا أن معدل ربح السلعة

20% من سعر المبيعات للربح ألأول من السنة التي كانت
10,000 دولار، وقيمة التجزئة للسلع الموجودة للبيع
(بداية الجرد + المشتريات) كانت 14.000 دولار فتثمين
قيمة التجزئة في نهاية الجرد يكون
14.000 – 10,000=4.000دولار
4.000-(4.000×20%)=3.200 دولار
إذاسوف يكون تثمين الكلفة 3.200 دولار

ارباح محفوظة retained earnings

ويقصد بها اعادة استثمارها في الشركة ولا توزع لمالكي
الأسهم.

بيان retained earnings statement
بالأرباح المحتجزة (المحفوظة)

بيان يظهر رصيد الارباح المحتجزة (غير الموزعة) في
أول مدة، مضافا اليه مبلغ صافي ارباح السنة او ناقصا منه
مبلغ صافي خسارة السنة، وكذلك ناقصا منه أرباح الأسهم
الموزعة.

واردات محفوظة retained income

ويقصد بها ألأموال الداخلة الى الخزينة المحتجزة لحين البت
بها بقرار مالي.

يتقاعد او يسحب من، الخدمة او التداول retire

1. أي عدم قيام الشخص بأي نشاط بصورة نهائية.
2. كأن ينقص الإصدار لسند من السندات على ان
يجوزسحب هذا السند من التداول قبل استحقاقه في ظروف
معينه.

سحب البوليصة من التداول retire a bill

أي سحبها قبل الاستحقاق وتسديد قيمتها.

تقاعد أو أعتزال retirement

1. أحالة الموظف على المعاش.
2. سحب الموجودات الثابتة من الخدمة الانتاجية فإما أن
تباع كسكراب وإما أن تفكك وتستعمل كمواد إحتياطية
لمثيلاتها أي "إنتهاء الحياة الإقتصادية للموجودات"
3. تسديد حقوق الأسهم لرأسمال الأسهم في الشركة
بوساطة الهيئة المشرفة، أو تسديد الدين العام.

إسترداد الأسهم retirement of stock

قد تشتري الشركة اسهمها وتستردها فورا، وبذلك تلغى
ألأسهم نهائيا عند استلامها.

retrenchment **تخفيض النفقات**
تقليص حجم الاعمال، والأقتصاد في ألإنفاق عليها في محاولة لتخفيض التكاليف أو المحافظة على الرأسمال المستثمر، عن طريق تقليص المصروفات ليتناسب حجمها مع حجم الدخل أو الواردات.

retrospective rating **تخمين رجعي أو تقييم بإعادة النظر**

return **عائد**
1. التصريح المالي على ضوء المعلومات التي تبين الحقوق بوساطة الهيكل الحكومي من ألأرباح والأعمال في المشاريع، مثل عائد ضريبة الدخل.
2. الإقرار الشخصي المالي الذي يقدمه المكلف عن صحة الضرائب عند استحصال ضريبة الدخل منه.
3. ربح، غلة، منافع ألإستثمارات. مثل إجمالي المبيعات.

returns
1. عائدات
2. البضاعة المسترجعة الى البائع

return fare **ثمن السفر ذهابا وإيابا**

return on assets **عائدات الموجودات**

return on equity **عائدات رأس المال**

return on investment method **طريقة عائد ألإستثمار**
طريقة تستعمل في تقييم مصاريف رأس المال وإختيار ألأستثمار الذي يعطي اعلى نسبة عائد ارباح . وتحسب نسبة العائد هذه بتقسيم الارباح المقدرة على متوسط المبلغ المستثمر: "رأسمال موظف في مشروع معين"

revaluation **إعادة التخمين أو رفع قيمة العملة**
إعادة تقييم عملة دولة معينة برفع قيمتها دوليا كنتيجة لرفع محتواها الذهبي رسميا ويطلق على هذه العملية up valuation

revaluation excess, or surplus **فائض إعادة التقدير**
ويتكون ذلك عندما يكون رأسمال الموجودات عالياً وبهذا يسمى فائض المال المستثمر.

revenue **إيراد**
1. المبيعات الإنتاجية، البضاعة، الخدمات، المكاسب من الفائدة، أرباح ألأسهم، ألإيجارات وألأجور الصفقات الناتجةعن التنمية في الموجودات.
2- إجمالي المقبوضات لوحدة حكومية، مصلحة الضرائب، مصلحة الجمارك وموارد أخرى.
3- التصنيف التطبيقي لدخل التشغيل ألإجمالي للمؤسسات والشركات النفعية العمومية ألأخرى (revenues)

revenue anticipation note **إشعار بتوقُع العائدات**

revenue bond **سند إيراد**
سند دين تصدره الدولة لتمويل بعض المشاريع الحيوية في مدينةما لغرض المنفعة العامة تتوقع تسديده من عائدات هذه المشاريع، مثل الجسور، المطارات، المدارس، الكهرباء ،الماء، الأسواق، السكك الحديدية أو نظام الباص لنقل الركاب .... وغيرها

revenue deduction **حسم الايرادات**
ويقصد بها المصاريف والضرائب او حساب المبالغ غير القابلة للتحصيل أو القبض.

revenue expenditure **مصروفات على الايرادات**
وهي مصروفات نقدية تصرف للمحافظة على ألأصول: "صيانتها وإصلاحها " وللحصول على ايرادات جارية "كالمواد الخام المشتراة ورواتب عمال المصنع"

revenue ledger **أستاذ العائدات**

revenue realization **تصفية ألأرباح**

revenue receipts **إستلام العائدات**

revenue recognition **إقرار العائدات**

revenue reserves **إحتياطي العائدات**

revenue rulings **تشريعات ايرادية**

reverse splitup **فائدة جزئية ملغاة**

reversing entry **قيد يومية معكوس**
قيد يستعمل لتصحيح القيود الأصلية التي ترتبت عليها أخطاء محاسبية أثناء الترحيل وغيرها. أو أنه عمل تكراري في بداية السنة ونهايتها في إجراء غلق الحسابات الوسيطة.

review **تنقيح، فحص، مراجعة، إعادة نظر**

1- عملية تدقيقية لفحص البنود المدققة

2- مصطلح مصرفي، ويقصد به مراجعة الحساب الجاري، أي البحث في عناصره بأكملها، وإعادة قيد حسابي جديد طبقا لعناصرجديدة دون اعتبار للبيانات التي اعتمدت اساسا للحساب القديم

revolving fund **أموال صندوق النثريات**

وهي اموال قابلة للسحب عليها على شكل سلفة أو مبالغ مصروفة بشرط ان يلتزم الساحب بتسديدها مع الفائدة المتحققة عليها، (أو بدونها)

Richardson Report **تقرير ريتشاردسن**

ويعرف سابقا بأنه تقرير الهيئة ألأدارية للتحقيق في محاسبة التضخم. وقد طبقت هذه الوثيقة في سنة 1976 من قبل الحكومة النيوزيلندية. ومن الطبيعي ان هذا التقرير مستوحى من تقارير ساندي لاندزوهو وزير المالية النيوزيلندي الذي عينته الهيئة الإدارية في ديسمبر العام 1975. وكان رئيس تلك الهيئة أي، أل، آر، ريتشاردسن، وهو مسؤول حقيقي. وكان ثلاثة من اعضائهاالخمسة محاسبين قانونيين. ولقد وافقت تلك الهيئة الأدارية على ادخال بعض التعديلات على توصيات تقرير ساندي لاندز في محاسبة الكلفة الجارية ولكنها اختلفت معه بأن التصريحات المالية يجب ان لاتكشف التأثيرات التضخمية لتحمل اعباء المطلوبات وموجودات الضبط والتحكم. وقد اقترحت هيئة ريتشاردسن التمييز بين المكاسب والخسارة في مفردات الضبط والتحكم بهما على مرحلتين لقد كان لتقرير ريتشاردسن تأثير ملحوظ على المعايير في نيوزيلندة ولقد لوحظ تكرار تأثيره خارج تلك البلاد.

right **حق، صواب**

1. اتخاذ ألأستحقاق وضعه الطبيعي، أو التبرئة القانونية

2. حقوق المساهمين:

أ- حق التصويت في اجتماعات المساهمين.

ب- حق البيع والتصرف بأسهمهم.

ج- حق التملك وهو الحق الذي يعطي لحملة ألأسهم في ان تكون لهم الفرصة ألأولى لشراء أية أسهم إضافية من الأسهم العادية التي تصدرها الشركة

د- حق المشاركة النسبية مع حملة ألأسهم الآخرين في أرباح الأسهم المعلنة.

هـ - حق المشاركة في اية أصول تبقى بعد أن تدفع الشركة حقوق الدائنين في حالة تصفية الشركة.

right of way **حق المرور**

حق الفرد الشخصي في عبور او إجتياز ممتلكات عامة. وهذا الحق يمنحه القانون او المحكمة. وتعني ايضا: الأرض المملوكة ملكا خاصا والتي تمنح لشركة من شركات السكك الحديدية لبناء خطوطها ومنشآتها بموجب القانون. وكذلك الخطوط البرية السريعة ، أو خطوط ألأنابيب، وتعتبر موجودات ثابتة وخاضعة للأستهلاك والصيانة.

ring structures **تركيب حلقي، بنية حلقية، حاسبات**

risk **مخاطرة أو مجازفة**

"فرصة الخسارة" مجموعة من المسببات تنتج عن خسارة مالية يمكن قياسها من واقع الحياة على اساس نظرية ألإحتمالات، كتقلبات ألأسعار والتغير في الطلب على البضائع

risk-adjusted discount rate **الخصم المعدل لقيمة تعويض الخطر**

risk -adjusted rate of return **معدل قيمة تعويض الخطر للعائدات**

risk analysis **تحليل الخطر**

risk aversion **كره الخطر**

risk index **فهرست الخطر**

Robinson-Patman Act **تشريع روبنسن باتمن**

اسم قانون فدرالي صدر في امريكا عام 1936 وعدل مرارا عديدة منذ ذلك الحين، ومن اهم نقاطه:

1- منع ألإحتكار.

2- منع التمييز في ألأسعار بين الزبائن.

3- منع تخصيص مبالغ غير متكافئة لأعمال الترويج والأعلان.

4- منع تخفيض ألأسعار.

5- منع إعطاء امتيازات وتنازلات للغير لاتبررها

التكاليف المتكبدة. اي انه لايسمح بمنح حسم على الكمية الا اذا كان من شأن ذلك أن يحقق للبائع توفيرا في الوقت والمال

6- منع اعطاء البيانات والإفادات، أو نشر إعلان كاذب أو مضلل للجمهور.

7- عدم السماح باللجوء الى وسائل غير معقولة لتشجيع عمليات البيع، أو أعمال أخرى مماثلة من شأنها أن تضعف المنافسة الحرة.

round off   تقريب

"تدوير "تدوير الرقم" تغيير عدد مضبوط الى عدد أقل دقة بقصد حذف الكسر العادي أو الكسر العشري منه.

routine   روتين أو نسق

طريقة محدودة ومكررة يوميا لعمل الأشياء الحياتية والإنتاجية.

royalty   إمتياز ، بيع ، ريع

أي مبلغ من المال يدفع مقابل لأنتفاع بحق او إمتياز ، مثل المبلغ الذي يدفعه الناشر للمؤلف مقابل النشر والبيع

royalty interest   فائدة الأمتياز

"صناعة النفط" مثل الريع الذي يدفعه صاحب بئر النفط الى مالك الأرض أو الحكومة لقاء استثمار الأرض بموجب عقد إيجار بينهما.

rule of seventy – eight,78   قاعدة، 78

وهي قاعدة تستخدم أحيانا في الشركات المالية لغرض تحديد المكتسبات الناجمة عن العلاوات السنوية المفروضة

دفعها اقساطا شهرية متساوية . ان ألأسم مشتق من الحقيقةلأن المجموع للأرقام من 1-12(أي 12 شهرا) هو78=12×13/2 (n(n+1) 12 إذ أن تحديد12/78 من القيمةالكلية للمكتسبات الى الشهر الاول ثم تحديد 11/78 للشهر الثاني تحديد 10/78 للشهر الثالث... الخ مما يستوفي بالقيمة الكلية للمكتسبات وبأسترجاع قيمة المال ألأساس بقيم متناقصة مضافة الى قيمة المكتسبات الكلية وبقيم متناقصة مخصصة الى رأس المال ألأساس. مثال:

دين قيمته 1500 دولار من المفروض دفعه في خلال اقساط لمدة 12 شهرا بقيمة 151 دولار لكل قسط ومجموع قيمته 1812 دولار =151×12 إن القسم المخصص للفائدة المفروضة وهو بقيمة 312 دولار = (1812 – 1500) وتقسم هذه القيمة كما يلي :

312× (22/78) =48 دولارا في الشهر ألأول

312×11/78=44 دولارا في الشهر الثاني

وتباعا حتى نصل الى 312 دولار في 1/78 =4 دولار الى الشهر الثاني عشر إذ أن تحويل رأس المال ألأساس هو كما يلي:

151- 48 = 103 قي الشهر ألأول

151- 44 =107 في الشهر الثاني

وحتى نصل الى 151- 4 =147 في الشهر الثاني عشر

nopqrstuvwxyz

safety stock **مخزون للأمان**

احتياطي من المواد ألأولية، يحتفظ به للإستهلاك لحالة فوق الإعتيادية من الإستعمال، وذلك ضمن حدود وقت مخطط لإستلام الطلبية، أو إتمام الدورة الانتاجية.

salary **راتب**

تعويض مالي ثابت لقاء الخدمات المؤداة ويدفع في العادة إسبوعيا، أو شهريا، على أساس حد أدنى من ساعات العمل في يوم أو إسبوع.

salary roll **سجل رواتب العمال والموظفين**

sale **بيع**

تسليم السلع لقاء الحصول على المال، إما نقدا، أو مقايضة، أو تعهد بالدفع، ويكون حساب المبيعات دائنا في السجلات الحسابية.

sale and lease-back **بيع الملكية وإستئجارها من المالك الجديد**

الصفقة التجارية في أي ملكية مباعة من قبل شركة ما، يمكن استئجارها من قبل نفس الشركة لفترة طويلة من الزمن، والغرض من هذا الترتيب هو الحصول على ألأموال في الوقت المناسب لزيادة رأسمال الشركة المتداول، أما الجهة المشترية فإن مثل هذه البادرة يهيىء لها مجالا مأمونا من الإستثمار تحقق منه مردودا لابأس به من قيم ألإيجار.

sale or return **للبيع مع إعطاء الشاري حق رد البضاعة غير المباعة**

نوع من انواع البيع المشروط تسلم البضاعة الى المشتري وينتقل اليه حق ملكيتها، على ان يكون مفهوما لدى الطرفين، أنه يجوز للمشتري أن يمارس حقه في إعادة القسم من البضائع الغير مباعة منها، فإذا كانت الصفقة التجارية بأعداد ضخمة فعندها تكون هذه البضاعة غير

داخلة في حسابات المبيعات إلا عند انتهاء السنة المالية في الجرد ، وتسمى أيضا :"بضاعة معلقة على التصريف"

sales budget **موازنة المبيعات**

فترة زمنية محدودة بالبضاعة الجاهزة التي ينبغي تصريف بيعها خلال تلك المدة "البضاعة المتوقع تحقيق بيعها خلال فترة ما"

sales discount **خصم المبيعات**

خصم نقدي مضمون يقدمه البائع للمشتري، لتشجيع هذا ألأخير على شراء كمية أكبر، أو لتوثيق أواصر التعامل بينهما

sales expenditure **مصروفات المبيعات**

كافة المصروفات التي يتحملها المشروع بغية تسهيل مهمة ترويج المبيعات أو التسويق.

sales journal **يومية المبيعات**

يومية خصوصية لتسجيل المبيعات، تحتوي على اصناف البضائع المباعة وشروط البيع وأسماء المشترين الذين إشترو البضاعة. وتقفل بفترة زمنية معينة وتدخل الى اليومية العامة بقيد يومية ادخال واحد مفصل فيه أنواع المدفوعات، وذلك بجعل حساب الصندوق أو البنك أو الذمم مدينا وحساب المبيعات دائنا.

salesmanship **فن البيع**

إسلوب إقناع المشتري عند التعامل معه، أو المهارة والمقدرة على خلق رغبة لدى المستهلك لطلب البضاعة المعروضة.

sales returns **مردودات المبيعات**

ويقصد بها البضاعة المردودة من قبل المشتري، والتي وجد فيها: خطأ مصنعي أو تضررت اثناء النقل، أوشحنت خلاف ألأتفاق. ويكون حساب الصندوق أو البنك أو الذمم في هذه الحالة دائنا وحساب مردودات المبيعات مدينا

يومية مردودات المبيعات sales return journal

يستعمل هذا الدفتر لتسجيل المُرجَع من المبيعات، وكذلك لتسجيل العلاوات والحسومات التي تُمنح على حجم المبيعات الإجمالية

عائد المبيعات sales revenue

مجموع قيمة المبيعات عادةً مع الاخذ بنظر الإعتبار الفترات الزمنية

ضريبة على المبيعات sales tax1-

الضريبة التي تفرض على السلع المباعة على اساس قيمتها وقت البيع بنسبة معينة من سعر البيع على وجه العموم.

3- الضـريبة التـي تفـرض علـى بضـاعة معينـة "كالمشروبات الروحيـة والتبـغ" بنسـبة معينـة علـى وجـه الخصوص.

قيمة البيعية sales value

القيمة لأي نوع من البضاعة أو الموجودات القابلة للبيع، وتخمين سعر الوحدة يرجع الى قاعدة الخزن ونسبة الربح أولا وسعر السوق آخرا.

إنقاذ بضاعة اومعدات مخلصة salvage

1- أ- الجزء الذي ينقذ من بضاعة تضررت او تلفت بسبب غرق سفينة او على وشك الغرق من جراء الحريق او العواصف او الإرتطام في الصخور أوأي كارثة أخرى .والحصة فـي هـذه الحالـة تكون للقبطـان او طـاقم البحارة(الملاحين)أوأي منقذ ساعد في هذه العملية في ذلك الوقت.

1- ب- مساعدة بحرية، أي المعونة التي تقدمها سفينة الى سفينة اخرى في حالة الخطر "التأمين البحري"

2- أي حادث يتم فيه انقاذ الموجودات من حريق أو تلف، كالمعدات التي لم تعد لها أية فائدة أو منفعة لإستعمالها في الأغراض المعينة لها. ولكن من الممكن ان يستفاد منها بما يزيد على قيمتها كخردة مع انه لم يعد بالإمكان إصلاح هذه المعدات لتعمل بصورة إقتصادية ولكن مـن الممكن فـك قطعها واجزائها وإستعمالها ثانية في معدات اخرى "كأدوات إحتياطية"

قيمة منقذة salvage value

1. تعني العبارة، القيمة الحالية للبضاعة المشحونة بحراً بعد انقاذها من الغرق "التأمين البحري".

2. ويقصد بها أيضـا، بـاقي قيمـة الأصـل الـذي لـم يعد

نافعا للإستعماله في الأغراض المقصودة لـه "أسعار شراء المواد الأولية أو الأحتياطية المستعملة" Second-hand value أوالنفايـا مـن المـواد عديمـة القيمـة، او الفضـلة الباقيـة "الخردة - scrap" او الموجودات الثابتة المعاد تصليحها او ترميمها وجعلها صالحة.

نموذج أو عينة sample

عملية اختيار بند من من البنود لكمية منتجة لغرض الأختبار اوإستعماله في الدعاية، بشرط ان يكون هذا البند ممـاثلا للإنتاج وممثلا له.

توزيع عينات على الجمهور مجانا sampling

وذلك لإختبار مـدى اسـتعدادهم لقبـول هـذه المنتجـات ولإكتشاف افضل الطرق لترويج بيعها لهـم، ولترغيبهم او تشويقهم لشراءها.

أخطاء العينة sampling errors

وهي أخطـاء تقع عند القيـام بإختبار العينة ودراسـتها وإختيارها، أو إحتساب قيمتها خطأ.

نماذج إحتساب sampling for attributes

تكرار مواصفات معينة

نماذج المتغيرات sampling for variables

ومنها لدراسة التكاليف وإستخراج قيمـة الوحدة الواحدة للسلعة.

تقرير ساندي لاندز sandilands Report

إدخار أو توفير savings

فائض الـدخل بعـد الإسـتهلاك فـي فتـرة زمنيـة معلومـة، وألإحتفاظ به لمواجهة إحتياجات المستقبل، وهوحالة شرطية لتكوين رأس المال والإدخار على نوعين:-

1- إدخار إحتياطي ويستعمل لإشباع حاجات ألإنسان في المستقبل.

2- إدخار منشيء ويستعمل في ألإنتاج لمدة طويلة مثل شراء ألآلات وألأسهم والسندات. والغرض منه زيادة الدخل القومي.

مصرف توفير savings bank

مصـرف للودائـع يحـتفظ بمـدخرات النـاس ويوظفهـا ويـدفع لهـم فوائـد بنسـب تتوقـف علـى مقـدار الأربـاح التـي يحققهـا فـي اسـتثماراته

scale **تقييم وفقاً لقياس معين**

scale up **يرفع الأسعار**

scale down **يخفض الأسعار**

scales **ميزان**

scan **فحص سريع، تدقيق**

إلقاء نظرة سريعة على القيود وحساباتها والتسجيل المحاسبي أو الفحص الجماعي للحاسبات والتسجيلات المالية، أو تغطية اهداف التدقيق.

Scanlon Plan **خطة سكانلن**

خطة تشجيعية يتفق الموظفون وصاحب العمل فيها على تكاليف قياسية للعمل مبنية على أساس الوحدة. وأية مبالغ توفر من تخفيض هذه التكاليف تُقَسَم بالتساوي بين المشروع والعمال أو الموظفين.

scarcity **ندرة، إقتصاد**

شرط غير كافي لتأمين جميع مستويات الطلب، أي نقص العرض عن الطلب في السوق لسلعة معينة مما يؤدي الى رفع سعرها.

scatter diagram **رسم التفرق**

"إحصاء " رسم بياني كل بند فيه حسب توزيع او ترتيب معين كنقطة منفصلة يقدر مكانها فيه حسب القيمة المعينة لكل من العنصرين المتغيرين اللذين تجري دراستهما.

schedule **جدول**

1. ملحق الميزانية العمومية.
2. جدول أو مخطط تظهر فيه خلاصة أعمال المحاسبين أو المدققين لإختيارات الحسابات.

schedule cost, **الكلفة المبرمجة**

standard cost **الكلفة القياسية**

schema **مخطط عام لقاعدة البيانات ،حسابات**

scientific management **إدارة عملية**

1. وضع مجموعة من مبادئ الإدارة مبنية على اساس دراسة عمليات الإنتاج بصورة منهجية، وقد بدأها فردريك تايلر في الولايات المتحدة في العقد الأخير من القرن التاسع عشر، وكانت هذه المبادئ على الشكل التالي :-

أ- يجب دراسة مختلف العمليات التي يؤديها الموظفون دراسة منهجية وتحليلية

ب- يجب تعيين كل عامل لنوع العمل الذي يناسبه على أفضل وجه.

ج- يجب ان يكون هناك تعاون بين الإدارة والموظفين.

د- يجب أن تبنى المكافأة على أساس الإداء بالنسبة الى نماذج محددة سلفا.

2- فلسفة الإدارة الفعالة واساليبها ومبادؤها.

3- موقف الإدارة وإستخدام الطرق المنهجية لإكتشاف ووضع الأهداف والخطط والإجراءات والمقاييس ووسائل المراقبة.

scope **مدى، مجال، التدقيق**

المسؤولية المقبولة بوساطة المدقق في عملية الإنجاز ومهام التدقيق الموضحة في فكرة التدقيق.

scrap,salvage value **خُردة**

scrap value **قيمة الأنقاض**

أسعار شراء المواد الأولية والإحتياطية المستعملة أو المنقذة من الأخطار. أنظر: salvage value

screening **غربلة**

عملية عزل الأنتاج لغرض الإحتساب.

"السيطرة النوعية الإحصائية"، وهي عملية فحص التشغيل وتتضمن فحصا كاملا لجميع البنود في بعض الأجزاء المخططة للإنتاج وإعادة أجزاء الإنتاج لجميع العيوب، وذلك للبنود المفحوصة الحاضرة حاليا، "ودوما الحكم في 100% في الفحص"

scrip **علاوة الأسهم**

1. جزء أو كسر السهم الجديد المضاف للأسهم الحقيقية بالوثيقة الصادرة تحت حالة البيع الإعتيادي.
2. الإلتزام الصادر من الشركة والمرتبط بدفع ارباح العلاوة.
3. ورقة نقدية صادرة من الشركة (صك إذني) يستعمل لدفع الإجور مقبولة عند شركات المخازن للأغذية والألبسة.

scrip dividend **أرباح علاوة الأسهم**

1. الأرباح التي تدفع بوساطة السندات الأذنية تدعى العلاوة، وهذه السندات قابلة للتداول وتستحق الفائدة المدفوعة نقدا في تواريخ زمنية مختلفة.
2. حصة أرباح الأسهم الممثلة لجزء السهم أو كسر السهم مأخوذة من شهادة الأسهم القابلة للتحويل.

الى نقد، أو بالإشتراك مع شهادة مشابهة للتحويل الى اسهم كاملة.

seal **ختم**

علامة صغيرة تطبع على مستند او وثيقة بهدف اعطائها صفة رسمية، أو لتوثيق اصلها او طريقة ابرامها كختم الشركة على شهادة الأسهم مثلا، ويكون دوما مصاحبا للتوقيع.

search **فحص السجلات الرسمية**

إجراء يتخذ للتفتيش عن الحقيقة في البند الواحد او مجموعة البنود الحقيقية (ألأصلية) كنقل ملكية عقار من شخص الى آخر حيث يقوم بموجبه الفريق المعني بالأمر بفحص السجلات ألأصلية المتوفرة للتأكد من عدم وجود اي عبث او تكليف مالي يثقل كاهل العقار المطلوب نقل ملكيته، كضرائب غير مدفوعة مثلا.

secondary bank reserve **إحتياطي مصرفي ثانوي**

سندات مالية من الدرجة ألأولى يحتفظ البنك بها بعد الأحتياطي النقدي، ويمكن تحويلها الى نقد بسهولة.

secondary distribution **توزيع ثانوي**

ثروة مالية: "أسهم وسندات" تكون عادة في التأسيس او في الأستثمار الموقوف: "الوصية" تباع على شكل كتلة من قبل مجلس ألأدارة الى تجار ألأستثمار او تجار آخرين او أعضاء الشركة.

second and third class paper **أوراق مالية من الصنف الثاني والثالث**

بوالص مقبولة او محررة بوساطة تجار معلومين في السوق ماليتهم المعلنة ليست من الدرجة ألأولى.

secondary liability **إلتزام ثان**

إلتزام الطرف الثاني "كفيل ألآفال" بدفع قيمة الورقة التجارية في حالة إخفاق او فشل المدين من تسديد قيمتها الى الدائن في موعد ألإستحقاق.

second mortgage **رهن ثان**

رهن ثان يتبع الرهن الأول

secret reserve **احتياطات سرية**

وهي ألإحتياطات التي لاتظهرها الميزانية العمومية، وتكونها المصارف عندما تقلل من قيمة اصولها وعندما تتجاهل بعض ألأصول كليا مثل ألأثاث وألأدوات

secular **دنيوي ، مادي**

إستمرارية إضافية لفترة طويلة من الوقت، كما في ألإتجاه الطويل المدى.

secular price **سعر سائد مدة طويلة من الزمن**

السعر الناتج من تفاعل القوى ألإقتصادية ألإضافية مدة من السنوات

secured account **حساب مضمون**

أي حساب مقابل أي ضمانة إضافية أو أي ورقة مالية مقبولة.

secured creditor **دائن مضمون**

دائن مضمون، هو الشخص الذي يقرض المال مقابل ضمانة على امواله حسب طلبه مثل ضمان إحتياطي أو رهن، أو أي إلتزام قانوني يضمن له تسديد الدين فالمطالبة بالحماية تكون إما مختارة كضمانة تامة أو غير تامة كضمانة جزئية.

secured debenture **سندات مضمونة،مكفولة**

أي تحمل التزاما ثانيا لدعمها أو إيفائها عند عدم التسديد

secured liability **التزام مضمون**

وهو ألإلتزام مقابل اي موجودات مفصلة تملك رهنا أو ضمانة مستلمة.

secured loan **قرض مضمون**

ويتم برهن منقولات معينة كالأسهم والسندات.

Securities and Exchange commission **هيئة التحويل الخارجي والاوراق المالية**

وكالة امريكية تابعة للحكومة الفدرالية، انشئت بموجب تشريع بورصة ألأسهم المالية لعام1934 للإشراف على اسواق ألأسهم المالية وإدارتها، وحساباتها، وتنظيم اعمال سماسرة البورصة وعملائها، كذلك تنظيم عملية اصدار ألأسهم المالية وما شابه ذلك. وفي عام 1937 -1938

اصبحت هيئة عامة للحسابات، يرأسها مجلس إدارة مؤلف من خمسة أعضاء، والغرض من ذلك في الدرجة الأولى: هوحماية المستثمرين من تجار الأسهم من حيث إساءة التصرف في الأموال، أو الأساءة في إحتساب الفواتير وحقوقها، او الأساءة عند أخذ العمولة القانونية للبيع والشراء، ومن ناحية اخرى التدقيق الشامل ورفع التقارير المالية عن حركة هذه السوق لتوضيح النشاط المالي والتجاري فيها.

security
ورقة مالية أو ضمانة

1. تعبير عام لأي نوع قابل للتحويل الموثوق لمالكي شهادة مستثمرة او في المديونية، او اي ورقة مالية طويلة او قصيرة الأجل، مثل سندات، بوالص، وثائق شحن، إيصالات الأستيداع، الحوالات المقبولة خطابات الضمان.

2. تجميع كاف في المبالغ لحماية الدين، كالرهن، والضمان ، أو الكفالة.

security income and expense
وارد ومصروف الورقة المالية

ألأيراد او الخسارة الناتجة عن فوائد الأسهم والفوائد العامة او الأرباح والخسائر، وذلك من بيع الأسهم والسندات المملوكة قصيرة الأجل او طويلة الأجل في الأستثمار.

security issue tax
ضريبة ضمان الإصدار الأولى للسهم او السند

seek time
مدة البحث ،حاسبات

في وحدة رأس القراءة او الكتابة على القرص المغناطيسي المتحرك: الوقت المطلوب لنقله من ممرالى آخر بهدف القراءة منه او الكتابة عليه.

segment margin
هامش جزئي

حصة جزء معين في العملية الأنتاجية او التوزيعية في تحقيق الربحية للمشروع ككل.

seizure
حجز، وضع اليد

ويقصد به وضع مال المدين تحت يد القضاء لمنع صاحبه من القيام بأي تصرف قانوني او مادي يمكن ان يؤدي الى إخراج هذا المال، او مردود ضمان الدائن الحاجز، والهدف من هذا الإجراء تحديد الأموال التي سوف تنزع من المدين وتمكين الدائن من ان يسترجع حقه منها.

self balancing
توازن ذاتي

إستمرارية حقوق الدائنين والمدينين بالتكافؤ: "السيطرة في الأستاذ العام"

self insurance
تأمين ذاتي

مخصص مال احتياطي يغطي تحمل الخسائر حسب توقعات الخطر دون اللجوء الى شراء بوليصة تأمين.

sell-and-lease agreement
عقد بيع وإيجار

seller's market
سوق البائع

حالة السوق حين تسودها ندرة في السلعة المعروضة حيث يمكن للبائع ان يؤثر على اتجاهات السوق بدفع قيم السلع التي يعرضها فيه.

selling and administrative expenses
مصاريف البيع والأعمال الإدارية المتعلقة بها

وهوصنف مكون من عدة أجزاء بشأن المصاريف الموقوفة على بيان الأيراد بين كلفة البيع وخصومات الأيراد.

selling expenses
مصاريف البيع

أي صنف من المصاريف ينتج من نشاطات البيع والتسويق في المؤسسة، كتكاليف الإعلان ورواتب موظفي البيع، والباعة المتجولين، ومصروفات التسليم ونقل المنتجات وما شابه ذلك.

selling syndicate, or group
نقابة البيع أو جماعة البيع

جماعة من الأشخاص وعادة من تجار الجملة المضمونين أو الدلالين المجازين، ويكونون مجموعة متحدة تتفق فيما بينها على تحمل مسؤولية توزيع القسم المصدر من الأوراق المالية.

sell out
يبيع التاجر جميع بضاعته

semantics
علم دلالات ألألفاظ وتطورها

semiedurable goods
سلع شبه معمرة

السلع التي تحافظ على نوعيتها ومواصفاتها في الأستعمال من ستة أشهر الى ثلاث سنوات.

semifixed costs تكاليف شبه ثابتة

عناصر التكاليف التي تتغير بنسبة اقل من نسبة تغير حجم الأنتاج، ويفترض زيادة نسبة الجزء الثابت.

Semisenior accountant

مرتبته في المجـال الوسطي لسـلم الكفـاءة في التصـنيف المهنـي، أي أنـه بـين المحاسـب الثانوي والمحاسب الأقدم ويتحمل مسؤولية العمل في هيئة المحاسب العمومي.

semivariable costs التكاليف شبه المتغيرة

التكاليف التي تظل ثابتة حتى نقطة معينة من الأنتاج، ومتى تم الوصول الى هذه النقطة تبدأ هذه التكاليف بالتغيير بسبب الزيادة في الأنتاج وتسمى كلفة متنوعة أو مختلفة.

senior أعلى درجة، أقدم مرتبة

شـرط تطبيقـي لصـنف الأوراق المالـية والسـندات أو الحوالات، أو الأسهم، ليدل على الأمتياز أوالأفضلية، مثلا السند المرهون بدرجة أعلى في عملية تصفية الحسابات

senior accountant محاسب أقدم

أي المحاسب ذو المرتبـة العالـية الحسـابية " درجة أولى " وتأتي هذه المرتبة على طول فترة الخدمة المهنية وتسمى بالأقدمية، ويتحمل المسؤولية الأولى للعمل في الهيئة المالية.

senior security ضمان ممتاز

sensitivity analysis تحليل الحساسية

separable cost كلفة قابلة للإنفصال

separate return بيان منفصل

بيان يقدمه الزوج وحده " أو الزوجة وحدها " يبلغ فيه عن الدخل الذي حققه هو فقط ونصيبه من النفقات: " بيان مستقل "

sequential analysis, ampling أخذ عينات عديدة or

sequestration الحجز او وضع اليد

حجز أموال المفلس وتوزيعها على الدائنين.

service خدمة

جهد الشـيء لإستعماله في تحقيق منفعة إقتصـادية في حياة محدودة، أو هـي عملية إسهام المشـاركين فـي الإنتــاج أو التشغيل للمالك، أو إستخدام الحد الأقصى لقدرة الموجودات في الحياة الإقتصادية.

service capacity طاقة الخدمة

قدرة الوحدات المستخدمة للماكنة للوصول الى رقم كبير في الإنتاج "التشغيل"

أو تمكن المصنع من تحقيق الإنتاج في فترة زمنية محدد: "الطاقة الإنتاجية "

service cost كلفة الخدمة

التكاليف التي تخدم وحدات الأنتاج، او هي الكلفة لأي خدمة

service department قسم الخدمات

الفرع الذي يراعي تشغيل خدمات معينة.

service life حياة الخدمة

ويقصد بها التخمين الأصلي لعمر الموجودات الإقتصادي، وتعتبر القاعدة الأساسية للإستهلاك او هـي الفتـرة التـي تقضيها الآلة في خدمة المالك، وتعود عليـة بـالربح مقابـل الإستهلاك، ويستفاد منها في إستخراج معدل الإستهلاك.

service unit وحدة الخدمة

بند العمل المستخدم، مفردة تنفيذ او مفردة تشغيل، كشأن الماكنة في فترة زمنية معينة، وهي عنصر مهم في إحتساب الكلفة والإستهلاك.

service-yield basis قاعدة حياة الخدمة الإستهلاك

وهي طريقة إحتساب وتسجيل الإستهلاك على اساس توزيع الكلفة على فترة حياة الخدمة بالتناسب مع وحدات الخدمة المستهلكة.

session جلسة، دورة انعقاد

settlement تسوية

اتفاقية لتعديل الإلتزامات او تصفيتها او تسديدها في الوقت الحاضر او المستقبل.

settlement costs تكاليف التسوية

تكاليف يتحملها المشروع لعملائه المتضررين مـن جـراء استعمال أو إستهلاك منتجات المشروع، وكذلك تشمل كافة تكاليف التسوية الأخرى.

settlement warrant سندات تفويض التسوية

setup time وقت التحضير

1. الوقت اللازم لإعداد آلة (أو عملية) للإنتاج، وهو يعرف أيضا بوقت الإستعداد.
2. الكلفة بشأن أي تغيير إضافي.

share سهم أو حصة

رأسمال الأسهم share capital

المساهم share holders, stock holders

قانون شيرمان sherman Act

قانو امريكي صدر سنة 1890، وهو مشهور بقانون منع الإحتكار، أبطل بموجبه كل عقد أو إتحاد يأخذ شكل الترست وغيرها، وكل تدبير يؤدي الى تقييد حرية المبادلة والمتاجرة داخل الولايات المتحدة نفسها أو بينها وبين العالم الخارجي. كما ينص على معاقبة المخالفين، وأعطى الحق في إقامة الدعوى للمتضرر من جراء الأعمال الإحتكارية، وأخذ التعويض عما لحق به من أضرار، وقد أدى صدور هذا القانون الى التهرب من نصوصه عن طريق الإندماج الكلي للمشاريع وتكوين الشركات القابضة. للمقارنة يلاحظ قانون كلايتون Clayton Act

اخراج البضاعة shifting

يلتزم الربان بإخراج البضاعة من عنابر السفينة التي كانت مرتبة فيها، ومن ثم وضعها على الروافع فقط. الى هنا ينتهي التزام الربان، ويبدأ إلتزام الشاحن أو المرسل اليه في إنزال البضائع من على الروافع ووضعها على رصيف الميناء، وقد جرت العادة ان يقوم الناقل بهذه العمليات نيابة عن الشاحن ولحسابه، إلا أنه يجوز الإتفاق على خلاف ذلك.

ربان السفينة shipmaster

شحنة shipment

ويقصد بها وضع البضاعة المصدرة، أو المراد نقلها على ظهر السفينة. وهي مرحلتان:-

1- شحن البضاعة وإيصالها الى الرصيف المقرر لحين وضعها على الروافع " مسؤولية الشاحن"

2- وتبدأ من لحظة إنزال البضاعة من الروافع في السفينة تمهيدا لرصفها " مسؤولية الناقل "

وينطبق هذا الوضع على التفريغ ايضا حيث يتحمل الناقل مسؤولية تفريغها حتى وضعها على الروافع وبعد ذلك يتحمل الشاحن عبء بقية العملية، وهذه الأحوال للإستفادة من حصر الخطر والأضرار.

مالك السفينة ship owner

يتولى مالك السفينة تجهيزها، ويقصد بتجهيز السفينة إعدادها بصفة عادية للإستغلال البحري، وذلك بتزويدها

بالمؤن والوقود والأدوات اللازمة لها، ويتولى المالك التعاقد مع ربان السفينة وبقية رجال الملاحة، وهو الذي يبرم عقود النقل والتأمين، وهويباشر الإستثمار لحسابه

غير كافٍ، قصير short

1. محاسب العمولة في التأمين "السمسرة "

2. عدم كفاية الحساب لتأمين المبالغ المقيدة فى السجلات الأصلية، أو عدم قدرة التنظيم في السجلات لتسديد الحساب.

حساب قصير short account

ويقصد به محاسبة المضاربة أو السمسرة في سوق البورصة على المكشوف.

بوالص قصيرة الأمد short bills

أي البوالص التي تملك أقل من عشرة أيام للهبوط.

تغطية قصيرة short covering

مشتريات الأوراق المالية أو البضاعة لأجل هدف التسليم على البيع القصير: "البيع المكشوف "

قسط قصير short rate

وهوقسط التأمين المحتسب على فترة تقل عن سنة واحدة.

بيع قصير short sale

وهو بيع السندات أو البضائع على أساس التسليم في المستقبل مع توقع المحافظة على الأسعار.

مطلوبات قصيرة الأجل short-term-liability

أي مطلوبات جارية تتضمن الإستحقاق في الدفع من حصة المطلوبات الطويلة الأمد.

رؤية الأيدي مرفوعة show of hands

النظام الإعتيادي بشأن تحقيق الفكرة أو لقاء الأشخاص عن طريق التصويت لإكتساب الصفة القانونية أو الشرعية للفكرة، وهي طريقة تؤيد عدم النزاع على الفكرة المعروضة.

221

shrinkage   إنكماش ، تضاؤل ، تقلص

sidehead   جدول أُفقي

تصريح منظم على شكل جدول في حقوق الملكية الحقيقية وهو عملية الوصول على خط واحد أو أكثر من الخطوط الأفقية.

sieve   غربال "السيف"

هو المحل التجاري الذي يشغل مساحة واسعة، ويعمل فيه عدد من المشتغلين حسب اختصاصهم، ويستخدم إعتياديا للمواد الغذائية وتجري عمليات الجرش والطحن والغربلة"على الأكثر، الحبوب" كما تتم فيه الصفقات التجارية في مجالات الإستيراد والتصدير والتسويق.

sight bill or draft   حوالة مالية تدفع عند الإطلاع عليها

signatories   أصحاب حق التوقيع

الأشخاص الموكل إليهم حق التوقيع عن الشركة أو المؤسسة.

significance test   تجربة هامة أو الإختبار النافع

simple average   معدل بسيط

معدل يعطي فيه لكل قيمة من القيم في المجموعة نفس الأهمية والوزن، أي المعدل الذي يحسب أو يعد فيه كل قيمة أو عدد (مرة واحدة فقط) وهو عكس المعدل المرجح.

simple contract   عقد بسيط

الأتفاق المحرر بين طرفين، ويشار في التحرير على رضى الأطراف في التنفيذ.

simple interest   فائدة بسيطة

هي الفائدة التي تحتسب بمعدل معين لغاية مدة معينة أي عكس الفائدة المركبة التي تشمل فائدة الفائدة.

simple trust   إئتمان بسيط

أو شركة بسيطة، الإئتمان الذي يوزع أرباحا عمومية دون المساس بقيمة الإئتمان الذي لايوزع إلا عند نهاية مدته.

single-entry bookkeeping   القيد المفرد

في مسك الدفاتر التجارية " البلانجو"

أي بفتح الرصيد الموجود فعلا في الصندوق، وتسجل عليه الحركة الواردة مرة واحدة بالإضافة الى الرصيد، وتسجل الحركة الصادرة منه " المصروفات "بالطرح من الرصيد إستمرارا في القيد العامودي، وعلى شرط أن يتطابق الرصيد الدفتري مع رصيد الصندوق في نهاية اليوم نفسه. وتستعمل هذه الطريقة حتى الآن في بيع المفرد والمهن الحرة، وهي عكس الطريقة المزدوجة.

single-step income statement   بيان الدخل ذو الخطوة المفردة

وهوبيان تظهر فيه جميع عناصر المصاريف في قسم واحد،وتحذف الأرصدة الوسيطة، كإجمالي الربح وربح التشغيل.

single use goods   سلع أحادية الإستخدام غير معمرة

sinking fund   صندوق إستهلاك الدين

مال مستثمر بغرض إستهلاك قرض

1- صندوق إستهلاك الدين (سواء كان نقدا أو موجودات أو مكاسب الدخل) والقصد منه إطفاء الديون في موعد إستحقاقها.

2- الأموال المرصودة لإستهلاك الديون الحكومية

sinking fund account   حساب مال الإستهلاك

تحتفظ الشركات التجارية أو المؤسسات المالية الرسمية بحساب مخصص لمواجهة الإستهلاك المالي مثل إطفاء السندات التي تصدرها.

sinking-fund bond   سند إحتياطي لإستهلاك القرض

سند يتضمن نصا مفاده، أن مبلغا محددا من الدخل سيدفع كل سنة الى صندوق الإحتياطي لإستهلاك قرض معين وتسديد سنداته.

وقد تلغي الشركة جزءا من سنداتها عند توفير المال اللازم لديها، أو تعيد إستثمار المال المخصص بهدف التسديد عند الإستحقاق، وكثيرا ما تلجأ شركات التعدين التي يتناقص رأسمالها بصورة مستمرة الى إصدار هذا النوع من السندات، على ان تقوم بتخصيص مبلغ معين من ثمن كل طن من المواد الخام التي تنتجها لإحتياطي إستهلاك القرض

sinking-fund depreciation method طريقة إستهلاك المخصص المستثمر

وهي طريقة من طرق حساب قسط الإستهلاك، ويعتبر الاصل ،بموجب هذه الطريقة، مبلغا مستثمرا ولابد من إستهلاكه في يوم من الايام، وتتم بموجب دفعات دورية متساوية، بحيث اذا استمرت هذه الدفعات بفائدة مركبة نحصل في نهاية المدة على مبلغ يعادل القيمة المستهلكة من الأصل والطريقة هذه تمتاز بكونها تهيء النقد اللازم لتحويل عملية إستبدال الموجود الثابت دون عناء عند انتهاء العمر الإنتاجي (تأريخ الإستحقاق) المقدر مقدما بعدد السنوات اللازمة لإستهلاك الأصل.

sinking fund reserve إحتياطي مال الإستهلاك

ويستخدم في حالة اعتزال الموجودات عن الخدمة أو الأوراق المالية المعلقة (المستحقة). وهو يتكون من تخصيص الشركات من فائض المبالغ جراء تخطيط الفترات الزمنية الراحلة.

skewness التواء ، الإحصاء

الحاجة الى الإنسجام بين اجزاء الشيء على جانبي المنحنى: " الخط البياني"

slack ركود

وتعني الكلمة: قلة النشاط، البطء، وتستعمل في المبيعات عندما تكون في الوقت الحاضر أقل من مبيعات الفترة السابقة.

slide إنزلاق، التدقيق

1. إنزلاق الأرقام الحسابية خطأ في التسجيلات أو إنزلاق الفوارز الكسرية في الأعداد خطأ. فمثلا 133 عندما تكتب تجعلها 13.3 أو 1330.

2. هبوط الأسعار في السوق أيضا.

slump أزمة أوهبوط مباغتة

تدهور في اسعار البورصة: "هبوط"

Small Business Administration إدارة مؤسسات الأعمال الصغيرة

هيئة حكومية في أمريكا تأسست عام 1953 م وعملها في الدرجة الأولى أن تقوم بمنح قروض الى مؤسسات الأعمال الصغيرة لشراء الآلات والمعدات وخصوصا في حالة تعرض هذه المؤسسات للنكبات والكوارث.

small tools عدد يدوية صغيرة

ويقصد بها العدد الأقل أهمية والتي تستخدم على منضدة العمل لأعمال التشغيل كالعدد اليدوية مثل المفاتيح، والأدوات وغيرها.

social accounting محاسب إجتماعية، دعم الحياة البشرية

1. المعالجة النظامية للمؤشرات والظواهر الإجتماعية التي تمثل نوعية ظروف المعيشة في وحدة جغرافية معينة أو بلد معين، وقد تُعرف بأنها من" مناطق الهدف الإجتماعي" المتضمنة النشاطات المحددة وغير المحددة ذات الأهمية المباشرة الأساسية لبقاء الجنس البشري وتُعتبر هذه المحاسبة حقلا متطورا في سنوات السبعينات كمثال لإمكانية التقدير والقياس بإستخدام نظام (PPBS)وتطوير (مباديء القيد المزدوج) لتطبيقات متعددة الإتجاه لغرض تحصيل خلاصات مالية وشروحات اكثر نظامية.

وتعتمد على أساسين في الجدول المخصص (الكلفة الكلية لعشر سنوات 73-1983) وهي:

أ- الحقول الأفقية: التأثير الكامل على المجتمع للعامل الإقتصادي في النواحي التالية:

1- الصحة والسلامة.2- الثقافة والخيرات والدخل.

3- الكفائة وإستمرار الدخل.4- المساوات الإقتصادية (التفرقة الإجتماعية بين البيض والسود). 5- البيئة البشرية (معيشة السكان).6- الفنون والعلم وأوقات الفراغ للسكان. 7- الدخل القومي الكلي (GNP)

أ- الحقول العامودية: تأثير النشاطات المتعلقة بالمسؤولية الإجتماعية ومنها:

1- الخدمات الصحية.2- تحسين القوانين. 3- التوظيف وفرص الشباب.4- الثقافة التكنولوجية المحسنة. 5- التدريب الخاص لغير المشتغلين.6- برامج السلامة العامة. 7- التأمين والتقاعد.8- البناء وإدامة المساكن 9- التحكم بالسكان.10- مواقف رئيسية للسيارات. 11- وسائل الترفيه 12- الاحتفاظ بالمناطق الطبيعية او الأثرية 13- المؤسسات العلمية والفنية 14- الاقتصاد في وقت العمل...الخ

2- محاسبات الدخل القومي او المحاسبات للإنجاز الاقتصادي لدولة او مجتمع.

3- عكس الهلاك البشري (الوفاة والاستقالة والتقاعد)

223

social audit **تدقيق المحاسبة الإجتماعية**
فحص وإنجاز وحدة حسابية في مختلف مناطق الإهتمام الإجتماعي. (راجع المحاسبة الإجتماعية). وتتضمن هذه النشاطات، التركيز على مراجعة نتائج تنفيذ الخطط الإجتماعية والبيئوية.

social concern **إهتمام إجتماعي**
هي مدى نشاطات تتدخل في مساحات الإهتمام الآتي لسلامة الجنس البشري ،كالصحة، والسلامة العامة، والثقافة، والعمل، والدخل والتدبير المنزلي، والإستمتاع والإستجمام، والسكان، وتعرف لأغراض اكتشاف الهدف الإجتماعي.

social cost **تكاليف إجتماعية**
هي التكاليف والتخفيضات في القيم المرفقة بالخارجيات إنظر extemalities

social indicator **مؤشر إجتماعي**
أي قياس أو إحصاء للدلالة على الوضع الإجتماعي في منطقة من المناطق، امثلة على ذلك: أرقام ومؤشرات الجريمة، وطول عمر الحياة والصحة العامة.

social security **ضمان إجتماعي**
مشروع أو نظام على هيئة صندوق للمدفوعات النقدية التي تدفع للعمال الذين يصابون اثناء قيامهم بالعمل او الذين يعتزلون الخدمة، وتعتبر هذه التقديمات الإجتماعية، في بعض الحالات، تعويض نهاية الخدمة أو الشيخوخة، وهذا المشروع ترعاه الدولة عادةً.

social security tax **ضريبة الضمان الإجتماعي**
وهي ضريبة تفرض بمعدل ثابت، ومطبقة على الدخل الذي يكسبه الموظفون وأصحاب الأعمال الحرة. وتكون مخصصة لتمويل برنامج التأمين الإجتماعي.

sole proprietorship **ملكية فردية**
مشاريع الأعمال التجارية لأي فرد تخصه كليا وشخصيا "صافي الثروة":

software **برامج ،حاسبات**

solvency **قدرة على وفاء الديون بكاملها**

sound value **قيمة سليمة**
وهي القيمة المطابقة للعرف والتقاليد=
كلفة الإستبدال – (الإستهلاك + الصيانة المؤجلة)

source and application funds **تصدير**
الأسهم أو السندات، وإكتتاب المال.

source document **وثائق مصدر**
وهي الوثائق التي تدخل في سجل اليومية مثل قوائم البيع

sovereign(s) **الجنيه الإنكليزي**
"سوفرين" ويقصد به سيد العملة.

span of control **مدى الرقابة**

special agent **وكيل خاص**
وكيل مفوض صراحة في العمل نيابة عن أصيل في عقد الوكالة.

special assessment **تحديد أو فرض ضريبة خاصة**
نفقة تتحقق بوساطة الدولة مقابل أرباح الملكية أو الأرباح الشخصية لتمويل خطط الإصلاح والنهوض الإجتماعي وتحسين مستوى الخدمات العامة: مثل إنارة الشوارع في المدينة، او تنظيف الشوارع : "محاسبة البلدية"

special assessment bonds **تقدير وتحديد سندات الضريبة الخاصة.**

special audit **التدقيق الخاص، المراجعة**

special fund **صندوق مالي متخصص**

special journal **دفتر اليومية الخصوصي**
وهي اليومية التي يسجل فيها التعامل ذات الطبيعة الخصوصية، وهي عكس اليومية العمومية، ومن أمثلتها اليومية النقدية

special order, job order **طلب عمل خصوصي**

specialist **إختصاصي، سمسار، متخصص**
في تجارة الأسهم المالية، يطلق هذا الأسم على المتخصص في نوع واحد من أنواع الأسهم ومن ينوب عن تشغيلها في الترحيل التجاري، وهوينفذ طلبات السمسار، وفي العموم يبذل المحاولات في المحافظة على تنظيم السوق لأجل إنتاج سلعة خاصة ينفرد بها.

specie **عملـة معدنيـة مسكوكة**

أي نوع" ذهب أو فضة " أو عملة صعبة.

specie points **حدا الـذهب**

نقطة تحول العملة الذهبية المسكوكة والحد منها

1- حد خروج العملة الذهبية.

2- حد دخول العملة الذهبية.

وتستعمل هذه النقطة في التحويل الخارجي للتعرف على الشروط التي تتحكم في حركة الذهب دخولا الى القطر أو خروجا منه.

specification cost **كلفة نموذجية**

standardcost

specific cost **كلفة قابلـة للتطـابق الإستعدادي**

مع إنتاج معين أو خدمة معينة

specific cost rate **معدل الكلفة النوعية**

معدل يستخدم لتوزيع التكاليف المخصصة لنوع معين من الخدمات على اساس عدد وحدات حساب الكلفة.

specific identification **مطابقة معينة**

نظام لتحديد كلفة الوحدة المباعة، أو المستهلكة

specifications **المواصفات الفنية**

تعني الكلمة عموما: بياناً مفصلاً بجميع العناصر أو الأجزاء التي يحتويها شيء معين. وفي قانون البراءات، تشكل المواصفات البيان الذي يتضمنة طلب صاحب الإختراع الذي يصنف إختراعه وطريقة صنعه وتشغيله وإستعماله، والذي يطلب البراءة على اساسه.

specific purpose **هدف معين**

speculator **مضارب**

الشخص المتولي المجازفة بالبضائع او العقار او الاوراق المالية أو التحويل الخارجي بيعاً وشراءً على أمل تحقيق ربحاً ناجماً من تقلبات الأسعار، أو تحقيق ربح سريع منها في وقت قصير.

spin-off **1.** فائدة إضافية أو جانبية

2. تحويل الموجودات من شركة الى شركة أُخرى مقابل أسهم في الشركة الأخيرة.

split **يقسم أو يجزيء**

split off **1-** **فائدة جزئية**

2- تحويل أسهم من شركة الى شركة أخرى مقابل أسهم الشركة الأخيرة.

split to **تقسيم السهم الى ورقتين ماليتين أو أكثر**

split up **عملية إصدار أسهم إضافية**

وذلك للمساهمين الحاليين دون تغيير قيمة رأسمال الشركة المدفوع، أو طريقة توزيع أسهم جديدة على مساهمي الشركة مقابل تنازلهم عن الأسهم القديمة وبهذا يقسم السهم الواحد الى عدة اسهم.

spoilage **عملية إتلاف**

الوحدات المنتجة خطأ وتضررت عند التصنيع لاتكون هذه الوحدات مقام الجودة في النوعية وعليه تتم عملية إتلاف الوحدات المتضررة بطريقتين:

1- إما بيع النفايا "أشياء عديمة القيمة" لأجل إعادة إستخدامها.

2- أو بيعها كسكراب "تقطيعها كخردة"

spooling **صف، حاسبات**

spot **فوري**

كافة البضاعة جاهزة فورا في مكانها على الأرض عند التسليم النقدي.

spot cash **نقدا، فورا**

spot price **سعر حاضر للبضاعة**

سعر البضاعة التي يتم تجهيزها حاليا، أو هي سعر البضائع الجاهزة للتسليم.

spread **مضاربة، فرق بين سعرين**

التناقص بين سعر الشراء والبيع.

spread sheet **لائحة الفروقات**

لائحة تحليل الترحيلات الحسابية بالتلخيصات ،وتستعمل من قبل المحاسبين والمدققين لإظهار الفروقات المتداخلة.

stablization **تثبيت الأسعار**

عملية تثبيت السعر للأوراق المالية في السوق بوساطة المُصَدِر أو تاجر الجملة منعا للتلاعب والتدهور خلال فترة بداية تقديمها الأصلي وإنتهائه، مع إعلان التصدير الى العموم.

أو أي عملية تحدث على الأسعار للمحافظة عليها على مستوى معين. كما يمكن تحقيق نفس الغرض عن طريق سن قانون تثبت بموجبه الأسعار المطلوبة.

مُضارب stag

يكتتب بأسهم لغرض بيعها بسعر أعلى.

يُراهن ، يُخاطر stake

شيك متقادِم أو باطل stale cheque

أو شيك باطل، وذلك لسقوط مدته الزمنية القانونية بسبب التقادم الزمني. ويعتبر الشيك متقادما بعد مرور ستة اشهر من تأريخ إصداره، في حال لم يعمد الساحب الى تأييده بعد هذه المدة. على ان لكل بلد من البلدان مشاريع خاصة تحدد مدة عمر الشيك ومرور الزمن على إستحقاقه.

مقياس أو قياس standard

1. قاعدة نظامية موحدة "تستعمل للمقارنة"حجم، مقدار، درجة، قياس، معيار.
2. هدف الإنجاز في تنفيذ الطراز (الموديل).
3. النوعية الجيدة للرضى والتوفيق.
4. كلفة القياس (لقياس النجاح والإنجازات).

كلفة القياس standard cost

وهي الكلفة التي تحدد مقدما قبل المباشرة بعملية الإنتاج "السلعة ولنوعية معينة من الإنتاج" على اساس استخدام معايير أو مقاييس خاصة، أو بموجب مواصفات عالمية لعناصر التكاليف المختلفة، (المواد الأولية والعمل والنفقات العامة) وتستعمل هذه الكلفة للمقارنة بتكاليف التنفيذ الفعلية.

نظام الكلفة القياسية standard cost system

وهو نظام محاسبي لأجل كلفة الانتاج في:

أ- الكلفة القياسية مكونة مقدما

ب- الكلفة الفعلية للإنتاج تكون قد تطابقت مع الكلف القياسية والإختلافات تكون متشابه.

ج- الإختلافات تكون متحققة مع الهدف لعملية التحسين. التي تنفذ في المستقبل.

تخفيض محدد standard deduction

الخصم القياسي عند إستحقاق ضريبة الدخل، تدرس حالة الشخص الإجتماعية وتناسبها مع الدخل والتنزيلات:" الإعفاءات الخاصة بالشخص بموجب القياس".

إنحراف معياري standard deviation

أو الإنحراف القياسي في التحليل الإحصائي

" الجذر التربيعي لمعدل مربع كميات الإنحراف في جميع القياسات"

وهـوأكبر مقـاييس التشـتيت انتشـارا ومـن ادقهـا. وسـبب إستعماله هو للتخلص من الإشارات السالبة.

خطأ معياري standard error

الخطأ الذي يمكن قياسه بطرق علمية.

خطأ معياري في الإحتمال standard error of estimate

ويقصد به مجال الخطأ المحتمل في عملية التنبؤ بالمبيعات.

معدل أجر العمل القياسي standard labor rate

وهو معدل الأجر بالساعة الواحدة المسموح بـه في نظـام الكلفة القياسية لقسم إنتاجي أو عملية إنتاجية معينة.

الوقت القياسي standard labor time

للعمل "رجل/ ساعة"

كمية الوقت المقررة نتيجة قياس العمل ودراسة الوقت اللازم له. كذلك التي تلزم الموظف المتوسط لإداء عملية او مهمة معينة ومحددة.

وقت الماكنة القياسي standard machine time

ويقصد بها المكائن المخصصة لإنتاج كمية معينة من السلع، هذا وتتضمن الوقت القياسي لبداية عمل المكائن للتأكد من مدى صلاحيتها للعمل.

مواد أولية قياسية standard material

الكمية والنوعية القياسيةلإنتاج السلعة في وقت معين ومحدد.

سعر المواد الأولية القياسي standard material price

السعر المحدد للمواد القياسية لإنتاج السلعة بناءً على دراسات مسبقة.

نظام قياسي standard method

وهو عبـارة عـن عمليـات محـدد مسبقا مـن قبـل مكاتـب الدراسات الهندسية، لتنفيذ طلبية عمل معينة.

معايير المقارنة standards of comparison

عندما يجري تحليل البيانات المالية على اساس حساب

226

النسب وحركات الـدوران، يجب على المحلـل أن يستعمل بعض مستويات المقارنة لمعرفة مـا إذا كانت هذه النسب أو حركـات الـدوران سيئة أو حسـنة أو وسـيطة وبعـض هـذه المستويات هو مـن عمل ووضع المحلل نفسه اكتسبها من خبرته السابقة، ومن النسب والمستويات المطبقة في شركات أخرى متنافسة، ومن النسب وحركات الدوران المنشورة، أو من معدلات تقريبية متعارف عليها.

standard performance أداء قياسي

متوسط نسبة الأنتاج التي يحققها العمال المؤهلون عادةً دون إرهـاق أنفسهم فـي يـوم أو نوبـة عمـل، شـريطة أن يكونـوا ملمين بطريقة العمل المحددة ومتقيدين بها، وان يكون لديهم الحافز على الإجتهاد في عملهم.

standard price سعر قياسي

السعر المحدد مقدما بناءً على دراسة العوامل المؤثرة فيه.

standard-run quality مستوى قياسي متبع
economic lot size. حصة إقتصادية

مجموعة من السلع تنتج على أساس جدواها الإقتصادي.

standard values قيم قياسية

في السيطرة النوعية الاحصائية لإستخراج القيم القياسية عن طريق الرسم البياني.

standards مقاييس ، معايير

1. الكلفة القياسية الثابتة.

2. معدلات مستخدمة للاداء وتستعمل لقياس النتائج الفعليـة للتنفيذ.

3- رضى عام قياسي يستعمل للتدقيق.

stand by cost, fixed cost كلفة ثابتة
stand by equipments تجهيزلت صناعية

إحتياطية، موجودات ثابتة

stand by materials مواد إحتياطية

وهي المواد التي تعزل في جهة معينة وتستخدم في الحالات التي تتطلبها العملية الإنتاجية وخصوصا عند نفاذ المواد الأصلية.

stand by underwriting كفالة إحتياطية

اتفاقية لشراء ماتبقى من إصدارات سندات، بعد أن

مارس جزء من المساهمين حق الشفعة بإستبدال أسهمهم القديمة بأسهم جديدة

standing cost, charge expense, fixed cost كلفة ثابتة or

standing order طلب دائم

1. أمر معمول به، نظام قائم

2. أمر عمل حسابي

staple امر رئيسي (مواد خـام) للتجارة وللصناعة

1- مركز رئيسي للتجارة في السوق.

2- المواد الأولية الجاهزة للصناعة.

3- الحري، الصوف، القطن، الألياف الجاهزة للتصدير الى خارج البلد

starting-load cost كلفة الإستعداد للعمل

"عملية تحضير التشغيل" وذلك بتجهيز الآلة، وتشكيل فرق العمل وتدريبهم لإفتتاح مشروع، اقامة مصنع جديد أو إعادة فتح مصنع بعد إدخال تعديلات أساسية على قدرتـه الإنتاجية ونظام العمل فيه.

stated capital رأس المال المعلن
الرأسمال القانوني

stated liabilities مطلوبـات معلنة

وهي المبالغ التي تظهر في التسجيلات الحسابية أو التصريح المالي للشركة، أو عند إندماج شركتين

stated value قيمـة معلنة

رأس مـال لكل سـهم معلن، القيمـة المعلنة للأسهم الجديدة المطروحـة للإكتتـاب تكون محـدودة بوسـاطة تقسـيم رأس المال المعلن من الأسهم الجديدة على عددها المطروح أو المصدر.

statement تصريح، بيان، كشف حساب

1. نموذج إعطاء الحسابات بالأسماء والمبالغ وعادةً يكون بضيغة الأمـر التقليـدي، أو مجموعـة الحسـابات المجهـزة لغرض معين أو لفترة معينة: "عملية عرض الأموال لمجلس إدارة الشركة "نتيجة لنهاية العمل الحسابي.

2. خلاصـة أو مـوجز للصـفقات التجاريـة بـين المـدين والدائن للفترة المحاسبية، والتقديم يتم بوساطة الدائن

227

statement of account

لإعلام المدين بالمبالغ المستحقة عليه وتنفيذ التزامه بالدين.

statement of account **بيان الحساب**

بيان يقدمة التاجر أو المورِد الى العميل بصورة منتظمة، أو كل شهر عادةً، ويوضح فيه المبالغ المطلوبة من الزبون والمبالغ المقبوضة منه والمبالغ المتبقية عليه، وبيان الحساب يختلف عن الفاتورة كونه لايشكل مطالبة رسمية بالدفع، كما هي الفاتورة وإنما إظهار الموقف المالي.

statement analysis **تحليل التقرير أو البيان**

تحليل شامل للميزانية العامة مع ابداء الرأي في الدخل والإرادات والخلاصات الأخرى بشأن الأعمال الخاصة بمشاريع المؤسسة. كما يحدد المركز المحاسبي موقفه من قضايا معينة، داعياً الى تلافي بعض القضايا الأخرى، موضحا في الوقت نفسه حجم الدائنين وأخطار الإستثمار.

statement form **نموذج التقرير، أو إسلوب التقرير**

statement heading **عنوان التقرير**

الكلمات التي تتصدر التصريح، وتتضمن الإسم المعلن أو الأسم الأصلي مع الملكية للميزانية العمومية.

statement of accounting **كشف محاسبي**

تقدير الصفقات التجارية بين الدائن والمدين يعُدهُ الدائن لبيان أرصدة غير مدفوعة من قبل المدين.

statement of affairs 1- تصريح يوضح فيه صافي الثروة في المشاريع، اي الموجودات والمطلوبات.

2- كشف بأعمال الشؤون الفنية والتجارية.

3- كشف ميزانية التصفية بموجب قانون إفلاس الشركة.

statement of assets and liabilities,or of financiall position,balance sheet **1- ميزانية عمومية** **2- بيان الوضع المالي**

statement of changes in financial position **بيان التغيرات في الموقف المالي**

يلخص هذا البيان جميع التغيرات التي حدثت في الموقف المالي للمنشأة التجارية خلال فترة محاسبية معينة، ويوضح البيان على وجه التحديد، الجهات التي

تسلمت منها المنشأة التجارية اموالها، وكيف أستعملت هذه الاموال.

statement of loss and gain, or profit and loss, income statement **1. تصريح الدخل** **تصريح الارباح والخسائر**

statement of realization and liquidation **بيان التحصيل والتصفية**

statement of stock holders'equlity or investment or net worth **بيان حقوق المساهم**

تصريح مالي يوضح حقوف المساهمين في تقدير المدققين وفي تقاريرهم السنوية،حيث تعكس فيه المبالغ المدفوعة في رأسمال الشركة والمكاسب الفائضة المتحققة والتحويلات المالية منذ التقدير سابقاً في السنة الماضية.

statistical analysis **تحليل إحصائي**

تحاليل علمية وعملية تستند الى علم الإحصاء.

statistical **توزيع إحصائي**

statistical inference **إستدلال إحصائي**

statistical quality control **مراقبةالنوعية، الجودة ، إحصائيا**

مراقبة نوعية البضائع والمواد المنتجة أو المشتراة، وضبطها بوساطة تطبيق الطرق الرياضية والاحصائية والطرق الخاصة بنظرية الإحتمالات لتقرير حدود الإنحراف عن المقاييس النموذجية وتثبيت حدود جودتها للإستعمال، أو إمكانية قدرتها في الإنتاج.

statistical series **تسلسلات إحصائية حسب الوقائع المسجلة والفترات الزمنية.**

statistics **علم الإحصاء ، الإحصائيات**

مجموعة الطرق والوسائل والقواعد والقوانين المبنية على التحليل المنطقي والتي تستخدم كأفضل وسيلة لقياس وتحليل الظواهر والحقائق وإستخلاص النتائج ووضعها بصورة مناسبةلتوضيح العلاقة القائمة بينهما.

statute of frauds **قانون منع الإحتيال**

ويقصد بهذا القانون حماية الأشخاص الذين ينوون ابرام إتفاقيات وعقود من خسارة حقوقهم أو ممتلكاتهم بسبب

محاولة الخداع والتزوير التي قد يلجأ اليها الغير ، ويجب ان تتم عملية نقل الملكية بوثيقة مكتوبة وموقعة ومؤرخة حسب الاصول.

stasute of limitations   قانون منظم للتقادم

أ- قانون يلزم المكلف بدفع الضريبة في مواعيد استحقاقها. وأن خرق الاشخاص المكلفين بدفع الضريبة لهذه اللوائح ربما يأخذ أمورا قد تفرق في اصل الحقوق بعد انتهاء فترة التحديد الزمنية من قبل هذا القانون، فاعتراف المدين لدى المخمن بالدين المترتب عليه هو كافي لحل هذه الامور.

ب- وهناك قيود مستمدة من هذا القانون على النشاطات في حق الملكية الشخصية، فالعقار يصبح ملكا لواضع اليدعليه بعد انقضاء فترة عشرين سنة، والفترة التي يجب تقديم الدعوى التجارية خلالها هي عادة عشر سنوات، فالتقادم الزمني مسقط لحق إقامة الدعوى.

statutory audit   تدقيق قانوني

stepped cost   كلفة متدرجة

عندما يزداد مجموع التكلفة الثابتة لكمية معينة من الانتاج، بسبب الانتقال الى مدى انتاجي اعلى، فإن هذه التكاليف يشار اليها بالتكاليف المتدرجة، ومن الضروري ان نلاحظ بان مجموع التكلفة الثابتة لمدى معين من الانتاج لايتبدل.

sterling

1. عملة انكليزية

2. اصل نقدي ممتاز، ويقصد به الذهب والفضة" خالص الصرف".

1- رأس المال القانوني للشركة،المقسم   **stock**
الى اسهم إعتيادية وأسهم ممتازة

2- شهادة الاسهم.

3- مخزون من البضاعة معد للجرد او للبيع

stock at commencement   بضاعة اول مدة

البضاعة الانتاجية في مخازن الشركة في بداية السنة المالية الجديدة 1/1 ومثبتة في القيد الافتتاحي لدفتر اليومية

stock at end   بضاعة آخر مدة

وهي البضاعة التي تم جردها في مخازن الشركة في نهاية السنة المالية اي 12/31 "قيود الغلق" لإعداد الميزانية العمومية.

---

stock company   شركة اموال "مساهمة"

الشركة التي تملك رأس المال مقسم الى أسهم مقدماًبوساطة شهادات قابلة للتحويل.

stock discount   خصم السهم

زيادة القيمة الإسمية على رأس المال المدفوع.

stock dividend   أرباح الأسهم

ربح تدفعه الشركة الى المساهمين على شكل أسهم لأعلى شكل نقد. يجوز للشركة أن تقوم بذلك، عندما تكون في حاجة الى نقد، او عندما تتوخى من ذلك تجنيب المساهم دفع ضرائب الدخل.

stockholder   مساهم

الشخص الإعتيادي الذي يتمكن من امتلاك أو حمل سهما واحداً أو اكثر في رأس مال شركة معينة. ويسمى مساهم. وله حق التصويت في إجتماعات الهيئة العامة.

stockholders' equity   حقوق المساهمين

وهي:- 1- الإشتراك في الإدارة.

2- الإشتراك في التصويت على القرارات. والإشتراك في الإنتخابات.

3- الإشتراك في توزيع الأرباح.

4- الإشراف على الميزانية العمومية للشركة

stock in trade   بضاعة جاهزة للتسويق

1. ويقصد بها البضاعة السائرة بين نقطة البيع ونقطة الشراء "غير مستلمة من قبل المشتري "كالبضاعة المشحونة او في طريقها الى الشحن، أو مجموع البضاعة التي يعرضها المتجر للبيع بالجملة والمفرق.

2. دفعة من دفعات البضاعة المباعة وغير مستلمة.

3. بضاعة أخر مدة، أو البضاعة المحتفظ بها في المستودع لأغراض التعامل في نوع معين من التجارة، كتجارة الخشب أو الحديد.

4. العدة الصناعية في المصنع، او العدة التي يحتاجها المرء عند مزاولة مهنته.

stock jobber   سمسار الاسهم في البورصة

الدلال بالعمولة لقاء الغير الذي يوظف امواﻻ في سوق البورصة بقصد التعامل في الاسهم او الأوراق المالية.

229

stock of exchange **بورصة، سوق الأوراق المالية**
نوع من انواع المؤسسات المالية كبورصة لندن، وهي المكان الذي تُشترى وتباع فيه الاسهم المالية، أو يجري التعامل في الأموال لأجل طويل، وهي سوق مستمرة ومنتظمة يتلاقى فيها العرض والطلب وتسودها المنافسة الحرة. وهي نوعان:
1- التعامل في الأوراق المالية.
2- التعامل في البضاعة"بورصة القطن مثلا"

stock on hand **بضاعة جاهزة**
المخزون من المواد الأولية الجاهزة (في اليد) للإنتاج أو الاستثمار التجاري.

stock option **خيار الأسهم**
الحق في شراء أسهم شركة تحت ضروف معينة تتعلق بالوقت والثمن والمبلغ.

stock-purchase warrant **إمتياز شراء ألأسهم بسعر معين ووقت معين**

stock register **سجل الآسهم**
تسجل الأسهم عادة لدى المسجل التجاري عند إصدارها، مع ذكر الشهادة وحق التمويل. كما تسجل فيه عمليات انتقال الأسهم بين المساهمين في الشركة.

stock right **1- سهم كامل**
2- حق المساهمين في شراء أسهم جديدة

stock split **تجزئة السهم**
انظر split up

stock-taking **جرد مخزني**
عملية كشف الرصيد المخزني ميدانيا، أي معرفة الموجود فعليا، كمية وقيمة، ومطابقة ذلك مع الرصيد الدفتري حسابيا وتسري هذه العملية لضبط جميع البضائع الموجودة في المشروع، إما بشكل دوري موسمي، أو بشكل سنوي مع الأخذ بعين الإعتبار إقفال الدفاتر في يوم الجرد.

stock transfer book **سجل تحويل الأسهم**
عند انتهاء بيع ملكية الأسهم، يجب انتقالها انتقالا فعليا في سجل الأسهم التي تحتفظ به الشركة، وهوالسجل الرسمي لمعرفة أسماء المساهمين، وكذلك يتم تسجيلها في سجل اليومية وبعدها تنتقل الى الاستاذ العام في حساب رأس المال وحساب المساهمين.

stock turnover **دورة البضائع أو دورة الرساميل**
نسبة تكاليف المبيعات الى متوسط كمية البضائع الموجودة، وهي تدل على سرعة حركة البضائع أو السلع في المشروع.

stock warrant **سند أو شهادة شراء الأسهم**

stop a cheque **إيقاف الشيك**
الامر المصرفي بعدم دفع قيمة الشيك.

stop gap **يسد الحاجة مؤقت، بديل**

stop go **سياسة التوسع والإنكماش**
في عملية الإقتراض المالي.

stop order **أمر وقف**
إشعار بعدم الدفع النقدي. الطلب الذي يتقدم به المودع للمصرف بإيقاف دفع الشيك الذي سبق وقام المودع بإصداره

stoppage in transit **إيقاف البضاعة أو إستردادها وهي في طريقها الى المشتري**
حق قانوني يمارسه البائع في ايقاف الشحنة المرسلة، ووضع اليد على البضائع التي باعها الى الغير، وهي لم تزل سائرة في الطريق عندما يكون المشتري قد شهر إفلاسه قبل إستلام البضائع وعَجَزَ عن الدفع ويسمى حق ايقاف العبور أو إعاقة الإجتياز.

storage **تخزين**
الإحتفاظ بالبضاعة الى وقت الحاجة في المخازن

store receipt voucher, S.R.V **سند إستلام مخزني**
سند يشهد بإستلام بضاعة بمواصفات معينة وبالحجم والنوعية والماركة التجارية المطابقة جميعا لإرسالية المنشأ مع ذكر الكمية والتأريخ، بحيث تكون جاهزة لإدخالها الى نظام البطاقات أو السجلات المخزنية أو الكومبيوتر.

stores **مستودعات**
المكان الذي تخزن فيه البضاعة بقصد المحافظة عليها وتأمينها لحين إستهلاكها في استعمالات داخل الشركة مثلا كالمواد الأولية والمواد الإحتياطية والتجهيزات، وذلك لغرض الإنتاج والتشغيل.

stowage **تخزين ، تستيف**

رص البضاعة في المخزن ودكنها أو أجرة ذلك

1- رص أو رصف البضاعة في المكان المعد لها في السفينة وترتيبها مع بعضها او بالنسبة الى غيرها لحفظها من التلف خلال الرحلة البحرية، ولتجنب السفينة والحمولة من الخطر. ويتولى الربان عملية رص البضاعة في عنابر السفينة وتغطية الحمولة لوقايتها، والفصل بين البضاعة بقواطع او حواجز لتجنب إحتكاكها مع بعضها، أو مع جدران السفينة.

2- تعني الكلمة ايضا الأجرة التي تدفع عن هذه العملية "أجرة التستيف "

straddle **عملية إختيارية مركبة**

امتياز يخول صاحبه حق الاختيار بين تسلم مقدار معين من السلع..الخ. بسعر محدد وبين شراء مقدار معين منها بسعر آخر خلال فترة زمنية

straight lone depreciation **طريقة إستهلاك الخط المستقيم أو تأثر القيمة المباشر.**

$$= \frac{\text{ناتج كلفة الموجودات المستهلكة} - \text{قيمة المخلفات المقدرة}}{\text{عددسنوات الإنتفاع المقدرة}}$$

أو مايسمى الإستهلاك ذو النسبة الثابتة"القسط الثابت وبموجب هذه الطريقة، تتناقص قيمة الموجودات بنسبة متساوية من سنة الى أخرى. depreciation methods

راجع طرق الاستهلاك

strategic planning **تخطيط إستراتيجي**

عملية التخطيط لأخذ المواقع على النقاط التي تحتل مراكز مهمة في التطوير الإنتاجي والقادر على تغيير الظروف المستقبلية في صالح أهداف المشروع الإقتصادي أو هي عملية إعطاء حداً أقصى لمستوى الامان في المشروع.

stratified sampling **عينة طبقية**

في التحليل الإحصائي لحالة السوق، عينة تكون فيها النسب في كل طبقة من السكان متشابهة لنسب كل طبقة من الطبقات الأخرى في مجموع السكان.

street prices **أسعار الطريق**

عملية عرض السعر في الشارع ، وتكون هذه الأسعار نادرة جدا ،مثلا: سوق الشارع للأوراق المالية، بإستثناء الأوقات غير المعتادة في النشاط التجاري.

stumpage **رسم الإقتلاع**

.1 اشجار ضخمة نامية وعالية لم تقطع بعد، ويمكن استخدام خشبها، اذا ما اقتلعت، في البناء ولأغراض أخرى.

.2 الأسعار المدفوعة لأجل منح الإمتياز لإزالة هذه الأشجار من الارض، كالرسوم التي تفرض، مثلا، على طالب الإمتياز.

.3 الحصة الكلفة مزرعة الخشب المخصصة للخشب المزال "تعتبر موجودات هالكة"

subjective **موضوعي، شخصي**

.1 أي عكس غير ذاتي . objective

.2 إنتقاص صريح لرأي الآخرين أو لخطة الآخرين.

subjective value **قيمة شخصية**

.1 القيمة المخصصة للموجودا ت بوساطة إدارة الشركة وبدون تأييد أو إثبات مستقل.

.2 قيمة مخصصة يتعذر تحديدها لأسباب عديدة مثل فقدان التسجيلات الملائمة.

sublease **إيجار ثانوي**

العقد المبرم مع المستأجر وشخص ثالث في الملكية المؤجرة.

subordinated debt **دين ثانوي**

أي الدين الذي تأتي رتبته في المبالغ منخفضة بين باقي الدائنين.

subrogation **إحلال دائن محل آخر**

subscribed stock **أسهم مكتتبة**

الإكتتاب في الاسهم يعني الإتفاق على دفع قيمة الأسهم دفعة واحدة أو بالتقسيط. وتزيد شركة المساهمة حقوق المساهمين بالمبلغ الذي يوافق المكتتبون على دفعه وعندما يدفع المبلغ المتفق عليه بالكامل، فإن المكتتب يحصل على شهادة أسهم من الشركة وينقلب حساب الأسهم المكتتبة الى حساب أسهم رأس المال. Subscribed capital stock

subscription إكتتاب

1. الموافقة على شراء ورقة إستثمارية مالية، أو الإتفاق بين الشركة الجديدة والمشتري للأسهم للمساهمة في رأس المال المدفوع.

2. الإتفاق التحريري للمساهمة في صندوق خيري أو تربوي أو سياسي.

3. الإتفاق لدفع الأموال لأجل الإعلام والنشر في طبع كتاب معين وما شابه ذلك.

subsidiary(company) شركة تابعة أو فرعية

الشركة المملوكة أو المرتبطة بوساطة شركة مالكة (وتسمى شركة الأم)، أو عندما تملك أي شركة اكثر من 50% من الأسهم في شركة أخرى فحق حصولها على اكثرية الاصوات يعطيها حرية التحكم بالنشاط التجاري للشركة التابعة.

subsidiary accounts حسابات فرعية أو ثانوية

مجموعة حسابات متشابهة لنشاط واحد تسجل في سجل مستقل، وتتم السيطرة عليها في حساب الأستاذ العام.

subsidiary ledger دفتر أستاذ مساعد

دفتر أو ملف يحتوي على حسابات الزبائن أو حسابات الدائنين وهوسجل استاذ مستقل ومتميز عن دفتر الأستاذ العام الذي يحتوي على حسابات البيانات المالية.

subsidy إعانة مالية، حكومية عادةً

1. دعم الحكومة المالي لبعض السلع الغذائية الضرورية لتخفيض أسعارها وجعلها في متناول الطبقات ذات الدخل المحدود، ذلك خدمة للمصلحة العامة، وإنسجاما مع السياسة الاجتماعية التي تتبعها الحكومة.

2- مشابهة لكلمة subvention.

substantial performance تنفيذ جوهري

تنفيذ عقد أو إتفاق دون إنحراف يذكر عن أحكامه وشروطه، أي تنفيذ يُعنى بالغرض الأساسي الذي أُبرم العقد من اجله دون المساس بأركانه الرئيسية.

substantiate يقيم الدليل

للتأكد بدقة من الشيء بوساطة وزن الدليل للتحقق، أو يثبت صحة الشيء بالواقع.

substantive right حق أساسي

مثل حق الحياة وحق الحرية وحق العمل.

substantive test إختيار مستقل

subvention إعانة مالية حكومية

1. الموافقة على أي تنظيم مالي متعلق بالخيرات الانسانية أو الآداب العامة أو اصول علمية أو مهنية أو أي هدف من هذا القبيل.

2. إعانة مالية حكومية راجع: subsidy.

successful efforts method طريقة

الجهود الناجحة

sufficient condition شرط كاف

sun خلاصة

1- مبلغ من المال.

2- حاصل جمع المبالغ(مجموع).

summons إستدعاء قضائي، للمدين

أمر رسمي قضائي صادر من المحكمة بدعوة أحد الأشخاص للمثول امام القضاء قبل انعقاد جلسة المحكمة، ويتم ذلك بوساطة التبليغ الذي تقوم بتنفيذه الشرطة المحلية، وإذا لم يحضر يحكم غيابيا بموجب التهمة الموجه اليه وتترتب عليه عقوبة لإهماله وتخلفه عن الحضور، ولا يتمكن من الدفاع عن نفسه.

sunk cost كلفة واجبة أو مفروضة

أو الكلفة التي لايمكن تجنبها، وهي الكلفة الناتجة عن قرار سابق لارجوع عنه ،لذا لايمكن تحاشيها أو تجنبها، ومن نتيجة ذلك، فإن هذا النوع من التكلفة ليس له علاقة بالقرارات التي تؤثر في المستقبل.

sunshine laws قوانين مشرقة

وهي تشريعات خاصة تصدرها مراكز الولايات أو الحكومة الفدرالية، تدعو فيها المسؤولين الى لقاءات مفتوحة وصريحة مع المواطنين في هذه الولاية أو تلك.

supplemental actuarial value قيمة

تجهيزية فعلية

232

supplies تجهيزات لسد حاجة المستهلكين

1. ويتحدد ثمنها بثمن السوق أي إذا زاد عرضها عن طلبها قل ثمنها والعكس صحيح.

2. صياغة الجمع: وهو تصنيف يستخدم عادة لمفردات دنيا من الجرد عندما تكون صغيرة جدا أو ضئيلة القيمة بحيث لايمكن تصنيفها كمادة اولية، وهويعني ايضا المفردات التي تكون احيانا غيرمجرودة ولكنها محددة التكاليف عند القيام بإقتنائها. ويستعمل ذلك بصورة رئيسية في المكاتب مثل الألواح المثبتة وورق الكاربون ومركبات التنظيف.

supply and demand عرض وطلب

supply price سعر العرض

"سواء كان ذلك من السلع او الخدمات"

supporiting record سجلات مساعدة

support price سعر ثابت، دعم الاسعار

surety كفالة، ضمانة

شخص يدعم شخصا آخر بالضمانة المالية لأجل تسديد الديون، أي يدفعها عند تخلف المدين.

surplus فائض

1. فائض المكاسب (المكتسب).

2. حقوق مالكي الأسهم في الشركة في الإضافة الإسمية للقيمة الحالية لرأسمال الأسهم.

3. زيادة الموجودات على المطلوبات ورأس المال في الشركة أو زيادة الواردات على المصروفات.

surplus analysis تحليل الفائض

ورقة عمل لتصنيف الثروات بصورة منظمة.

surplus at date of acquisition فائض في تأريخ الإكتساب،

acquired surplus الفائض المكتسب

surplus charges مصاريف فائضة

surplus from consolidation فائض التوحيد

زيادة القيمة الدفترية في تأريخ الإقتناء على كلفة إقتناء أسهم الشركات التابعة مطروحا منها العلاوات على شراء الاسهم الأخرى المقتناة.

surplus-fund warrant فائض سندات

التخزين. انظر warrant.

surplus reserve إحتياطي فائض

surrender تنازل

في القانون، تعني الكلمة التخلي عن الممتلكات أو حقوق أو مصالح للغير بصورة إختيارية أو غير إختيارية.

surrender value, of an insurance policy قيمة استرداد بوليصة تأمين

أو القيمة عند التخلي، وهوالمبلغ القابل لتعويض بوليصة التأمين أو أي عقد آخر.

surtax ضريبة إضافية

تخضع الشركات عموما الى ضريبة عادية تدفع على مبلغ الربح الخاضع للضريبة، وكذلك تخضع الى ضريبة اضافية (ذات نسبة اعلى) إذا تعدى الربح حدود مبلغ معين.

surviving company شركة مستمرة

الشركة التي لازالت على قيد الحياة والتي تزاول نشاطها التجاري أو الصناعي لحد الان بعد تصفية او إندماج شركات أخرى كانت تزاول نفس النشاط.

survivor الباقي على قيد الحياة

شخص يظل على قيد الحياة بعد وفاة شخص آخر أو اشخاص آخرين تربطهم علاقات مشتركة وآلت اليه حقوقهم والتزاماتهم، كالإبن الذي يضل على قيد الحياة بعد وفاة والده.

survivor-life curve منحنى الحياة والممات

رسم بياني يبين عدد الأشخاص الباقين على قيد الحياة بعد كارثة "غرق سفينة أو إحتراق طائرة أو مرض معين" وعدد الوفيات.

suspense account حساب معلق

ويقصد به الحساب الموقوف أو المؤقت لأي سبب كان، خصوصا لوجود فقرات مشكوك فيها.

233

swing

إتفاق ثنائي الطرف

اتفاقية بين بلدين حول فتح حسابات متقابلة بالعملة الوطنية، وتضع حدا أعلى للحساب، يسمى (البندول) ويستعمل احد الطرفين في تعامله وتجارته مع الطرف الآخر، فأذا تجاوز احد البلدين المتعاونين هذا الحد ففي هذه الحالة يجري التسديد على أساس سعر صرف ثابت بين عملتي البلدين او بالذهب او أي عملة صعبة متفق عليها.

symbolic logic   منطق رمزي

symbolization   ترميز رياضي

syndicate   نقابة

تجمع او اتحاد بين مستخدمي مشروع لملاحقة حقوقهم وامورهم مع رب العمل.

---

system

نظام أو إسلوب

1.   الجمع لربط العناصر، خصوصا عندما تكون الرابطة معقدة أو عناصر رقمية.

2.   توحيد الأهداف من أجل الخطة.

system design

تصميم الأساليب

عندما يتم تحليل الأساليب فإن مصمم الاساليب يدخل تغييرات في الأساليب وذلك بصيغ ووصف بياني لطبيعة محتويات المعلومات الداخلة والملفات والاجراءات وكذلك المعلومات المنتجة. ويطلق على هذه العملية أسم " تصميم الأساليب"، وهي تصف الرابطة اللازمة بين تجهيز المعلومات والإجراءات المطبقة، وهي عملية تتطلب من مصمم الأساليب قدرة خلاقة وخيالاً ومعرفة بأجزاء الحاسب الألكتروني وجميع آلاته التابعة.

nopqrstuvwxyz

جدول أو "مسودة"   Table A

نموذج منسوخ على هيئة قائمة نظام تأسيسي ترتكز فيه بنود وفقرات لجمعية ملحقة من العاملين بقانون الشركة والغرض منها إستفادة الشركة في التنمية وفق الأفكار والمبادئ. وهناك سجل خاص لهذه القرارات المقترحة التي تصف علاجا للأنظمة القانونية للشركة والسيطرة على العمل الداخلي فيها.

مسودة القانون   table a bill

القانون المطروح للمناقشة قبل التصديق.

فحوصات جدولية   table lookup

(ألات حاسبة) وهوتكتيك تكون فيه قيم المعلومات المطلوبة مدرجــة فــي جــداول عنــد النظــر فيهــا او فحصــها. إن اللوغاريتمات ومعدلات الفائدة بالنسبة لحسابات القيمة الحالية تخزن عــادةً بشكل جداول وذلك لغرض تأسيس جداول الفحص لها.

حرف "T" الحسابي   T.account

الحرف الكبير في اللغة الإنكليزية، الذي يستعيره المحاسبون في حل مشاكلهم المحاسبية وهو الحرف الوحيد الذي يشكل في هيئته كفتي ميزان بحيث يكون المدين في الجانب الأيمن، والدائن في الجانب الأيسر وكذلك يستعمل لإخراج الأرصدة ومطابقة الميزانية.

تكتيك، فعالية فكرية تطبيقية   tactics

وهي مجموعة من الخطط بأهداف تكون خاضعة لأهداف اخرى " إستراتيجية " مع توقع تقييمها بالنهاية، مثال: وضع خطة لخسارة معركة معينة كجزء من استراتيجية لـربح الحـرب، وأن الهـدف التكتيكـي هـو خسـارة هـذه المعركـة بطريقة تكون نافعة للإستراتيجية المحددة.

إكتساب إضافي   take over

الحصول على المنفعة المادية في الأعمال التجارية ليس عن.

طريق الشراء وإنما عن طريق التحويل ، مثلا أسهم رأس المال.

بائع متجول   tallyman

يُدون الطلبات ويشتريها ويسلمها فيما بعد.

كعب الصك   talon

قسيمة تنفصل بقطع الصك منها في دفتر الشيكات، وتدون فيهـا المعلومـات المـذكورة فـي الصـك ثانيـة لتبقـى وسيلة محفوظة لتدوير الرصيد والمعلومات الشخصية الى الجهة المدفوعــة اليهـا المبــالغ والتـواريخ ورقــم الشـيك (خاصة بالتذكر).

يتلاعب   tamper

أصل مادي أو أموال مادية   tangible asset

أصل واضح ملموس يملك قيمة مادية أو معنوية، كالعقار ،والماكنات، والأوراق المالية (الأسهم والسندات) والبضائع وأي إستثمار في رأس المال.

قيمة مادية   tangible value

1. الثروة الحقيقية للموجودات الملموسة، كالمعدات والتجهيزات والمصانع والموجودات الجارية.

2. الجزء للقيمة لمشروع العمل التجاري الذي يمكن ان يكون منسوبا الى الأصول الملموسة.

وزن الفارغ = وزن الوعاء، وزن العبوة،   tare
وزن الشاحنة الإجمالي - وزن الشحنة

وهو المبلغ المتضمن للوزن المعادل لوزن الوعاء سواء كان الـوزن فـي وعـاء السفينة،اوالشـاحنة، او البرميل، او الصندوق، او قفص الشحن ،او الرزمة،او اي حامل بضاعة او وزن الشاحنة فارغة.

كلفة قياسية   target cost

أنظر : standard cost

سعر مستهدف   target price

235

target rate of return pricing معدل
الهدف للتسعيرة المرجعة

تسعيرة لإسترداد مجموع الكلف + زيادة النسبة المقررة لإستثمار رأس المال.

tariff تعرفة جمركية

ضريبة إستهلاكية تفرضها الدولة على السلع المستوردة والمصدرة، وغرضها:-

1- بالنسبة للسلع المستوردة، ونسبتها عالية.
أ- تموين الخزينة بالعملة الوطنية.
ب- حماية الصناعة الوطنية.
2- بالنسبة للسلع المصدرة ونسبتها واطئة وفي الولايات المتحدة الامريكية محرمة تشجيع المنتجين على تصدير السلع الى خارج الوطن ومن ثم حصول الدولة على العملة الصعبة.

وضريبة التعرفة الكمركية نوعان:-
أ- الضريبة على القيمة والتي تفرض بنسبة معينة من قيمة السلعة وترفع النسبة المئوية حسب اهمية السلعة في الاستهلاك.
ب- الضريبة النوعية والتي بموجبها تصنف السلع الى أصناف وكل صنف تفرض عليه ضريبة معينة.

tax ضريبة

رسوم اجبارية مفروضة بوساطة قانون الإيرادات التي تسنه الدولة مقابل حصول الافراد على دخل اوميراث او مالية طبيعية او مالية مشتركة لجميع الارباح الاعتيادية.

taxable income دخل خاضع للضريبة

لاتعتبر النواتج النقدية التي يحصل عليها الافراد في المجتمع دخلا إلا إذا توفرت بها عناصر الدخل:
1. كل ناتج نقدي قابل للتقويم بالنقود.
2. يأتي بصفة دورية.
3. يأتي من مصدر ثابت او قابل للثبات.
وبهذا يكون الدخل خاضعا للضريبية تحت سيادة القانون بوساطة السلطة الحكومية.

taxable profit ربح خاضع للضريبة

مبالغ الارباح الخاضعة بموجب القانون للضرائب او قرارات مالية للإيرادات.
إجمالي الدخل - تكاليف الدخل = الصافي.
والمبلغ الصافي هو الربح الخاضع للضريبة

tax-anticipation note, إشعار
or warrant جباية الضرائب

تعهد ضمان التوقع لتحصيل الضرائب وإعادته ثانية الى الدائرة التي اصدرته :"محاسبة بلدية"

taxation فرض الضرائب

سياسة مالية للدولة، وأهم أغراضها :-
1- تأمين إيرادات من المواطنين للخزينة المركزية وإنفاقها على المشاريع العامة للدولة.
2- تُشعر الأفراد بالمسؤولية التضامنية المساهمة إتجاه الوطن.

tax avoidance تهرب ضريبي

عدم إلتزام الأفراد في الدولة من دفع الضرائب المتحققة عليهم ، والأسباب:-
1- سوء الحالة الإقتصادية للأفراد.
2- إرتفاع سعر الضريبة.
3- إنخفاض المستوى الأخلاقي للمكلف.
4- وجود العقوبة الخفيفة على المتخلف.
5- إتجاه الدولة في الإنفاق العام.

tax benefit rule قاعدة الإستفادة الضريبية

جواز حذف بنود من الدخل الإجمالي كإسترداد دين ميت إن كان الخصم الخاص بهذا الدين في سنة سابقة لم يؤثر في تخفيض ضريبة الدخل المدفوعة في تلك السنة أو غير ذلك من أسباب يحددها القانون.

tax certificate شهادة الضريبة

الوثيقة الصادرة من المخمن أو الهيئة العامة للضرائب تشهد بأن المكلف قد سدد الضرائب المتحققة عليه أو أعفي منها وهي كمثابت براءة الذمة من ديون الدولة.

tax court محكمة الضرائب

في الولايات المتحدة الامريكية، محكمة خاصة تتعلق بشؤون الضرائب وتتألف من 16 قاضي يستمعون للشكاوي المقدمة الخاصة بالضرائب والهدف من هذه المحكمة هو:-
1- خدمة العائدات المالية الداخلية.
2- خدمة المكلفين بدفع الضرائب.
ويجوز إستئناف قرارات هذه المحكمة الى محاكم الإستئناف أو العليا في المقاطعة.

tax cut تخفيض الضريبة

ويتم ذلك بموجب العدالة الضريبية على ان تراعى ظروف المكلف الخاضع للضريبة ويكون التخفيف اذا أثبت المكلف:-
1- فقير من الناحية المالية وليس غني.
2- معوق من الناحية الصحية.
3- محمل بأسرة كثيرة الأفراد.
4- محمل بديون كثيرة.
5- مصدر عمله من الدخل وليس من رأس المال

tax evasion تهرب ضريبي

راجع: tax avoidance

tax-exempt organization منظمة الاعفاء
الضريبي

tax-free exchange تحويل غير خاضع للضريبة

tax lien **حجز ضريبي**

عملية رسمية تقوم بها الدولة أو أي وحدة حكومية بوضع اليد على الملكية الخاصة إستيفاءً لديونها، وفق القوانين المرعية الإجراء.

taxpayers **مكلفون بدفع الضرائب**

tax rate **معدل الضريبة**

tax rate limit **حد معدل الضريبة**

إن حدود معدلات الضريبة أي ضريبة الدخل تختلف في كل بلد من البلدان ولكل بلد انظمة خاصة ومشاريع معينة ليس هنا مجال شرحها.

tax reserve **إحتياطي الضرائب**

مال إحتياطي يؤخذ من الداخل اثناء الفترة الحسابية المقررة لدفع الضرائب عن اعمال الشركة التي تجري خلال تلك الفترة، غير انها لاتستحق الدفع إلا في نهاية الفترة،المذكورة وبعد التكليف بها.

tax selection **اختبار ضريبي**

tax shelter **وقاء ضريبي**

"ضرائب الدخل الفدرالية"

وهي أي عدد من الإستثمارات التي تولد خسارات وتكون اسباب تلك الخسارات عادةً هي إستقطاعات غير نقدية مثل الاستهلاك أو الإستنزاف، أو بسبب المدفوعات المتراكمة الناجمة عن الافرادالدافعين للضريبة والتي من الممكن ان تؤثر على مصادر الدخل الأخرى وبالتالي تؤدي الى هبوط الدخل للفرد الواحد الخاضع للضريبة، إن وقايات الضريبة العامة تتضمن الإستثمارات في الممتلكات العقارية والمواشي والسكك الحديدية وقاطراتها وحافلاتها وما شابه.

tax supplement **إضافة ضريبية**

الضريبة المفروضة بوساطة وحدة حكومية للدولة التي تملك صلاحية بعض القواعد الضريبية.

tax table income **جدول ضريبة الدخل**

جدول أو قائمة بالضرائب المستحق دفعها أو نسب ضريبة مفروضة على بنود ربحية يستعملها المكلف بدفع الضريبة عند إدراج بنود الدخل في بيان الضرائب.

tax year **سنة ضريبية**

وهي الفترة الزمنية التي تعادل 12 شهرا عادةً او 52- 53 إسبوعا، بعد اجتياز الفرد او الشركة او المشروع تلك الفترة، تستحق عليه الضريبة المقررة على نشاطاته الإقتصادية، وذلك بموجب نظام أو قانون الضرائب التي تفرضه الدولة، وتسمى هذه الفترة "سنة التكاليف"

technical efficiency **فعالية تقنية، تكنولوجيا**

النشاط العلمي الذي له علاقة بالفنون الميكانيكية أو الصناعية او بالعلوم التطبيقية.

technology **تكنولوجي**

1. اللغة التقنية.
2. العلم التطبيقي.
3. طريقة فنية لتحقيق غرض علمي.
4. جميع الوسائل المستخدمة لتوفير كل ماهو ضروري لمعيشة الناس ورفاهيتهم.

telecommunications **إتصالات لاسلكية**

1- الاتصال عن بعد بوساطة التلغراف، التلفون، التلكس، أو الفاكس.

2- علم المواصلة البعيدة (الات حاسبة) عملية تبادل المعلومات (المعطيات) بين آلتين حاسبتين أو أكثر (أنترنت).

teleprocessing system **نظام سلسلة العمليات التليفونية**

الادوات المعدنية في الآلة الحاسبة و(برامج العقل الألكتروني) أي الأدوات المستخدمة للأجهزة السمعية والبصرية مع هذا النظام.

temporal method **طريقة مؤقتة**

إسلوب تحويل العملة المتداولة الأجنبية، المقبوضات، المدفوعات، والموجودات المحولة على طريقة البيانات المالية الأجنبية في القيمة الجارية للتجهيزات المتداولة الوطنية في معدل تمويل داخل الحركة المالية في تأريخ الميزانية العمومية.

temporary admission **إدخال مؤقت**

نظام جمركي يسمح بموجبه إدخال السلع والمواد الى البلاد دون ان تستوفى عنها الضرائب الجمركية بشرط:

1- أن يعاد تصديرها الى الخارج خلال فترة زمنية معينة.

2- ان يقدم المستورد ضمانا مما يستحق عليه من ضرائب حتى إذا حل الوقت المحدد لإعادة التصدير ولم يتم

تصديرها ، فعندئذ تستوفي عنها الضرائب المستحقة، لذلك سمي هذا الإعفاء بالإعفاء المؤقت.

temporary investment **إستثمار مؤقت، زمني**

1. إذا كانت لدى الشركة كمية من النقود تزيد على متطلباتها الحالية فيمكن لهذه الشركة أن تستثمر هذه الكمية من النقود اوقسما منها في أوراق مالية مدرة للأرباح، هذه الأوراق تدعى إستثمارات مؤقتة لانها يمكن أن تباع نقدا في أي وقت ولأن الإدارة تنوي ان تبيعها في ذلك الوقت وتبيع الإدارة هذه الأوراق عندما تحتاج الى نقدية لكي تدفع إلتزاماتها أو لكي تسد حاجات اعمالها الإعتيادية.

2- البنود المصنفة لقب الميزانية العمومية كلقب الميزانية التجارية وهي كالقياس لكلفة التخمين.

tenancy in partnership **إيجار بمشاركة جماعية**

الحقوق القانونية للمتعاونين في ملكية المشاركة الجماعية ضمن فترة زمنية.

tnancy in common **إيجار مشترك**

أي واحد أو إثنين أو أكثر من الأشخاص الذين لهم معاً بند في الملكية الشخصية. فعند وفاة احدهم تنتقل منفعة الحصة المشارك بها الى المشاركين الآخرين.

tender **عرض معين**

1. عرض لشراء الملكية.
2. التقدم بالموافقة على السعر المعروض لأجل الفوز بمناقصة مطروحة.
3. عرض لمال أو سلع أو خدمات وفاء لدين أو إلتزام (فك الرهان التجاري).

tender offer **عرض مقدم**

العرض الموجه الى حملة الأسهم في الشركة بهدف شراء الأسهم أو البضاعة المنتجة ويكون ذلك عادة مربوطا بشروط تحتاج الى الصلاحية اللازمة لتحصيل كل أو جزء مهم من الأصوات الإدارية للشركة بسعر ثابت لكل حصة وقبل موعد محدد.

tender of performance **عرض مقدم للتنفيذ**

تقديم عرض غير مشروط لتنفيذ العقد بِتَكلُف معين ووقت معين.

ten-K **نموذج (10-K)**

تقرير الفترة الرئيسية (محفوظ بإضبارة خاصة) لمعظم الشركات المسجلة تحت نظام الاوراق المالية، فبعد تجميع الاوراق سنويا، يستعمل نموذج (10-K) بحيث يكون مقسوما في داخله الى قسمين:-

أ- القسم الأول: ويتضمن إستمرار المعلومات حول التسجيلات لكونها إدارة أعمال.

ب- القسم الثاني: ويتضمن الإستمرارية المالية وإرتباط المعلومات المتضمنة قاعدة التصريحات المالية.

ten-Q **نموذج (10-Q)**

تقرير فصلي لمعظم الشركات المسجلة تحت نظام الأوراق المالية، وتحال مسألته الى هيئة التحويل المالي والاوراق المالية(السندات والأسهم) وهومن الحجوم الأبتدائية لنموذج (10-Q) ويكون من البيانات المالية الفصلية (ثلاث او أربع مرات في السنة)

tentative balance sheet **ميزانية مؤقتة**

وهي ميزانية تمهيدية غير نهائية أي مهيئة للمناقشة أو لإهداف أخرى او هناك إحتمالات لتغييرها.

Tentative Set of Broad Principles for Business Enterprises **مجموعة مباديء محاسبية تجريبية لإدارة المشاريع التجارية**

تأسست سنة 1962، وهي ثالث مؤسسة علمية في التسلسل لطلاب البحوث المحاسبية، يشرف عليها ويديرها مدراء البحوث المحاسبية للمعهد الامريكي للمحاسبين العموميين.

term **مدة زمنية، شوط، أجل، نهاية**

term bonds سندات ذات أجل

السندات التي تستحق الدفع في وقت واحد أي في نفس التأريخ.

terminable account **حساب مشروط بأجل**

الحساب الذي لايكون منعزلا ولا متصلا، وربما يكون حسابا إبتدائيا أو ثانويا لأي فرد لجماعة، يعين في منصب في أحد البنوك. وهذا الحساب في اي صفقة تجارية يبقى خارج الحصة او الى مسافة ابعد من إعادة التصنيف.

treminating decimal, repetend **كسر عشري مكرر**

جزء من الكسر العشري المتكرر او الدائري يتردد بإستمرار.

term lease — إيجار لأجل

تنظيم للمدفوعات الإيجارية على الملكية الحقيقية إضافة للفترة المتطاولة من السنوات، مثلا: ثلاث سنوات مدة إيجارية تستعمل في قضايا التصنيف التجاري منهم من يعتبرها قصيرة الأجل ومنهم من يراها طويلة الأجل.

term loan — قرض محدود الأجل

تمنح القروض المحدودة الأجل الى الوحدات الصناعية والتجارية الصغيرة. والغرض الرئيسي من هذه القروض هو شراء أو تحسين أو إصلاح المعامل والآلات والمباني والموجودات الثابتة الأخرى. وتعتمد قيمة القرض وتأريخ إستحقاقه على الأصول المشتراة وعلى عمرها الإنتاجي، وهذا النموذج يتم بوساطة البنوك وامدها عادةً من خمس الى عشر سنوات.

terma of trade — شرط تأمين الدفع التجاري الخارجي

ويسمى معدل التبادل التجاري وهو :-
1- في العموم النسبة لمعدل سعر صادرات بلد معين الى معدل سعر إستيراداته.
2- الكمية أوالمقدار للبضاعة الوطنية التي يجب ان تكون مقربة للحصول على وحدة بضاعة مستوردة.

test — إختبار عملي

1. إئتمان لعملية إنتهت إجراءاتها الفعلية، لتظهر للعيان إمكانية الأخطاء الموجودة وذلك لتتمكن من معالجتها باحتمالات جديدة لتكون في النهاية جاهزة للإستعمال، أو لتظهير سلامتها من الأخطار.
2. تطبيق الإختبار للتأكد من نوعية البضاعة وتنفيذها العملي.

testamentary — وصائي

أي شيء متعلق ومطلوب التنفيذ بوصية متوفي.

testamentary trust — شركة إتحادية تكونت بوساطة الوصية

testator — الموصي

الشخص التارك وصية لما بعد وفاته لتنفيذها.

testcheck — تدقيق إختياري

عملية التأكد من صحة حالة التعديل التي تمت على البنود المختارة في القيود والتسجيلات الحسابية (التأكد من صحة تعديل الفروقات).

test data approach — طريق لفهم المعطيات الإختبارية

طريقة للتأكد من صحة الخطوات الإجرائية في نظام إجراءات المعطيات الالكترونية والنتائج للآلات الحاسبة التي تكون محتسبة للنتائج المقررة سلفا

test of transactions — اختبار الصفقات التجارية

text — نص، مصدر المعلومات

هو النص الوارد في متن التقرير المقدم الذي يشكل المعلومات الأساسية للموضوع المعد للبحث والتدقيق أو لإجراء اللازم إداريا بعد التأكد من صحة وصلاحية المعلومات التي عليها التقرير.

theoretical capacity — طاقة نظرية:

وهي الطاقة الإنتاجية القصوى لمصنع قائم يعمل بدون أي إنقطاع أو تعطيل، أي لمدة 24 ساعة عمل في اليوم وفي 365 يوم في السنة .

theory — نظرية

هي مجموعة الإفتراضات المتناسقة مع بعضها البعض، والتي لها علاقة مع عنصر معين من العالم الحقيقي، أومجموعة من المبادئ تشرح مجموعة من العلاقات والحقائق، فهي اذاً عبارة عن مبادئ فكرية للتطبيق، تمت صياغتها تأسيسا على دراسة منظمة لتطبيقات سابقة ناجحة.

thesis — بحث أو موضوع

1- رأي علمي لم يثبت بعد.(فرضية).
2- الرسالة المقدمة لنيل شهادة جامعية (الإطروحة).

theory of games — نظرية الألعاب

وهو منهج رياضي يهتم بالإختيارات الستراتيجية بين اللاعبين "المشاركين في اللعب"، تهتم هذه النظرية بالاختيارات القصوى (اي أفضل الإمكانيات) من بين مجموعة من الإستراتيجيات المتوفرة، إن التصنيفات التي في اللعبة تستخدم في كثير من الأحيان بسبب الخواص الرياضية المختلفة الناجمة عنها.

thin incorporation — إندماج رأسمالي خفيف

وهي مؤسسة برأس مال موجه ومستخدم في القروض من المساهمين بدلا من إستثمارات التسوية (حقوق).

المساهمين)، هناك عاملان تابعان للضريبة يشجعان على زيادة نسب حقوق المساهمين من الوجود النقدي "تتجاوز عادةً 3 الى 1"

1- الا ستقطاع المدفوع الى مؤسسة القرض بالفائدة عند حصول الدين بخلاف الأرباح للأسهم المدفوعة عند التسوية.

2- التعامل مع إعادة المدفوعات المدينة على انها عائد لرأس مال غير خاضع للضريبة وبدون أخذ إعتبار حالة الأرباح والمكتسبات التي تنجم عن ارباح الأسهم الخاضعة للضريبة إذا دفعت الى مالك حقوق المساهمة، عند إعتبار مؤسسة معينة على انها ذات رأسمال خفيف فإن قسما من دينها سوف يصنف كتسوية، إن العوامل التي تميز الدين عن التسوية موضحة في نظام العائدات الداخلي (ضرائب الدخل الفدرالية).

third party **طرف ثالث، الغير**

الشخص أو الجماعة الذين يمثلون غيرهم من الشركات أو النقابات أو الوكالات الحكومية أو الهيئات التشريعية التي تملك حق الفائدة المبينة في الصفقات التجارية المالية ولهم حصة غير مباشرة فيها، وبمعنى آخر هو الشخص الثالث الممثل في العملية.

third person **شخص ثالث**

1- الشخص مع من تربطه قاعدة التعامل الحر – arm's length ويكون مساعدا على إستمرارها.

2- الشخص المتورط في صفقة تجارية ولكنه طرف غير مباشر بها.

3- الشخص المجهول (خارج عقد التأمين) المشمول بالتأمين بموجب قانون المسؤولية المدنية أو نظام السلامة العامة، يصبح طرفا ثالثا مؤمن عليه بإصابة ضرر عند وقوع الحادث المسبب من قبل طرفي العقد في التأميم. وبهذا يستحق التعويض المالي والصحي، "كالتأمين الإلزامي، حوادث السيارات"

throughput **انتاجية الآلة الحاسبة**

وهي الكمية الكلية للمعلومات التي تم اجراؤها بوساطة الآلة الحاسبة في مدة زمنية محددة.

ticket **تذكرة، حكم فاصل**

1- قطعة من الورق تعطى مقابل مبلغ معين من النقود يحق لحامله السفر في القطار او الباص او الطائرة او اي وسيلة نقل.

2- الحكم الفاصل بين قضايا البيع والشراء بالأسهم.

tickler **مفكرة الحقوق**

الملف أو التسجيل لإلتزامات عملية الإستحقاق للأوراق التجارية أو المالية أو بنود أخرى للفائدة. والمحافظة عليها بأي طريقة أو إسلوب يضمن سلامة الحقوق في الوقت المناسب، مثل في البنك بنكنوت، في التأمين- بوليصة- الإنتهاء أو إستحقاق قسط التأمين.

tick marks **علامات صغيرة**

وهي علامات مميزة للتأشير في السجلات أو القوائم وتوضع مقابل الاسماء أوالارقام للدلالة على كون الترحيل كان صحيحا، أو أنه تم ملاحظته عند المراجعة وتستعمل من قبل المدققين والمحاسبين في الفروقات والمطابقات.

ticktacktoe **تكتكتو**

لعبة يتناوب فيها كل من اللاعبين على رسم علامة خاصة به ضمن مربع من مربعات رقعة ما، ويفوز فيها من يوفق قبل غيره الى ملء ثلاث مربعات متوالية بعلامته الخاصة أو بالأرقام.

tight standards **قياسات صعبة**

ويقصد بها القياسات الخاضعة لقيود شديدة كالكلف الثابتة أو مستويات الميزانية.

time and motion study **دراسة الوقت والحركة**

وتعني العبارة: تحليلا علميا منفصلا للوقت الذي يستغرقه العامل في إنجاز كل جزء من أجزاء عملية معينة ولحركات اليدين والجسم التي يقوم بها في تنفيذ العمل، وقد تُجرى هذه الدراسة لتقرير أفضل وأكفأ الأساليب لإنجاز العملية أو لتقدير العملية نفسها بهدف وضع مقاييس عامة للعمل، أو بوضع هدف اساس الأجور التي تدفع للموظفين.

ويمكن مقابلة نتائج الدراسة بنتائج دراسات سابقة مماثلة أو بنماذج زمنية موضوعة سلفا على أساس دراسات سابقة.

time cost, period cost **كلفة الفترة الزمنية**

time deposit **وديعة لِأجَل**

وديعة في المصرف لأجل محدود لايمكن لصاحبها السحب منها إلا في تأريخ الإستحقاق.

time draft **بوليصة لأجَل أو وقتية**

حوالة مالية قابلة للدفع مع ذكر تفاصيل الوقت بعد القبول بوساطة الساحب وعادةً 30 يوما.

time preference theory of interest **نظرية تفضيل الوقت للفائدة**

التفسير للفائدة كالسعر المؤهل التلقائي للدفع لأجل السلع الإستهلاكية الجارية الصعبة في رعاية السلع النامية في المستقبل أو العكس بالعكس.

time series **مسلسلات زمنية**

وهي مجموعة من القياسات للكمية والنوعية لمعرفة فترات منقطعة او متتابعة مع وجود علاقة تربطها بتلك القياسات.

إن تحليلات الإنحراف تحضر في كثير من الأحيان من المسسلات الزمنية المتعددة والمتوفرة عادة في مؤسسة الأعمال.

time series analysis **تحليل المسلسلات الزمنية**

وهي تصنيف ودراسة العمل التجاري والإقتصاد والمتغيرات المتعلقة بهما. إن هذا الاسطلاح يستخدم عادة قي تحليل المسلسلة الإقتصادية (كما في الأسعار والإنتاج ...الخ الواقعة في أوقات مختلفة أو فترات زمنية متتابعة) الى إنحرافات أو متغيرات عشوائية أو موسمية أو دورية أو إلى أي متغيرات أخرى.

time sharing **إشتراك زمني**

طريقة إستخدام الحاسبة من قبل أكثر من مستعمل واحد مع قابليتَها لإنجاز مختلف المهام المطلوبة منها في وقت واحد.

وفي الحقيقة أن الحاسبة تعطي لكل مستخدم مقطعا خاصا من الوقت في دورة سريعة واحدة، فالحاسبة تعمل بسرعة بحيث لايظهر بأن يأخذون الآخرين يستخدمون جزءا من وقت الحاسبة. راجع time slice

time-interest-earned ratio **نسبة الفائدة، المكاسب، للفترات الزمنية**

الشيء الأساسي في معظم المعالم الشعبية هو نسبة التغطية المالية بإعتبارها المؤشر الحقيقي لإحتياطي المال أو الوقت للسلامة المخصصة لأجل دافعي الفائدة للدائنين، وتحتسب بتقسيم فائدة السندات على الربح الصافي قبل طرح الفوائد والضرائب الفردية.

time slice **جزء مني**

1. (حاسبات) حصة زمنية يكون فيها المستخدم مستفيدا من الحاسبة في نظام الإشتراك الزمني.

2. مقطع زمني غير محدد تقريبا مستعمل لأغراض التحليل الرياضي كما في تحليل المسلسلات الزمنية.

time value of money **قيمة زمنية للنقود**

إن مفهوم القيمة الوقتية للنقود هو مفهوم بسيط يعترف بحقيقة أن مجموع النقود اليوم له قيمة اكبر من مجموعة نقود ستسلم في المستقبل، ذلك لأن النقود يمكن إستثمارها وحيازة أجر لها يدعى الفائدة، هذا المفهوم ضروري عند إتخاذ قرارات متعلقة بالإستثمار حيث أن توقيت التكاليف التي ستدفع وتوقيت الإيرادات التي ستكسب يختلفان، إن أخذ هذا المفهوم بعين الإعتبار عند عمل قرارات الإستثماريتطلب إستعمال قوانين القيمة الحالية وجداول نسب الفوائد المركبة.

timing difference **إختلاف التوقيت**

ويقصد بهذا التعبير الإختلاف الحاصل بين الفترة التي تحدث فيها أي صفقة مالية قابلة للضريبة بصورة كاملة، وبين فترة أخرى تحدث فيها أي مدخولات مالية في ضوء تحديد محاسبة ضريبية للدخل قبل إستحقاقه، مثل:

أ- البيع بالأقساط يخضع لأغراض محاسبية بينما البيع النقدي يخضع لأغراض ضريبة الدخل.

ب- إستهلاك الأصول (الموجودات) يخضع لأغراض محاسبية بينما التراكم يخضع لأغراض ضريبة الدخل.

title **حق شرعي(الحجة)**

الحق المقرر قانونا لإمتلاك شيء ما أو حق التصرف به بحرية.

title deed **سند الملكية**

المستند الذي يحتوي على مايثبت حق صاحبه في تملك شيء ما (عقار مثلا) بموجب القانون.

title insurance **تأمين الحقوق الشرعية**

الضمان بوساطة شركة التأمين أي إكتساب حق بديل عند الفقدان "إصابة الملكية بالخطر " أو بوساطة التقسيم"مثل قطعة أرض ممسوحة ومقسمة الى أجزاء معروضة للبيع " ذلك أن حق الملكية لعقار حقيقي يكون مكتسبا كحق في إسم الشخص "ألمالك" بتأريخ زمني محدد.

token coins عملة رمزية

ويقصد بها جميع أشكال النقود عدا الذهبية، أي جميعها غير حقيقية، وتبلغ قيمة العملة المبلغ المعلن عنه فيها فقط، انما هي قابلة للتداول ولها حق الإبراء.

tolerance " تفاوت مسموح به ، مقدار التحمل السيطرة النوعية الإحصائية "

1. المقدار والإشراف عليه: " زيادة أو نقصان أو كلاهما " للإنحراف من قاعدة الإبعاد القياسية كقابلية القبول في المواصفات.

2. الإختلاف الإبتدائي في وضع الأبعاد بين قطعتين في عملية الصقل.

3. التسامح في الكسور عند الناتج.

4. التفاوت البسيط بين وزن القطعة النقدية المسكوكة فعلا ووزنها القانوني في المواصفات القياسية.

5. المتسلسلة القياسية الأمريكية للإجراءات الوقائية تضع حق الإختيار المشرف لسبع تصنيفات مختلفة للمطابقات التحملية :-

الحرية- البيئة- محكم التفصيل- المضغوط لأبعد الحدود - القوة الوسطية – القوة الثقيلة- التضاؤل " مقدار التقلص"

toll جزية ، تكس ، عائد المرور

1- رسم (على عبور طريق أو جسر أو لقاء مخابرة تليفونية)
2- ضريبة.

tonnage طنية، رسم طني

1- حمولة السفينة مقدرة بالطن (السعة المكعبة لها)
2- الحمولة الكاملة لجميع السفن التجارية لدولة ما.
3- رسم تفرضه الدولة على الحمولة المحمولة بالطن الواحد

tool أداة

3- عدد يدوية للتشغيل الميكانيكي.
4- إضافة أو قطع جزء آلي من الماكنة.
5- عدة الماكنة.
6- مايستعمل في الحرفة الخاصة من أدوات يدوية.

top down approach إسلوب القمة السفلى

وهو أحد الدراسات في الإدارة التي تركز على (المستويات العليا) في الإتجاه والسيطرة.
وفي علم الحسابات هو أحد طرق تصميم الأنظمة إذ

يكون فيها برنامج السيطرة العام أول ماينجز من الأمور، ثم يليه المستوى الثاني للنماذج التي تساعد النموذج الأعلى ثم تتكرر العملية حتى الوصول الى تكوين نماذج أدنى مستوى مع إختبارها . وذلك يختلف عن إسلوب القاعدة العليا.

topical آني الأهمية

وهو الجاري من المشاكل والحاجات والمقالات والإعلانات ذات التطبيق المحلي أو المحدد وغير المتصل أو غير المساهم في حل المشاكل الأساسية.

tort ضرر مدني

إنتهاك أملاك الغير أو تجاوزها.

total assets turnover حركة دوران إجمالي للأصول

تحسب حركة دوران إجمالي الأصول بتقسيم المبيعات الصافية على متوسط مجموع الأصول، هذه النسبة هي مقياس بين كفاءة وقدرة تشغيل الأصول.

total debt to total capital ratio نسبة إجمالي الدين الى إجمالي رأس المال

وهو شكل من أشكال تسوية الدين تكون فيه الممتلكات الإجمالية في موضع البسط، والدين الإجمالي في موضع المقام.

total equity حقوق المساهمين الإجمالية
total loss خسارة كلية
trace يتعقب، التدقيق

للتحقق ما إذا كان البند يملك صفة المطابقة مع أصل الأدلة (يقتفي الأثر).

traceable cost كلفة قابلة التقصي والتعقب

1- أي كلفة تملك صفقة مالية أصلية تشهد بكونها ذات دليل مادي، أو لها إمكانية الإكتساب بعد التحويل أو الحصة لحساب آخر.
2- كلفة مباشرة.

tracks طرق متسلسلة، التدقيق

وهي المسارات المتسلسلة للوصول الى الهدف، ويقصد بها خطوات المراجعة وفحص الحسابات بدقة والتسلسل بصورة رسمية إبتداءً من القيود اليومية "طريقة التدقيق"

242

trade **مهنة، تجارة**

1- وتعني الكلمة في الأصل: الممر او الطريق او العمل الذي يزاوله الإنسان او اي وسيلة لتحصيل الرزق. أما حاليا فتعني الكلمة اي مهنة او حرفة يدوية او عملا يتطلب مهارة تدريبية او عملا ميكانيكيا وليس معرفة اكاديمية اي "المعرفة المكتسبة من التقاليد والعادات والعرف السائد في المجتمع المُعاش عبر العصور"

2- كما تعني الكلمة على العموم التبادل التجاري بين الاشخاص بيعا وشراءً في البضاعة وفي منطقة واحدة او داخل القطر الواحد او مع اي بلد من البلدان.

أنظر مع المقارنة: commerce

trade acceptance **قبول تجاري**

سند تجاري مقبول يسحبه البائع على المشتري عند قبول الأخير البضائع المباعة له وهي تمثل البيع بالأجل.

trade account payable **حساب المدفوعات التجاري**

المسؤولية القانونية للمطلوبات على الحساب المفتوح لأجل المشتريات من البضائع والخدمات المستخدمة في السيرة المتكررة للأعمال التجارية.

trade account receivable **حساب**

المقبوضات التجاري

أ- المبالغ برسم القبض من الزبائن المتعامل معهم لقاء المبيعات من البضائع والخدمات في السيرة المتكررة للأعمال التجارية اليومية.يكون فيها الصندوق مدينا والمبيعات دائنا.

ب- كذلك ان هذا الحساب شيء متميز للمقبوضات النقدية المتنامية خارج الصفقات التجارية ويكون فيها الصندوق مدينا والإيجارات دائنا.

جـ - أو المقبوضات المختلفة في نموذج من حساب المدينين غير المضمون اعتياديا يكون فيها الصندوق مدينا وذمم العملاء دائنا.

راجع للمقارنة accounts receivable

trade association **إتحاد مهني**

رابطة تضم مؤسسات تزاول أعمال مشتركة او متشابهة، وتتشكل بهدف تمتين الروابط بين هذه المؤسسات لحماية مصالحها ولجمع معلومات إحصائية عن أعمالها، ولوضع مقاييس ومواصفات معينة للأعمال التجارية التي تزاولها وللتقيد بها او لبلوغ اهداف اخرى.

trade credit **دين أو إعتماد تجاري**

"trade deficit **عجز تجاري**

الميزان التجاري في غير صالح الدولة "

الإختلاف بين مجموع قيم الصادرات لبلد معين ووارداته في فترة زمنية محددة، فإذا كانت الواردات لذلك البلد اكثر من الصادرات كان الميزان سلبيا في مثل هذا الوضع.

راجع balance of trade

"trade investment **إستثمار تجاري**

إستعمال بريطاني "

trade liabilities **مطلوبات تجارية**

الحساب الجاري، ورقة نقدية، (بنكنوت) أو ورقة تجارية (بوليصة) مقبولة تدفع لقاء مشتريات السلع والخدمات المستلمة في الأحوال الإعتيادية للعمل التجاري.

وإعتياديا المطلوبات المتداولة تتضمن الأجور والضرائب غير المدفوعة.

trademark **علامة تجارية**

يقصد بها الشعار المميز لذلك الإنتاج ، اوالصورة اللازمة المحفوظة لدى السجل التجاري الرسمي، ولا يحق لأحد إستعمالها اوتقليدها او التعدي عليها وفقا للقوانين التجارية، فهي تعتبر وسيلة للتفريق بين المنتجات على نطاق محلي او عالمي، وهي من الموجودات غير الملموسة.

راجع. asset

trade name **إسم تجاري**

على كل تاجر اذا كان شخصا طبيعيا او معنويا، ان يتخذ إسما تجاريا مختلفا بوضوح عن غيره من الأسماء التجارية لتمييز نشاطه التجاري بصورة معروفة في المصالح التجارية.

trade note receivable **قدرة قبض الورقة التجارية**

السند الإذني من المشتري الى البائع يتعهد به بدفع قيمة البضاعة المستلمة.

trade payable **قدرة الدفع التجاري**

1. المبلغ المملوك للدائن.عادة استحقاق مع فترة زمنية قصيرة امدها 30 يوما.

2. المدفوعات المالية (PL).

trade price — سعر تجاري

السعر المدفوع من قبل الوكلاء للجملة عادةً ويتضمن سعر القائمة مطروحا منه الخصم التجاري.

trade receivable — قدرة القبض التجاري

1. المبلغ المسجل في فاتورة البيع الى العميل، عادةً إمكانية جمعه مع فترة قصيرة أمدها مثلا 30 يوما.
2. المقبوضات المالية.(PL).

trade surplus — فائض تجاري

"الميزان التجاري في صالح الدولة"

الإختلاف بين مجموع قيم الصادرات لبلد معين ووارداته في فترة زمنية محدودة، فإذا كانت الصادرات اكثر من الواردات لذلك البلد كان الميزان في حالته ايجابيا.

"فائض" راجع trade deficit

trader — تاجر

كل شخص حصل على الأهلية القانونية، وإتخذ من عملية البيع والشراء حرفة معتادة ابتغاءً للربح.

trade secret — سر المهنة

الخطة او الطريقة السرية التي تستعمل في الصناعة او في تركيب او تنفيذ إختراع معين.

trading account — حساب المتاجرة

وهوالحساب الذي يظهر الربح غير الصافي الناتج عن عمليات البيع والشراء قبل إحتساب المصاريف.

له		حساب المتاجرة لسنة 1999		منه
المبيعات	5000	بضاعة اول مدة		1000
مردودات تطرح	200	مشتريات	3000	
		مردودات "تطرح"	500	
	4800		4800	
				2500
بضاعة اخر مدة	1200	مصاريف تضاف	150	
			2650	2650
		إجمالي الربح		2350
	6000			6000

راجع المرحلة الثانية   profit and loss account

trading on the equity — تجارة مبنية على رأس المال

ويقصد بها عملية التكاثر في عائدات الأرباح المستمرة من رأس المال المقترض بفائدة متدنية وتشغيله في الأعمال التي تدر فائدة أعلى "إستعمال الفائدة الميكانيكية المكتسبة من الفعالية المالية".

وأن حركة إستعارة رأس المال الميكانيكية تؤثر على العجلة الإقتصادية من حيث:-

1- إنخفاض قيمة الأموال.
2- إنخفاض التشغيل في الأعمال التجارية.
3- التنازل عن الأسعار العالية المتوقعة "بيع بأقل سعر".
4- المسؤولية المطروحة في معدلات عالية للإكتساب في ذلك الإستثمار.
5- " التخلف"عدم القابلية في إيفاء الدين "الناتج دائما عن خسارة".

trade profit — أرباح التجارة

1. ربح غير الصافي الظاهر في حساب المتاجرة.
2. الربح الناجم من المضاربات المالية" البورصة" " التخمين" أي من البيع والشراء للأسهم والبضاعة في التحويل.

transaction — تبادل تجاري

عملية انتقال ملكية الأموال في مكان معين وتأريخ معين من اجل الربح (وتسمى بالصفقة) وتعتبر قاعدة للعناصر في التسجيل الحسابي أي عند إجراء عملية التسجيل للقيود التي تتكون من عنصر واحد او اكثر للمدين بالمقابل الى الدائن حسب ماتتطلبه طبيعة العملية التجارية (سياسة العمل التجاري).

transaction cycle — دورة الصفقة التجارية

المقطع القوسي لمدار نظام المحاسبة المستمر لإقامة علاقة متبادلة بين الاصناف:

النشاطات، والصفقات التجارية، والحسابات.

ان الدورة للصفقة المالية الراشدة لغالبية الشركات تكون مشتركة في:-

1- المبيعات ، جباية الأموال، المقبوضات.
2- الرواتب، ودوائر الموظفين والمستخدمين.
3- المشتريات، ألأموال المنفقة، المدفوعات.
4- الموجودات، والبضائع المتوفرةفي المخازن.
5- إكتساب رأس المال والتعويضات.

إن الأنظمة تكون عمومية ومرسومة في شروط الصفقات التجارية لأجل الأهداف للتخمين في السيطرة الداخلية.

transaction review — فحص الصفقة التجارية

تطبيق أساليب المراجعة على مجموعة من الصفقات التجارية والوثائق المتعلقة بها مقارنة بمعلومات أرصدة الحسابات.

(وعلى الرغم من أنهما متطابقان بالنسبة لبعض الأرصدة).

transcribe — ترحيل دفتري

1- لترحيل المعلومات المالية من القائمة الى سجل

اليومية العامة أو من اليومية الى الأستاذ العام الى ميزان المراجعة أو الى التصريح المالي، ويقصد به أي عمل لعملية ترحيل كميات نقدية أو سلعية أو خدمية من تسجيل الى تسجيل آخر.

-2 تحضير نسخة مطابقة للأصل الى شريط المعلومات أو سجل المعلومات.

transfer **تحويل أو إنتقال**

1. وثيقة تنازل عن الملكية أو الخدمة من شخص الى آخر مقابل ملكية أخرى أو بيع أو خدمة.
2. عملية تدوين شهادة السهم بأسم المالك الجديد.
3. التنازل عن الملكية والخدمة في الحالات:-

(بين الشركات المدمجة) (بين الشركات الفرعية) (بين الإدارات الحكومية) وعادة يتم التسجيل عن طريق التحويل (التخفيض السعري للقيمة الأصلية) كلفة التحويل أو زيادة المصاريف كنفقات الإرتحال ونفقات النصب.

transfer agent **وكيل عمليات الأسهم**

إن وكيل عمليات الأسهم هو شخص أو(مصرف في العادة) أو مؤسسة وظيفتها تحمل المسؤولية في نقل ملكية الأسهم للشركة وحفظ سجلات بأسماء حاملي الأسهم وتحضير القائمة الرسمية بمساهمي الشركة لتقديمها في إجتماعات المساهمين ولإستعمالها في دفع الأرباح.

transfer deed **صك التحويل**

وثيقة تحت الختم لعملية تحويل السند أو السهم أو البضاعة من شخص الى آخر وفي عملية التحويل يدفع المشتري عادةً قيمة طابع التحويل وإستشارات التحويل.

transfer ledger **أستاذ التحويل**

ملخص لمجموع أوراق الأستاذ العام بالأرصدة فقط (غلق الحسابات الختامية).

transfer payments **مدفوعات تحويلية**

مدفوعات إفرادية تدفع عادةً بوساطة التقنية (الآلات) الحكومية التي تكون غير ناتجة من النشاط الإنتاجي الجاري:

-1 مدفوعات الإنعاش الإجتماعي.

-2 مدفوعات البطالة والتعويضات المالية لإصابة العمال أثناء العمل، أو ذويهم.

-3 مدفوعات السندات الإجتماعية.

transfer price **سعر محول**

ويسمى السعر الباطني بإعتباره السعر المحول من وحدة الى وحدة أخرى في بعض الشركات لقاء الإنتاج او الخدمات " ويقصد بها شركة الأم والشركات التابعة لها "

transfer tax **ضريبة التحويل**

"على الأسهم" الضريبة الإجبارية المحلية على أي عملية بيع او تحويل للأسهم المصدرة.

transfer voucher, T.V **مستند تحويل البضاعة**

بموجبه يتم تحويل البضاعة من مخزن الى مخزن آخر داخل حدود المؤسسة، وهو وثيقة مبوبة على شكل حقول، تذكر فيها البيانات اللازمة لمواصفات البضاعة المحولة وكميتها والمخزن المحولة اليه البضاعة من تأريخه. وتكون إعتياديا من عدة نسخ، الأصلية منها لمركز الدائرة مؤيدة بالإستلام والتسليم، أما الأخرى فإلى يد مأمور مخزن التسليم مؤيدة بالإستلام من الآخر، والأخيرة الى يد مأمور مخزن الإستلام مؤيدة بالتسليم من الآخر.

transition martrix **مصفوفة الإنتقال**

إن مصفوفة انتقاء الإحتمالات من مجموعة واحدة من الحالات الى مجموعة أخرى من الحالات يكون فيها نظام قابل للحركة. إن الحالة الخاصة والمهمة المسماة بعملية ماركوف(Markov process) تكون مثالا على ذلك

transition probability **إحتمالات الإنتقال**

هي الإحتمالية المشترطة بالإنتقال من حالة الى حالة أخرى، وفي الحالة المهمة عملية ماركوف (Markov process) تكون إحتمالات الإنتقال غير معتمدة على الزمن ولكن في حالات أخرى ومن ضمنها عمليات ماركوف الجزئية فتؤخذ بعين الإعتبار صفات معتمدة على الزمن لهذه الحالات.

tranship, transship **ينقل البضاعة من سفينة الى سفينة أخرى**

نقل بضاعة من سفينة الى سفينة أخرى. وتستعمل هذه الطريقة عندما تكون سرعة السفينة في الإبحار بطيئة، أو عندما تخطيء الهدف المتوجهة اليه، أو في حال لم تستطع الإقلاع من الميناء، لسبب أو لآخر.

transit **ترانزيت، مرور**

انتقال البضائع أو الأشخاص عبر حدود بلد معين.

translate
تقدير قيمة

ويستعمل التعبير في التحويل الأجنبي لتثبيت قيمة مبلغ العملة الأجنبية بما يقابله من العملة الوطنية.

" تحليل التكافؤ بين العملتين"

translate-restate approach
تقديم إقتراح تحويل الى العملة الأجنبية

طريقة نقل الأموال المحلية بوساطة التحويل الخارجي، إذ تؤخذ بعين الإعتبار آثار التضخم المالي.

إن هذه الطريقة تحتاج الى تحويل أرصدة الحسابات الأجنبية الى عملتها الوطنية المتكافئة، ثم إعادة حساب هذه الأرصدة المحولة بحيث تعكس التغيرات العامة في القوة الشرائية للعملة الوطنية.

" لأن العبرة بالقوة الشرائية لا بالكمية "

translation
تحويل نقدي

عملية تحويل العملة المحلية الى اجنبية او العكس وتعني أيضا الترجمة.

translation gains or losses
مكاسب أو خسائر التحويل النقدي

الأرباح أو الخسائر الحاصلة من التحويل النقدي الأجنبي المتداول.

translator
مترجم، في الآلات الحاسبية

التحويل المتسلسل للبيانات من لغة الى لغة أخرى في برنامج العقل الألكتروني.

المترجم ربما يستعمل لتحويل البرامج من آلة حاسبة الى آلة حاسبة أخرى أو يستعمل لتحويل المستوى العالي الى المستوى الواطيء لعملية البرمجة.

transposition error
خطأ ناتج عن تغيير ترتيب الأرقام (قلبة رقم)

ينتج هذا الخطأ عن ترتيب خاطيء للأرقام مثل كتابة 563 عوضا عن الرقم 653. عند تحضير ميزان المراجعة يمكن أن ينتج فرق ما بين مجموعي ميزان المراجعة (المدين والدائن) فإذا كان هذا الفرق يمكن قسمته على العدد 9 بدون باق فإن هذا الخطأ يمكن أن يكون ناتجا عن تغيير ترتيب الأرقام أو عن خطأ ناتج عن الإنزلاق. راجع: slides و check figure

transportation cost
كلفة الشحن بالمواصلات

أجرة عربات شحن البضائع + مصاريف المعاملات.

---

travel expenses
مصاريف السفر

هي مصاريف تصرفها الشركة للموظفين الذين يمثلون الشركة في مهام خارج مقرها، وهذه المصاريف تتضمن مصاريف النقل ومصاريف الطعام والنوم وإذا ما بات الموظف خارج مدينته أو إذا كانت الراحة ضرورية له اثناء النهار.

traveling auditor
المدقق المنتقل

الموظف المختص بفحص الحسابات لفروع الشركة لمساعدة مقرها الرئيسي في السيطرة المالية.

traveller's checks
شيكات سياحية

يستحق الدفع عند الإطلاع، وتسهيل قبض المبلغ المدرج عليه دون الحاجة الى الإستفسار عما إذا كان هناك تغطية كافية لمبلغ الشيك، والغرض منه المحافظة على اموال المسافرين من التعرض للأخطار في الطريق كالسرقة والفقدان فهو يصرف عند مطابقة التوقيع الزوجي على وجه الشيك.

treasury bills
حوالات الخزينة

1. تصدر من قبل الدولة لقاء الحصول على الأموال من قبل المواطنين.
2. تلتزم الخزينة عند الإصدار بدفع قيمتها عند الإستحقاق.
3. تباع عن طريق العطاء للمشتري بخصم معين من قيمتها الإسمية.
4. أجلها قصير (أي مدة إستحقاقها أقل من سنة واحدة).

treasury bonds
سندات الخزينة

تصدر من قبل الدولة أوأي شركة لقاء الحصول على الأموال (سندات مصرح بها ولكنها غير مباعة من قبل الشركة).

1. تتعهد خزينة الدولة بدفع قيمتها عند الإستحقاق.
2. تشتريها الشركة المصدرة مرة ثانية لتتجنب دفع الفوائد الى خزينة الدولة.
3. أجلها طويل (أي مدة استحقاقها من سنة الى عشر سنوات من تأريخ الإصدار).

treasury certificate
شهادة الخزينة

إلتزام حكومي لا أكثر لإستحقاق الدين. سنة واحدة من تأريخ الإصدار. وشراء الفائدة على الكوبون.

treasury note
كمبيالة على الخزينة

1. محرر مسحوب على خزينة الدولة من قبل المواطنين لقاء حصول الدولة على قرض.

2- تتعهد الخزينة بدفع قيمتها عند الإستحقاق.

3- تدفع بموجبها فوائد سنوية للمواطنين.

4- أجلها طويل (أي مدة إستحقاقها من سنة واحدة الى عشر سنوات).

أسهم مستردة treasury stock

1. أسهم صادرة من قبل الشركة أو القطاع العام.

2. بيعت أصلا الى المساهمين ثم سيطرة المؤسسة عليها بطريقة الشراء وأصبحت مردودات المبيعات بحكم الحسابات.

3. لاتدفع عنها حصص أرباح.

4. تمنح للموظفين بهدف التقدير والمكافأة أو تبقى مخزونة ولهذه تسمى ايضا بأسهم الخزانة لدعم رأس المال المدفوع.

تحليل الإتجاه العام trend analysis

عملية المعدلات لتحقيق التسلسل الزمني مع النمو، وهناك أربعة طرق:-

1-طريقة الرسم اليدوي.

2- طريقة نصف المعدل.

3- طريقة معدل الحركة والإنتقال.

4- طريقة المربعات الصغرى.

ميزان المراجعة trial balance

أو الميزان التجريبي أي تجربة صحة الأرصدة في الميزان وهي قائمة لمجموع مجاميع الأرصدة الدائنة والأرصدة المدينة في حسابات الاستاذ، وذلك بقصد تحديد موازنة الأرصدة الدائنة والمدينة وتوفير الخلاصة الأساسية لأغراض الميزانية والتقارير المالية.

أنظر مسك حسابات القيد المزدوج double-entry book-keeping

كما يستخدم التعبير لوصف قائمة موازين الحسابات (ومجاميعها) المستخلصة من سجلات العميل او السجلات الثانوية الأخرى للتأكد من مجاميعها بالمقارنة مع الحساب الرئيسي ذي العلاقة.

وقبل إستخلاص ميزان المراجعة، كما هي الحال في الأستاذ العام قبل نهاية الشهر، يقوم المحاسب بالتأكد من شمول كافة الإدخالات في الأستاذ والضرورية لضمان موازنة الجانب الدائن مع الجانب المدين. في حالة إستخدام السجلات العمومية أو ماشابهها فيقوم المحاسب بالتأكد من مجاميع العمود وترحيلها الى الحسابات الرئيسية بالشكل الإعتيادي وإتمام كافة الترحيلات

لتفصيلات البنود خلال الجزء الأخير من الشهر، وعندما تحتوي الحسابات على ترحيلات ملخصة بالدرجة الرئيسية كما هي الحال في الأستاذ العام للمؤسسة الكبيرة، فتكون الترحيلات هنا أقل عددا ويسهل التأكد من شموليتها.

أما عندما تكون ترحيلات الأستاذ متعددة مع عدم تواجد نظام للتأكد من صحة الترحيلات الفردية ففي هذه الحالة تكون مجاميع ميزان المراجعة غير متساوي منذ البدأ ويواجه المحاسب فيها ضرورة التعرف على الخطأ وتصحيحه مع الإنتباه الى معاملة الخطأ البسيط بنفس مستوى الخطأ الكبير، وتحديد البنود المحتسبة على أساس خاطيء، وقد تتواجد أخطاء في الإحتساب لفترات طويلة، وعند إكتشافها يجب الرجوع الى فترة موازين المراجعة الأصلية التي حصل فيها الخطأ والبحث عن البند الملائم.

قيد ثلاثي مركب triple entry

القيد المستعمل في إحدى تصحيحات الأخطاء الحسابية، وهو قيد مصطنع بحيث يحتوي على الإلغاء والتصحيح والتسجيل مرة ثانية، وتسمى هذه الطريقة المختصرة لكون قيد التصحيح قيدا واحدا فقط مركبا من ثلاث حقول.

نظام دفع الإجور سلفا من متجر يملكه رب عمل truck system

إحتياطي true reserve

تخصيص فائض مال حقيقي أو فعلي.

إتحاد إحتكاري(الترست) trust

1. نظام يدير بموجبه شخص أملاك شخص آخر، وذلك " لتوفر الثقة بين الطرفين " ويتحمل المسؤولية ويضع يده عليها " كالوصاية على أملاك موقوفة ".

2. أو هو إتحاد إحتكاري بين الشركات حيث تدمج هذه الشركات ملكيتها وتعتبر مشروعا إقتصاديا واحدا بهذه الحالة، ذا شخصية معنوية واحدة وتحت إدارة واحدة بحيث تفقد هذه الشركات إستقلاليتها الأولى، ويمكن أن يستأثر بالسوق سواء باستقلال توحيد القوى أو الإستفادة من مزايا الإنتاج الكبير. أنظر cartel

حجة الملكية الموقوفة trust deed

عملية نقل الملكية بوساطة الوصي الذي يتحمل مسؤوليتها ويديرها لأجل إستفادة الآخرين.

trustee   وصي
أو السنديك، أو مدير التفليسة

Trustee Acts   قانون الوصاية
وهي قوانين برلمانية، توضح فيها واجبات الوصي كما يشترط عليه إستثمار الوديعة المالية في أئتمان الصنف العالي أو الأول للأوراق المالية.

turn   فرق بين سعر الشراء وسعر البيع
ويحدث ذلك لدى سمسار البورصة.

turnover   حجم الأعمال التجارية
1. مجموع الإيرادات خلال فترة معينة (سنة)(المبيعات) إستعمال بريطاني.

2. نشاط سهم من أسهم رأسمال الشركة، أو البضائع الموجودة بالنسبة الى كمية العمل الذي تزاوله الشركة.

3. أحد الفواصل الإحصائية المستعملة في التحليل المالي لتخمين الموجودات.

4. عدد الموظفين الذين تستخدمهم الشركة أو تنهي خدماتهم بالنسبة الى مجموع عدد الموظفين في الشركة خلال مدة معينة.

turnover, rat of   معدل دوران البضاعة
عدد المرات التي تباع فيها بضائع المشروع المتوسط الصنف خلال فترة من الزمن، فإذا كان متوسط ثمن البضاعة (معدل المخزون)

رصيد أول مدة الجرد   124,90 دولار
رصيد أخر مدة الجرد   185,10 دولار

310, 00 دولار
310, 00 ÷2= 155,00 دولار المعدل
كلفة البضاعة المباعة = 232,50 دولار
معدل الدوران (السرعة)=
232,50 ÷ 155,00= 1,5
وتكون هذه السرعة منخفضة عادةً في السلع المرتفعة الثمن، وتكون عالية في سلع الإستهلاك.

turnover tax, also purchase tax   ضريبة المشتريات
ضريبة مباشرة عادة تخمينية على قاعدة القيمة الإسمية (ad valorem) في واحد أو أكثر من أصناف الإنتاج/ عمليات التسويق، في كندا تفرض عندما يكون الإنتاج متكاملا، أما في الولايات المتحدة فتفرض ضريبة المبيعات عندما تكون السلع مربوطة في الإنتاج، الفرضية في أكثر الأحيان تكون صنف واحد سلعي، الضريبة تكون متراكمة في إضافة القيمة أي ضريبة على ضريبة.

two-bin policy   وثيقة ذات بندين

two-class common stocks   أسهم
عمومية ذات صنفين

type   تصميم ، تصنيف
تصنيف البنود أو الحوادث أو الإفراديات مع الأعداد البيانية المشتركة.

248

pqrstuvwxyzab

ullage   مقدار النقصان
1. الخسائر المحتملة في التأمين.
2. الفرق بين السعة والمحتويات للنقد.
3. الفرق بين كامل سعة البرميل وبين مافيه بالفعل.

uitra-vires   مخالفة للنصوص القانونية
ويقصد بها السلطة القانونية الإستثنائية:
1- التجاوز لحدود السلطة الممنوحة أو المصرح بها.
2- تجاوز سلطة الشركة المنصوص عليها في النظام الأساسي أو في أي وكالة.

unadjusted trial balance   ميزان مراجعة تحت التسوية
قائمة الحسابات المدينة والدائنة بالأرصدة على شكل عمودي، أخذت قبل التسوية القيدية " ميزانا غير منضبط" أي هناك فروقات أو إحداثيات غير مسجلة.

unadmitted assets   تأمين : موجودات لاتدخل
تدخل ضمن عملية التصفية

unallotted appropriation   مخصص غير
محصص: "محاسبة حكومية"
تخصيص رصيد متوفر لإجمالي الحصص التي يجر عليها التنظيم لأجل الأهداف المرسومة من قبل السلطة الرسمية مع قرار التخصيص.

unamortized bond discount   خصم
السند الغير مستهلك، خصم غير مطفأ
الخصميات على السندات الطويلة الأجل تستهلك أو تطفأ على مدة السنوات الفعلية : "الفترة النشطة" ويسمى الرصيد الباقي بعد الإطفاء :" الخصم الأصلي مطروحا من الخصم المستهلك"أو الخصم غير المطفأ.

unamortized bond premium   علاوة غير مستهلكة" علاوة غير مطفأة"
العلاوة على السندات الطويلة الأجل تستهلك أو تطفأ على مدى مدة السنوات الفعلية."الفترة النشطة" ويسمى الرصيد الباقي بعد الإطفاء " العلاوة الأصلية مطروحا منها العلاوة المستهلكة" أو العلاوة غير المطفأة.

unapplied cash   نقد غير مخصص
ذلك النقد غير الإحتياطي لأجل الأهداف الخصوصية، وهومتوفر لأي إستعمال مع الصندوق لأي جزء.

unappropriated budget surplus   فائض موازنة غير مخصص
الإفراط أو الزيادة في تخمين العائدات المالية للصندوق لأجل إعطاء فترة زمنية إضافية للمخصصات المكونة من قبل مجلس الإدارة.

unappropriated income   دخل غير مناسب
الحساب المستقر لأجل سيطرة الموازنة على أي زيادة دائنة للدخل المخمن أكثر من المصاريف بوساطة الميزانية المصدقة.

unappropriated retained earnings, earned surplus   فائض المكاسب غير المناسبة،غير الموزع
ذلك الجزء من المكاسب المحفوظة التي لاتملك التحويل الى حساب فرعي أو ثانوي أو بطريقة أخرى مميزة لأي هدف نوعي، ذلك أنه تذكير متغير لأجل إمتصاص الأرباح

unasserted claims   تعويضات، مطالبات غير مؤكدة

unaudited information   معلومات غير مدققة
معلومات مالية مستمرة في البيانات المالية، والتي لاتملك تدقيقا لغاية إكتمال النتائج من المتطلبات المرسلة من البورصة.

unaudited statements   بيانات مالية غير مدققة

بيانات صادرة من الشركة وغير مدققة وذلك للأسباب التالية:

1- المدقق الداخلي غير موكل اليها.

2- لايملك المدقق قياسات تدقيق مطابقة لها أو لأن التصاريح غير مطابقة للقياسات التدقيقية.

3- لايملك المدقق ترخيصا كافيا لتدقيقها.

unavoidable cost   كلفة لايمكن تجنبها

الكلفة التي يجب أن تكون بإستمرار تحت إنضمام إدارة الأعمال في المشروع. مثل الكلفة الثابتة.

unbilled cost   كلفة غير معلن عنها

الكلفة التي يمكن إستردادها بمطابقتها مع العقود غير المتكاملة للبضائع والخدمات، مطروحا منها، المدفوعات المقدمة، ومدفوعات الرحلة من المتعاقد. "تفصيل مبوب" كـالموجودات الجارية والمقبوضات من العملاء بدون العناصر المتضمنة تكوين الربح.

uncertain   1- غير محدد،غير معين غير موثوق

2- غير مبرمج الحدوث والصحة: "بعيد الإحتمال"

uncertainty   شك، أو أمر مشكوك فيه أو غير حقيقي

1- حالة للخطر في أي إحتمالات مناسبة تكون غير معلومة ولا يمكن أن تكون تخمينات موثوقة في المقدمة للحكم عليها.

2- حالة في أي إمكانية إيجابية كمقارنتها بنتائج سلبية مدروسة في حكم بينهما ذلك لكون وجود غياب المعرفة للإحتمالات الحادثة.

unclaimed wages   أجور غير مطالب بها

حاليا من قبل العاملين أو مثل شيكات الأجور غير حاضرة حاليا للدفع للعمال.

uncollectible accounts receivables   حسابات غير قابلة التحصيل

الحسابات المدينة "الذمم" الحاصلة كنتيجة للمبيعات أو لأي سبب آخر، وهي مبالغ مترتبة على العملاء، إنما تعتبر بمرور المدة الطويلة غير محتملة التحصيل أي أنها من الديون المعدومة.

unconsolidated subsidiary   شركة غير متحدة أو مندمجة مع غيرها

الشركة التابعة مع انفصال تقريرها المالي، ذلك يكون غير متضمن في توحيد التقارير المالية، وهذه الشركة تكون أهليتها التجارية غير معلنة للتوحيد. إذ أن السيطرة عليها بوساطة الخاصية والإرتباطية تكون حقيقية: "شركة تابعة أجنبية بموجب القانون " أو التشغيلات مع الشركة التابعة تكون غير منسجمة مثلا "شركة صناعية وبنك" وتكون حسابات الشركة التابعة غير الموحدة عن طريق الأسلوب المنصف أو العادل.

underabsorption   إندماج غير متكامل

المبالغ بوساطة أي ديون محولة الى حساب الإندماج هي أقل من القيمة المتوقعة للمجموع.

underapplied burden   عبء تحت التطبيق

مقدار النقص لتكاليف النفقة الصناعية، أي النتائج الحاصلة من إستعمال الضرائب المقدرة سلفا للحصص.

underapplied overhead   نفقة عامة تحت التطبيق

وهي نفقات فعلية تجاوزت فترة نفقة القرض القابل للتحويل أو التطبيق.

undercapitalised   دون رأسمال كاف

مشروع تجاري يعمل بأموال دون الكفاية اللازمة التي يتطلبها تدوير اعماله بصورة مرضية.

under charge   تحت سعر التحويل

undercut **دون السعر المقطوع**

يطلب المشتري البضائع والخدمات فيها ، بسعر أقل من أسعار المنافسين في السوق.

underinvoicing **سعر الفاتورة المخفظة**

1. إيراد قيمة البضائع والخدمات في الفاتورة بسعر أقل من السعر المقرر الرسمي.
2. طريقة إفتعالية يقوم المصدر بها بتخفيف الأسعار الحقيقية للسلعة ليتمكن المصدر من الإحتفاظ بفرق التحويل الخارجي في حسابه.

underlying company **شركة تابعة أو فرعية**
subsidiary

underlying security **أوراق مالية ثانوية**

الأسهم والسندات المالية الصادرة عن الشركة الفرعية والمضمونة من شركة الأم مباشرة.

under protest **تحت الإحتجاج**

ويقصد به ألامر المرفوع تحت قيد التنفيذ القضائي عند رفض تسديد الحقوق، وتستعمل هذه العبارة مع الوثيقة التي تصاحب المدفوعات لتسديد الديون، حيث تشمل حق إقامة الدعوى القضائية عند عدم إعتراف الجانب الآخر بإستلام الأموال التي استلمتها "ضمان إسترجاع الأموال".

undertaking **مشروع، تعهد**

1. عمل أو مشروع يقدم عليه صاحبه وينطوي على تنفيذ أعمال تجارية أو صناعية أو ماشابه ذلك.
2. تعهد عند العقد يكون تأكيدا من جانب واحد.

underwriter **ضامن أو مؤمن لديه**

1. مستثمر صيرفي يضمن السندات الصادرة من مصدر ما في موعد محدد وسعر معين،وله حق الإتفاق مع الآخرين لشراء السندات غير المباعة من جمعية المصدرين دون السعر الرسمي.
2. مؤسسة مالية أو تجارية عالية المهام تأخذ على عاتقها تأمين الأخطار بمجرد التوقيع على البوليصة، ودفع الإعانات المالية أو التعويضات الى المتضررين بموجب البوليصة وذلك من الأرباح العائدة لهذه المؤسسة بطريقة تنظيم تعاونية أو تبادلية "شركة تأمين".
3. الضامن للمطلوبات المتعرضة للحوادث من جراء الأخطاء.

underwriters' laboratories **مختبرات إتحاد المؤمنين**

منظمة للخدمات العامة غير ربحية تدعمها الهيئة الإدارية للمؤمنين ضد الحريق، لدراسة البحوث حول ضمان الحياة والمخاطر المسببة للحوادث البشرية والوقاية من الجريمة، كذلك الفحص وإختيارات الآلات والأنظمة والمواد المتعلقة بالحياة والحريق.

وعند الحصول على الموافقة لمنتوج معين فإن الأحرف "UL" يلصقان عليه.

underwriting contract **عقد ضامن، الأوراق المالية**

وهو عقد بين مصدر السندات والوكيل، أو الضامن أو اتحاد المؤمنين أو نقابة التأمين على تسويق السندات والأسهم.

underwriting syndicate **نقابة تأمينية**

جماعة من الأشخاص، هم عادة من الصيارفة المستثمرين يتفقون فيما بينهم ويوافقون على شروط عقد التأمين، ويتحملون بموجبه نتائج الاخطار التي قد تترتب على عملية الشراء والتسويق في جزء أو جميع الحصص المصدرة من السندات المالية.

undistributed profit **أرباح غير موزعة**

حصة من الأرباح لم تدفع بعد والتي يحتفظ بها المشروع اوالشركة التضامنية أو بهدف تجميع فائض لديها.

undiversifiable risk **خطر غير قابل للتنويع**

أنظر market risk

undivided profit **أرباح غير مقسومة**

المبالغ غير الموزعة والعائدة لصافي الربح في الشركة المساهمة، وتعتبر نموذجا غير آني لتحويل فائض المكاسب، وهوتعبير يستخدم عموما في التصريح المالي للبنك عندما تكون هذه الارباح العائدة للأسهم غير المدفوعة، وتكون دائما متحدة مع فائض المكاسب تحت عنوان (فائض وأرباح غير مدفوعة).

دخل unearned income, or revenue

عائد ، قابل للتحصيل غير مستلم

1. إستغلال الأراضي والمكائن.

2. (ضرائب) عائد من الثروات الأخرى للمشروع غير الخدمات الشخصية.

زيادة غيرمستلمة unearned increment

تحسن ثمن الأملاك الطبيعي

1- ماتسقطه الريح من شجر أو ثمر (كسب مفاجيء وغير متوقع).

2- الزيادة العرضية في قيمة الممتلكات الشخصية بدون إتفاق نقدي أو مجهود مقدم من قبل المالك، مثل: فتح شارع رئيسي بجانب أرض كبيرة معينة أو سكة حديد، وهي حالة ماوراء السيطرة الشخصية المباشرة.

فائدة غير مقبوضة unearned interest

فائدة قابلة للتحصيل ولكنها لم تستلم بعد.

تأمين ضد البطالة unemployment insurance

تأمين العامل ضد البطالة الناشئة عن أسباب لاسيطرة له عليها.

ضريبة البطالة unemployment tax

في بعض الدول تفرض هذه الضريبة بموجب القانون الخاص بها، وذلك لتغطية كلفة التأمين على البطالة في الولاية، أو إطفاء كلفة التأمين أو جزء منها، والغرض من هذه الضريبة التقليل من حال البطالة ومكافحة نتائجها.

تخصيص unexpended appropriation

غير مسدد

حصة من التخصص حاليا غير مسددة ومحتمل أن ترهن في مجمع مالي أو قسم خاص.

رصيد غير مسدد unexpended balance

حصة لاتمتلك حاليا إمكانية التسديد ومحتمل أن ترهن في مجمع مالي أو قسم خاص.

كلفة غير منطفئه unexpired cost

أي نفقة تعرض بمنفعة محتملة في المستقبل، أو أي أصل من الأصول يتضمن مصاريف مدفوعة مقدما. وظهور مثل هذه المصاريف بصورة طبيعية في الميزانية العمومية.

منافسة غير شريفة unfair competition

أي فعل غير قانوني أو غير شريف يقوم به شخص لمنافسة غيره من الأشخاص بهدف تحقيق كسب مادي يؤدي للإضرار بالآخرين.

دين سائر قصير الأجل unfunded debt

أسهم حكومية قصيرة الأجل بالمقارنة مع السندات طويلة الأجل.

ضريبة تحويل الملكية unified transfer tax

الشخصية الموحد

تفرض هذه الضريبة في الولايات المتحدة على الملكية التي يتم تحويلها الى شخص آخر عن طريق الهبة أو الإرث، وتم تأسيس هذا النوع من الضرائب في سنة 1976.

النظام uniform accounting system

المحاسبي الموحد

قاعدة عريضة من البيانات والمعلومات، تضم مجموعة من المبادئ والأساليب المحاسبية والإحصائية، والتي تخدم أطراف متعددة في جسم معين واحد ولأغراض المنفعة العامة، ومنها:

1- ضريبة الدخل.

2- التخطيط المركزي للإقتصاد.

3- تأمين الإستخدام الأمثل للموارد الإقتصادية.

4- تأمين ربط حسابات تلك الوحدات بالحسابات القومية.

ويستخدم هذا النظام على الأكثر في الفئات الرسمية أو شركات ذات منفعة معينة واحدة.

**Uniform Commercial
Code** قانون تجاري
موحد، أميركا

uniform costing حساب الكلفة الموحد

مجموعة من المبادئ والأساليب المحاسبية المشتركة التي يستخدمها عدد من المشاريع التي تتداول صناعة معينة لتمكينها من إجراء مقارنتين مختلف الكلف.

uniformity تماثل- إنتظام – مشابهة

التقيد بنظام الفرضية أو القاعدة التأسيسية أو العرفية (بموجب التقاليد)

uniform partnership Act قانون عقد
الشركات الوحد، أميركا

الهيكل القانوني المقترح بوساطة المؤتمر القومي لتجارة العمولة، بقصد توحيد قوانين الولاية لتغطية القاعدة القانونية للشركات التجارية. وهذا القانون اصبح مقررا في ولايات مختلفة في الولايات المتحدة.

Uniform Warehouse Receipts Act قانون
الإيصالات الموحدة للمستودعات.

unilareral contract عقد أحادي الطرف

عقد من جانب واحد فقط يتعهد به هذه الطرف للعمل بموجب القانون اولأجل القانون.

union contracts عقود نقابية

المحررة بين أصحاب الأعمال والنقابة التي ينتمي اليها الموظف أو العامل، وهذه العقود عادة تحدد شروط وأوضاع التوظيف لفترة معينة من الزمن.

union shop مؤسسة نقابية

مكان معين لجمع الموظفين أو العمال على شكل إتحاد تعاوني من أجل تحقيق أهداف معينة كالدفاع عن مصالحهم، أو خلق ظروف عمل جديدة أو تنمية المهنة على الوجه الأكمل.

unissued capital stock رأسمال الأسهم
غير المصدرة

الجزء الممنوح لرأس المال، سواء تم إكتتابه أم لا، الذي لم يصدر بعد، وهذا النوع غير مسموح به في لبنان.

unit وحدة إنتاجية، موجودات ثابتة

unit cost كلفة الوحدة المصنعة

تحسب بإضافة كلفة المادة المباشرة المستعملة في الإنتاج وأجور العمل المباشرة ومصاريف عبء المصنع، ثم يقسم الإجمالي على عدد الوحدات المنتجة.

unit credit method طريقة الوحدة الجارية

unit-livestock—price method نظام وحدة
الثروة الحيوانية

نظام سعر الرأس الواحد من المواشي (دواب - دواجن).

unit of measure وحدة القياس

1. تعتبر النقود العامل المشترك في كل الصفقات التجارية، وهي أداة للتعبير عن القوة الشرائية العمومية. والنقود هي الوحدة القياسية العملية لتبادل السلع.

2. محاسبة التداول الخارجي.
التداول في الموجودات والمطلوبات والمصاريف التي تتضمن وحدة القياس.

unit-of-production method طريقة
إستهلاك الوحدات المنتجة

وهي طريقة تربط الإستهلاك بالطاقة الإنتاجية المقدرة للأصول الروافع ويحسب الإستهلاك لوحدة إنتاج معينة مثل وحداة الساعة أو الأميال أو عدد العمليات.

ويحسب الإستهلاك لكل مدة زمنية بضرب وحدة إستهلاك الإنتاج بعدد الوحدات المستعملة خلال المدة هذه.

unit of sampling وحدة العينة
الوحدة المختارة لإختيار .

unit record equipment آلة وحدة التسجيل،
حاسبات

وهي آلة إخراج تستخدم لقراءة وكتابة البيانات من وحدة التسجيل أو من بطاقة IBM مثقبة، تتضمن هذه الأجهزة قارئ البطاقة وثاقب البطاقة ومصنف البطاقة ومطابق البطاقة.

univariate analysis تحليل الإنحراف المنفرد

universe كون، عالم، بشر

1- مجمع لموضوع مادي لأي شيئ يكون تحت الدراسة.

2- "إحصائي" مجموعة أعداد مرتبة كاملة، أو مجموعة المعطيات من أي نموذج ربما محرر أو مطلق.

3- العالم بأجمعه ويقصد به الجنس البشري "البشر ".

unlimited liability مسؤولية غير محدودة

مسؤولية شرعية غير محصورة بوساطة القانون او العقد، مثل أفراد شركات التضامن (الشركاء) مسؤوليتهم غير محدودة عن ديون الشركة.

unliquidated encumbrance تعطيل عملية تسديد الدين

رهن غير مدفوع

unloading تفريغ

عملية إنزال البضائع من على السفينة ووضعها على رصيف الميناء ،وتتم هذه العملية على مرحلتين:-

الأولى :- حمل البضائع من داخل السفينة ووضعها على الروافع " يلتزم بها الناقل وعلى حسابه".

الثانية:- عند بدأ عملية رفع الروافع من السفينة وإنزال البضاعة على رصيف الميناء.

"يلتزم بها الشاحن او المرسلة اليه وعلى حسابهما "

unpaid dividends أرباح غير مدفوعة

1. أرباح الأسهم المعلنة في الشركة ولكنها غير مدفوعة حاليا.

2. أرباح الأسهم غير المستحقة ولكنها مكتسبة حقها الشرعي.

3. أرباح الأسهم أو السندات الممتازة المرحلة الى حقول التراكم (إضافة الى ماسيدفع في المستقبل).

unproductive wages أجور غير منتجة

الأجور العمالية غير المباشرة المدفوعة لهم .

unrealized appreciation إرتفاع ثمن غير محقق

المبلغ الحاصل بوساطة أي زيادة في إعادة التخمين يكون كبيرا بالنسبة للقيمة الدفترية للموجودات، في الوقت الذي يكون إعادة التخمين، والتسجيل، أقل حصة إستهلاكية إحتياطية بعد ذلك.

unrealized holding gain,loss مكاسب أو خسائر مملوكة وغير محققة

عموما المكاسب المملوكة (أو الخسائر) أو الأرباح المخزونة

تلك التي لاتملك تحقق (تحويل عقارات الى نقد بوساطة البيع).

unrealized loss,gain مكاسب وخسائر غير محققة

حساب سند شرعي لتقرير التحويل في المبلغ خلال فترة زمنية للسندات القانونية القابلة للتسويق بوساطة اي كلفة سوقية حاصلة على التفوقات السعرية للسندات والأوراق التجارية للمؤسسة التجارية.

unrealized revenue دخل غير محقق

ينسب الدخل للصفقة المالية التجارية الكاملة تحقيقا لها: لكن المتمم المالي بوساطة المستلم النقدي للأصل الأخر غير مقبوض أساسا كالفرق بين إجمالي العائدات وصافي العائدات.

unrecovered cost كلفة لاتعوض

1. حصة الإستثمار الأصلي غير المطفأة خلال عملية الإستنزاف.

2. الخسائر غير المؤمنة من الإهمال الإستثنائي (فوق العادة) الحريق- السرقة – السوق المتقلبة.

unrelated business income دخل غير متصل بالأعمال التجارية

(ضرائب الدخل الفدرالية) تلك الحصة للدخل الخاضعة للأعفاء الضريبي.

unrestricted assets موجودات غير محددة ، محاسبة التأسيس

الموجودات التي ربما تتحول الى غرض نافع بتحفظ لمجلس التحكيم الحكومي أو الكيان غير الربحي.

unrestricted/random/sampling معاينة عشوائية غير محددة

unsecured account حساب غير مضمون

unsystematic risk خطر غير نظامي

المتقلبات أو المتغيرات في قضايا الضمان للعائدات المالية بوساطة العوامل الإستثنائية التي تحصل للشركة المستقلة، يمكن إزالتها او حذفها مقابل أرباح إنتاجية للسندات والأوراق التجارية، لذلك يتحتم دراسة الموضوع لعدم إتصاله في التحديد لعائدات السوق على الأوراق المالية.

ثمـن أساسي،في المزاد العلنـي upset price
السعر الأدنى الحاصل في المزاد العلني، او البيع عند الإفلاس لتصفية الموجودات بوساطة المحكمة.

حالة انتعاش إقتصادية upward phase

سعر مستعجل urgent rate

الاختلافات في الاستعمال usagevariance

مهلـة معتـادة usance
أو مدة عرفية لدفع قيمة البوليصة مابين دولتين.

مفيد أو صالح للإنتفاع useful
إمـتلاك بعـض الأفضـلية فـي الإجتهـاد للأمـور العامـة والرئيسية، نتيجـة التكرار أو التـردد في إسـتعمال الشـيء المستخدم في المكان المناسب لتحقيق نتيجة إقتصادية خاصة أو عامة.

عمر إقتصادي useful life
حياة تشغيل إعتيادية لمدة معينة لمنفعة المالك، مثل إستخدام الموجودات الثابتة (الملكية) كالعقار والآلة والفترة الزمنية للتشغيل يمكن ان تكون اطول أو أقل من الحياة الطبيعية، أوأي حياة إقتصادية متميزة بشكل شائع:"حياة خدمية ".

فائدة، منفعة usefulness
1. الملكية للبداية الإنتاجية.
2. الملكية الإنتاجية الموجبة التي تكون إستمرارية القيمة في تطبيق النفقات أصليا للموجودات الثابتة وهي دومـا موسعة الى فروع أخرى لنفقات قيمة أي تكوين غير مستنفذ مع الفترة المحاسبية الجارية.

عقيم،عديم الفائدة useless

مصاريف مستعملة user charges
المصاريف المستعملة المفروضة مقابل الإستعمالات للخدمة أو المشتريات للإنتاج، لصـندوق المشـروع أو لصـندوق الخدمة الداخلية.

كلفة مستعملة user cost
الكلفة المتعلقة بحق الإستعمال .

ربا أو الربح الفاحش usury
عملية مالية تعسفية في إستعمال حق الفائدة وتنطوي على إستغلال المدين.

منفعة utility
1. الطاقـة لإشباع الرغبـات أو الحاجـات، أو تنفيـذ هدف مستقل.
2. شركة الخدمات العمومية.

أموال لغرض النفع العام utility fund
أمـوال تخصصها الدولـة لغرض دعـم المؤسسـات التـي تسـتهدف الخدمـة العامـة، أو التـي تـؤدي خـدمات لغرض المصلحة العامة، أو تقديم خدمات للجمهور.

255

valid	**شرعي، قانوني ، صحيح**

1. كل شيء صحيح من الناحية القانونية(غير مزور).

2. كل مدقق يحرص على عدم الإنحياز أو عدم إرتكاب الأخطاء.

3. كل منح للسلطة أو التفويض لشخص جدير بالثقة.

4. كل شيء قابل للتنفيذ.

validate	**يصادق رسميا، يثبَتّ شرعيا، يؤيد**

1. يشهد على صحة المعلومات أو الأدلة أو الجودة أو القيمة.

2. يؤكد شرعية أمر ما أو شيء ما ومطابقتهما للقانون.

validation	**تثبيت المصادقة الرسمية**

(إحصاء) وهوتحديد ما إذا كان إختيار معين سيفضي للنتائج المطلوبة، مع توفير العناصر الضرورية مثل الدقة والصدقية ومدى الترابط ومثال ذلك هو :

إختبار لطلاب المحاسبة يفرض تحديد ميولهم للمهنة، ومن الممكن التثبت من حقيقة هذا الإختيار بتأريخ لاحق عن طريق القيام بمسح لمعرفة عدد الطلاب الذين خضعوا للإختبار ومارسوا مهنة المحاسبة، وعن تقييم مرؤوسيهم لهم، إن وجود ترابط عال وإيجابي بين نتائج الإختبار والمسح اللاحق سيؤكد ويثبت حقيقة الإختبار، ولكن وجود وجود إختبار واحد ومسح واحد من هذاالقبيل يعتبر غير كاف.إن الإستمرار بالفحص والمسح بإستخدام إعادة الفحص مع معاملات الإرتباط الناتجة والمتقاربة الحجم قد يكون ضروريا لتحصيل الدقة والإعتماد.

إن الرجوع الى ظروف المهنة الخاضعة للفحص يؤكد الدلالة للإختبار: ان الإستمرار بالفحوصات مع تحصيل نتائج متقاربة تؤكد دقتها وصدقيتها. ان المقارنة الإرتباطية بين الفحص والمهنة هي طريقة لتحديد الدقة. إن مزيجا من كل هذه المقاييس يتضمن في الإصطلاح إمكانية تثبيت المصادقة الرسمية أو تثبيت الصحة.

validity	**شرعية، سريان مفعول المصادقة**

وتكون بعد إكتساب مرحلة المصادقة الرسمية.

validity tests	**إختبارات الإجراءات الشرعية**

إجراءات التدقيق في التحقق من سلامة تحديد البنود المسجلة.

valorize	**تثبيت أسعار السلع(إقتصاد موجه)**

إقرار حكومي (بواسطة القانون) وفق عملية تنظيمية لإعطاء البضاعة سعراً قانونياً ثابتاً منعاً عند الإرتفاع أو دعما عند الإنخفاض، وهذا السعر يكون ذا قيمة مختلفة عن القيمة الإقتصادية أو القيمة السوقية للبضاعة، وذلك لمعالجة أزمة إقتصادية عالمية أو محلية، أو لتنظيم سير التجارة المحلية داخل بلد ما، كمعالجة غلاء المعيشة مثلا، ويتعين على الجهة الرسمية ذات الإختصاص بهذا الأمور تنفيذ ومراقبة تعليمات المخالفات الإقتصادية (كالإحتكار مثلا) لهذا القانون.

valuation	**تخمين ، تقييم**

1- التقييم المحاسبي accounting valuation

2- التحكيم. ويقصد به القدرة على والحق في تصنيف الأشخاص والأشياء الى جيد وأجود وسيء وأسوأ مع التمييز بين كل فئة وأخرى .

ويتم بالأتفاق بين الأطراف المتنازعة على إختيار أشخاص آخرين من غير أطراف النزاع على شرط أن تتوفر فيهم المعرفة العالية في نظام المقاييس أو الأوزان والمعدلات الرياضية والآراء القياسية مع الممارسة الفعلية الفنية المتفوقة في مجال التحكيم .

valuation account,valuation allowance,valuation reserve	**حساب التخمين**

الحساب الذي يفتح كإحتياطي للبنود المختارة، أو كملحق جزئي أو كلي، واحد أو أكثر، للحسابات حتى إذا إنعدمت تستنزف من هذا الإحتياطي كإحتياطي الديون المعدومة وكإحتياطي إستهلاك الماكنات والآلات.

256

تقييم لإثبات صحة الوصية valuation for probate

عملية تقدير للأسهم الحكومية أو أسهم شركة تجارية لأجل هدف توزيع التركة، وعادة تكون قيمة الأوراق المالية اينما تكون تسعيرة معلنة بتفاوت مسموح به بقدر 4/1 بين الإنخفاض والإرتفاع للأرقام في دائرة التسعيرة يعني قيمة السهم الحكومي يتراوح بين 94-92 فالفرق هو 92,50=92+2/1=4/1×2 قيمة السهم عند البيع.

قيمة ثمن value

المقدار المالي الإستبدالي للسلعة، أو هي النسبة التي تحصل بها عملية مبادلة سلعة بأخرى في وقت معين ومكان معين.

قيمة مضافة value added

إضافة قيمة جديدة على القيمة الأصلية أو قيمة السلع أو الخدمات التي أضيفت الى ناتج المشروع خلال سنة أو خلال فترة زمنية :" البيان المالي للقيمة المضافة بوساطة التشغيل لشركة ما ".

ضريبة القيمة المضافة value added tax, VAT

ضريبة مالية غير مباشرة تفرض على الربح المحقق" صافي الإنتاج" أو على السلع والخدمات من قبل المنتج او المشروع في كل مرحلة من مراحل الانتاج وعمليات التوزيع والإستهلاك، وتكون متناسبة مع الزيادة المقدرة في قيمة بيعها النهائي، وتستعمل هذه الضرائب في أوربا وأمريكا الوسطى والولايات المتحدة وإنكلترا.

هندسة القيمة تحليل القيمة value analysis,value engineering

هوتحقيق منفعة متساوية من السلع والخدمات بتكاليف أقل، وتستخدم بالنسبة الى التكاليف المتكبدة أو العالية.

بوليصة مخمنة، تأمين valued policy

وثيقة تأمين محدودة القيمة بالتعاقد. وهي غير قانونية في حالات متعددة، تحت شروط الطرفين المتعاقدين، متطابقة لقيمة الملكية المغطاة،والمبالغ التي تكون مدفوعة في قضية الخسارة المجموعة.

قيمة المنفعة value in use

القيمة الحاضرة لصافي حركة النقد المستقبلية "المتضمنة

الإجراءات النهائية للبيع " المتوقعة، لكونها محولة من الإستعمال للموجودات في المشروع.

تحكيم القيم value judgment

حق الإختيار، أو الموافقة الأساسية المحملة على المسؤولية الشخصية، أو التفضيل الجماعي، وهي عملية تمييز من التحكيم التلقائي للأوساط التي تقود الحكم الى إكتساب النتيجة النوعية، وأحكام القيمة ربما هي قوة دافعة، إعتيادية، أو عكسية.

قيمة للعمل التجاري value to the business

وهي مقياس للممتلكات مبني على أساس مقدار الإستفادة الناجمة عن إمتلاك هذه الممتلكات من قبل المشروع، إن القيمة للعمل تحسب عادة عن طريق المؤثرات المضادة لصافي تدفق النقد، بإفتراض أن المشروع المقصود قد حُرم من إستخدام ممتلكاته : "القيمة المحرمة" هناك فرضيات عديدة تتضمن قياس القيمة للعمل التجاري.

أ. إن كلفة الإمتلاك تعطي قيمة تقريبية لإحتمالات العوائد الناجمة لتدفق النقد التابع لممتلكات معينة في تأريخ الإمتلاك.

ب. وفي تواريخ متتابعة تكون القياسات المبينة على أساس الكلفة الجارية لتلك الممتلكات عاملا معيناً لإستخراج قيم تقريبية لإحتمالات العائد الناجم عن تدفق النقد فيها.

ج. وفي بعض الضروف من الممكن أن تكون إحتمالات عوائد تدفق النقد لممتلكات معينة معطلة الى درجة أن المؤسسة للمشروع لاترغب في شراء ممتلكات معينة في كلفتها الحالية اذا كانت لاتملك أي ممتلكات في ذلك الوقت .

د. ان القيمة للعمل التجاري لايمكن ان تتجاوزالمجموع الأقصى التي تكون المؤسسة للمشروع راغبة في دفعه لإمتلاك ممتلكات معينة، ذلك لأن القيمة للعمل التجاري هي الكلفة التجارية أو قيمة مناسبة أقل من ذلك.

إختلاف القيمة، إختلاف السعر value variance, price variance

متغير، رياضيات variable

وهي القيمة غير المعتمدة ،أي التي تزداد أو تنقص بصورة مستقلة من دون أن يتأثر ذلك بقيم معتمدة أخرى .

variable annuity مدفوعات إستثمارية متغيرة

عقد تم بوساطة شركة تأمينية أو إستثمارية مع المستثمر تحت شروط معينة في العقد لأي فترة زمنية موزعة بصورة مختلفة، كالتحويلات في القيمة المالية المحصورة بالسندات المالية: " تغير أسعار السندات "

variable budget موازنة متغيرة

موازنة تشمل خطتين بديلتين أو أكثر وتوضع بالإعتماد على حجم نشاطات الشركة في حالتي الزيادة أو الإنخفاض، وهي ايضا الموازنة التي تخضع للتعديل أو التنقيح أثناء الفترة الخاصة بها. وهي عكس الموازنة الثابتة. fixed budget.

variable costs, تكاليف متغيرة، **or expenses** مصاريف

هي التكاليف التي تتغير وتتقلب بالنسبة الى حجم الإنتاج تميزاً لها عن التكاليف الثابتة. ويقصد بها مصاريف التشغيل التي تعتبر مباشرة، وبعض الأحيان تكون متناسبة مع المبيعات أو قيمة الإنتاج أو السهولة أو النفعية أوأي مقياس آخر. مثل: "المواد الأولية الإستهلاكية، العمل المباشر، الطاقة، التجهيزات أو المؤن المصنعية، الإستهلاك (على قاعدة الإنتاج)، عمولة المبيعات.

variable-cost ratio نسبة الكلفة المتغيرة

وهي النسبة بين عائدات المبيعات والكلف المتغيرة.

variable gage مقياس متغير

النموذج القياسي المستعمل "السيطرة النوعية الإحصائية" لإختيار حجم الإنتاج لبعض وحدات النوعية من الطاقة الإنتاجية للتأكد من صحة ودقة المواصفات الصحيحة المطلوبة لذلك.

variable sampling معاينة متغيرة

المعاينة المطبقة في أي تمييز مقداري للبنود النموذجية المدروسة في عملية التدقيق للأخطاء النقدية، في اختبار مستقل يكون مثالاً للمعاينة المتغيرة.

variance إختلاف، تباين، إنحراف

1. الفرق بين تطابق البنود في الميزانية العمومية التي لها علاقة بالمقارنة أو في الدخل وحالات التشغيل الأخرى.

2. الفرق بين التكاليف القياسية او المتوقعة وبين تكاليف الإنتاج الفعلية، أوالفرق بين السنوات، أو المقادير الصغيرة بين العناصر.

3- (إحصاء) مربع الإنحراف المعياري، أي تربيع الفرق بين قيمة كل بند من بنود التوزيع والمتوسط الحسابي للتوزيع، وجمع هذه الفروق ثم قسمتها على عدد البنود المشمولة.

variate متغير عشوائي

وهومتغير بقيم معينة ولو جزئيا عن طريق عملية عشوائية، إذ أن متغيرا معينا لكل قيمة محتملة أو مجموعة من القيم يكون له قيمة لإحتمالية الحدوث.

VAT,value-added tax ضريبة القيمة المضافة

vector قيمة خطية أو موجهة، رياضيات

وهي مجموعة من الارقام المرتبة بحيث إن القراءات للمبيعات الشهرية لكل ثلاث مفردات في محلات البيع بالجملة مرتبة بشكل حقل عمودي اوحقل أفقي مثل:

$$\begin{bmatrix} \text{س}1 \\ \text{س}2 \\ \text{س}3 \end{bmatrix}$$

أو[س1 ، س2، س3]

ويسمى الاول بالصف العمودي ويسمى الثاني بالصف الأفقي، ومن المهم المحافظة على هيئة مواقع الأرقام، إذ ان نفس القيمة التقريبية في مكان واحد لها معنى مختلف عند تغير موقعها.

إن ورقة طلبية المواد التي تكون فيها الصفوف المختلفة مؤشرا الى قطع المواد المطلوبة، تُعتبر مثالاً على ذلك. ان مفهوم الصف يتطابق مع مفهوم النقطة عندما تكون القيم على الإحداثيات لإتجاهات مختلفة للفراغ. إن كل صف عمودي أو صف أفقي تابع لمصفوفة معينة يمكن إعتباره كقيمة خطية .

veil of money غطاء نقدي

vender's shares أسهم البائع

venture مغامرة، مخاطرة، مجازفة

أو أي مشروع يزاوله الفرد، سواء كان تجاريا أو صناعيا، بحيث ينطوي على قدر كبير من المجازفة.

venue جلسة القضية

1- الصلاحية القضائية المكان الذي ستجري فيه مرافعة الدعوى بين الأطراف،والنظر في موضوع النزاع الذي

viability **إقتدار مهني**
القدرة على سد الإحتياجات دون مساعدة من الآخرين هو القابلية أو القوة على البراعة في المهنة، لإستمراريتها على دوام الحياة والخدمة، أو لعمل عرض فني مبدع وإظهاره برضى تام، بإمكاننا القول: الإقتصاد، أو الأمة أو الدولة، أو التصنيع، أو إدارة أعمال المشاريع تجاريا، أو الإجراءات أو الخطة أو الإتفاقية أو العقد.

virement **1- حصة**
2- أي تحويل من حساب الى آخر.

vis-a-vis, **وجهاً لوجه**
face to face **وتستعمل للمقارنة**

visa **تأشيرة، أو سمة دخول الى دولة أجنبية**

void **لاغ، باطل، بدون قيمة**

volume cost **كلفة حجمية**
الأجل عادةً تعبير عن الكلفة المنخفضة ، أو كلفةالممتلكات الشخصية المنقولة بوساطة الحجم.

volume discount **خصم الكمية**
الحصة المحددة من الكمية الموهوبة من قبل البائع للمشتري، بسبب حجم المشتريات المتسلسلة في الصفقة التجارية، إضافة الى منحه مدة زمنية معلومة للتسديد.

volume of production **حجم الإنتاج**
أو الطاقة الإنتاجية

volume variance **إنحراف الحجم، الطاقة**
يطلق هذا التعبير على الفرق بين مصاريف عبء المصنع المخطط لها في الموازنة لمستوى الإنتاج الفعلي الذي أمكن تحقيقه، والمصاريف القياسية المحملة لهذا الإنتاج خلال المدة وهو يتعلق بمصاريف عبء المصنع للطاقة غير المستعملة.

voluntary reserve **إحتياطي إختياري**
الحصة، أو علامة تمييزية للمكاسب المحتفظة . (فائض المكاسب)، كالأموال المحتفظة لأجل التأمين، أو التقاعد أوأي بند آخر غير دليلي (لايحتوي على بينة بوساطة العقود أو الخسائر المكبدة.

vote **صوت**
أي فعل أو حركة إجراءات قانونية أو شكلية للتعبير عن بينهم :"مكان المحكمة"
2- موقع الجريمة أو السبب الموجب.
3- مسرح الحوادث.

verification **تحقق**
إجراءات شرعية وعملية مصحوبة بالتجربة الفنية الشمولية في مطابقات العمل التجاري والمحاسبي بشكل صادق وأمين ودقيق،مع أهمية البنود والخدمات التي تشكل عناصر مهمة من المؤسسة أو المشروع، وذلك للتأكد من صحتها وقانونيتها في التطبيق، أو لتثبيت الخسائر في التقرير السنوي.
وهذه الإجراءات خصوصية من خصوصيات مهام التدقيق الإعتيادي لحالة الملكية في مزاولة المهنة، وهي تتم وفق مراحل، أهمها:
1- التحقق من تطبيق الأصول المحاسبية.
2- التحقق من مخزون البضاعة.
3- التحقق من الإنتاج.
4- التحقق من تقييم الملكية وما يترتب عليها.
5- التحقق من الإستهلاكات وطرقها وتقييمها.
6- التحقق من صيانة الموجودات.
7- التحقق من سياسة المؤسسة وصلاحية مجلس الإدارة في الشؤون المالية.

verify **يثبت الحقيقة، التدقيق**
عملية إظهار الدقة أو الأرجحية بوساطة الإمتحان المقتدر لتسهيل عملية التحكيم.

vertical analysis **تحليل رأسي أو عمودي**
يطلق هذا التعبير على إستعمال النسب المئوية لبيان العلاقة بين العناصر المفردة والمجموع الكلي لهذه العناصر في أحد البيانات المالية.

vertical combination **توافق رأسي،أو**
إتحاد رأسي
الأعمال التجارية الإتحادية المتضمنة الشركات مع الإرتباط بمورد العميل، إن هذه الصلة ربما تكون مباشرة أو تكون فورية ولو انها منعزلة، لكن الإتحاد يكون عموديا عندما تكون إمكانيات التوحيد في عملية توحيد الشركة لمصروفات تكون تشغيلية كل من على وشك الحدوث، العميل، أو منابع الموارد.

vested benefits **ربح مكتسب، مقدر**
التقديمات والأرباح المقصودة في خطة التقاعد الحكومية.

التفصيل والإختيار، أو إظهار شيء يلائم رغبة الغالبية كقرار مجلس الإدارة أو الجمعيات المدنية.

voting stock أسهم التصويت
أسهم تمنح حاملها حق الإقتراح أو التأييد أو الرفض على أمور تتعلق بمصلحة الشركة في الجمعية العمومية أو مجلس إدارة الشركة. وعادةً لايجوز إعطاء حق التصويت إلا لحملة الأسهم الإعتيادية.

voting trust إتحاد التصويت
1. إتحاد يقوم به غالبية المصوتين لإعادة التنظيم.
2. إتحاد إحتكاري يقوم أصحابه بشراء حق التصويت في الجمعية العمومية للشركات من مالكي الأسهم.

voting trust certificate وثيقة التصويت الموحد
وثيقة لإرباح الفائدة الصادرة بوساطة الشركة لأجل فترة زمنية معلومة من الوقت.

vouch يشهد، يضمن، يبرهن
1. لإثبات الصفات الأساسية للملكية ومبالغ البنود، الإيرادات، المصروفات، الموجودات، المطلوبات، وذلك بوساطة الإختبار أو عملية التجربة لدعم الحقيقة المالية مقارنة مع البينة أو الشهادة أو الدلالة.
2. لإثبات الملكية على النفقات كوسيلة للرضى عند الدفع.

voucher مستند إيصال
1. وثيقة لأي خدمة كدلالة عن الإنفاق النقدي، وتعتبر كورقة مقبوضة أو شيك محذوف أو النسخة الثانية المطبوعة للصك أو مصاريف نثرية مستلمة.
2. ورقة أو بينة محررة للأعمال التجارية، وتستعمل في المحاسبة التجارية كمستند قيد يومية يسبق القيد الرسمي في السجلات.

voucher audit تدقيق مستند
1- عملية الفحص بالموافقة بالرضى بوساطة السلطة الإدارية للإقتراح الإتفاقي .

voucher check شيك مستندي
محرر موقع يصور مثل شخصي لعملية الدفع النقدي،كالتأريخ، المبالغ، الخصم، الإستقطاعات الأخرى،

ورقم القائمة، أو أي طلبية للسلع، أو الخدمات المستلمة أو التي سوف تستلم، وبالإمكان توحيد المعالم للشيك، ويعتبر انه نموذج مستلم قابل للإنفصال من التحويل المدفوع،" تحويل النقد بالبريد الى شخص في دولة أخرى".

voucher index دليل مستندي
وهو فهرست يبين فيه أسماء الأشخاص المدفوع لهم، وعادةً يكون متعلقا بسجل المستندات أو ربما بكارتات مسجلة (بطاقات).

voucher register سجل مستند القيد
يومية أو سجل لأجل القيد المستندي وجنسية المستند، وعادةً يدرج في نموذج عمودي ويصنف ويوزع، وبعدها يرحل الى سجل الأستاذ العام بهذا الشكل أو بصورة إجمالية.

voucher system إسلوب مستندي
التسجيل التوجيهي للموارد المالية في المشروع والسيطرة الداخلية الفنية للقوائم في :
1- التحقق من المطلوبات وتسجيلها.
2- دفع وتسجيل النقدية الدائنة. ويستخدم في إستعمال هذا الإسلوب:
أ- مستندات القيد المدفوعة وغير المدفوعة.
ب- سجل مستندات القيد.
ت- التسجيل المستندي.
ث- السجل المستندي.
ج- الشيك المستندي.

vouching مراجعة مستندية
1. التدقيق تحت نظام الإسلوب المستندي للقوائم والحالات الأخرى للمطلوبات لأجل صحة القيد في التسجيل والتوزيع كذلك المدفوعات.
2. عمليات التحقق المالية أو الإستشهاد بصحة التثبيت في الترحيل المحاسبي.

voyage policy بوليصة تأمين الرحلة
(التأمين البحري) هي بوليصة تُؤمَن بموجبها السفينة خلال فترة الإستخدام التي تستغرقها رحلة واحدة معينة، بصرف النظر عن طول هذه الفترة، بدلا من تأمين السفينة لفترة محدودة من الزمن.

rstuvwxyzabcd

wager **رهان**

مجازفة مالية في مخاطر من أجل الحصول على مال أكثر " وتسمى مقامرة".

wages **أجور**

الثمن أو المكافأة أو البدل أو التعويض الذي يدفع الى العمال الذين بذلوا جهدا أو نشاطا عقليا أو بدنيا في الإنتاج تحت إشراف الآخرين، سواء كان الدفع على أساس الساعة أو اليوم أو الإسبوع أو الشهر، أو على أساس القطعة أو على العموم.

wages abstract **خلاصة الأجور**

وهي المبالغ المثبتة في جداول سجل الإجور، والتي نطرح منها عادةً الضرائب والتأمين والضمان الإجتماعي والنقابة والسُلف، وتضاف اليها المكافأة والعمل الإضافي لتنتهي بخلاصةُ الإجور.

wages freeze **تجميد الإجور**

أي لتثبيتها كسلاح لمواجهة الأزمات الإقتصادية.

waive **يتخلى عن حق،يتنازل**

walk-through test **إختبار العبور**

وهوإسلوب تدقيقي تفحص فيه وثائق الصفقات المالية من بداية إصدارها وخلال مراحل معاملتها، بوساطة نظام محاسبي للوحدة المقصودة حتى الإنفكاك النهائي في الحسابات، وبصورة عامة فإن الهدف من إختبار العبور: "التحري التام" هو السماح للمدقق للتعرف بالنظام المحاسبي والتأكد من وجود معلومات شارحة للنظام بصورة دقيقة .وعلى الرغم من هذا، ففي معايير التدقيق المقبولة عموما يعتبر إختبار العبور وحده غير كاف لفحص الكفاءة.

Wall Street **وول ستريت**

1. الشارع الذي يقع في المركز الرئيسي من حي مانهاتن في مدينة نيويورك بالولايات المتحدة الامريكية.

2- تعني العبارة المركز المالي الأول في الولايات المتحدة.

3- تعني العبارة "السوق المالية" أي بورصة نيويورك للأسهم، والحبوب، وسلع مختلفة وغرفة المقاصة وشركات الإستثمار، ومكاتب السمسرة والمصارف وغيرها.

warehouse **مستودع**

المكان المعد لخزن البضاعة والممتلكات، سواء كانت عائدة للقطاع الخاص أو العام، وذلك للمحافظة عليها من التلف والسرقة وغيرها، كمستودعات الجمارك والموانيء والسكك الحديدية ومستودعات الأهالي.

warehouse receipt **إيصال المستودع**

نموذج دليلي لحق شرعي يعطي الى مالك البضاعة المستقرة في المستودع العمومي. وقد يكون هذا النموذج قابلا للتحويل بصورة فعالة، أو مؤثرة بوساطة التنازل عن الملكية المنقولة لصالح الدائنين، وذلك عن طريق رفع الإيصال بأمر التسليم الى أمين المستودع الذي بإمكانه تحديد سند تسليم البضاعة المثبت أوصافها، وبهذه الحالة يمكن تداوله بتثبيت "الحامله" بدون توقيع، ويستخدم مثل هذا النموذج في القروض المصرفية، أو يثبت على مستند التسليم كلمة "إسم الدائن"صاحب الطلبية، وبهذه الحالة لا يمكن تداوله ويكون صاحب الطلب ملزما بالتوقيع.

warrant **ضمان**

1. ألإلتزام الصادر عن اي جهاز لتأمين إستقرار الديون وإمكانية قدرات الدفع مباشرة ،ودوما تعرف بالصك المضمون.

2. الإلتزام بفائدة تنازلية للقروض القصيرة الأجل بصدور رسمي في تأمين إستقرار الديون، وإمكانية قدرات الدفع من الضرائب المستلمة أو من العائدات الأخرى.

3- شهادة موثقة ملحقة بإصدار السند، أو ورقة مالية قصيرة الأجل، أو شهادة للأسهم الممتازة أو الإعتيادية تكفل الصك أو المستند لمدة معينة.

warrants payable
سندات مستحقة
وغير مسددة

warranty
تعهد، كفالة أو ضمان
تعهد البائع للمشتري بضمان صحة الصفقة التجاريـة، وخلافه سوف يدفع التعويض أو النقيصة أو تغطية الفترة المتضررة في قائمة البيع، وبموجبه يعطى للمشتري حقا في إقامة الدعوى.

wash transaction
إستبعاد الصفقة التجارية
إن التغير المفاجيء في الأسعار بعدالحوادث الإقتصادية أو السياسية يؤدي الى جعل عملية البيع مبعدة أساسا، باعتبار البائع غير مالك للسلعة عند الإتفاق (عملية عكس الصفقة أو إلغائها). إن إلغاء حركة المبيعات بين شخصين في وقت واحد ، والتحميل المشترك على مدخولات قائمة الأوراق المالية ،أصبحت محرمة قانونيا بموجب قواعد البورصة . والهدف من ذلك أن هذه العملية تخلق عرض مزيف في النشاط التجاري والأسعار ،وتترك عملية إستحصال الضرائب وهي في نفس الوقت تشجع على إيهام المستثمرين وتدفعهم للشراء بالسعر الأصلي وتوقعهم بالخسائر المالية.

waste
نفايات، فضلات
الخسارة الطبيعية الناتجة عن التلف، أو الفعالية التكتيكيـة، أو التبذير الإجباري، وهي كمية المواد التي تكون غير مطلوبة، أو ليس هناك حاجة اليها، والتي يجب أن تُزال أو تُباد، مثل الغبار والدخان، والرواسب، والفضلات غير القابلة للبيع. وهذه المواد تُنتج عادةً خلال عمليات تصنيع المنتوج.

wasting asset
أصل متناقص
الأصل غير المعمر (هالك) من الأصول الثابتة، ويستنزف بمرور الزمن ولابديل له ويقصد به المواد الطبيعية مثل مزارع الخشب والخامات المعدنيـة، وإحتياطي البترول الخام.

watered capital
أسهم رأس المال المميعة
"رأسمال غير مغطى غطاءً كافياً" الإفراط في أسهم رأس المال المصدرة، كون القيمة الإسمية، أو القيمة

المعلنة، هي اكثر من القيمة السوقية للموجودات المسهمة في التحويل.

waybill
كشف الشحن
الوثيقة التي تصنف تفاصيل السلع المشحونة وهي تبين منشأ البضاعة والجهة المرسلة اليها ،كما تبين أي إنتباه خاص تحتاج اليه البضاعة اثناء النقل.

wealth
ثروة
أي شيء يمثل قيمة أو نفعاً عاماً في حيازة الأشخاص. والثروة دومـاً تكون متطابقـة مـع رأس المـال أو السلع الرأسمالية، وإنتقالها بين الأشخاص يكون الدخل والأرباح.

wear and tear
البلى والتمزق

weighted average
معدل الموزون
المعدل أو الوسط في أي بند يكون محددا في أهمية الصلة، أو إستخراج الرقم القريب للحوادث. مثلا: مشتريات المواد الأولية محددة ومتكونة من عناصر متغيرة أثناء السنة المالية والرسم أدناه يوضح ذلك .

مجموع القيمة	سعر الوحدة	الوحدات
215	$ 1,50	150
245	$ 1,40	175
66	$ 1,32	50
84,5	$ 1,30	65
620,5	$ 5,52	440

المعدل البسيط=4\5,52= 1,38 $
المعدل الموزون=440\620,5= 1,41 $

weighted average cost of
حساب
capital
كلفة رأس المال بطريقة المتوسط الموزون
راجع. Cost capital.

wholesale price
سعر الجملة
السعر الذي تباع فيه البضائع بالجملة.

wholesale price index
دليل سعر الجملة
ترتيب للبيانـات يوضح فيه التحـويلات الشهرية لسعر البضـاعة والسلع المباعـة للتصنيع، أو للتوزيـع، أوللبيع بالتجزئة. وحاليا يدعى الدليل السعري الإنتاجي.

wholesaler
بائع الجملة
هو الوسيط في عملية التجارة بوساطته تصل السلعة من المنتج الى التجار ووكلاء المفرق.

will
وصية
وثيقـة مقدمـة مـن شخص طبيعي قبـل المـوت، مثبت فيهـا توزيـع الملكية الشخصية بعد الوفـاة بـدون عـوض وتعتبر قانونية وملزمة التنفيذ للأطراف مالم يطعن في صاحبها لعدم بلـوغ سن الرشد أو السـلامة العقلية، ويتم بموجبها التمليك المضاف الى الورثة بعد الموت وعليه تكون خاضـعة لنظام ضرائب الإرث.

windfall **كسب غير متوقع**

الدخل الذي تحقق لدى شخص معين بصورة مفاجئة، ولا يمكن تبرير تحققه الى نتيجة النفقات أو الجهد المبذول من قبل ذلك الشخص المستفيد.

winding-up cost **كلفة التصفية**

كلفة عملية التحضير التي تؤدي الى انتهاء العمل التجاري للشركة (تصفية إجبارية أو إختيارية)، كمصاريف الدعاوي والمحاكم القضائية التجارية، ومايلحقها من رسوم وتعويض حملة الأسهم "الإفلاس"

window dressing **1- زخرفة واجهة معرض** تجاري بصورة جذابة، بحيث تظهر للجمهور صورة غير حقيقية عن واقع المشروع، أو بحيث يظهر السوق أكثر مما هو عليه.

2- تحريف الحقائق المالية للميزانية العمومية والتي تعطي عكس الحقيقة (الصورة الخادعة).

with averagr **مع الخسارة المشتركة**

ويقصد بها التلف أو الضرر الحاصل الذي يلحق بالبضاعة المؤمن عليها بسبب خسارة تحصل خلال الرحلة البحرية ومعنى التعبير يشمل الخسارة الخاصة والخسارة المشتركة بالمعدل.

withdrawal **سحب أو إسترجاع**

1. نقد أو ملكية تدفع لصاحبها الشرعي، أو مدفوعة لمالكي الأسهم، مثل أرباح الأسهم أو فائض المكاسب أو إسترجاع الدخل أو إضافة الى رأس المال المدفوع.

2. النقد الحاصل من حساب التوفير الشخصي في البنك.

withholding **إستقطاع**

عملية الإستقطاع المالي من الرواتب الإدارية، وأجور العمال بموجب القانون"إجبارياً " لتسديد ضرائب الدخل المترتبة على الأفراد العاملين في القطاع العام والخاص.

without grace **بدون مهلة**

أي عدم وجود المهلة القانونية عند الإستحقاق في أوراق الدفع.

without prejudice **الحكم بدون تحيز**

ويقصد بها حالة الإستقرار في النزاع، وعدم التنازل عن أي حق والذي سوف يقدم بدون تأثير مصالح الآخرين.

without recourse **بدون حق الرجوع**

وتستخدم العبارة في تظهير الورقة التجارية القابلة للتداول، وهي تدل على أن مُظَهِر الورقة لن يكون مسؤولا في حالة عدم تسديد قيمتها في المستقبل.

وتعني ايضا عدم اللجوء الى طلب المساعدة.

work center **مركز الكلفة**

working asset **موجودات عاملة**

ويقصد بها أي موجودات أخرى بعد موجودات رأس المال

working capital **رأس المال العامل، المتداول**

ويطلق التعبير على الأموال المتداولة في عملية التشغيل والعمل التجاري، وإستخراجه يتم من طرح المطلوبات المتداولة لشركة ما من الموجودات المتداولة " صافي الموجودات المتداولة".

البيان	الجزئي	الكلي
الموجودات المتداولة		
نقد	160	
أوراق قبض	290	
بضاعة مخزونة	850	
المطلوبات المتداولة	——	1300,00
أوراق دفع	130	
مصاريف مستحقة	180	
	——	310,00
رأس المال المتداول		990,00
نسبة رأس المال		**4,19**

working capital fund **صندوق رأس المال**

تأسيس رأس مال بوساطة جهة رسمية، لتمويل النشاطات الضرورية للمواطنين في مدينة معينة " مالية الخدمة الداخلية" مثل المحلات التجارية، كراجات غسل وتشحيم السيارات، ومحطات تزويد السيارات بالوقود.

working-capital ratio **نسبة رأسالمال العامل**

1= النسبة الجارية

$$2 = \frac{\text{الموجودات المتداولة}}{\text{المطلوبات المتداولة}} = \frac{1300}{310} = 19,4$$

أنظر الجدول السابق في working capital

working-capital turnover **دورة رأس المال العامل**

$$= \frac{\text{صافي مبيعات السنة}}{\text{متوسط رأس المال العامل في نفس السنة}}$$

working fund **صندوق التشغيل**

نقد مدفوع مقدما لهذا الحساب، لتمويل رأس المال المتداول، أو مصاريف مخصصة للأهداف المرسومة. مثلا عندما يكون لدى الشركة فرع لها، فإنها ترسل اليه مالا للتشغيل، يستعمل في دفع المصروفات للفرع التابع لها.

والمصنع لاتزال تحت الصنع، وأنفق عليها بعض المصاريف غير المباشرة.

قياس العمل **work measurement**

طريقة سيطرة الكلفة (قيمة الجهد). الطريقة التي تعتمد في التحاليل النموذجية للفعالية المطلوبة، لتحقيق الهدف، مثل البراعة الفنية التي تعتبر محاولات تحديد عبء العمل المطلوب للهدف، وتحقيق الثروة المطلوبة عند إنتهاء الفعالية. وكذلك تتضمن دراسات الحوافز والوقت، ونموذج العمل وطرقا أخرى.

تعويض طواري العمل **workmen's compensation**

نظام خاص لإتخاذ الإجراءات الإحتياطية للمدفوعات المالية للعمال الذين نزلت بهم أضرار أو خسارة جديدة من جراء الأخطار الناتجة اثناء العمل، مع عدم الأخذ بعين الإعتبار، الإهمال لكل طرف عند حدوث الدفع المالي من قبل شركة التأمين، أو مؤسسات الضمان الإجتماعي للعمال.

أمر عمل **work order**

برنامج عمل **work program**

الخطة التي تتضمن كلفة التخمين والتي تعمل جاهدة للتخفيض.

مراقبة العمل بالمعاينة **work sampling**ويتم

إجراء ذلك لتوسيع طرق دراسة الوقت، والحوافز من انتاجية المصنع الى المبيعات.

إستمارة العمل **worksheet**

وهي أداة يستعملها المحاسب لتحقيق مايلي:-

1- الوصول الى تعديل الحسابات قبل أن يدخل هذه التعديلات في الحسابات الرسمية.

2- تصنيف أرصدة الحسابات المعدلة في خانات طبقا لغرض استعمالها في تجهيز بيان الأرباح والخسائر، أو الميزانية العمومية.

3- حساب برهان الدقة الحسابية للأرباح والخسائر.

دراسة العمل **work study**

تعتبر دراسات الحركة والوقت من الأساليب المستعملة في إعداد مستويات وقت اليد العاملة، ويشار الى هذين الإسلوبين بتعبير" دراسة العمل".

working – hours method

ويعاد التمويل من وقت لآخر عند الحاجة ولا تكون هذه الأموال على أساس القرض النقدي أو السلفة، وذلك لأسباب عديدة، وكذلك التمويل لايكون متكافئاً في المبالغ مع النفقات.

طريقة معدل الساعة، إحدى طرق الإستهلاك **working-hourshod**

وهي إمكانية احتساب العمر الإنتاجي للآلة " الموجود الثابت". وذلك بعدد الساعات العاملة أو المتوقع أن تعمل الآلة بها، مثل ماكنات الطائرات التي لها عدد محدد من ساعات العمل المنتج مثلا "900 ساعة طيران"، وبعدها تستبدل بماكنات أخرى وتستخرج بهذه الطريقة كلفة الساعة الواحدة والإستهلاك السنوي بمثل عدد الساعات التي عملتها الآلة في السنة الواحدة × كلفة الساعة الواحدة. لذا فكل سنة تتحمل حصتها من كلفة اللآلة على أسس حقيقية.

فائدة التشغيل **working interest**

الفائدة الكسرية في (صناعة النفط) لمستأجر المنطقة الممتدة في الإنتاج = 7\8

مثل الزيت والغاز المدفوع.

عمر منتج للأصل **working life**

1. يقدر بالسنوات بوساطة الخبراء عن طريق التخمين.
2. يقدر بالعيار بوساطة المنتج عن طريق مقياس مع الآلة.

وتتم الإستفادة منه في حسابات التكاليف والصيانة والإستهلاك وإحلال أصل جديد آخر بعد هذا الأصل الهالك.

أوراق العمل **working papers**

ويقصد بها الجداول، والتحاليل المالية، والتحاويل المخططة يدويا، والمذكرات...الخ. إن هذه الأوراق هي أدوات تستعمل في الفحوصات وخلاصتها في التدقيق الحسابي، وتكون استعداداً للإختبار في الحسابات الختامية.

ميزان المراجعة **working trail balance**

المساعد على إعداد الميزانية

بضاعة في التصنيع **work in process,or in progress**

(العمل في المعالجة الصناعية) الإنتاج المنتهي جزئيا في التشغيل الصناعي، أي أن المواد الأولية في الإنتاج

work unit | وحدة العمل

الوحدة الموزونة وهي دوما مقبولة وذلك لتحديد الكلفة المتوسطة، للوقت أو الفعالية. ويستفاد منها:

1- لمقارنة فعالية واحدة مع أخرى، أو مع بعض الفعاليات في وقت الإنتاج.

2- إستنتاج فعالية المستقبل.

World Bank, International Bank For Reconstruction and Development " | البنك الدولي

البنك الدولي للإنشاء والتعمير " واحد من مؤسستين ماليتين عالميتين (الآخر هو صندوق النقد الدولي) المؤسس سنة 1946 بعد الحرب العالمية، ومن أهدافه:-

1- منح القروض الطويلة الأجل بكفالة مضمونة وبنسبة فوائد متدنية.

2- تنظيم رؤوس الأموال الدولية لتعمير البلدان التي دمرتها الحرب العالمية الثانية.

3- المساعدة على تقدم ونمو وتطور البلدان.

world Court | محكمة عالمية

وهي محكمة العدل الدولية في لاهاي

worth | قيمة، يساوي، يستحق

1. قيمة مالية أو مادية مثل الكلف التكميلية أو الإستبدالية أو القيمة السوقية.

2. مجموعة قيمة الأموال المستثمرة في شركة قائمة.

3. قيمة صافية لأي ممتلك مالي.

writ | أمر قضائي، إعلان أو بيان من القضاء

وثيقة قانونية لمدير الشرطة تأمره القيام بعمل ما في وقت معين.

write down | يخفض القيمة الدفترية للأصل

الحصة المخفضة من رصيد الأصل الى حساب المصاريف، أو حساب الأرباح والخسائر، بحيث تكون القيمة الجديدة للأصل تتناسب مع سعر السوق.

write off | شَطَبَ، يَلغي، يَستّبعد

"شطب القيمة الدفترية للأصل" أي تصغير رصيد الأصل، وتوصيل الحصة الكاملة المزالة المأخوذة بعين الإعتبار سابقاً الى حساب الأرباح والخسائر، أو شطب ذمم معدومة أو أي عنصر مماثل.

write up | يرفع القيمة الدفترية للأصل

"زيادة القيمة الدفترية للأصل" أي رفع قيمة الأصل في الدفاتر لتطابق قيمته الحقيقية.

rstuvwxyzabcd

X	
رقم(10) في الحروف اللاتينية	قبلX
الرسملة	بدونX-cp.=Ex capitalization
أرباح	سهمX-d.=Ex dividend
شركة بدون حصة الربح لدى البيع.	

X. wks.= Ex works	
بدون فائدة	X.I.= Ex interest
خارج المخزن	X.str.= Ex store
خارج الرصيف	X.whf.= Ex whart
خارج المصنع	X.wks.= Ex works

yard

yard   ياردة، ساحة، مستودع
مشغل، ورشة من العمال

1- وحدة لقياس الطول في النظام المتري الإنكليزي=
3 أقدام أي 9144 ملم.

2- ساحة أو مخزن مكشوف في العراء

yardstick   عصا للقياس مدرجة يبلغ طولها
ياردة واحدة. يطلق عليها إسم العصا الياردية.
مقياس خاص يقاس به النجاح والإنجاز.

year-end adjustment   تسوية حسابية لنهاية
السنة

ويقصد بها التعديل لحساب الأستاذ العام في الإقفال عند
إنتهاء الفترة الطبيعية (السنة).

year-end dividend   أرباح الأسهم لنهاية السنة
وهي الأرباح المعلنة بعدصافي الربح السنوي، وبعض
الأحيان تستخدم في المقارنة مع أرباح الأسهم المؤقتة.

year-end summarization   ملخص
عمليات السنة

يطلق هذا التعبير على ملخص العمليات السنوي، والتقدير
المتعلق بالعمليات في المؤسسة التجارية المقدم الى المديرين
وأصحاب رأس المال، والدائنين، والمصالح الحكومية،
والأطراف الأخرى ذات العلاقة التي يعنيها ذلك الأمر.

year, fiscal   سنة مالية

yield   عائد ، إيراد ، ناتج ، غلة
يطلق هذا التعبير على نسبة الفائدة الفعلية. أو على العائد من
الإستثمار خلال فترة معينة، فعلى سبيل المثال العائد من
السندات الطويلة الأجل هو مبلغ الفائدة السنوية المحسوبة
على أساس القيمة الإسمية للسند، مقسوما على سعر السوق
لهذه السندات.

yield to maturity   عائدات عند أستحقاقها
للدفع

أو المعدل الفعلي للأرباح على السند، محسوباً على سعره
السوقي، القيمة الأسمية، معدل تغيير قيمة الكابون، والوقت
المتبقي لبلوغ إستحقاقه.

York Antwerp Rules   قواعد يورك-أنتورب
التجارة البحرية

إسم لنظام يحدد شروط بوالص التأمين البحري، بقصد
تسهيل حسم الخلافات التي تنشأ عن الخسائر التي يتعرض
لها التجار المؤمن لهم.

wxyzabcdefghij

"Z" chart — رسم بياني "Z"

رسم بياني يتعلق بأنتاج الشركة، وتظهر فيه، لأغراض المقارنة السهلة، خطوط المجاميع الشهرية، والمجموع الشهري المتراكم، والإجمالي السنوي المتحرك" أي المجموع لكل شهر من الإثني عشر شهرا السابقة"وهذه الخطوط الثلاثة تشكل معا الحرف"z".

zero-base budgeting — توازن الموازنة العمومية تأسيسا على قاعدة الصفر

هو أسلوب في توازن الموازنة العمومية، يقيم فيه كل برنامج اوفعالية مرة ثانية لكل دورة موازنة (على الرغم من أن هذا الإسلوب يمكن تطبيقه على أساس دوري بعدة برامج مقيمة وكاملة لكل دورة) بالمقارنة مع إسلوب التغيرات الطفيفة لتوازن الميزانية، إذ يرتكز فيه التقييم على الإضافات الى فترات ومراحل الميزانية السابقة.

(محور التقويم القانوني) وترغب في إستعمال هذه القاعدة بصورة رئيسية، الدولة، والمنظمات غير النفعية، ويسمى كل برنامج أو فعالية (حقيبة القرار)، وترتب البنود حسب تسلسل أهميتها، وكذلك تمول حسب تسلسل الأهمية المسموح بها من قبل متوقع العائدات، إن التطبيقات الناجحة والحقيقية في هذه القاعدة صعبة الإيجاد، ويبدو أن المبدأ هو أكثر فائدة كطريقة للتفكير.

بالبرامج مع كونه كأسلوب يتبع بدقة خلال عملية توازن الموازنة، يقول مؤيدو نظام ميزانية الصفر بأنه يحتاج الى تخطيط مفصل ودراسة متواصلة لأهمية مختلف الفعاليات والأهداف.

zero bracket amount — قيمة قوسي الصفر،

ضريبة الدخل الفدرالية في امريكا

كمية مقررة غير ثابتة في جداول الضريبة وفي برامج معدل الضريبة، ومصممة لإلغاء جزء من المصاريف الشخصية لدافع الضريبة من الضريبة المستحقة عليه، وقد اصطلح سابقا عليها بالمستقطعات الثابتة، أي عندما تتعدى الإستقطاعات قيمة قوسي الصفر لدافع الضريبة، يمكن إستقطاع الفائض عن ذلك لتقدير الدخل الكلي المدفوعة ضريبته.

zero rating — إعفاء من الضريبة

zone system of pricing — نظام المنطقة المشمول بالأسعار

وهوتسعيرة البضائع بسعر متساو في نطاق جغرافي معين بغض النظر عن تفاوت التكلفة (النقل) الى المواقع المختلفة ضمن ذلك النطاق.

Balance Sheet

Assets	Liabilities

Current Assets :-
1-   Cash on hand.
2-   Cash in bank.
3-   Petty cash.
4-   Notes and accounts receivable.
less allowance for doubtful (A/c).
5-   Merchandise inventory.
6-   Prepaid expenses.
7-   Deposits.
Investment(property,plant,and Equipment).
  1-Land.
  2-Buildings,less accumulated
     deprecition.
  3-Machinery and equipment less
     accumulated depreciation.
  4-Automobiles,less accumulated
     depreciation.
  5-Furniture and fixtures less
     accumulated depreciation.
Intangible Assets and others:
  1-Organization cost.
  2- Goodwill.
  3-Patents and copyrights.
	Current Liabilities:-
	1- Notes payable.
	2- Accounts payable.
	3- Accrued salaries and wages.
	4- Accrued interest payable.
	5- Accrued taxes payable.
	6- Accrued rent payable.
	7- Dividends payable.
	Long-term Liabilities:-
	1- Notes Payable (due after one year)
	2- Mortgage Payable.
	3- Otger Long-term Liabilities
	Owners' Equity:-
	1- Preferred stock.
	2- Common stock.
	3- Additional paid-in capital.
	4- Retained earnings.
	         Less treasury stock.

الميزانية العمومية	
الموجودات	**المطلوبات**
الأصول المتداولة:- 1- نقد في الصندوق. 2- نقد في البنك. 3- صندوق المصروفات النثرية. 4- سندات القبض وحسابات الذمم المدينة يطرح منها إحتياطي الذمم المشكوك في تحصيلها. 5- تقييم جرد البضاعة المخزونة. 6- مصاريف مدفوعة مقدما. 7- الودائع والتأمينات. **الأصول الثابتة:-** **"إستثمار ملكية المصنع والمعدات"** 1- الأرض. 2- المباني ويطرح منها إحتياطي إستهلاك المباني. 3- الماكنات والمعدات ويُطرح منها إحتياطي إستهلاك الماكنات والمعدات. 4- السيارات، ويطرح منها إحتياطي إستهلاك السيارات. 5- ألآثاث والتركيبات ويطرح منها إحتياطي إستهلاك الآثاث والتركيبات. **ألأصول غير المادية الأخرى:-** 1- تكاليف التأسيس. 2- شهرة المحل. 3- براءة الإختراع والحقوق المحفوظة.	**المطلوبات المتداولة:-** 1- سندات الدفع. 2- حسابات الذمم الدائنة. 3- الرواتب والإجور المتجمعة المستحقة. 4- الفوائد المتجمعة المستحقة. 5- الضرائب المتجمعة المستحقة. 6- الإيجارات المتجمعة المستحقة. 7- حصة الأرباح الدائنة. **المطلوبات الطويلة الأجل:-** 1- سندات الدفع (المستحقة بعد سنة) 2- الرهن الدائن. 3- المطلوبات الطويلة الأجل الأخرى. **حقوق المالكين:-** 1- الأسهم الممتازة. 2- ألأسهم العادية. 3- إضافة رأس المال. 4- ألأرباح المحتجزة غير المدفوعة.وتطرح منها الأسهم المستردة "المعاد شراؤها"

ALLIED MANUFACTURING COMPANY
Cost of Finished Goods Manufactured
For the Year Ended December 31, 2000

Work in process inventory, beginning of the year .... $ 30.000
Manufacturing cost assigned to production:
Direct materials used .... $ 150.000
Direct labor... 300.000
Manufacturing overhead... 360.000
Total manufacturing costs.. 810.000
Total cost of all work in process during the year............................. $ 840.000
Less: Work in process inventory,end of the year............................... (40.000)
Cost of finished goods manufactured.. $ 800.000

About the Author

Ali Khayat, is author of Dictionary for Accounting & Trade, and several other books, some of them for English second language in U.S.A.

He graduated from Technology Science in Fresno City College in California 1998 and he took many professional courses after his degree until June 2004, but he has AA degree in Accounting and as a first education to him from Institute Financial & Commercial in Baghdad.

`After his graduation in 1969, he worked in Iraq Board of Trade Offices, many years, and in many departments as a market inspector, cost accountant for merchandise and Financial Auditor in the final job until his resignation from Iraqi Government's offices on August 28, 1980 before the first Golf War in Middle East.

He also worked in the Charter Accountant Office as a Bookkeeper until his quite on August 8, 1988. At the same time when he worked in new office he was joyfully occupied as an author in his dictionary.

He came to U.S.A. on June 17, 1990 before Kuwait War to get his Freedom to develop his Education and to be new Citizen in this peace country. Also he continues to write different books to this time.

Author's Book

- **Your car and how it works?**
Sciences of Technology book. " Car Work Training".
Wrote in Baghdad – Iraq, (1988-1990).

  For order:
  Iraqi Police Press (Publisher)- IRAQ- Baghdad.

- **The Mathematical Theory behind Backgammon.**
Science of old Math book. "War on the Table".
Wrote in California, (1998-2005) .

  For order:
  Author HOUSE (Publisher).
  Bloomington, IN 47403 – USA

- **The War on Iraq**
Science of Politic book " War on the Land"
Wrote in California, (2004-2007) .

  For order:
  Author HOUSE (Publisher).
  Bloomington, IN 47403 – USA

- **Rosemary's Basket.**
Science of Sociality book, "British Culture Story"
Wrote in California, (2007-2009)

  For order:
  Xlibris Corporation
  2 International Plazas, Suite 410
  Philadelphia, PH 19113- USA

Printed in Great Britain
by Amazon